HAYMON verlag

Sisonke Msimang

Und immer wieder aufbrechen

Aus dem Englischen von Tatjana Kruse

Für Mummy

Prolog

Diese Geschichten beginnen mit einem jungen Mann. Eines Morgens im Winter 1962 schließt er sich, wütend und erschöpft davon, was es mit sich bringt, Schwarz zu sein, einer verbotenen Armee an. Im Jahr darauf verlässt er heimlich das Land. Ein weiteres Jahr später wird sein Anführer Nelson Mandela gefangen genommen und der Sabotage angeklagt. Das Gericht verurteilt Mandela zu einer lebenslangen Haftstrafe, aber seine Tapferkeit gerät nicht ins Wanken. Stattdessen zeigt sich Mandela der Lage gewachsen und äußert die berühmten Worte: „Ich bin der Erste, der angeklagt wurde", und die Welt erlebt mit, wie ein afrikanischer Mann im Angesicht des fast sicheren Todes ungebrochen Haltung zeigt.

Zu dem Zeitpunkt im Jahr 1963, als Mandela sich vor Gericht gegen den Vorwurf der Sabotage zur Wehr setzen muss – zum Zeitpunkt, als er verkündet, dass er bereit sei, für den Kampf gegen die *weiße* Vorherrschaft zu sterben –, hat der junge Mann, der später mein Vater werden sollte, das Land bereits verlassen. Ein Jahr lang hält er sich in Russland auf, lernt das Morse-Alphabet und wie man mit einem Gewehr umgeht. Ebenso wie alle anderen Rekruten ist er in die Fremde aufgebrochen, ohne sich von seinen Eltern, von seinen Angehörigen zu verabschieden, nicht einmal von seinem besten Freund. Nachdem er monatelang alles sorgfältig und fast ganz allein auf sich gestellt geplant hat, steht er eines Morgens auf und verschwindet im Nebel.

Zehn Jahre später trifft er in Lusaka ein. Davor hat er seinen Abschluss an der *Russischen Universität der Völkerfreundschaft* in Moskau gemacht und sich nach Tansania begeben, wo er mit anderen Genossen eine Militärbasis aufbaut. Er reist nach Guinea-Bissau und trotzt an der Seite der Truppen von Amílcar Cabral an vorderster Front der portugiesischen Kolonialmacht. Als er endlich in Lusaka ankommt, ist er schon lange nicht mehr jung und hat Freunde sterben sehen.

Er lernt eine hübsche junge Frau aus Swasiland kennen, die in Lusaka studiert. Sie wird seine Frau und schließlich meine Mutter. Sie liebt ihn, auch wenn sie seinem revolutionären Gedankengut zwiespältig gegenübersteht. Sie ist klug genug, den revolutionären Wölfen im Schafspelz zu misstrauen, aber auch weise genug, ihre Skepsis ausschließlich im privaten Umfeld zu äußern. Gemeinsam reisen Mummy und Baba um die Welt. Meine Schwestern und ich kommen in den 1970ern in Sambia zur Welt, wo der *ANC*, der African National Council, seinen Hauptsitz hat. Von dort ziehen wir erst nach Kenia, dann nach Kanada, anschließend zurück nach Kenia und letztlich für kurze Zeit nach Äthiopien. Als Nelson Mandela 1990 aus der Haft entlassen wird, dürfen wir endlich nach Hause.

Meine Schwestern und ich sind Kinder der Freiheit. Wir wurden in den ANC hineingeboren und innerhalb einer revolutionären Gemeinschaft aufgezogen, deren einziger Zweck es war, gegen die Apartheid zu kämpfen. Man fütterte uns mit kommunistischer Propaganda und schulte uns im radikalen afrikanistischen Diskurs, all das im Schatten der Hoffnungen meines Vaters und des Pragmatismus meiner Mutter. Auf dem Spielplatz hielten wir imaginäre AK-47-Schnellfeuergewehre in unseren mageren Armen, und statt Räuber und Gendarm spielten wir Kapitalisten und Parteikader. Beim Seilspringen riefen wir – im Stakkato-Rhythmus unserer Sprünge – laut die Namen unserer Helden: „Govan Mbeki", hüpf, spring, „Walter Sisulu", spring, hüpf.

„Eines!" Springen.

„Tages!" Springen.

„Werden!" Springen.
„Wir!" Springen.
„Alle!" Springen.
„Frei sein!"

Südafrika ist heute ein freies Land, doch denjenigen von uns, denen das Land am Herzen liegt, ist klar geworden, dass der Traum von Freiheit eine Art Heimat für uns war. Er war ein Luftschloss, in dessen Mauern jeder von uns ein Held sein konnte. Als wir aus dem Exil zurückkehrten, hatten wir dieses Schloss noch deutlich vor Augen. Wir sagten uns, wir seien etwas Besonderes, und waren fest entschlossen, eine Regenbogennation aufzubauen. Wir wussten, dass Südafrika kompliziert und brutal war, kein Land für Träumer. Das hielt uns aber nicht vom Träumen ab.

Politisch treibt Südafrika mittlerweile hilflos vor sich hin. Viele von uns – jene, die ins Exil gingen, jene, die in Haft waren, und jene, die Freunde und Angehörige durch die Kugeln des *weißen* Minderheitenregimes verloren haben – fragen sich, wo genau wir in diesem Land stehen und welchen Platz Südafrika in der Welt einnimmt. Anfangs hielten alle Südafrika für den Beweis, dass das Gute über das Böse siegen kann. Wir waren stolz auf uns. Heute findet man nicht nur überall Leid und Armut – früher etwas Edles –, man hat sich daran gewöhnt. Wir lehnen uns nicht mehr dagegen auf. Wir nehmen das Leid der Schwarzen nicht mehr wahr, weil jetzt Schwarze das Sagen haben. Das Elend der Apartheid ist glücklicherweise vorbei, doch irgendwie scheint das Leid der Schwarzen unter einer Schwarzen Regierung weniger gravierend – was den Schrecken nicht verringert.

Hier stehen wir heute: Nelson Mandela ist tot, ebenso wie Walter Sisulu und Govan Mbeki. Lillian Ngoyi, Ruth First, Fatima Meer, Neville Alexander, Dennis Brutus und eine ganze Reihe herausragender Frauen und Männer, die alle eine gerechte Menschlichkeit verkörperten, sind von uns gegangen. Jetzt, wo sie nicht mehr sind, haben wir es mit einem Land zu tun, das ganz gewöhnlich ist, sogar enttäuschend, auch wenn es mit kurzen Momenten verblüffender Brillanz aufwarten kann.

Das Südafrika, das ich mir als Kind vorstellte, war ein Ort des Triumphs, ein Schmelztiegel, aus dem eine würdigere und gerechtere Menschheit hervorgehen würde. Meine Eltern waren Freiheitskämpfer, darum stellten unsere Wanderungen rund um den Globus Teil eines notwendigen Übels dar. Unser Leid war etwas Erhabenes. Eines Tages würde Südafrika groß werden, so träumten wir, und die Demütigungen, die man uns zufügte, würden uns lehren, Ungerechtigkeit zu verabscheuen, und impften uns gegen Ungleichbehandlung.

Und doch haben wir jetzt ein Südafrika, das frei, aber nicht gerecht ist. Für mich persönlich ist das der Punkt, mit dem ich am meisten zu hadern habe. Vielleicht stimmt es ja, dass es in normalen Zeiten kein Heldentum gibt. Als die Waffen schwiegen und sich der Rauch verzogen hatte, stellten wir fest, dass wir nicht die Ausnahme waren. Die ganze Zeit über waren wir einfach nur gewöhnliche Menschen gewesen. Vermutlich kämpfe ich schon mein Leben lang gegen diesen Umstand an. Ich wollte immer an etwas glauben, und das, woran ich mehr als alles andere glaubte, war die Fähigkeit der Südafrikanerinnen und Südafrikaner, über die Apartheid zu triumphieren. Mein Glaube an Gott war nie besonders ausgeprägt, aber ich glaubte an die Menschlichkeit – in der Führung des ANC, in meinen Eltern, kollektiv in den Südafrikanerinnen und Südafrikanern aller *races*. Ich glaubte, dass sie alle besser sein konnten, als die Umstände es scheinbar diktierten. Und dann endete die Apartheid. Wenn ich ehrlich sein soll, waren die vergangenen zwei Jahrzehnte zwar in vielerlei Hinsicht enttäuschend, aber ich bin dankbar, dass mein rehäugiger Wunderglaube dadurch auf die Probe gestellt wurde. Was wäre das Leben schon wert, wenn wir immer nur rosarot vor uns hinträumen, wenn wir das glauben, was man uns sagt, und wir nicht erkennen, was sich direkt vor unseren Augen abspielt? Die letzten zwanzig Jahre haben mich gelehrt, dass manche Menschen kompliziert sind, dass sie dich enttäuschen werden und du sie trotzdem liebst. Ich habe erkannt, dass es Menschen gibt, die keine Reue empfinden, denen ihre Taten niemals leidtun. Aber auch sie haben ihre Berechtigung, denn die Geschichte lehrt uns, dass Nachsicht wichtiger ist als Rechtschaffenheit, dass ein schwieriger Friede besser ist als Krieg.

Trotz allem, was mir dadurch genommen wurde – ein Großteil der Sicherheit, die man normalerweise mit seinem Zuhause assoziiert, die Fähigkeit, meine Muttersprache perfekt zu beherrschen, Kontakt mit Tanten und Cousins und Nichten und Nachbarn, die andernfalls vielleicht meine Freunde geworden wären: Das Exil war das größte Geschenk meiner Eltern an mich. Ohne einen physischen Ort, den ich Heimat nennen konnte, verliebte ich mich in die Idee von Südafrika. Diesen Traum habe ich mit der Muttermilch aufgenommen – dass es in Südafrika nicht einfach nur um *non-racialism* und Gleichberechtigung ging, sondern um etwas sehr viel Größeres.

Wenn man als Kind im Exil aufwächst, wie ich es erlebt habe, wenn man Flüchtling oder Migrant ist oder auch einfach wenn der Lebensweg keine gerade Linie ist, lernt man schnell, dass ein Gefühl der Zugehörigkeit ein verbindendes Element ist: Man überlebt nur, wenn man jedes „wenn", „und", „aber", „beides" und „sowohl als auch" meistert. Man lernt, dass alles gut ist, solange man an das Kollektiv glaubt, an seine Gruppe, an seinen „Stamm". Es ist entscheidend für das eigene Überleben, diesen Menschen zu vertrauen und darauf, dass sie nur dein Bestes wollen.

Dieses Gefühl der Zugehörigkeit, der Nähe, ist notwendig, um weiterleben zu können. Ich wuchs mit dem festen Glauben an Helden und Heldinnen auf, darum war es schwer für mich, in den letzten zehn Jahren den moralischen Abstieg jener politischen Partei mitzuerleben, der ich so viel von meiner Identität verdanke. Meine Vorbilder haben sich selbst demontiert. Ihr Verhalten hat mich verstört und oft zutiefst verletzt. Ich habe mich sogar gefragt, ob es ein Fehler war, überhaupt jemals an sie geglaubt zu haben. Ob alles nur eine einzige Lüge war. Ich habe mir Vorwürfe gemacht. Vielleicht war ich einfach nur ein dummes Kind.

Wenn ich fünf Minuten mit meinem jüngeren Selbst verbringen könnte – mit diesem kleinen Mädchen, das jedes Mal weinte, wenn wir in ein neues Land aufgebrochen sind –, dann würde ich die Kleine fest in den Arm nehmen und schweigen. Ich wäre einfach still und würde sie mein pochendes Herz spüren lassen, das im Takt mit ihrem Herz schlägt. Ich würde hoffen, dass die gefestigte Person, die ich heute bin, sie trösten könnte. Dass sie meine stumme Botschaft erreichen würde, dass sie – ungeachtet des Ergebnisses – alles überstehen und stärker und glücklicher werden würde, als sie sich das an der Schwelle zu jedem neuen Land vorstellen konnte.

Ich glaube, mehr hätte sie nicht gebraucht: nur diese stumme Botschaft, damit sie weiß, der Weg mag lang sein, die Antwort letztlich unvollständig und die Wahrheit zerbrochen, und doch ist dieser Weg jede Träne und jeden Kratzer und jede Verletzung und jede Narbe wert. Ich würde sie in ihrem Schmerz festhalten, wenn sie so tut, als wäre sie tapfer, in ihrem Streben und Hoffen und

Wünschen. Ich würde wollen, dass sie von ganz allein und ohne allzu großen Kummer das lernt, was ich heute weiß, dass sie den größten Trost in ihren eigenen Instinkten findet und dass ihr Herz immer wieder von Neuem ihr Retter sein wird.

Dieses Buch ist sowohl persönlich als auch politisch – es handelt davon, wie ich durch den Freiheitskampf zu der wurde, die ich heute bin, wie mich die Protagonisten in diesem Kampf zerbrochen haben und wie ich mich – wie wir alle, die wir in Südafrika unseren Weg gehen wollen – immer wieder selbst zusammengesetzt habe, um nie mehr das Gefühl haben zu müssen, ich bräuchte einen Helden. Ich habe dieses Buch geschrieben, weil zu wenige von uns – Frauen, Flüchtlinge, Schwarze, Homosexuelle, Südafrikanerinnen und Südafrikaner – unseren Instinkten genug vertrauen, um zu wissen, dass es unsere Herzen sind, die uns retten werden.

Burley Court

Als ich klein war, lebten wir in Lusaka und zogen mehrmals um. Zuerst wohnten wir im Burley Court, dann in einigen Apartments in der Nähe des Lehrkrankenhauses und schließlich in einer kleinen Hochhaussiedlung im Stadtviertel Woodlands. Am deutlichsten erinnere ich mich an Burley Court – vielleicht, weil die Wohnung die größte war, vielleicht aber auch, weil Mummy am häufigsten von ihr gesprochen hat. Burley Court lag an der Church Road, einer zentrumsnahen Geschäftsstraße. Wer dort wohnte, gehörte zu einer neuen Generation urbaner Afrikaner, denen es egal war, was die *Weißen* von ihnen dachten. In jedem der Häuserblocks roch es nach *kapenta*-Fischen und Bratenfleisch. Wenn man an den offenen Türen und Fenstern vorbeikam, hörte man die blechernen Klänge von Thomas Mapfumos *Matiregerera Mambo* oder die eleganten Akkorde von Letta Mbulus *There's Music in the Air*.

Wie die meisten Kinder im eben unabhängig gewordenen Sambia war ich frei geboren und benahm mich folglich wie ein kleiner Fratz, der allen Grund zu der Annahme hat, dass er der Mittelpunkt des Universums ist. Auch unsere Eltern umgab eine Aura der Selbstsicherheit. Sie verhielten sich, als gehörte ihnen der Boden unter ihren Füßen, als sei die Sonne nur ihnen zuliebe aufgegangen und als ob die Bäume nur wuchsen, um ihnen eine Freude zu bereiten. Sie gaben sich der heiteren Illusion hin, dass ihnen der Kupferabbau dreihundert Kilometer nördlich von Lusaka für alle Zeiten eine glorreiche Zukunft ermöglichen würde. Sie glaubten, sie kämen in den Genuss eines Wohlstands, der Generationen vor ihnen verwehrt geblieben war, weil ihnen das Joch der Kolonialmacht im Nacken saß.

Unsere Eltern dachten – rückblickend gesehen natürlich blauäugig –, dass aus ihren Kindern Ärzte und Anwälte und Konzernchefs würden. Sie waren einfach naiv. Obwohl es sich um erwachsene Männer und Frauen handelte, war ihre Befreiung zu der vielversprechenden Zeit erfolgt, bevor der Kupferpreis ins Bodenlose stürzte, bevor das Geld an Wert verlor und sie nicht mehr ein noch aus wussten. Als ich klein war, erfreuten sich die Erwachsenen in meinem Leben noch an der Vorstellung, dass sie endlich einen Platz an der Sonne ergattert hatten.

Jeden Morgen gingen die Männer, die in unserem Viertel das Geld verdienten, zu ihren Regierungsjobs. Ihre Frauen winkten ihnen nach. Weil sie fast zur Mittelklasse gehörten, hatten sie sich die kuriosen Sitten der Kolonialmacht angeeignet, und zu denen gehörte, dass die Frauen zu Hause blieben und sich um die Kinder kümmerten. Als ob sie deswegen von allen anderen Formen der Erwerbstätigkeit ausgeschlossen wären. Als Hausfrauen – unterstützt von unterbezahlten Hausmädchen – beschäftigten sie sich mit Klatsch und Tratsch und lachten laut und viel. Sie schälten Erdnüsse und legten sich ihre *kitenges* an und bereiteten die Mahlzeiten für ihre Ehemänner zu, die die Könige in ihrem Heim waren. Die Männer, für die diese Frauen sich schön machten, kehrten in der Abenddämmerung mit weit ausholenden Schritten zu ihren Familien zurück, zurück zu den Tischen voller *nsima* und Fleischgerichten, zurück zu ihren lächelnden Ehefrauen, deren Körperumfang immer mehr zunahm, weil sie sich an das bequeme Stadtleben gewöhnt hatten, und zurück zu ihren Kindern, die Bücherwürmer wurden und vor Wissensdurst strahlten.

Mummy sprudelte über vor solchen Erinnerungen, wenn sie von Burley Court sprach – wie wir Kinder jeden Nachmittag, sobald wir unsere Hausaufgaben erledigt hatten, die Betontreppe von Gebäude eins oder Gebäude drei auf und ab rannten, ein polyglotter Haufen, der in *Nyanja* und *Bemba* herumgrölte und Englisch nur für die besten Beleidigungen aufsparte.

Terrence, eine Bohnenstange von Kind mit einem Dialekt aus sambischem Britisch, war der Geschwätzigste von uns allen. Er schoss mit Witzen um sich, die so taten, als wären sie Beleidigungen, aber eigentlich fast schon Drohungen waren, und es traf alle, die in sein Sichtfeld gerieten. „Du da! Deine Beine sind so dünn. He! Bitte iss etwas, damit ich dich ordentlich verprügeln kann, ohne mir dabei Sorgen machen zu müssen, ob ich dir was breche! Wenn deine Mutter dich abends nach Hause ruft, tut sie dann nur so, als würde sie dir was zu essen geben? Wie kannst du essen und trotzdem so mager bleiben?!" Terrence selbst war ein knochiger Schlaks mit einer Haut, die aussah, als wäre sie nie in Kontakt mit Vaseline gekommen, geschweige denn mit Body Lotion, und doch waren Witze über Magerkeit sein Spezialgebiet.

Ich war nicht so tapfer wie Terrence. Mir war klar, dass ich eine leichte Beute darstellte. Ich sprach *Nyanja* – wenn auch nicht so fließend wie die anderen, weil ich nicht aus Sambia kam. Das bedeutete, dass ich zwar das Aussehen und das Benehmen einer Einheimischen hatte, aber trotzdem keine war. Ich konnte es mir nicht erlauben, solche Witze zu reißen. Weil ich wusste, wie verletzlich meine Position war, hielt ich mich immer an das Mittelfeld unserer Clique. Schon ein falscher Witz über das falsche Kind, und die anderen würden sich gegen mich wenden. Gelächter bleibt einem schnell im Hals stecken, wenn man Kind ist: Eben bringst du das Rudel noch zum Lachen, doch schon im nächsten Moment heulst du, weil dich jemand als Flüchtling beschimpft hat.

Ich musste genau entscheiden, womit ich Aufmerksamkeit erregen wollte, und ich wusste, dass ich immer auf Nummer sicher gehen musste.

Darum schloss ich mich Terrence in seinen Attacken nie an, und ich lachte auch nie allzu laut. Ich gehörte einfach zur Meute dazu – spielte Himmel und Hölle auf dem holprigen Bürgersteig vor der Treppe von Gebäude eins, am Abend, wenn sich die Dunkelheit über die Stadt senkte und die Autos auf dem Weg nach Hause vorbeibretterten. Niemand hätte mich mit einem zweiten Blick bedacht, auch meine kleinen Schwestern nicht. Wir waren wie alle anderen – auf unseren braunen Beinen hüpften wir hoch in die Luft und wedelten dabei mit unseren mageren Armen. Abend für Abend war es dasselbe: Wir hüpften, was das Zeug hielt, und warfen unsere Steinchen immer weiter und schneller, wollten unbedingt noch eine letzte Runde spielen, bevor wir nach Hause gerufen wurden.

***

Wir waren zu dritt. Ich war die Erstgeborene. Dann kam Mandlesilo, die 1977 geboren wurde, als ich schon drei war. Und 1979 folgte schließlich Zengeziwe. Als Kind war Mandla dickköpfig, wie es mittlere Kinder sein müssen, wenn sie die Kindheit emotional unbeschadet überstehen wollen. Sie war still, aber eher auf nachdenkliche als schüchterne Art und Weise. Außerdem war sie nah am Wasser gebaut – was sie auch als Erwachsene noch ist. Das ist dem Umstand geschuldet, dass sie von uns allen die freundlichste und sensibelste ist. Zwischen einer herrischen älteren Schwester und einer jüngeren Schwester, die immer allen die Show stahl, war Mandla das gute Gewissen, der moralische Zeigefinger. Sie bewahrte uns vor Schwierigkeiten, allein durch ihre hohen Prinzipien. Zeng und ich hätten unsere diversen Vergehen ohne mit der Wimper zu zucken vor unseren Eltern verheimlicht, aber Mandla ließ das nicht zu. Ihr wäre es am liebsten gewesen, wenn wir erst gar nicht gesündigt hätten.

Zeng war jedermanns Liebling und ist es immer noch. Sie gehörte zu den Babys, die singend aufwachen und dann den ganzen Tag fröhlich gurgeln und glucksen – eine süße Manipulatorin, der man alles vergab, weil sie so dreist und so umwerfend war. Das ist sie bis heute. Sie bringt einen so sehr zum Lachen, dass einem der Bauch wehtut, auch wenn man weiß, dass man eigentlich weinen sollte, weil sie nicht so glücklich ist, wie sie tut, und sie außerdem viel komplexer ist, als sie die Welt glauben lässt.

Als Kinder hatten wir Mondgesichter, geflochtene Haare und stets aschfahle Knie. Wir gingen mit offenen Augen durch die Welt und waren außergewöhnlich sarkastisch. Wir flachsten schon beim Frühstück herum, witzelten uns durch das Mittagessen und erzählten brüllend komische Geschichten, wenn wir abends spielten. Weil die Welt uns noch nicht grausam behandelt hatte, war unser Humor nie bösartig, unsere Schlagfertigkeit milde.

Die Badezeit war immer etwas Besonderes. Wenn wir in der Wanne saßen, neckte uns Mummy oft wegen des Schmutzes unter unseren Fingernägeln und der aufgekratzten Knie, wegen der Blasen an unseren Händen und der rissigen Fußsohlen. Sie rieb uns mit einem feuchten Tuch ab, seifte unsere Rücken ein und fragte sich dabei laut, wie wir nur so schmutzig werden konnten. „Was ist mit diesem Schnitt hier?“, fragte sie mit übertriebener Stimme. „Wie kam es dazu?“ Dann drohte sie spielerisch mit dem Finger und lächelte. Ihr vorgetäuschter Ärger brachte uns zum Lachen, und ihre fröhliche Stimme war wie Honig in warmem Wasser. Wir wussten, wie sehr andere Mütter es hassten, wenn ihre Kinder mit zerrissenen Kleidern und blutigen Knien nach Hause kamen, darum wurden wir es nie müde, dass Mummy sich über unsere ständige Zerlumptheit so amüsierte.

Mummy liebte die kleinen Kollateralschäden der Kindheit, mit denen unsere Körper überzogen waren. Unsere Geschichten fesselten sie – unsere Triumphe auf dem Spielplatz und die Scham, die man empfand, wenn man fiel und sich verletzte. Sie wusste, dass die kleinen Schrammen an unseren Körpern unsere Persönlichkeit schmieden würden. Wir waren in unseren Erzählungen lebhaft und überbordend, weil sie uns ermutigte, zu übertreiben und alles auszuschmücken. Wenn wir berichteten, was uns passiert war, dann wurde aus jeder kleinen Schramme eine klaffende Wunde, aus jedem Kratzer ein böser Riss. Zu Hause waren wir tapfer, auch wenn wir in der Welt draußen etwas vorsichtiger navigierten.

Wir waren kleine Schwarze Mädchen, die in eine Zeit hineingeboren wurden, in der viel über Frauenrechte geredet wurde, diese Rechte aber noch nicht greifbar waren. Die ersten zehn Jahre meines Lebens fielen mit der von den Vereinten Nationen (UN) ausgerufenen „Dekade der Frau“ zusammen, darum gab es ständig Vorträge und Konferenzen zu diesem Thema. Alle sprachen darüber, wie dringend notwendig es sei, die Gleichberechtigung voranzutreiben. In Afrika nahm man die UN damals noch ernst. Mummy spürte möglicherweise, dass die Gleichberechtigung tatsächlich kurz bevorstand, darum erzog sie uns so, dass wir für diese neue Zeit bereit waren – für den Moment, in dem die Zurschaustellung weiblicher Unabhängigkeit auf Lob traf, nicht auf Tadel und Vorwürfe. Sie machte das sehr geschickt. Irgendwie wusste sie, dass der Schlüssel dazu in unseren Schrammen und in dem gemeinsamen Lachen zur Badezeit zu finden war.

***

Obwohl die meisten Mütter von Burley Court nicht zur Arbeit gingen, verdiente bei uns zu Hause Mummy das Geld, während Baba – der Botanik und Entomologie an der Universität von Sambia (UNZA) studierte – alles über Pflanzen und Insekten lernte. Babas Zweitjob war Freiheitskämpfer, aber das Einkommen aus dieser Beschäftigung war vernachlässigbar. Bevor er sie traf, war er mit der Bewegung zur Befreiung seines Volkes verheiratet gewesen. Aber dann begegnete er ihr, und ihm gefielen ihr Lächeln und ihre Beine. Sie unterhielten sich, und er fand heraus, dass sie Tennis spielte, und auch das gefiel ihm. Bald schon ging sie ihm nicht mehr aus dem Kopf: die junge Swasi-Frau mit der Killer-Rückhand, die so tat, als bemerke sie ihn nicht, wenn er und die anderen Guerillakämpfer sie vom Spielfeldrand beobachteten.

Mummy wiederum gefiel der große, gutaussehende Mann in der engen Cordhose. Sie mochte sein Maßhalten in allen Dingen. Er trank, aber nie bis zu dem Punkt, an dem er sich vergaß. Er verbrachte gern Zeit mit anderen, genoss es aber auch, allein zu sein. Er lächelte oft, war aber keiner, der grundlos lächelte. Sie hatte die Erfahrung gemacht, dass solche Männer immer etwas zu verbergen hatten.

Ein Jahr nach ihrer ersten Begegnung machte sie ihren Abschluss als Buchhalterin. Kurz darauf borgte er sich eine Krawatte, sie trug weiße, kniehohe Stiefel und ein cremefarbenes Minikleid, das kaum ihr wachsendes Bäuchlein bedeckte, und sie heirateten im Rathaus von Lusaka.

Die Frauen von Burley Court tuschelten über alles Mögliche, aber nichts beanspruchte ihre Zeit und Energie so sehr wie ein ausführlicher Tratsch über den Guerillakämpfer, der sich weigerte zu arbeiten, und die Swasi-Frau, die ihn so sehr liebte, dass sie das erlaubte. Wann immer das Gespräch auf meine Eltern und ihre Beziehung kam, und das war oft der Fall, spekulierten die Frauen über diesen ganz besonderen Wahn, der einige Frauen überkam, wenn es um Herzensdinge ging.

Weil das Streuen von Gerüchten das Spezialgebiet dieser Frauen war, nannten Mummy und ihre Freundinnen sie nur die Klatschtanten. Mama Tawona war die Anführerin der Klatschtanten. Sie konnte diese unchristliche Beziehung, die sich da vor ihren Augen abspielte, einfach nicht akzeptieren: Sambia war damals – und ist es heute noch – eine zutiefst konservative Gesellschaft. Frauen und Männer hatten getrennte Lebensbereiche und sollten sich nur dort treffen, wo es von Gott gutgeheißen wurde.

Mummy war hübsch und hatte schöne Beine, die sie in ihren überkurzen Miniröcken und -kleidern gern zur Schau stellte. Sie konnte Auto fahren und führte ihr Leben ganz allgemein so, wie es ihr beliebte. Doch in den Augen der Klatschtanten besaß Mummy eine Reihe von Eigenschaften, die sie für ein Scheitern ihrer Ehe förmlich prädestinierten. Zum einen arbeitete sie zu viel. Manchmal kam sie erst nach achtzehn Uhr nach Hause. Ihr Guerillakämpfer kam und ging, wie es ihm gefiel, sammelte Insekten, die angeblich mit seinem „Studium" zu tun hatten, und nahm auf diesen Ausflügen die Kinder mit, die er dafür in Latzhosen und Jeanssachen steckte. Und immer kamen sie dreckig und verschlammt zurück. Es lag auf der Hand, dass er aus diesen armen kleinen Mädchen Jungs machen wollte: Ihre Haare waren kurz geschnitten, ihre Ohrläppchen ungepierct, und das waren nur die augenfälligsten Verfehlungen. Schlimmer noch, die Familie ging nie zur Kirche. Im Leben der Swasi-Frau, des Guerillakämpfers und ihrer Kinder schien es keine Ordnung zu geben. Es war nicht ganz klar, was genau ihre Familie zusammenhielt: Gott, Familie oder Tradition waren es jedenfalls nicht.

Die Klatschtanten standen oft vor Mama Tawonas Tür und tuschelten, die Köpfe eng an eng. Wenn sie nicht laut lachten, unterhielten sie sich flüsternd. Sie kicherten hinter vorgehaltenen Händen, und sobald jemand vorbeikam, lächelten sie und grüßten und taten höflich. Mummy konnte diese Frauen nicht ausstehen. Sie lächelte freundlich, wenn sie in ihrer schicken Bürokleidung an ihnen vorbeiging, aber sie blieb nie stehen, um sich mit ihnen zu unterhalten. Mummy tat nie etwas, das den Klatschtanten Anlass dazu gegeben hätte, Grimassen zu schneiden und die Mundwinkel nach unten zu ziehen, sobald sie an ihnen vorbei war, aber sie taten es trotzdem, rollten mit den Augen, starrten Mummys neue Schuhe oder ihre alte Handtasche an. Mummy konnte nicht gewinnen, und das wusste sie auch. Sie war entweder eine Angeberin, weil sie zu viele schöne Dinge besaß, oder eine bemitleidenswerte Versagerin, weil sie zu viele Dinge hatte, die geflickt und ausgebessert gehörten.

Mummy schenkte den Klatschtanten so wenig Aufmerksamkeit wie möglich. Ihr Mangel an Interesse schürte allerdings den Neid der Frauen, ließ das Feuer ihrer Wut aufkochen. Samstags ging Mummy immer schon früh zum Französischunterricht, und wenn sie an ihnen vorbeikam, wurden die Blicke der Frauen hart. Ha! So mochte man sich vielleicht in ihrer Heimat benehmen, aber hier in Sambia setzte man seine Ehe aufs Spiel, wenn man das Haus für unnötige Dinge wie Französischunterricht oder Tennis verließ.

Die Bosheit der Klatschtanten beschränkte sich in der Regel auf den Kreis dieser Frauen. Die Erwachsenen blieben unter sich, ebenso wie die Kinder. Aber manchmal überlappten sich diese Bereiche, und dann drang aus den Schatten ein Murmeln, und die Verletzungen, die die Erwachsenen einander zufügten, schlängelten auf uns zu wie Nattern, die ihren Weg auf den Spielplatz fanden und zubissen und töteten.

***

Eines Tages spielten wir Verstecken. Terrence musste suchen. Ich versteckte mich unter der Treppe. Ich wusste, er würde dort nicht nach mir schauen, weil es die Treppe von Gebäude eins war, und in Gebäude eins wohnte Mama Tawona. Deshalb spielten wir nur ganz selten dort. Ich ging jedoch das Risiko ein, weil ich Mama Tawona und zwei weitere Klatschtanten kurz zuvor an der Bushaltestelle gesehen hatte. Ich dachte, es wäre sicher.

Doch ich lag falsch. Gerade hatte ich es mir in meinem Versteck bequem gemacht, als Mama Tawona und die Klatschtanten laut und außer Atem den Gang heruntertrudelten. Vielleicht war der Bus nicht gekommen und sie beschwerten sich darüber, dass die öffentlichen Verkehrsmittel immer unzuverlässiger wurden. Vielleicht waren sie auch auf dem Markt gewesen und kamen zum Mittagessen zurück, ich kann mich nicht genau erinnern, aber ich weiß noch, wie ich mich in diesem Moment fühlte, nämlich wie immer in ihrer Gegenwart – nervös. Es war ein heißer Tag. Sie unterhielten sich weithin vernehmlich und ohne Scheu – wie es Frauen tun, wenn weder ihre Ehemänner noch ihre Kinder in der Nähe sind.

Vor Mama Tawonas Wohnung blieben sie stehen und tratschten. Bald schon kamen sie auf Mummy zu sprechen. Mama Tawona fragte sich, wie dumm diese Frau sein musste, um sich so einen Mann zu nehmen. Sie erklärte, dass Baba kein richtiger Mann sei – nur ein Junge, der kindischen Träumen hinterherjagte, der mit Waffen spielte und finanziert von der sambischen Regierung durch die Welt reiste. Und immer diese Guerillakämpfer, die zu allen Tages- und Nachtzeiten vorbeikamen! Ständig schlief jemand anderes bei denen – Männer und Frauen, Frauen und Männer, manchmal sogar Kinder. Was ist mit ihren eigenen Kindern? Manche von diesen Leuten sind doch Kriminelle. Die Klatschtanten waren überzeugt, dass viele

Vertriebene aus Südafrika die wilden Lebensgeschichten nur fabrizierten, um zu verschleiern, dass sie in Wirklichkeit Diebe und Räuber waren und vor dem Arm des Gesetzes flohen. Es war ja so leicht, hier den Helden zu spielen – aber in Wirklichkeit handelte es sich schlichtweg um Ganoven! Ha. Die meisten ANC-Typen waren doch Kriminelle.

Mir war nie der Gedanke gekommen, meine Eltern könnten Träumer sein. Ich hätte auch nicht gedacht, dass unsere Familie sich von den anderen in Burley Court so sehr unterschied. Die *Aunties* und *Uncles* und Studenten, die manchmal wochenlang bei uns in der Wohnung schliefen und dann verschwanden, waren einfach Teil des Lebens. Dachte ich. Doch jetzt erkannte ich, dass das nur ein Teil *unseres* Lebens war. Genau deshalb riss ich nie solche Witze, wie Terrence es tat – meine Andersartigkeit gab mich allzu leicht der Lächerlichkeit preis.

Erst als ich Mama Tawonas Entrüstung mitbekam, wurde mir klar, dass es auch noch andere Arten zu leben gab. Mama Tawona und die Klatschtanten verkörperten die Moralpolizei. Sie entschieden, wer in ihr Königreich der Rechtschaffenheit Einlass fand und wer nicht. Sie allein – und nicht der Vermieter – befanden darüber, ob man zu Burley Court gehörte oder nicht.

Mama Tawona war völlig anders als die Frauen, die ich sonst kannte. Alle anderen waren wie meine Mutter. Sie waren Parteimitglieder des ANC oder Studentinnen mit festen Wurzeln in der Befreiungsbewegung. Viele von ihnen gehörten dem bewaffneten Flügel des ANC an, das hieß, sie ließen sich zu Soldatinnen ausbilden.

Diese Frauen liebte ich am meisten. Sie hatten eine scharfe Zunge, einen hungrigen Blick, und sie bildeten ein Rudel. Sie waren so unterschiedlich, wie Afrikanerinnen es sind – groß und schlank mit einem kleinen Hintern oder kräftig gebaut mit breiten Hüften. Sie hatten schmale Knöchel und Handgelenke, breite Füße und schmalgliedrige Finger. Sie waren dunkel mit kurzgeschorenem Haar oder hatten riesige Afros, die ihren walnussbraunen Teint wie ein Heiligenschein umgaben.

Sie rauchten und tranken und lachten laut – in gewisser Weise frei, nur nicht dort frei, wo es am meisten zählte. Sie trugen Minikleider, kniehohe Stiefel und Jeans, in denen sie sich mühelos so bewegen und laufen konnten, wie Frauen eigentlich nicht laufen sollten. Ihre Arme waren stark genug, um ein AK-47-Schnellfeuergewehr zu halten. Ihre Zöpfe waren unglaublich eng geflochten, die Brauen immer perfekt gezupft. Sie strahlten gewissermaßen Gesetzlosigkeit aus. Es war, als ob ihre Lippen – halb zu einem Lächeln, halb verächtlich verzogen – dazu geformt wären, die Regeln zu brechen. Ihre Lässigkeit im Umgang mit Worten, die Leichtigkeit, mit der sie einander, aber auch Frauen, die zufällig vorbeigingen – Rivalinnen wie Freundinnen –, spitze Bemerkungen zuwarfen, brachte mein Herz zum Pochen. Poch, pochpochpoch, pochpochpoch. Ich liebte diese Frauen!

Mit dicken Hintern oder knochigen Hüften, aber immer breitbeinig saßen sie an unserer Küchentheke, ließen die Füße baumeln, Schulter an Schulter in schwesterlicher Solidarität. Wenn jemand eine Boney-M-Platte auflegte, liefen sie in die Mitte des Raumes und lachten sich zu. „*Haiwena, sukuma!*“, riefen sie und zogen alle, die dachten, sie könnten einfach sitzen bleiben, während die Musik spielte, auf die Beine. „*Sana, ngiyayithana le ngoma.*“ Und dann tanzten alle den Pata Pata zu *Brown Girl in the Ring*.

Heute ist mir klar, dass sie sich die alte Haut abschälten. Diese jungen Löwinnen brüllten. Sie kauten Kaugummi und sprachen darüber, wie lange sie wohl warten mussten, bevor man sie in die Lager rief. Sie lachten über ihre elegant-schäbigen Männer. Sie grinsten und zogen den Bauch ein, wenn ein gut aussehender Mann, mit dem sie sich etwas vorstellen konnten, zufällig des Wegs kam. Sie atmeten Feuer und Revolution, und ich wollte unbedingt eine von ihnen werden.

Die Männer waren nicht weniger berauschend. Bis spät in die Nacht tranken und lachten sie mit meinen Eltern. Wir nannten sie *Uncle* und kletterten auf ihren Schoß, wenn sie uns Süßigkeiten mitgebracht hatten. Diese Männer waren alle „Erste“: der erste Afrikaner, der an dieser oder jener Universität studierte, der erste Schwarze, der an diesem oder jenem Ort wohnte, der erste Schwarze, der an dieser oder jener Bildungseinrichtung lehrte. Deswegen umgab sie alle die Aura der Unbesiegbarkeit, und sie strahlten ein unwahrscheinliches Selbstvertrauen aus – selbst dann, wenn sie betrunken auf dem Teppich lagen.

Die Poesie ihres Intellekts verzauberte uns. Jedes Wochenende gab es Diskussionen, wann Afrika einen Mann auf den Mond schicken würde. Und weil sie nicht grinsten und das anscheinend nicht für absurd hielten, taten wir das auch nicht. Im Lusaka meiner Kindheit lag es absolut im Bereich des Möglichen, dass wir aus eigener Kraft in den Weltraum fliegen würden. Ich hatte keine Ahnung, dass bereits ein Mann den Mond betreten hatte und dass dieser Mann Neil Armstrong hieß. Als ich klein war, verglichen wir uns nur dann mit dem Westen, wenn wir die Nase vorn hatten.

Die Männer, die zu uns nach Hause kamen, gehörten einer neuen Generation von Afrikanern an. Sie hatten Südafrika, Simbabwe und Mosambik verlassen, um zu strahlen, zu glänzen, ihr Licht leuchten zu lassen. Sie waren vom Geheimnis der Freiheit besessen, besaßen ein inneres Feuer, das sie vorantrieb und sie – zumindest in meinen Augen – hell leuchten ließ.

Diese Männer waren außerdem umwerfend schön. Sie räkelten sich lässig und mit ausgestreckten Gliedmaßen auf unseren Sofas. Sie hatten Guerillabärte und struppige Haare und sehnige Schenkel und trugen Schlaghosen aus Jeansstoff. Sie fuhren verbeulte Autos, die aussahen, als würden sie jeden Moment auseinanderfallen. Sie lachten, als würden ihre Herzen nicht brennen, und tranken, als hörten ihre Alpträume niemals auf.

Sie waren Idealisten und Gangster und Abzocker und wissensdurstige Studenten, die ihre Freundinnen und Mütter und Ehefrauen und Babys zurückgelassen hatten. Ihre Kinder würden nie die Umarmung ihrer Väter erleben – aus ihren kleinen Mädchen würden Frauen werden, die die Männer, die sie liebten, dafür hassten, dass sie nicht ihre Väter waren.

Aber in unserem Haus waren diese Männer Helden. Meine Schwestern und ich wussten nichts von dem Leben, das sie hinter sich gelassen hatten, darum trugen sie für uns nicht die Narben ihrer Verantwortung, waren nicht mit unsichtbaren Fäden mit ihrer schmerzlichen Vergangenheit und ihrem profanen Gestern verbunden. Im Exil erschufen sie sich aus Schlamm und Erde neu.

Als sie Südafrika verließen, häuteten sie sich und wurden zu den Männern, als die sie geboren waren. Ihr Rücken wurde gerader, als sie sich in die eisige Umarmung Moskaus begaben. Ihre Muskeln wurden stärker, während sie durch das Buschland und die moskitoverseuchten Sümpfe von Angola marschierten. Sie gingen aufrechter, wenn sie durch den Morast wateten, und es mag Unsinn über ihre malariaverseuchten Lippen gekommen sein, während sie Kongwa durchquerten, aber sie waren frei. Sie zogen quer durch Afrika und sangen ihre Freiheitslieder, bis ihre Stimmen rau wurden, bis sie nur noch krächzend und mit trockenem Mund am Ende ihrer verschlungenen

Reise in Lusaka eintrafen, diesem Ort der Zigaretten und der Fröhlichkeit und der harten-weichen Frauen. Sie waren erschöpft, aber jederzeit bereit, wieder zu lächeln.

Am Hauptsitz der Bewegung angekommen, dem Ort, von wo die Befreiung ihres Volkes ausgehen sollte, brachen viele von ihnen zusammen. Heute ist mir klar, dass wir sie genau so vorgefunden haben. Wir fanden sie dicke braune Kinder zeugend und freie Frauen liebend vor. Wir fanden sie vor, wie sie auf der roten Veranda saßen und den warmen Regen Lusakas auf ihre braunen Schultern fallen ließen. Wir fanden sie kiffend vor, wie sie Bob Marleys *Buffalo Soldier* sangen.

Wenn diese Männer nach Lusaka kamen, waren sie von viel mehr als nur vom Kampf um Gerechtigkeit gebrochen. Aber ihre Dämonen waren hier nicht wichtig. Es kam nur darauf an, dass sie beschlossen hatten, unsere kleine Stadt zu ihrem Hort der Sicherheit zu machen – unser Lusaka, mit seinem übergroßen Ehrgeiz und seinen ordentlichen Kreisverkehren. Für diese Männer wurde Lusaka zu dem Ort, an dem Schwarz zu sein gleichbedeutend war mit frei zu sein. An dem ihnen niemand – weder Queen Elizabeth noch *John Vorster* oder Richard Nixon – etwas vorschreiben konnte. Lusaka – in all seiner friedlichen, futuristischen, pan-afrikanischen Pracht – gehörte ihnen, und sie wollten nichts weiter, als sich eine Zeitlang im Frieden der Stadt zu vergraben.

Einigen Bewohnern von Burley Court missfielen die Frauen und Männer, die meine Familie besuchten. Sie waren ihnen zu laut, und es gefiel ihnen nicht, dass der Präsident von Sambia, seine Exzellenz Dr. Kenneth Kaunda, diesen Revolutionären einen besonderen Status im Land eingeräumt hatte. Dr. Kaunda war ein Träumer, der glaubte, dass Afrika den Afrikanern gehörte. Er hatte erklärt, dass das unabhängige Afrika eine Verantwortung gegenüber jenen Teilen von Afrika habe, die immer noch in Ketten lagen. Und weil die Afrikaner in Südafrika, Simbabwe und Mosambik nicht frei waren, gewährte Dr. Kaunda ihnen Zuflucht in Sambia.

Für gewöhnliche Sambier war unsere Anwesenheit eine tägliche Realität, nicht nur ein politischer Slogan. Die meisten waren freundlich und unterstützten unsere Sache. Für andere, wie Mama Tawona, waren wir Regelbrecher und Herumtreiber. Die Bezeichnung „Flüchtling" war für diese Menschen eine Beleidigung. Ihrer Meinung nach bezirzten die Flüchtlingsfrauen sambische Männer, und die Freiheitskämpfer verführten die sambischen Frauen und brachen ihnen das Herz.

Ich machte mich unter der Treppe immer kleiner, wartete darauf, dass man mich fand.

Mummy und Baba stellten offenbar ein noch viel größeres Problem dar. Sie waren nicht nur Flüchtlinge. Sie liebten sich, und diese Vorstellung war für Mama Tawona einfach lachhaft.

Sie tratschte über diesen höchst merkwürdigen und lächerlichen Umstand. Dabei warf sie den Kopf in den Nacken und kicherte. Sie sprach über meine Mutter, als wäre sie ein naives Kind. „Ha, *mwana*! Weil sie ihn liebt, denkt sie, er sei wunderbar. Dabei wissen wir doch alle, wie dumm das ist. Wenn man liebt, kommt einem selbst die Wüste wie ein herrlicher Wald vor." Sie brüllte vor Lachen, und Mrs. Mwansa (die keine Kinder hatte, aber wenigstens einen Ehemann, was sie vor der völligen Bedeutungslosigkeit bewahrte) und Mama Terrence nickten zustimmend.

„Sie wird es schon noch lernen", meinte Mama Terrence.

„Haha, und wie sie es lernen wird! Der Schmerz wird ihr Lehrmeister sein", erklärte Mrs. Mwansa.

Mama Tawona fuhr fort: „Ihr kennt doch die Männer. Eines Tages wacht er auf, und ihm ist klar, dass das Einzige, was er im Leben will, die *eine* Sache ist, die sie ihm nicht geben kann. Wir werden ja sehen, ob sie dann immer noch lächelnd grüßt, wenn sie auf ihren hohen Absätzen an uns vorbeistöckelt. Ich glaube nicht! Oh nein. Sie wird weinen. Tränen des Kummers. Tja. Männer sind eben so. Wenn sie keinen Erben bekommen, verlassen sie dich. Solange sie keinen Sohn zur Welt bringt, kann sie sich der Liebe ihres Mannes niemals sicher sein."

Und so offenbarte sich mir, wie besessen die Welt von Jungs ist. Wir brauchten einen kleinen Bruder – und zwar bald. Meine Schwestern und ich wären niemals genug. Keinen Sohn zu haben würde unseren Eltern unvorstellbaren Kummer bereiten. Mir war bis dahin nicht klar gewesen, dass Jungs wichtiger waren als Mädchen, dass ein fiktiver Erstgeborener mehr bedeutete als eine Handvoll Mädchen. Diese Erkenntnis – dass eine Familie ohne einen Sohn eigentlich keine Familie ist – war so erschütternd für mich, dass ich nicht hörte, wie Terrence um die Ecke gelaufen kam. Ich kauerte unter der Treppe, dachte an die Jungenlosigkeit meiner Familie und überlegte, wie ich Mummy danach fragen sollte, wenn sie von der Arbeit kam, als ich plötzlich Terrences knochiges Knie im Gesicht spürte. Ich schrie auf, und die Klatschtanten zuckten zusammen. Meine Wange lief sofort knallrot an, aber ich entdeckte kein Mitgefühl in den Augen von Mama Tawona. Sie sah mich an, als sei ich es, die etwas verbrochen hatte.

Das tat weh.

Den Begriff „Primogenitur" lernte ich erst sehr viel später im Leben, aber dieser Moment war meine einführende Lektion in Sachen Erstgeburtsrecht. Was für eine absurde Idee: dass mein Vater allen Grund hätte, sich eine andere Frau zu suchen, um mit ihr ein weiteres Kind zu zeugen, einen Jungen, der scheinbar mehr dem Bild meines Vaters entsprechen würde als wir alle drei. Dieser Gedanke schoss mir durch den Kopf, während meine Wange immer weiter anschwoll. Ich wusste nicht, ob ich lachen oder mich erbrechen sollte.

Wie konnte es jemanden geben, der Baba ähnlicher sein sollte als ich? War Babas Gesicht nicht auch das meine? War er nicht unser Papa, der uns mehr als alles in der Welt liebte? Der uns überallhin mitnahm – zum Markt und in die Autowerkstatt und zu seinen Freunden –, um mit uns anzugeben?

Und doch verstand ich es genau, kaum dass ich es gehört hatte. Es erklärte all die Male, in denen Mummy von Frauen, die sie gerade erst getroffen hatte, gefragt worden war, ob sie es nicht noch einmal versuchen wolle. Nun begriff ich, warum Mummy immer verärgert den Blick abgewandt und uns rasch weitergezogen hatte, sobald jemand erklärte: „Ihr könnt erst aufhören, wenn ihr einen Jungen habt."

***

Ein paar Tage nach dem Zusammenstoß im Flur tat meine Wange immer noch weh und war geprellt. Tawona und ich spielten Himmel und Hölle, und sie verlor – völlig untypischerweise. Ich warf den Stein und er landete punktgenau im Kasten. Ich fing an zu hüpfen. „Du hast die Linie berührt", rief sie.

Ich hatte die Linie nicht berührt.

„Hab ich nicht", sagte ich also.

„Doch, hast du. Du schummelst."

„Nein, du schummelst. Nur weil ich am Gewinnen bin, erfindest du jetzt Geschichten? Geh bloß weg und schummele woanders!", rief ich. Ich war immer noch wütend auf ihre Mutter, musste immer noch ständig an das Gespräch denken, das ich belauscht hatte, und mein Gesicht tat immer noch weh.

Tawona pflegte Beleidigungen nicht schweigend hinzunehmen. Sie brüllte: „Vielleicht solltest *du* zum Hexendoktor gehen und nicht deine Mutter!"

Ich hatte keine Ahnung, wovon sie sprach, aber ich spürte, wie ich rot wurde.

„Ach, jetzt verschlägt es dir die Sprache, was?", fuhr sie fort. „Ich sag dir mal was, du dummes Ding. Wenn deine Mutter von unserem Stamm wäre, hätte man sie schon längst zum Hexendoktor gebracht. Vielleicht liegt es ja daran, dass ihr Ausländer seid. Aber in Sambia gibt es so etwas nicht. Wie kann eine Frau drei Mädchen nacheinander bekommen? Am Stück. Drei? Zwei geht ja noch, aber drei?! Bäh, das ist ein Fluch."

Sie plapperte immer weiter. War fest entschlossen, den größtmöglichen Schaden anzurichten.

„Wenn sie sich nicht um ihr Problem kümmert, wird dein Vater sie für eine Frau verlassen, die ihm geben kann, was er will. Es gibt keinen Mann auf dieser Erde, der keine Söhne will. Also ehrlich! Sie sollte sich besser vorsehen. Glaubst du wirklich, er bleibt bei euch, wenn er niemanden hat, der ihn beerbt?"

Sie konnte nicht aufhören.

„Ein Mann kann seine Töchter nie so lieben, wie er seine Söhne liebt. Jungs gehören dem Vater. Und was hat dein Vater? Nur Mädchen! Also hat er nichts!"

Ich kann mich nicht daran erinnern, wie ich auf sie eindrosch. Ich weiß nur noch, dass überall Blut war und es mir nicht leidtat, auf sie eingeschlagen zu haben. Es tat mir überhaupt nicht leid. Tawona stand unter Schock. Das hämische Grinsen war ihr vergangen, und deshalb fühlte ich mich etwas besser, obwohl sie mir gerade das Herz gebrochen hatte.

Plötzlich standen schreiende Kinder um uns herum. Tawona war fuchsteufelswild. Sie stürmte zur Treppe, die Menge hinter ihr her. Sie hielt sich die aufgeplatzte Lippe. Ihr blutiges Kleid spannte über ihrem Bauch. Ich ließ mich zurückfallen, hatte Angst. Terrence drehte sich um und kam auf mich zugelaufen. Er schaute ernst. Ihm war die Schwere der Situation bewusst. „Du kommst besser mit. Du machst es sonst nur noch schlimmer."

Terrence nahm mich an der Hand. Wir standen vor Tawona, die mittlerweile blutüberströmt war. Jemand hatte ihr den Zahn gegeben, den ich ihr ausgeschlagen hatte. Er war schmutzig und ganz klein, und als sie ihn sah, fing sie wieder an zu jammern. Meine Unterlippe zitterte. Ich hatte ihr den Zahn nicht ausschlagen wollen. Ich hatte Angst, schlimme Angst. Mama Tawona würde meinen Kopf fordern.

Als wir den Treppenkopf erreichten, wartete Mama Tawona schon. Tawonas kleiner Bruder war vorausgelaufen und hatte seiner Mutter erzählt, dass seine große Schwester geschlagen worden war, und zwar von mir. In Mama Tawonas Augen funkelte der Blutdurst. Ich wartete nicht, bis sie anfing, mich auszuschelten. Ich konnte einfach nicht. Stattdessen beging ich eine noch viel größere Sünde: Ich lief davon. Ich brach die Kardinalregel aller afrikanischen Familien und rannte vor einer Erwachsenen davon, die mich disziplinieren wollte. Ich lief an ihr vorbei zu unserer Wohnung. Hoffentlich war Baba zu Hause.

War er. Er saß am Esszimmertisch, vor ihm seine Bücher und ein paar Käfer. Mummy hasste es, wenn er seine Insekten auf dem Esstisch kennzeichnete, und unter normalen Umständen hätte ich ihm das auch gesagt, aber das hier war ein Notfall, darum rannte ich zu ihm und kletterte auf seinen Schoß, wofür ich eigentlich schon zu groß war.

Dann fing ich an zu weinen. Im ersten Moment dachte er, ich sei verletzt. Er suchte meinen Körper nach offenen Wunden ab.

„Wo tut es weh?“, fragte er verwirrt.

„Nirgends“, rief ich. „Aber Tawona sagt, du hast mich nicht lieb, weil ich ein Mädchen bin.“ Die Worte purzelten aus mir heraus – zusammen mit Tränen und Rotz. „Sie hat gesagt, dass du nur Söhne willst und dass wir nicht nach Sambia gehören, weil wir Ausländer sind, und dass wir dahin zurückgehen sollten, woher wir kamen. Und dann hat sie gesagt, dass Mädchen ein Fluch sind und nur Jungs zum Vater gehören.“

Mir brach die Stimme.

Er sagte nichts, und das beruhigte mich. Wie jedes Kind weiß, ist Schweigen immer der Anfang des Zuhörens.

Baba zog mich näher an sich. Ich konnte sein Herz spüren. Es pochte eine Sonate: „Du gehörst mir, du gehörst mir, du gehörst mir.“ Tawonas Worte verloren ein wenig von ihrer Schärfe. Mein Herz schlug nun im Gleichklang: „Ich gehöre dir. Ich gehöre dir. Ich gehöre dir.“

Als meine Mutter an diesem Abend von der Arbeit kam, brachte sie mich zu Tawona, damit ich mich bei ihr entschuldigte. Wir klopften gemeinsam an die Tür. Mama Tawona öffnete mit strengem Blick.

„Ihr wollt etwas sagen?“, fing sie an.

Mummy ließ sie nicht weiterreden. „Wir sind gekommen, um uns zu entschuldigen. Sonke hätte Tawona nicht schlagen dürfen.“

Mama Tawona unterbrach sie. „Du denkst, es würde ausreichen, wenn du einfach sagst, dass es dir leidtut ...“

Mummy ließ sie nicht ausreden. „Deine Bitterkeit muss sich ein anderes Ziel suchen. In unserer Familie ist sie nicht willkommen. Und wenn du nicht aufhörst, wenn du mit diesem Unsinn weitermachst, wird das Folgen haben.

Wann immer du mich siehst, wirst du Bescheid wissen. Der Fluch, der deiner Ansicht nach auf mir lastet, wird auf dich übergehen. Du wirst auf eine Art und Weise verflucht sein, wie es die Leute hier noch nie erlebt haben. Kennst du Swasis? Kennst du Zulus? Wenn du erfahren willst, was wirkliche Macht ist, dann mach nur so weiter."

Mama Tawona stemmte die Hände auf die Hüften, während Mummy sprach, aber nun erstarrte ihr Gesichtsausdruck. Mummy sah sie eisig an. „Hast du mich verstanden?"

Mama Tawona blieb stumm. Verschämt.

„Ich habe dich etwas gefragt." Mummy klang bedrohlicher, als ich es je gehört hatte. „Ob du mich verstanden hast?"

Mama Tawona nickte. Dann sah sie zu Boden. Sie gehörte nicht zu den Frauen, die einen Fehler einräumen konnten. Das hätte eine Innenschau erfordert, die Mama Tawona gewissenhaft vermied. Wenn man die Regeln der Rechtschaffenheit wie ein Blockwart beobachten will, braucht man eine knallharte Wachsamkeit, die Einfühlungsvermögen und Nachdenklichkeit ausschließt. Meine Mutter wusste das, darum war es unwahrscheinlich, dass sie mit einer Entschuldigung rechnete.

Aber ich war noch klein und dachte, wir würden warten, bis auch Tawona sagte: „Es tut mir leid." Es lag doch auf der Hand, dass Tawona und ihre Mutter sich auch bei mir entschuldigen mussten. Aber das passierte nicht. Mama Tawona zog angesichts von Mummys Wut zwar den Schwanz ein, aber ihrer Meinung nach hatte sie nichts falsch gemacht – sie war einfach nur erwischt worden.

Mummy nahm meine Hand und ging mit mir nach Hause. Als wir die Tür hinter uns schlossen, stand Mama Tawona immer noch vor ihrer Wohnung – wie festgewurzelt und ausnahmsweise sprachlos.

Baba brachte uns Mädchen wie gewöhnlich zu Bett. Er erzählte uns eine Geschichte von einem Mädchen, das einen Stein fand, der sich in einen Stern verwandelte und über den Himmel flog, und ich war sehr müde, aber ich wusste, dass er mir damit etwas sagen wollte. Ich war dieses Mädchen, und ich war auch der Stein, der sich in einen Stern verwandelte. Und vielleicht war ich auch der Himmel. Er wollte mich wissen lassen, dass ich einen festen Platz in seinem Herzen hatte, dass ich der Mittelpunkt seines Universums war.

S.E.X.

Meine früheste Erinnerung an Sex hat mit Vergnügen und Voyeurismus zu tun. Ich war erst sechs Jahre alt, als ich einen Mann und eine Frau in flagranti ertappte, aber ich war alt genug, um zu wissen, dass die beiden mehr Spaß hatten, als erlaubt war. Das entnahm ich dem Glucksen der Frau. Ich wusste, dass sie eigentlich nicht glucksen durfte, weil sie nämlich gerade etwas tat, an dem nur Männer Gefallen finden sollten. Auch wenn ich nicht hätte sagen können, woher ich das wusste. Es hatte etwas Verbotenes an sich, wenn Männer einer Frau mit drallen Hüften, die an ihnen vorbeiging, nachschauten. Frauen mussten so tun, als würde ihnen das nicht auffallen. Und andere Männer mussten das als Aufforderung verstehen, ebenfalls zu schauen.

Ich war noch sehr jung, als mir klar wurde, dass Männer gern Dinge mit den Körpern der Frauen anstellten, wohingegen sich Frauen vor den Dingen schützen mussten, die Männer mochten. Frauen durften nicht lächeln und mussten unbeteiligt tun. Männer mochten Sex, Frauen waren verrückt nach Liebe.

Die Frauen in meinem Umfeld müssen über Männer und Sex und Vergnügen geredet haben, aber da solche Gespräche nichts für Kinderohren waren, bekam ich davon nichts mit. Ich durfte nur zuhören, wenn es um Liebe und Romantik ging. Ich sah die Blicke, die die Frauen austauschten, und spürte, dass es etwas gab, was sie nicht aussprachen, aber ich hörte sie nie über Sex reden.

Die Männer waren da ganz anders. Sie sprachen über alles, auch wenn wir Kinder dabei waren: über *weiße* Siedler und über Liebhaberinnen, die sie in den Wind geschossen, und über gefallene Frauen, denen sie aufgeholfen hatten. Meistens hatten sie dabei zu viel getrunken. Sie grinsten anzüglich und achteten nicht auf ihr Verhalten, außer die Frauen machten sie darauf aufmerksam, dass Kinder anwesend waren und dass sie gefälligst ruhig sein sollten.

***

Meine Schwestern und ich verbrachten viel Zeit im Haus von Aunty Tutu. Aunty Tutu war eine von Mummys besten Freundinnen. Sie hatte einen Sambier geheiratet, Uncle Ted. Die beiden hatten drei Kinder im Alter von meinen Schwestern und mir. Wir formten eine Bande, weniger lärmend als die Truppe von Burley Court, aber auch nur, weil wir nicht so viele waren.

Masuzyo, kurz Suzie, war mit ihren sieben Jahren eine kugelrunde Quelle der Weisheit. Sie tat zu allem ihre Meinung kund. Zudem ließ ihre Brille sie älter wirken, als sie war. Wongani war fünf, nur ein Jahr jünger als ich, aber auch sie schien viel älter zu sein: Sie war der Liebling ihrer Mutter. Tapelwa war erst vier, ein derart unbedeutendes Alter, dass er immer für sich bleiben musste – nicht so klein, dass er zu den Babys gehörte, aber auch noch nicht alt genug, um mit uns großen Mädchen mithalten zu können.

Mandla und Zeng blieben immer im Hintergrund, merkten nicht einmal, dass sie ausgeschlossen wurden. Wongani, Suzie und ich sprachen meistens über die neuesten Nachrichten und diskutierten über Episoden von *Wonder Woman*. Aunty Tutu war meistens unterwegs. Sie fuhr quer durch die Stadt und besuchte Leute, damit sie sich hinterher über deren Wohnungen, die Qualität ihres Gebäcks und die Sauberkeit ihres Personals auslassen konnte.

Trotz aller Nachteile war einer der größten Pluspunkte von Suzies und Wonganis Zuhause das Gästezimmer – gerade groß genug für eine beigefarbene Couch und ein

Himmelbett. Beim Spielen lauschten wir immer, ob wir das Knirschen von Aunty Tutus Auto auf dem Kies der Auffahrt hören konnten. Wir wussten, wenn sie uns mit unseren dreckigen Füßen und unseren schmutzigen Fingernägeln im Gästezimmer erwischte, würde das ernste Folgen haben. Und jedes Mal waren wir so sehr ins Spiel vertieft, dass diejenige von uns, die Wache schieben sollte, alles um sich herum vergaß und zu spät bemerkte, dass Aunty Tutu bereits hinter ihr stand.

Eben hüpften wir noch herum, kicherten und landeten auf der Matratze, und im nächsten Moment riss uns Aunty Tutu den Arm auf den Rücken und flüsterte mit ihrem rauen Vibrato und einem seltsam melodischen und gleichzeitig bedrohlichen Timbre ins Ohr: „Habe ich euch nicht gesagt, dass ihr hier drin nicht spielen dürft?!"

In den Sommerferien vor meinem siebten Geburtstag wurde unser Spaß im Gästezimmer zwei Wochen lang unterbrochen. Aunty Tutus Bruder und dessen deutsche Freundin kamen aus Berlin zu Besuch. Solange sie in der Stadt blieben, war unser De-facto-Spielplatz für uns tabu. Das bedeutete natürlich, dass wir den beiden anfangs feindselig gegenüberstanden. Lange bevor sie in einem klapprigen Taxi ankamen – von der Reise zerknautscht und nach Zigarettenrauch riechend –, hatten wir schon entschieden, dass wir sie nicht leiden konnten. Sie waren nicht unser Besuch. Sie waren nicht gekommen, um uns Gesellschaft zu leisten und uns zum Lachen zu bringen. Nein. Sie waren einfach nur eine zweiwöchige Unannehmlichkeit.

Der Onkel und *Die Freundin* waren natürlich sehr viel mehr als das, hauptsächlich weil sie keinem der Erwachsenen ähnlich waren, die wir bisher kannten. Sie entzündeten Räucherkerzen, was mich an das indische Restaurant in der Innenstadt erinnerte, das wir manchmal aufsuchten, wenn es etwas zu feiern gab.

Außerdem waren sie merkwürdig gekleidet – vor allem die Freundin. Während Mummy und Aunty Tutu ihre immer noch schlanken Körper in enge Polyesterhosen und kniehohe weiße Stiefel zwängten, trug die Freundin knöchellange, weit geschnittene Röcke und kurze Bolero-Blusen. Man konnte so gut wie immer ihren Bauch hervorblitzen sehen, was wir ebenso eklig wie faszinierend fanden. Die Frauen, die wir kannten, hätten niemals ihren Bauch zur Schau gestellt. Arme und Beine waren das eine, aber für Afrikanerinnen – selbst für jene, die den Stereotypen trotzten – war der Bauch etwas völlig anderes.

Der Onkel wirkte, ganz im Gegensatz zu unseren Vätern, schmuddelig. Babas zotteliger Bart und sein Afro hatten eine ganz besondere Ausstrahlung: eine kultivierte Verwahrlosung, die überlegt schien und daher einen eigenen Guerilla-Stil besaß. Nicht so beim Onkel. Der Onkel sah eindeutig zerlumpt aus. Seine Haare dünnten an manchen Stellen deutlich aus, wie bei dem Verrückten, der neben dem Theater in der Stadt obszön tanzte und jede Frau mit einem großen Hintern anmachte und weggeworfene Zeitungen einsammelte, als könne er die Zukunft vorhersagen, wenn er nur genug davon besaß.

Nicht nur, dass sie zerlumpt aussahen, der Onkel und die Freundin verbrachten auch sehr viel Zeit mit etwas, das sie „kritische Auseinandersetzung“ nannten. Wenn ein erschöpfter Erwachsener ihre hitzigen Debatten beenden wollte, dann erwiderte die Freundin mit ihrem gutturalen deutschen Akzent: „Du darfst keine Angst vor kritischen Auseinandersetzungen haben. Die Angst vor dem Fragen und Hinterfragen ist der Tod der Neugier, und das ist das Ende jeder Gesellschaft, die nach Freiheit strebt.“ Der Onkel sagte dann Sachen wie: „Was soll aus Afrika werden, wenn jene, die die Macht haben, zu kritischen intellektuellen Auseinandersetzungen nicht in der Lage sind?“ Dann schüttelte er den Kopf und seufzte.

Uncle Ted, Suzies und Wonganis Vater, war ziemlich wichtig, denn er arbeitete für die Fluggesellschaft *Zambia Airways*. Anstatt ihn erst einmal ausruhen zu lassen, wenn er von der Arbeit kam, bestanden der Onkel und die Freundin darauf, mit ihm über den Antikolonialismus zu reden. Wir wussten alle, dass wir ins Freie gehen mussten, sobald Uncle Ted nach Hause kam, damit er sich regenerieren konnte. Die Besucher wussten das nicht. Also löcherten sie ihn mit Fragen und ignorierten unsere staunenden Blicke. Uncle Ted nahm dann die etwas ratlose und erschöpfte Haltung eines Mannes ein, der zu hart gearbeitet hatte, um nun noch nachdenken zu müssen. Er versuchte jedes Mal, das Gespräch auf ein Terrain zu lenken, das unproblematischer und vernünftiger war. Uncle Ted interessierte sich nicht für soziale Interaktionen. Selbst in seinen besten Zeiten überließ er Aunty Tutu das Reden und zog es vor, gedankenlos in sein Bier zu lächeln.

Der Onkel und die Freundin kümmerten sich nicht um seine Ratlosigkeit und seine Körpersprache. Sie waren so sehr darauf aus, ihre Meinung kundzutun, dass sie die Signale einfach übersahen. Jeden Abend hetzten sie ihn, stellten ihm Fragen, deren Antworten sie schon kannten, führten Gespräche, die sie bereits mit ihm geführt hatten. Ihr Lieblingsthema war die sambische Fluggesellschaft. *Zambia Airways* war ein Prestigeprojekt, ein sinnloses, Geld verschlingendes Unternehmen, das dem nationalistischen Ego schmeicheln sollte. „Es ist doch pure Ironie“, lästerte der Onkel, „dass die Kräfte des Neokolonialismus sich jetzt die große nationalistische Agenda angeeignet haben.“ Die beiden argumentierten überspitzt und provokant und sagten Dinge wie: „All diese afrikanischen Präsidenten fliegen nach Jakarta und wieder zurück, nur um einen

Konsens unter den Blockfreien zu finden. Aber damit wird die grundlegende Infrastruktur nicht aufgebaut! Sie stehlen den Armen dadurch nur das Einkommen, das ihnen schon längst zustehen würde."

Zambia Airways war der Stolz der Nation, und jedermann wusste, dass die Marketingabteilung ausschließlich Leute einstellte, die der afrikanischen Einheit positiv gegenüberstanden. Uncle Ted hatte keine Ahnung, worauf der Onkel und die Freundin mit ihrer Kritik an Nationalismus und Neokolonialismus abzielten. Und das war auch gut so, denn sonst wären seine Gefühle verletzt worden. Mit das Beste, wenn man für *Zambia Airways* arbeitete, war nämlich der Umstand, dass die Angestellten nichts weiter vorweisen mussten als euphorische Vaterlandsliebe.

So banal es auch klingt, für die meisten Einwohner in den jüngst befreiten Ländern Afrikas symbolisierten die nationalen Fluggesellschaften alles, was ihrer neuen Nation von nun an möglich war. Fluggesellschaften verkörperten die glänzende Zukunft. In ihren Uniformen blendend aussehende afrikanische Piloten bewiesen den Intellekt und die Nüchternheit, die den Afrikanern laut den Kolonialherren angeblich fehlten. Das Bodenpersonal war jedoch etwas völlig anderes. Das waren Speichellecker, deren Rolle darin bestand, den Ruf ihrer Heimatländer zu polieren und die Größe zu verkünden, die erst noch kommen sollte.

Männer wie Uncle Ted, die unterwürfig genug waren, um sich einen Job bei der Fluggesellschaft zu sichern, nahmen eine besondere Stellung in der Gesellschaft ein. Seine Anstellung bei *Zambia Airways* und die Tatsache, dass sein Büro *tatsächlich* am Flughafen lag, machten Uncle Ted zu einem großen Mann in einer kleingeistigen Gesellschaft. Seine Position als Manager machte es ihm allerdings auch unmöglich, diese Institution zu kritisieren, zumindest so, wie es der Onkel und die Freundin aus ihm herauskitzeln wollten.

Das Gegenteil traf sogar zu. Uncle Teds Job hing davon ab, dass er ein Ja-Sager blieb. Wann immer Präsident Kaunda von einer seiner stürmischen Weltreisen zurückkehrte, wurde er beim Aussteigen aus seiner Maschine der *Zambia Airways* mit Hurra-Rufen empfangen – und mit allem anderen, was einem Würdenträger beim Aussteigen zustand. Uncle Ted war stets vor Ort, begrüßte den Präsidenten mit Handschlag und stellte sicher, dass alles reibungslos ablief, bis der Präsident das Flughafengelände verlassen hatte.

Für Kaunda als Präsident gab es natürlich keinen lästigen Papierkram, und da der Protokollchef, der Außenminister und ein Großteil des Kabinetts ebenfalls zugegen waren, um den Präsidenten angemessen zu Hause willkommen zu heißen, blieb für einen Manager der *Zambia Airways* eigentlich wenig zu tun, aber Uncle Ted empfand das selbstverständlich anders.

Als Ehefrau eines hochrangigen Managers der *Zambia Airways* gab es für Aunty Tutu noch sehr viel weniger zu tun, wenn der Präsident am Flughafen eintraf, aber auch sie empfand das anders. Wenn der Präsident von einer besonders wichtigen Reise zurückkehrte – beispielsweise von einer Reise nach Moskau oder Peking –, dann zogen Uncle Ted und Aunty Tutu Suzie und Wongani ihre besten weißen Kleidchen mit Rüschen an, als ob sie getauft werden sollten, und Tapelwa wurde in einen dunkelgrauen Anzug gesteckt, der ihm drei Nummern zu groß war. Anschließend fuhren sie alle zum Flughafen und warteten im VIP-Bereich der Rollbahn, in der Hoffnung, einige Kabinettsmitglieder würden ihre Loyalität gegenüber Herrscher und Land wohlwollend bemerken, während sie in der Hitze des Betonbodens schwitzten.

Meine Schwestern und ich saßen vor dem Fernsehgerät und hofften, einen Blick auf Uncle Ted und Aunty Tutu und die Kinder zu erhaschen. Sobald der Präsident gelandet war, trat er aus seiner Maschine und winkte der Menschenmenge und den Beamten mit seinem weißen Taschentuch zu, bevor er die Treppe hinunterstieg. Es gab immer ganze Wagenladungen an Unterstützern, die in den UNIP-Farben gekleidet waren – Grün für die Erde und Orange für das Kupfer, den wichtigsten Bodenschatz. Die Kinder trugen ihre Schuluniformen und schwitzten in der Sonne.

Nachdem er gewunken und gelächelt hatte, fuhr der Präsident mit seinem Konvoi im Schritttempo bis zum Stadion. Dort rief er mit einer Stimme, die vor Patriotismus bebte: *„One Sambia?“* Es klang immer, als wäre die Aussage in eine Frage gehüllt. Dieser Ruf war sein Markenzeichen, und das wussten alle. In unserem winzigen Wohnzimmer riefen meine Schwester und ich zusammen mit der Menge im Stadion: *„One Nation!“*

Wir wuchsen in einem Land auf, in dem es nur eine einzige Partei gab. Daher wussten wir, was wir zu antworten hatten, wenn unser großer Führer uns etwas zurief. Und obwohl wir Aunty Tutu oder die Kinder niemals sahen, strahlte Uncle Teds Hinterkopf mehr als einmal via Bildschirm in unser Wohnzimmer in Burley Court. Die Tatsache, dass er im Fernsehen zu sehen war, machte ihn irgendwie überlebensgroß. Für uns war Uncle Ted ein bisschen wie Clark Kent – äußerlich war er ein Sterblicher, ein gewöhnlicher Mann, der jeden Morgen zur Arbeit ging, aber blitzschnell konnte er auch plötzlich in Spuckweite zum Präsidenten der Republik Sambia stehen!

Jemanden wie Uncle Ted fragte man nicht, ob die Fluggesellschaft möglicherweise ein immens kostspieliges Monument für das Ego des Präsidenten war. Hätte Uncle Ted die Nuancen und die Komplexität dieses Arguments verstanden, dann hätte er seine Gäste womöglich vor die Tür gesetzt. Aber er verstand es nicht. Uncle Ted kam nie auf den Gedanken, dass *Zambia Airways* eine Verschwendung von Steuergeldern sein könnte, darum sah er die beiden nur verwirrt über den Esszimmertisch hinweg an und schwieg. Es war, als würden sie unterschiedliche Sprachen sprechen. Als ob der Onkel und die Freundin von einem anderen Planeten kamen, wo Worte eine Form der Nahrung waren und keine Geräusche zum Zweck der Kommunikation. Uncle Ted aß sein *nsima* und lächelte belanglos – in dem Wissen, dass die beiden bald wieder abreisen würden. Bis dahin würden sie ihre merkwürdigen Geräusche machen, und er würde sie ignorieren und so tun, als würden sie Sinn ergeben.

Die ANC-Genossen, die jedes Wochenende zu uns nach Hause kamen, hätten die robusten Argumente der beiden zu schätzen gewusst, aber sie waren auch Nutznießer von Präsident Kaundas Großzügigkeit. Sie würden eher nicht vorschlagen, dass man im Interesse der einfachen Leute von der Straße ihre kostenlosen Flüge strich. Sie waren der Idee des sambischen Nationalismus so tief verhaftet, dass es sich konterrevolutionär anfühlte, die eigene Fluggesellschaft niederzumachen, auch wenn die Logik hinter den Argumenten Hand und Fuß hatte.

Den beiden Hippies war es egal. Afrika als Idee interessierte sie nicht – sie interessierten sich nur für *Das Volk* als Idee, und obwohl das eigene Probleme mit sich brachte, konnten sie kritischer sein als viele andere. Wenn der Onkel und die Freundin nicht gerade über post-koloniale Belange diskutierten, dann schauten sie sich tief in die Augen, rauchten Zigaretten und strichen sich gegenseitig über die Wangen: oft alles drei gleichzeitig. Sie klagten auch oft über Müdigkeit und mussten sich dann ins Gästezimmer zurückziehen, um ein Nickerchen zu machen.

Sie entwickelten einen eigenen Rhythmus. Sie standen spät auf und gesellten sich zum Mittagessen zu uns Kindern. Das Hausmädchen tischte uns jeden Mittag dampfend heißes *nsima* mit Gemüse und Tomatensoße auf. Wir schlangen es hinunter und kicherten, wenn die beiden sich über unsere Köpfe hinweg verträumt anschauten. Die Freundin tat sich schwer mit dem Essen, aber ihr gefiel die Vorstellung, dass sie auf dieselbe Weise aß wie Das Volk, darum zwang sie sich dazu. Wir amüsierten uns über die merkwürdige Art, wie sie die Soße mit der Hand aufnahm. Auf gewisse Weise schlossen wir sie deswegen ins Herz. Sie mochte seltsam gekleidet sein und ein merkwürdiges Benehmen an den Tag legen, aber ihre Versuche, so zu tun, als sei sie eine von uns, hatten etwas Kindliches.

Beim Essen löcherte uns die Freundin mit Fragen. Dann merkten wir, dass sie kein bisschen so war wie wir oder wie unsere Eltern. „Wie gefällt es euch, wie die Lehrer euch in der Schule unterrichten? Seid ihr es nicht leid, dass man euch sagt, was ihr lernen sollt?“ Und Der Onkel warf ein: „Würde es nicht viel mehr Spaß machen, wenn ihr lernen könntet, was ihr wollt, anstatt das lernen zu müssen, was Das System euch vorgibt?“ (An dieser Stelle wurde er immer aufgebracht.) „Was irgendwelche fremden Leute in einem fernen Land euch lernen lassen?“ Wir verstanden die Worte, aber für uns klang es wie Quatsch.

***

Am vierten Tag ihres Besuches verschwanden die Freundin und der Onkel wie üblich im Gästezimmer, um „ein Nickerchen zu halten“. Suzie, die Älteste von uns, erklärte, die beiden würden noch an Jetlag leiden. „Das hatte ich auch, als wir nach London geflogen sind“, meinte sie wissend. Sie zog das Wort *London* in die Länge, wie es die Londoner bestimmt zu tun pflegten. „Ich konnte wochenlang nicht schlafen, weil meine innere Uhr die ganze Nacht tickte und tackte, und das hielt mich wach.“ Ich war mir nicht sicher, ob das mit dem Tick und dem Tack so funktionierte. Aber wenn es um Belange von internationaler Bedeutung ging, hinterfragte ich Suzies Aussagen nur selten. Stattdessen flüsterte ich mir mit Benny-Hill-Stimme zu: „Halt bloß die Klappe, du warst noch nie im Mutterland England.“

Ihre Schwester brachte nicht so viel Rücksichtnahme auf. Wongani war von Natur aus skeptisch und somit von der Jetlag-Theorie nicht überzeugt. „Die machen da drin etwas Unartiges“, mutmaßte sie. Auch wenn sie erst fünf Jahre alt war, umgab sie schon eine Aura der Resignation, was den Zustand der Welt betraf. Sie seufzte oft und bezeichnete alle als „der da“ und „die da“. So sagte Wongani eines Morgens über Daphne, das Hausmädchen: „Hm, die da denkt, wir würden nicht bemerken, dass sie ihren Freund im Kiosk besucht. Aber warum sonst würde sie wohl so oft am Tag Milch kaufen gehen!“

Da Wongani argwöhnte, der Onkel und die Freundin würden Dinge tun, die man nicht tun durfte, beschloss sie, in dieser Sache zu ermitteln. Sie stellte die entscheidende Frage: „Was genau machen die hinter verschlossener Tür mitten am Tag, wenn normale Leute zu tun haben?“ Nachdem die Frage im Raum stand, konnte keine von uns die Möglichkeit ausschließen, dass die beiden etwas Übles im Schilde führten.

Allein wegen dieser Frage standen wir also irgendwann vor dem Gästezimmer und lugten durch einen winzigen Spalt in der Tür. Drinnen zappelten die verrückten Besucher unter der Bettdecke. Ihre Beine waren verschlungen, ihre Finger und Lippen und Hände und Hüften bewegten sich rhythmisch. Wir waren verblüfft und einen Moment lang wie gelähmt. Mit zur Seite gelegten Köpfen und weit offenen Mündern beobachteten wir die Zuckungen. Nach ein paar Minuten kam wieder Leben in uns. Mit unseren kleinen Händen stützten wir uns gegenseitig ab, während wir zu begreifen versuchten, was der Onkel und die Freundin unter der Decke machten.

Dann holte uns die Realität ein.

„Die könnten uns sehen“, flüsterte ich. „Wir müssen weg.“

„Nein“, zischten Wongani und Suzie. Sie waren wie gebannt.

Wir sahen noch ein paar Minuten lang zu, bis wir jemanden kommen hörten. Wir fürchteten, es könnte Aunty Tutu sein, und stürmten davon. Erst draußen im staubigen Hof hielten wir inne, sahen einander mit hochroten Köpfen an und wendeten dann die Blicke ab. Es war uns peinlich. Wir wussten, dass wir etwas gesehen hatten, was uns ABSOLUT NICHTS ANGING.

Wochenlang konnten wir über nichts anderes reden. Wir sprachen über die Freundin und den Onkel, lange nachdem die beiden wieder weg waren. Sie verschwanden so abrupt, wie sie gekommen waren. Aunty Tutu ließen sie ein vegetarisches Kochbuch zurück, und dem erstaunt dreinschauenden Uncle Ted drückten sie eine bemalte Keramik-Vogelpfeife aus Ungarn in die Hand.

Wir kamen überein, dass wir tatsächlich S.E.X. gesehen hatten. Wir buchstabierten es immer, wenn wir es aussprachen, falls die Babys uns hören konnten, und wir flüsterten *jedes Mal*, wenn wir uns darüber unterhielten.

Bis zu diesem Vorfall hatte ich nur eine ungefähre Vorstellung von Sex. Ich wusste, es war privat und verboten, aber – dank meiner wissbegierigen Gefährtinnen – wusste ich nun auch, dass es nicht nur etwas Schlechtes war, sondern auch Vergnügen bereiten konnte. Wongani stellte klar, dass Menschen, die es gern taten, schmutzig waren. Angesichts der Tatsache, dass die beiden Personen, die wir in flagranti erwischt hatten, sich nicht gerade vorbildlich verhielten, was Hygiene betraf, konnte ich Wongani in diesem Punkt nicht widersprechen.

Wir waren aber nicht nur fasziniert von dem Geschehen, das wir beobachtet hatten. Wir waren fasziniert von *ihr*. Zum Teil, weil die Freundin an diesem Nachmittag diejenige war, die seufzte und stöhnte und den Takt vorgab, während der Onkel nur flüsterte und ein wenig grunzte, aber ansonsten passiv blieb.

Vielleicht stand sie für uns auch deswegen im Mittelpunkt, weil wir Mädchen waren und sie eine Frau war, aber wir wussten aus anderen Informationsquellen, dass sie ihm überhaupt nicht hätte erlauben dürfen, all das mit ihr zu machen. Das war uns schon klar, als wir noch an der Brust unserer Mütter lagen. Jedes Mädchen weiß das. Für uns gelten andere Regeln als für Jungs, und jedes Mädchen, das so tut, als wüsste es nicht Bescheid oder hätte es vorübergehend vergessen, wird früher oder später wieder daran erinnert. Sosehr wir drei uns charakterlich unterschieden, in diesem Punkt waren wir uns absolut einig. Es gibt einfach Dinge, die weiß man.

Ein paar Tage nach dieser Peepshow setzte ich mich in dem kargen Innenhof neben Suzie und Wongani. Weil die beiden Läuse hatten, hatte Aunty Tutu ihnen die Köpfe geschoren und sie mit Vaseline eingerieben. Daphne musste darauf achten, dass sie den ganzen Morgen in der Sonne saßen, damit alle Überreste der Läuse weggebrannt wurden. Angesichts ihres Verhältnisses zu Wongani genoss Daphne es, Auntys Anweisung umzusetzen. Ich saß neben Suzie und Wongani und zeichnete einen Strich in den Sand, während ihnen die Vaseline in den Nacken und auf die Schultern lief. Jedes Mal, wenn sich eine von beiden bewegen wollte, kam Daphne herausgelaufen und rief: „Eure Mutter sagte, drei Stunden. Ihr bleibt, wo ihr seid. Die Zeit ist noch nicht um."

Aunty Tutu wusste wahrscheinlich, dass die sengende Sonne nichts weiter bewirkte, als die Köpfe ihrer Töchter aufzuheizen, aber die Scham, Läuse im Haus zu haben, trieb sie zu dieser besonderen Grausamkeit. Aunty Tutu wollte sich nicht nachsagen lassen, dass sie von den Läusen gewusst, aber nichts gegen ein neuerliches Auftreten unternommen hatte.

Also saßen wir in dem graslosen Hof und schwitzten Seite an Seite – als Opfergabe an andere Mütter, die sich fragen könnten, wo die Haare der Mädchen geblieben waren. Dann würde Aunty Tutu sagen können: „Sie hatten Läuse, darum habe ich sie rasiert und in die Sonne gesetzt, um die Läuse wegzubrennen." Und die anderen Mütter würden das respektieren und würden ihre Kinder das nächste Mal derselben Behandlung unterziehen und sowohl die unnötige Bestrafung als auch die Prahlerei hinsichtlich ihrer mütterlichen Strenge wiederholen. Suzie wischte sich ein Vaseline-Rinnsal von der Stirn, damit es ihr nicht in die Augen lief, dann setzte sie das Gespräch an der Stelle fort, wo wir am Vortag unterbrochen worden waren, als Mummy mich abgeholt hatte.

„Wie ich sagte", fing Suzie an.

Wongani und ich drehten uns zu ihr und sie fuhr fort: „Die beiden sind nicht einmal verheiratet."

„Das ist richtig", bestätigte ihre Schwester. „Und das ist Pech, weil sie nun in ewiger Schande brennen müssen."

„Sie wandern direkt in die Hölle." Ich seufzte. „Vor allem, weil sie die Frau ist." Ich war überrascht, wie nonchalant und weltgewandt ich klang.

Wir nickten und schüttelten dann in konsternierter Resignation die Köpfe.

In den darauffolgenden Wochen waren wir völlig überdreht und verbreiteten die Geschichte überall. Meine Freundinnen in Burley Court hätten minutiös alles erzählen können, obwohl sie es gar nicht mit eigenen Augen gesehen hatten. Ebenso meine Freundinnen im Haus von Uncle Stan und Aunty Angela, wo ich an Schultagen meistens die Nachmittage verbrachte.

Sobald ich die saftigen Einzelheiten mit allen geteilt hatte und sie sich in den Gassen weiterverbreiteten, herrschte fast einhellig die Ansicht, dass die Freundin eine Edelprostituierte gewesen sein musste, die extra für Sex nach Lusaka gebracht worden war.

Immer wieder sprachen wir in vorgetäuschtem Entsetzen über das, was wir gesehen hatten. Suzie war besonders gut darin, die schlüpfrigsten Details nachzuerzählen. Stets kehrte sie dabei zu einer Sache zurück: „Habt ihr gehört, wie sie ‚ja, ja, ja' rief?" Und dann gab Suzie ein germanisches Keuchen von sich, mit dem sie die Freundin imitieren wollte. Wir kicherten. Und jedes Mal beendete eine von uns das Gespräch mit den Worten: „Jedermann weiß, dass nur Straßenmädchen S.E.X. mögen."

Mir war zunehmend unwohl, wenn das Thema hochkam. Die Freundin war wirklich nett zu uns gewesen. Sie hatte nur zwei Wochen mit uns verbracht, aber trotzdem. Sie hatte mit uns *nsima* gegessen und uns zum Lachen gebracht. Sie hatte es sogar geschafft, dass wir über die Schule und Präsident Kaunda nachdachten. Trotz all ihrer Fragen und ihrer kurzen Blusen und ihrer Flatterröcke war sie doch kein Monster gewesen – sie war nur eine Frau. Mir hatte sie ein Duftstäbchen geschenkt, das nach Vanille roch. Suzie hatte eine leere Streichholzschachtel mit dem Bild eines Drachen darauf bekommen und Wongani einen lilafarbenen Filzuntersetzer. Dem Onkel waren wir egal gewesen, und doch sagten wir nichts Schlechtes über ihn. Doch jedem Kind im Umkreis von fünf Kilometern erzählten wir, wie die Freundin gestöhnt und geseufzt hatte.

Der Fehler, den sie begangen hatte, lag nicht darin, dass sie sich hatte erwischen lassen. Ihr Fehler war gewesen, dass es ihr gefallen hatte. Wir waren nur Kinder, aber wir wussten, dass wir *ihm* vergeben und *sie* für eine Sünderin halten mussten. Wir waren groß genug, um zu begreifen, dass sie sich nicht schämte, und das schien herrlich verkehrt und erklärte außerdem alles, was an ihr nicht stimmte. Die Freundin sagte, was sie wollte, und tat, was ihr gefiel, und deswegen – und weil ich ein Mädchen war wie sie – fragte ich mich, wie es sein würde, wenn ich mich eines Tages wie sie – auf dem Rücken liegend, die Beine gespreizt, die Arme in der Luft, mit schweren Lidern und offenem Mund – ungeniert hingeben würde.

Gogo Lindi

Lindiwe Mabuza kam nach Lusaka, als ich fünf Jahre alt wurde. Sie war die Art von Frau, die andere Leute nervös machte. Sie hatte in Amerika gelebt, wo sie sich die Kunst aneignete, sich nicht darum zu kümmern, was andere von ihr dachten – sie war eine durch und durch unabhängige Frau. Dieser Wesenszug war ihr schon immer zu eigen; zweifellos war er es, der sie erst nach Lesotho, dann in die USA und wieder zurück nach Afrika geführt hatte. Aber das Leben in Amerika während der 1960er muss ihn vervollkommnet haben.

Manchmal war Lindiwe Mabuza ruppig, und es war ihr herzlich egal, dass sie deswegen als launische Person galt. Sie tat, was sie wollte. Sie stritt sich heftig, wenn sie es für angemessen hielt. Sie war oft anderer Meinung, und es machte ihr nichts aus, wenn sie damit andere beleidigte. Vor allem Männer. Sie sprach nicht über den Feminismus. Sie hob einfach nur das Kinn und sah auf die Männer herab, die nicht so klug waren wie sie. Es kümmerte sie nicht, was ihr Intellekt mit deren Ego anstellte.

Als ich sie kennenlernte, war sie fast vierzig, geschieden und hoch gebildet. Da Baba streng genommen ihr Neffe war, bestand sie darauf, dass ich sie Gogo nannte, trotz der Tatsache, dass sie viel zu jung war, um wirklich meine Großmutter sein zu können. Manchmal war sie seltsam. Dickköpfig, selbst in kleinen Dingen. Aber die Leute lernten, sich zurückzuhalten und ihr ihren Willen zu lassen. Man sagte von ihr, sie sei „schwierig", und das war sie auch.

Es brachte alle möglichen Probleme mit sich, wenn man in jener Zeit fast vierzig, bestens ausgebildet und geschieden war. Mir waren diese Probleme fremd. Ich wusste nur, dass Gogo Lindi genau in dem Moment in mein Leben trat, als ich jemanden ganz für mich allein brauchte, jemanden, den ich nicht mit einem Kleinkind und einem nach Milch riechenden Baby teilen musste, die beide darauf aus zu sein schienen, mein Leben zu ruinieren. Gerade, als mir alles zu viel wurde, erschien Gogo Lindi und hatte nur ein Ziel: mich zu verwöhnen.

Bevor Gogo 1979 nach Lusaka zog, hatte sie in den USA einen Uni-Abschluss erworben und in Minnesota als Lehrerin gearbeitet. Dort hatte sie sich verliebt, doch die Beziehung zerbrach. Sie kehrte nach Afrika zurück, im Herzen eine Revoluzzerin. Als sie mich traf, hatte sie vermutlich immer noch Liebeskummer und versuchte, Teile von sich wiederzufinden, die sie auf der anderen Seite des Ozeans zurückgelassen hatte. Sie sehnte sich auch nach einer neuen Heimat und nach jemandem, der zu ihr gehörte.

Gogo Lindi hatte eine Tochter namens Thembi. Das Verhältnis der beiden war schwierig. Thembi war schon ein Teenager – sie wurde mir zur großen Schwester. Aber was Gogo brauchte, war eine kleine Tochter, jemand, der sie einfach anhimmelte und keine komplizierten Fragen stellte, wo sie gewesen war und warum sie sich nicht besser um sie kümmerte. Als Lindiwe Mabuza an jenem kühlen Abend in Lusaka eintraf, fand sie dort mich, das kleine Mädchen, das nur auf jemanden wie sie gewartet hatte.

Gogo Lindis Blick durchbohrte meinen Brustkorb und sah mein übervolles Herz, und ihr wurde klar, dass ich ein altkluges und übermäßig eifersüchtiges Ding war, das nicht darüber hinwegkam, dass nicht nur eine, sondern gleich zwei kleinere Schwestern da waren. Gogo erkannte in mir eine seelenverwandte Reisende, eine kleine Seele, die zäh sein konnte, wenn sie wollte, die aber auch weitaus mehr brauchte, als sie von den Erwachsenen um sie herum bekam. Sie erkannte, dass mich die vielen Gesichter und Stimmen und das Kommen und Gehen in unserem revolutionären Haushalt manchmal überforderten – wie es bei jedem Kind der Fall gewesen wäre. Sie sah auch, dass ich mich nicht traute, meinen Sorgen eine Stimme zu verleihen. Mir war klar, dass es überhaupt keinen Zweck hatte, sich zu beschweren. So war nun mal das Leben.

Gogo Lindi sah all das und machte, was Auntys seit Jahrhunderten für kleine Mädchen taten: Sie stand für mich ein. Sie schenkte mir die Aufmerksamkeit, die Mummy mir nicht ausschließlich geben konnte, und brachte mir bei, was es heißt, ein Mädchen zu sein. Und später, als ich alt genug war, um selbst zu entscheiden, was für eine Frau ich sein wollte, verlieh sie meinen Vorstellungen Form und Farbe und Konturen. Sie gehörte zu den ersten Frauen, die ich vergötterte, Frauen, die sich keinen Deut um Regeln scherten. Sie brachte mir vor allem eins bei – dass ich erst mir selbst gehören musste, bevor ich jemand anderem gehörte. Eine Lektion, die ich nie ganz gelernt habe, und wann immer ich sie vergaß, gab ich mir ganz allein die Schuld.

Niemand schien ganz genau zu wissen, was man mit Gogo Lindi anfangen sollte. Sie passte einfach in keine Schublade. Mir war das natürlich egal. Ich hatte damals noch keine Ahnung, wie wichtig Schubladen waren. Ich wusste nur, dass Gogo Lindi meiner Meinung nach die schönste und am besten duftende Person war, die ich je getroffen hatte. Mit der Unschuld eines Kindes, das noch an die Güte der Erwachsenen und an Gerechtigkeit auf der Welt glaubte, dachte ich, sie sei allein deshalb gekommen, um mich mit Liebe und Aufmerksamkeit zu überschütten.

Besonders gern spielten wir „Olympische Spiele“. Gogo Lindi war die Trainerin und ich die Sportlerin. Jedes Mal, wenn wir spielten, wurden wir dabei in die Zukunft katapultiert. In der imaginären Welt, die wir dabei erschufen, schrieb man das Jahr 1992, und ich war achtzehn Jahre alt. Als Weltmeisterin in rhythmischer Sportgymnastik und im

Hundert-Meter-Lauf trat ich für das freie Südafrika an. Die Spiele wurden in Addis Abeba abgehalten, dem Hauptsitz der Organisation für Afrikanische Einheit, weil – nun ja, nichts anderes hätte Sinn ergeben. Selbst unsere Spiele waren pan-afrikanisch.

Gogo Lindi stand an einem Ende des Hofs der Sangwenis, ich am anderen. Die Sangwenis gehörten entfernt zur Familie. Aunty Angela und Uncle Stan waren wie Eltern für uns, und Lindiwe und Dumi waren die große Schwester und der große Bruder für uns Mädchen. Als Kleinkind verbrachte ich viel Zeit in ihrem Haus, und natürlich statteten wir den Sangwenis auch später noch jedes Wochenende einen Besuch ab. Gogo Lindi war Uncle Stans jüngere Schwester. Als sie nach Lusaka kam, wohnte sie deshalb zuerst bei Aunty und Uncle, und natürlich bestand sie darauf, dass auch Baba sie Aunty nannte, auch wenn er gar nicht so viel jünger war als sie. So begann in dem Haus in der Kalungu Road unsere lebenslange gegenseitige Verehrung.

„Auf die Plätze!“, rief sie. „Fertig. Los!“ Und dann rannte ich, so schnell ich nur konnte. Ich lief gegen die Uhr. „Eine gute Zeit“, lobte Gogo hinterher. „Du hast deinen bisherigen Rekord um fünf Sekunden unterboten.“ Als Nächstes ging ich zur Gymnastik über. Ich schlug Purzelbäume, machte einen Handstand und rollte eine Weile auf eine Art und Weise über den Boden, wie ich mir Gymnastik vorstellte. „Wunderbar“, erklärte Gogo, „absolut fantastisch. Sogar noch besser als Nadia Comăneci.“

Wir waren ein verschworenes Duo, teilten verstohlen kichernd unsere Geheimnisse. Sie wusste, dass ich darunter litt, Geschwister zu haben, darum gab sie mir alles, was ich wollte. Andere mochten sich durch die Kapriolen von Baby Zeng oder die clevere Genialität von Mandla ablenken lassen, nicht so Gogo. Sie hielt den Blick stets fest auf mich gerichtet und war an den anderen beiden nie auch nur im Geringsten interessiert. Die beiden merkten das nicht, darum waren sie auch nicht böse. Aber ich wusste es, und für mich bedeutete es die Welt.

Abends ging Gogo Lindi meistens ins Studio und strahlte ihre Sendung nach Südafrika aus. Sie leitete *Radio Freedom* und war zuständig für Kunst und Kultur im Exil-ANC.

Lindiwe Mabuza hatte ihren Magister in Amerikanistik in Ohio gemacht. Mir wurde erst später klar, was für eine Leistung das darstellte. Eine Schwarze Südafrikanerin, 1935 geboren, hatte es aus Natal über Transvaal und Lesotho bis nach Amerika geschafft – das war schon ziemlich bemerkenswert. In den 1960er Jahren wurde sie Professorin und heiratete einen Schwarzen Amerikaner.

Sie sprach viel über diese Leute, die von Sklaven abstammten, über die Parallelen zwischen ihnen und uns, darüber, wie unser Kampf mit dem dieser „Brüder und Schwestern auf der anderen Seite des großen Teichs" verflochten war.

Wann immer sie das sagte, stellte ich mir einen verlorenen Stamm *jive-talking negroes* (wie wir sie nannten) vor, die mit riesigen Afros durch die Prärie wanderten und dort auf Indigene stießen. Was ich über Amerika wusste, waren unzusammenhängende Schnipsel aus alten Western voller Apachen und Navajos in menschenleeren Steppengebieten ... und aus Sitcoms wie *Die Jeffersons, Sandford and Son* und *Good Times*.

Viele Jahre lang lebten die Brüder und Schwestern auf der anderen Seite des großen Teichs an diesem kuriosen Ort meiner Imagination. Ich träumte von dem seltsamen Englisch, das sie sprachen, und davon, wie sie „Kumbaya" summten. Vielleicht war das der Grund, warum ich die Afroamerikaner wie längst verloren geglaubte Cousins und Cousinen betrachtete, als ich schließlich nach Amerika kam.

Gogo Lindis Ex-Mann trug einen *weißen* Nachnamen – Brown oder White oder Brody oder etwas in der Art –, aber er war Schwarz wie die Nacht. Jahre später, ich war schon ein Teenager, entdeckte ich zufällig Fotos von ihm in einem Koffer mit Sachen, den Gogo Lindi Aunty Angela zur Aufbewahrung gegeben hatte. Ich hatte das Gefühl, etwas zu sehen, was ich nicht sehen sollte, darum legte ich die Fotos rasch wieder zurück, obwohl Gogo zu der Zeit meilenweit weg war. Aber ich hatte genug mitbekommen, um zu wissen, dass er so blendend aussah wie Sidney Poitier. Auf den Fotos schien er sie sehr zu lieben.

Die Ehe hatte allerdings nicht funktioniert, und ich bewunderte Gogo Lindi dafür, dass sie stark genug war, um schrecklich traurig zu sein, aber nicht daran zu zerbrechen. Und schließlich ... war nicht sie es gewesen, die mit hochgekrempeltem Rock in den Straßen von Jobstown stand, als sie gerade einmal neun Jahre alt war, und den Mann konfrontierte, der leugnete, ihr Vater zu sein? Hatte sie ihn in den Straßen von Natal, wo sie zur Welt gekommen war, nicht lauthals angeschrien?

„He du, ich weiß, wer du bist."

Hatte sie nicht so laut gerufen, dass er sich auf seinem Pferd umdrehte und versuchte, mit seinem Blick ein Loch in dieses ungewollte Kind zu brennen? Und hatte sie sich nicht geweigert, auch nur einen Millimeter nachzugeben?

„Du bist mein Vater, du musst mir Schuhe kaufen", hatte sie verlangt.

Und hatte er sich nicht verächtlich umgedreht und war einfach davongeritten?

Das war 1943. Als Kind einer mittellosen, alleinerziehenden Mutter wurde Gogo in einen Hass hineingeboren, der sowohl beständig als auch stabil war. Ein Hass, der ihr vermittelte, sie sei nichts wert.

Gogo Lindi konnte kochen, aber sie zog es vor, nicht zu kochen, wenn sie keine Lust hatte. Manchmal hatte sie schlechte Laune. So war das Leben. An solchen Tagen saß sie mit ihren makellos geflochtenen Haaren im Haus der Sangwenis wie eine Fremde, die erwartete, dass man sie bediente. Ihre schlechte Laune war häufig hausgemacht. Dann schlichen alle wie auf Zehenspitzen um sie herum.

Nur ich nicht. Sie war meine ganz besondere Freundin.

Ich liebte sie, weil sie nicht meine Mutter war und das auch gar nicht sein wollte. Sie liebte mich, weil sie das Licht in meinen Augen mochte, nicht weil ich ihr Fleisch und Blut war, sondern weil in meinen Adern etwas anderes von ihr war – etwas Ruheloses und Sehnsuchtsvolles, das gleichzeitig dazugehören und frei sein wollte.

Der Geruch von Zähnen

1981, kurz bevor meine Familie Lusaka verließ und nach Nairobi zog, erlebte ich am stillen Ende eines großen Hofes unerwartet einen Akt der Gewalt.

Der Ort des Verbrechens ist Kalungu Road Nummer 10, und am Morgen des Vorfalls werde ich, wie an den meisten Tagen, vor dem Haus der Familie Sangweni abgesetzt. Mummy begrüßt Aunty mit einem breiten Lächeln, und sie vereinbaren, wann ich abgeholt werden sollte. Aunty nickt in Richtung Lindi und Dumi, die gerade ihr Frühstück hinunterschlingen, und sagt: „Die beiden haben heute nach der Schule Sportunterricht. Ich muss sie gegen sechzehn Uhr dreißig abholen, aber Praisegod ist hier und kümmert sich so lange um Sonke."

Mummy sagt, das passe bestens, und erklärt, dass sie gegen fünf oder halb sechs vorbeikomme. Sie winken sich zum Abschied zu. Ich sichere mir ein zweites Frühstück.

Zehn Minuten später stapeln sich Lindi und Dumi auf den Rücksitzen von Aunty Angelas Auto. Ich springe auf das Fahrrad von Praisegod, und er radelt mich zur Schule.

Praisegod ist ein pflichtbewusster Hausdiener. Im Vergleich zu anderen hat er es in der Kalungu Road leicht. Die Sangwenis achten nicht groß auf Protokoll. Uncle Stan arbeitet als hochrangiger Beamter für die Vereinten Nationen, das heißt, er kann seiner Familie Stabilität und Komfort ermöglichen. Mummy sagt oft, dass Onkel Stan trotz der Vorteile, die es mit sich bringt, für die UN tätig zu sein, keinerlei Allüren habe. Darauf pflegt Baba immer zu erwidern: „Das ist auch gut so, denn Angela wüsste nicht, was sie mit ihm anfangen sollte, falls er plötzlich welche hätte. Sie ist so eine schlichte Seele."

***

Am fraglichen Tag pfeift Praisegod eine fröhliche Melodie. Wenn er Hecken schneidet oder unter dem Maulbeerbaum fegt, dann summt und pfeift er immer, als würde er einen Vogelschwarm in seinem Sprechapparat beherbergen, als würde er eine exotische, vom Aussterben bedrohte Vogelart in seinem Hals verstecken. Vielleicht imitiert er ja die Vögel, die er in seiner Jugend hielt.

Das ist nicht ungewöhnlich für ihn. Niemand kann so gut pfeifen wie er – bis heute habe ich keinen Menschen getroffen, der dieselbe Gabe wie Praisegod besitzt. Wenn er pfeift, stellt er sich dann vor, er würde fliegen? Macht er einen Vogel nach, den er als Kind einmal gehört hat? Ist er sich des Pfeifens überhaupt bewusst oder macht er das automatisch?

Ich frage ihn nie danach, was schade ist, aber völlig normal. Es liegt nicht daran, dass ich nicht neugierig bin. Ich habe viele Fragen über Würmer und Motten und Nachbarn und Autos und die Form von Wolken. Mir kommt nur nie der Gedanke, dass er noch ein anderes Leben haben könnte. Für mich existiert Praisegod ausschließlich dafür, sich um den Garten zu kümmern. Er wäre kein atmendes, lebendes Wesen, wenn es keine Kisten gäbe, die er herumtragen müsste. Ohne Garten und ohne mich, auf die er aufpassen und die er zur Schule bringen muss, würde sich Praisegod in eine Statue verwandeln, die allmählich überwuchert.

Wie alle Mittelklassekinder in Afrika bin ich daran gewöhnt, mit Hausangestellten zu leben. Ich weiß, dass man immer höflich und respektvoll mit ihnen reden muss. Bei uns zu Hause nennen wir die Bediensteten respektvoll Aunty, und später, als wir nach Kenia ziehen und ein *askari* vor der Pforte wacht, nennen wir ihn Bruder Patrick, weil er nur wenig älter ist als ich.

Obwohl Mummy und Baba uns immer sagen, dass wir den Hausangestellten mit Achtung begegnen sollen – sowohl zu Hause als auch, wenn wir irgendwo zu Besuch sind –, ist uns klar, dass es Leute gibt, die sie anders behandeln. Manchmal sogar richtig schlimm.

Wenn die Erwachsenen im Wohnzimmer beisammensitzen, hören wir oft Dinge, die nicht für unsere kleinen Ohren bestimmt sind. Für gewöhnlich, weil wir in den Blumenbeeten unter dem großen Wohnzimmerpanoramafenster kauern und lauschen.

Dann hören wir Dinge, von denen wir nichts wissen sollten. Beispielsweise von der Herrin des Hauses, die ein Hausmädchen schlägt, bis ihr die Äderchen in den Augen platzen; das Hausmädchen, das vom Diener, der als stummer Zeuge von Madams Verbrechen dasteht, aus dem Haus getragen werden muss. Wir bekommen große Augen, als wir von Mädchen vom Land hören, die plötzlich nach Hause in ihre Dörfer geschickt werden, weil man das Anschwellen ihres Bauches nicht länger ignorieren kann.

Sobald wir Kinder in der Nähe sind, werden Gespräche über die Hausangestellten nur im Flüsterton geführt. „Die Kleine war erst fünfzehn, als sie hier zu arbeiten anfing, aber ihr wisst ja, wie Männer aus Malawi sind. Sie würden sogar eine Zwölfjährige heiraten, wenn ihre Mütter es ihnen sagen."

Sie kichern und rollen mit den Augen, wenn Aunty Pulane – eine von Mummys engsten Freundinnen, mit scharfer Zunge und noch schärferem Blick – sagt: „Kein Wunder, dass der Mann nie auch nur eine Nacht in seinem eigenen Bett verbracht hat. Sie hat ihn dabei überrascht, wie er den Sohn der Hausangestellten befummelt hat." Sie rufen den Namen Gottes an, und irgendwie ist es unpassend, das auf Englisch zu tun.

„Thixo!", beschwört Aunty Angela den Allerhöchsten. Die anderen schütteln wissend und resignierend die Köpfe.

Wenn gewisse Leute zu Besuch kommen, fällt es uns schwer, all das zu vergessen, was wir in der Sicherheit der Kalungu Road über sie gehört haben.

Die Reaktion der Frauen – ihre Ablehnung der Taten, aber ihre stumme Akzeptanz, dass solche Dinge unvermeidbar sind – lässt den Missbrauch wie eine natürliche Verlängerung des männlichen Körpers erscheinen. Die Frauen fragen nie, warum die Männer die Dinge tun, die sie tun. Manche Männer sind einfach so. Stattdessen interessiert es sie, warum das Kind nicht besser beschützt wurde. Sie wollen wissen, warum die Mutter nicht vorhersehen konnte, dass so etwas passieren würde. Ihr gesunder Menschenverstand funktioniert einwandfrei – sie versuchen nicht, der Mutter die Schuld zu geben, nein, sie wollen einfach wissen, wie sie ihre eigenen Kinder davor schützen können. Sie wollen die Art von Mutter sein, die immer auf der Hut ist und niemals zulässt, dass ihre Töchter zu nahe ans Feuer geraten.

Obwohl wir mit unseren Hausangestellten keine größeren Probleme haben, gibt es feste Regeln für das Miteinander von Hausangestellten und der Herrin des Hauses. Männer der Mittelklasse dürfen sich gegenüber den Haushaltshilfen alles erlauben, was sie wollen. Sie können ihnen an den Busen fassen. Sie können früher nach Hause kommen und alle Türen verschließen, damit niemand mitbekommt, was sie tun. Jungs können mit den Hausmädchen der Nachbarn schlafen, damit sie lernen, wie Sex funktioniert. Und sie können die Vaterschaft leugnen, wenn das Hausmädchen hinterher einen dicken Bauch bekommt. Die Hausangestellten haben solche Freiheiten nicht. Schon das kleinste Vergehen – wenn sie zu langsam aufstehen, sobald die Dame des Hauses den Raum betritt, oder wenn sie eine Schnute ziehen, weil man ihre Bitte ablehnt, ihnen Geld zu leihen – kann dazu führen, dass

Misstrauen aufkeimt oder, schlimmer noch, der Geduldsfaden reißt.

Die Möglichkeit, dass es zu körperlicher Brutalität kommen kann – wie gering sie auch immer ausfallen mag (und manchmal gar nicht so gering) –, sorgt für einen reibungslosen Ablauf des Systems. Deshalb sind afrikanische Hausangestellte vertrauenswürdig, arbeiten hart und halten im Allgemeinen den Mund bei Dingen, die sie nichts angehen. Es gibt natürlich ein paar, die stehlen, und ja, manche schlagen die Kinder in ihrer Obhut. Aber das sind die Ausnahmen.

Im Großen und Ganzen sind die Hausangestellten liebevoll und freundlich und zuverlässig. Das liegt nicht daran, dass die Armen – die notgedrungen unser Heim putzen und sich um unsere Kinder kümmern müssen – besser oder anspruchsloser sind als die Mittelklasse. Es liegt daran, dass sie keine andere Wahl haben. Das gilt heute noch genauso wie damals, als ich ein Kind war. Die Ausgebeuteten haben viel zu verlieren, darum bleiben sie in der Spur.

Wie sich herausstellt, bildet Hausdiener Praisegod die höchst seltene, bösartige Ausnahme.

***

Seht ihn euch an. Wie er eins wird mit den Bäumen, der Erde und dem Gras. Er weiß, wie man unsichtbar bleibt. Seine Haut hat die Farbe von Amnesie; seine Augen haben den dunkelbraunen Farbton des Vergessens. Seine Gesichtszüge sind unscheinbar. Er ist ein Mann, der den ganzen Tag zu Boden schaut, fegt und harkt und pflanzt. Man kann sich seine Nase und seine Lippen einprägen, wie man will, man vergisst sie trotzdem gleich wieder.

Er hat absolut nichts an sich, was einen an seinem Charakter oder seinen Absichten zweifeln ließe. Man geht einfach davon aus, dass er hier ist, um seinen Lohn einzustreichen und sich, auf seine ganz eigene Weise, in den schlichten Arbeiten hervorzutun, die man ihm zuweist. Wenn man sein nichtssagendes Gesicht betrachtet, sagt man sich, dass es ihn zufriedenstellt, den Hof zu fegen oder Holzscheite zu stapeln. Aber schaut genau hin, das ist ein junger Mann. Gegenüber Kindern ist er sanft und ehrerbietig dem Herrn des Hauses gegenüber. Kaum aus dem Teenageralter heraus, hört er aufmerksam auf die Anweisungen der Hausherrin und erweckt ihr Vertrauen, weil sie ihn kaum zu Gesicht bekommt.

Dieser Jedermann aus der untersten Klasse afrikanischer Männer, ein ungebildeter Dienstbote, ist innerlich zerbrochen. Vermutlich wies seine Seele schon Risse auf, als er auf die Welt kam.

Es muss passiert sein, als er noch ein kleiner Junge war. Vielleicht hat ihm sein Vater wehgetan. Vielleicht hat seine Mutter ihn mit Fäusten malträtiert. Er ist Linkshänder, darum haben sie womöglich versucht, ihn im Fluss zu ertränken, damit der Dämon in ihm die Flucht ergreifen würde. Vielleicht sind ihm am ersten Schultag die Buchstaben an der Tafel vor den Augen verschwommen, und vor lauter Angst hat er sich in die Hosen gemacht. Und möglicherweise wurde er daraufhin vom Lehrer verprügelt, und als er weinend nach Hause in die Arme seiner Mutter laufen wollte, traf ihn womöglich von hinten ein Stein am Kopf, und vielleicht fiel er ohnmächtig zu Boden, und als er mit einer Gehirnerschütterung wieder aufwachte, war er allein. Und vielleicht blieb ihm, nachdem die Kopfschmerzen und das Erbrechen nachließen, nur die Erinnerung, dass er niemals sicher war. Womöglich ist das sogar seine erste Erinnerung überhaupt. Und vielleicht war danach alles zu schwer und zu kompliziert für ihn, und kleine Mädchen wie ich – mit unseren endlosen Fragen und unserem strahlenden Lächeln und unseren mandelförmigen Augen und ordentlichen Zöpfen und unmöglichen Erwartungen – weckten möglicherweise die Erinnerung an die Zeit, als er noch nicht zerbrochen war. Für jene, die nie getröstet wurden, ist die Erinnerung eine entsetzliche Last. Wie ließe sich diese Last erträglicher machen, als zu vergessen, dass sie existiert? Was wäre besser, als wieder Kind zu sein, Kinderspiele zu spielen, in die Zeit der Unschuld zurückzukehren – in die Zeit vor den Verletzungen und dem Schmerz und der Erinnerung?

Ich spekuliere hier natürlich. Aber diesen Luxus erlaube ich mir: Ich war ein widerstandsfähiges Opfer, letztendlich weitaus überlebensfähiger als der arme, zerbrochene Mann, der selbst ein Opfer war – das Opfer einer verkrüppelten Entwicklung. Ich bin nicht tapfer – nur ehrlich. Was mir zustieß, war schlimm, keine Frage, aber Schlimmeres passiert jeden Tag Menschen, die sich nicht davon erholen können. Ich erzähle es, um zu zeigen, dass es zwar furchtbar ist, aber nicht das Ende der Welt.

***

Gehen wir also zurück. Beginnen wir mit dem Moment, in dem er zu mir sagt: „Siehst du das?“, mit der milden Sanftheit eines Sommertags. „Komm her. Schau dir das an.“ Er lächelt, als wolle er ein Geheimnis mit mir teilen, also gehe ich neben ihm in die Knie und betrachte den Grashüpfer in seiner Hand. Ich staune. „Darf ich ihn mal halten?“, frage ich, furchtlos wie immer. Er sagt, dass er mir noch etwas anderes zeigen möchte. Also folge ich ihm. Er führt mich zu seiner Unterkunft.

Das alles ist jetzt lange her, aber ich kann nie davon erzählen, ohne an dieser Stelle den Film anhalten zu wollen. Ich möchte mir zurufen, umzukehren und davonzulaufen, bevor ich den kühlen, schattigen Bau am Rand des Grundstücks betrete. Ich möchte, dass Aunty Angela aus dem Haus tritt, sich die Hände an der Schürze abwischt und ruft: „Sonke, wir gehen jetzt Brot in der französischen Bäckerei kaufen.“ Aber dafür ist es zu spät.

An der Tür zögere ich. Man hat mir oft eingeschärft, sein Zimmer nicht zu betreten und ihm seine Ruhe und seine Privatsphäre zu lassen. Der Raum ist kühl und dunkel und spärlich möbliert. Sein Bett ist schmal und ordentlich gemacht. Der Raum riecht wie er: nach Tabak und getrocknetem Schweiß, ätzend und beißend.

Ich trete ein.

Er setzt sich auf das Bett und klopft neben sich. Gleich darauf sitzen wir Seite an Seite. Meine Beine baumeln über den Bettrand. Ich habe keine Angst. Er bewegt sich blitzschnell. Plötzlich liegt er auf mir, und jetzt habe ich Angst. Ich habe sogar große Angst. Sie macht sich in meinem Bauch breit und lässt mir das Blut in den Adern gefrieren, und alles in mir will abwechselnd leben und sterben. Aber es ist zu spät, um zu entscheiden, in welche Richtung es gehen wird – Leben oder Tod. Schon hat er mir meine hellblauen Shorts ausgezogen. Ich wehre mich mit aller Kraft dagegen, dass er mir auch das Höschen vom Leib reißt. Er zerrt, aber ich halte den Stoff so fest umklammert, dass er den Slip nicht weiter nach unten bekommt, und plötzlich drückt er mir die Beine auseinander und drängt seinen Körper gegen mich. Schwer liegt er auf mir und riecht entsetzlich. Ich will gleichzeitig weinen und mich übergeben. Er fragt: „Gefällt dir das?“

Ich sage ja.

Das „ja“ macht etwas mit ihm. Sein Körper verspannt sich. Er lässt mich los, bleibt aber auf mir liegen. Er ist klebrig, ebenso wie ich. Dort, wo er mich gepackt hat, tut mir alles weh. Auch da, wo sein Penis in mich eindringen wollte. Es ist ihm nicht gelungen, aber er hat mich verletzt.

Ich bin verletzt.

Ich liege unter ihm. Er ist heiß und stinkt. Mir laufen die Tränen aus den Augenwinkeln. Dann richtet er sich auf und knöpft seinen Hosenstall zu. Er sieht mich nicht an. Ich klettere vom Bett, ziehe den Slip hoch und schlüpfe in meine Shorts und schaue ihn dabei ebenfalls nicht an. Ich entferne mich vom Bett, bleibe vor der Tür stehen, warte, bis er sich erhebt. Dann nimmt er meine Hand, und wir gehen Hand in Hand in den Garten, wie schon so viele Male zuvor. Blinzelnd treten wir in das grelle Licht hinaus. Ich weine nicht. Irgendwann lasse ich seine Hand los und gehe zwischen zu Boden gefallenen Maulbeeren und Papayas zum Haus. Leise trete ich ein. Als ich in der kühlen Küche bin, weit weg vom Garten und dem alles überlagernden Duft nach überreifen Früchten, stelle ich mich vor die Spüle und trinke ein Glas Wasser. Mir ist klar, was gerade geschehen ist. Ich schwöre mir, dass er mich nie wieder berühren wird. Ich weine nicht, weil ich tief in mir genau weiß, was ich tun muss, um vor ihm sicher zu sein.

***

Danach fühle ich mich in der Kalungu Road 10 nie wieder wie zu Hause. Mummy setzt mich vor der Schule immer noch dort ab, und nach der Schule warte ich dort auf sie, aber ich überquere immer rasch die Veranda und gehe nicht mehr in den Garten. Nachmittags werde ich zu Dumis Schatten. Ich bleibe immer in seiner Nähe und in der von Cousin George, auch wenn sie gemein zu mir sind und mir sagen, sie hätten Jungssachen zu tun und ich solle verschwinden. Wenn seine Schwester Lindi zu Hause ist, klebe ich förmlich an ihr fest. Es ist mir egal, dass ihre Freundinnen mich den Kassettenrekorder nennen und sich „pst“ zuraunen, wenn ich in der Tür zu Lindis Zimmer auftauche. „Du weißt, dass sie den Erwachsenen alles brühwarm weitererzählt, was wir hier sagen“, warnen sie. Es macht mir überhaupt nichts aus. Ich bin innerlich verhärtet, und meine Mission ist klar und einfach. Mir wird nichts passieren, solange ich nur den Garten meide.

Zwei Tage nach *dem Vorfall* bittet Aunty Angela Praisegod, mich auf seinem Fahrrad zur Schule zu bringen – wie schon so oft zuvor. „Nein“, unterbreche ich ihre Anweisungen an ihn.

„Warum denn nicht, Sonke? Ich muss heute in die Stadt. Das würde es mir sehr erleichtern, mein großes Mädchen.“

Nein! Ich fange an zu weinen. Es ist das erste von vielen Malen in den kommenden Monaten, dass ich meine Nicht-Weinen-Regel breche.

Ein paar Mal, wenn Aunty Angela einkaufen gehen will, schlägt sie mir vor, ich solle im Haus bleiben. „Praisegod ist ja da.“ Ich weigere mich jedes Mal und begleite sie stattdessen. Irgendwann hört sie auf, mich zu fragen. Sie sagt einfach nur: „Komm, Liebes, wir gehen rasch in die Bäckerei.“

Mit jedem neuen Akt der Rebellion wächst mein Selbstvertrauen. Mir kommt nie der Gedanke, irgendjemandem von dem, was Praisegod mir angetan hat, zu erzählen. Ich denke keine einzige Sekunde daran. Nicht, als ich hinterher ins Haus gehe. Nicht, als Aunty Angela fragt: „Wo warst du?“ Nicht, als Mummy mich abholen kommt. Nicht, als ich auf dem Rücksitz sitze und nach draußen schaue, während meine brabbelnden Schwestern neben mir mich mit ihren klebrigen Fingern antatschen. Nicht einmal an dem Tag, an dem alle verzweifelt versuchen, mich auf Praisegods Fahrrad zu setzen, damit er mich zur Schule fahren kann. Ich zappele und trete mit den Beinen und kann mich schließlich losreißen und zu dem Baum neben der Pforte laufen.

Wenn ich es erzähle, bringe ich die anderen in die unerträgliche Lage, etwas zu unternehmen.

„Warum bist du mitgegangen, obwohl wir dir doch so oft gesagt haben, du sollst da nicht hin?"

„Was ist passiert?"

Das werden sie mit Panik in der Stimme fragen.

Wie soll ich die Geschichte erzählen, wenn ich nicht weiß, wie ich die Stille des Zimmers beschreiben soll und den entsetzlichen Verrat meiner Lungen, die mir nie genug Luft gaben, damit ich schreien konnte?

Es jemandem zu erzählen, egal wem, wäre dasselbe, als würde ich es allen erzählen. Von da an würden sie mich alle in eine Schublade stecken. Es würde mich zur Außenseiterin machen. Man würde hinter mir her flüstern, bis ich erwachsen wäre, würde ständig „Warum?" fragen. Wenn ich es ihnen erzähle, werden sie mich trösten und meine Hand nehmen und mir sagen, alles sei gut, aber ich wäre gezeichnet. Sie würden sich – insgeheim oder vielleicht auch in meiner Gegenwart – fragen, warum ich nicht geschrien habe. Ich wäre immer noch ihr Kind, aber ich wäre verändert – beschädigte Ware, nicht länger unschuldig. Sie könnten nie mehr zu mir sagen: „Ach, die Kleine bereitet nie Probleme." Ich wäre ein Problemkind.

***

Ein paar Monate nach *dem Vorfall* teilen Mummy und Baba uns mit, dass wir umziehen werden. Wir werden uns in Kenia niederlassen, weil Baba dort einen Job bei den Vereinten Nationen antritt, wie Uncle Stan. Die Nachricht ist keine Überraschung. Wochenlang saßen Mummy und

Baba schon am Küchentisch und haben sich bis spät in die Nacht über *etwas Wichtiges* unterhalten.

Ich bin am Boden zerstört, als Mummy sagt, dass sie mich nicht mitnehmen. Ich soll noch drei Wochen in Lusaka bleiben und mein Schuljahr beenden, während sie sich in Nairobi einrichten. Baba muss seine Stelle einen Monat vor Ende des Schuljahres antreten, darum macht es mehr Sinn, wenn sie mich hierlassen, erklärt Mummy.

Sie teilt es mir sachlich und nüchtern mit. „Wir fahren mit dem Wagen nach Nairobi, du bleibst hier. Baba spart sein Flugticket von der UN auf und holt dich, sobald das Schuljahr beendet ist. Dann fliegt ihr zwei zusammen zurück." Ich will weinen. Mummy versteht nicht, warum. „Du bist doch gern bei Lindi und Dumi und Aunty und Uncle, Sonke. Und Gogo Lindi kommt dich besuchen. Jeden Tag, wenn du möchtest. Ich werde sie selbst darum bitten."

Ich bin wie versteinert. Mein Entschluss, mich gegen diesen Plan zu stellen, ist felsenfest. Ich habe nichts dagegen, nach Kenia zu ziehen, aber ich werde auf gar keinen Fall im Haus der Sangwenis übernachten.

***

Am Tag der großen Abreise fahren wir in einem übervoll beladenen Auto zum Haus der Sangwenis. Die Erwachsenen unterhalten sich und trinken Tee, um das Unvermeidbare hinauszuzögern. Nach einer Weile tauschen Baba und Mummy einen Blick. Er steht von der Couch auf und streckt sich, ein träges Räkeln der Gliedmaßen. Das ist das Zeichen für Uncle Stan, dass es nun an der Zeit ist.

Uncle Stan räuspert sich und hält – wie es seine Gepflogenheit ist – aus diesem Anlass eine Rede. Mit seinen streng zurückgekämmten Haaren, die schon langsam grau werden, und seiner grün-braun gemusterten Strickjacke ist

Uncle Stan die Personifikation von Ehrwürdigkeit. Auch wenn er wütend wird – was selten vorkommt –, spricht er langsam und getragen. Er ist kein Mann, der zu emotionalen Ausbrüchen neigt. Als er sich also zu seiner vollen Größe aufrichtet, um seine Abschiedsrede anzustimmen, strahlt er eine Aura ruhiger Ernsthaftigkeit aus.

Er beginnt damit, woher wir alle kommen. Er spricht von bescheidener Herkunft und der Fähigkeit des Menschen, über *Widrigkeiten zu triumphieren.* Das erwähnt er immer, wenn es um Masondale geht – das Dorf in den Natal Midlands, wo er und Baba aufwuchsen.

Uncle Stan erinnert uns bei dieser Gelegenheit daran, dass die Architekten der Apartheid nicht damit gerechnet hatten, dass Masondale „Männer wie Kaya hervorbringen würde, also Männer mit Mut und starken Überzeugungen und Würde. Und doch sind wir alle so. Wir sind den Lenden von Menschen entsprungen, die sich nie erobern ließen."

In seiner Rede nennt er Baba bei dem Rufnamen, mit dem er aufgewachsen ist. Im Exil hat Baba einen neuen Namen angenommen: Walter. Es ist der Vorname seines Vaters. Seinen Taufnamen Mavuso legte er ab, als er 1962 nach Francistown ging.

Uncle Stan fährt fort, spricht gemächlich und mit großer Entschlossenheit. „Wir stammen von Menschen ab, die in Wort und Tat edel waren. Mavuso, Ntombi, Mädchen – macht uns auf dieser eurer Reise stolz."

Dann geht es ans Umarmen und Küssen und Winken und Lächeln, und alle sagen, wie tapfer ich bin, weil ich nicht weine. Dann fährt das Auto die Ausfahrt hinunter und biegt in die Kalungu Road. Aunty Angela nimmt meine Hand, und wir gehen zum Haus zurück.

Ich überquere die Veranda und trete in die Küche und trinke ein Glas Wasser an der Spüle. Draußen sehe ich

Praisegod. Er fegt im Garten unter den Mango-Bäumen, und plötzlich realisiere ich, dass ich erst sieben Jahre alt bin, und das fühlt sich so jung an angesichts der riesigen Aufgabe, die vor mir liegt, also lasse ich das Glas fallen und laufe los.

Es gibt keinen Ort, an den ich könnte, darum tauche ich unter den Esszimmertisch und fange an zu weinen. Ich kauere hinter den stabilen Stuhlbeinen und umklammere die massiven Holzbeine des Tisches so fest, als hinge mein Leben davon ab. Aunty Angela – Gott segne sie – denkt, es sei mir peinlich, dass ich das Glas zerbrochen habe. Es ist zu kompliziert, sie zu korrigieren. Das würde zu viele Fragen aufwerfen. Also sage ich nichts. Stattdessen schnüffele ich und schaue sie durch die Stuhlbeine hindurch an. Meine Gliedmaßen sind von den Mahagoni-Beinen fast nicht zu unterscheiden. „Ist schon gut, Sonke", sagt sie und will mich unter dem Tisch hervorlocken. Meine Tränen versiegen. Ich kann ihn hören, wie er draußen fegt. Dann hört das Fegen auf, und alles, was ich noch höre, ist das sich entfernende Pfeifen eines Hausangestellten.

***

In den drei Wochen zwischen der Abreise und Babas Rückkehr wechsle ich kein einziges Wort mit Praisegod. Niemandem fällt das auf. Die Kämpfe, die ich anfangs führte, damit er mich nicht mehr zur Schule bringt, habe ich gewonnen, ich muss sie nicht erneut ausfechten. Tantchen fährt mich zur Schule, und Praisegod hält sich von mir fern.

Ich überlebe diese Wochen, indem ich auf der Straße spiele. Ich gehe nicht mehr in den Garten dieses Hauses, das nicht länger mein Heim ist. Nachts muss ich an seinen Atem denken. Ich höre mich „ja" sagen, und das Blut schießt mir ins Gesicht. Das leise Grunzen des schmutzigen Mannes, der an jenem Tag nicht der Praisegod war, den ich zu kennen glaubte, geht mir nicht mehr aus dem Sinn.

Und dann ist es vorbei. Baba kommt, und wir fahren zum Flughafen, und ich sitze im Flugzeug neben ihm. Die Kalungu Road ist unten auf der Erde, wir sind hoch am Himmel, noch über den Wolken, und Praisegod entschwindet in immer weitere Ferne. Ich fliege schneller als das Licht, so fühlt es sich zumindest an. Unter uns liegt jetzt nicht länger Sambia, sondern die Serengeti und darin Tausende von Akazienbäumen und viele braune Flüsse und Gnus und Elefanten und Straußenvögel, die ich natürlich alle nicht sehen kann, nur auf den Seiten des Bilderbuches in meinem Schoß. Meine Augen und mein Mund bilden eine Triade aus staunend aufgerissenen Ohs, und endlich erlaube ich mir, nicht mehr an die Angst in meinem Bauch zu denken. Ich bin jetzt pure Fantasie, und Praisegod ist weit, weit weg.

Als Mummy mich am Flughafen sieht, umarmt sie mich länger und fester als je zuvor. Sie nimmt mein Gesicht in beide Hände und fragt: „Wie, keine Kratzer auf den Knien?“ Ich schüttele grinsend den Kopf, versuche, nicht in Tränen auszubrechen. „Gar nichts?“ Sie inspiziert meine Arme und Beine, und eine Minute lang frage ich mich, ob sie Bescheid weiß und insgeheim hofft, dass sie etwas findet, damit sie nach Lusaka eilen und seinen Schädel zerschmettern kann, wie es Baba immer den anderen Autofahrern androht, die ihm im Verkehr die Vorfahrt nehmen. Aber der Moment geht vorüber, und stattdessen sagt Mummy wehmütig: „Tja, du wirst wohl langsam erwachsen, mein Mädchen!“

In Nairobi gibt es keinen Praisegod und keinen Garten, nur eine Maisonette-Wohnung in der Ngong Road.

Die liegt nicht weit vom Präsidentensitz entfernt, darum fahren jeden Tag Motorräder und Streifenwagen mit Blaulicht und Sirenen vorbei. Irgendwo in der Kolonne befindet sich der Präsident. Sein Doppelgänger sitzt in einem anderen Wagen direkt vor oder hinter ihm oder, wer weiß, vielleicht direkt neben ihm, damit er im Falle eines Anschlags geopfert werden kann. Ich sage mir, dass ich nun wieder atmen kann. Ich bin an diesem neuen Ort, wo ich es besser weiß, als einem Mann zu vertrauen, der wie ein Vogel zwitschern kann und wie ein Freund flüstert.

Ich verdränge den Gestank seiner Finger und den Anblick seiner tabakbraunen Zähne. Mit der Zeit werde ich mich dazu bringen können, auch sein Gesicht zu vergessen. Seine Konturen werden nur noch Schatten sein. Seinen Körper werde ich nicht so leicht verdrängen können, aber ich werde mir beibringen, dass ich stark war, und ich werde mir in Erinnerung rufen, wie ich mich gegen ihn gewehrt habe, wie ich dafür gesorgt habe, dass ich das überlebe. Und meine Erinnerungen werden mächtiger sein als er. Sie werden in meinem Kopf wie eine Filmrolle ablaufen und mich zu der machen, die ich bin. Sie werden mir sagen, dass das Erbe meiner Kindheit viel größer ist als alles, was dieser eine Mann mir antun konnte.

Mummy streicht Jod auf meine Knie und küsst mich vor dem Zubettgehen.
Die Freundin aus Deutschland warnt mich, ich solle „dem System“ nicht vertrauen.
Dr. Kenneth Kaunda glaubt an uns alle.
Kupfer ist die Farbe von Schlamm nach dem Regen.
Ich klebe ein Etikett, auf das Baba „Danaus chrysippus“ geschrieben hat, an seine Pinnwand, und das Puder von den Flügeln des Schmetterlings haftet an meinem Daumen.

Selbst in meinem ängstlichen Schweigen glaube ich an die Kraft meiner eigenen Knochen. Ich glaube an die zähen Sehnen, die meine Beine laufen lassen. Ich glaube an die Muskeln in meinen Armen, die mich zupacken lassen. Ich vertraue dem Schlagen meines Herzens und der Robustheit meines Brustkorbs. In den Wochen des Schweigens, die zu Monaten und dann zu Jahren werden, rede ich mit mir selbst. Ich sage mir, was die Wahrheit ist, und die lautet, dass er falschlag und an mir alles richtig ist. Ich glaube an meine Knochen, weil es Menschen gibt, die auch an sie glauben.

Heute, nach all den Sepia-Dekaden, erinnere ich mich an den Tabak auf seiner Zunge und die Marihuana-Krümel unter seinen Fingernägeln, und ich kann immer noch seinen Schweiß schmecken. An manchen Tagen spüre ich beim Aufwachen das Gewicht seiner toten Träume. Das ist schon in Ordnung. Viel wichtiger ist, dass ich – wie Scheherazade – ja sagte, damit ich überleben konnte.

Kenia

Kenia hat uns nie so in Besitz genommen wie Sambia. Die ANC-Gemeinschaft in Nairobi war weniger strukturiert. Wir waren nach Lusaka gezogen, weil der ANC dort sein Hauptquartier aufgeschlagen hatte. Nach Nairobi kamen wir, weil Baba dort einen Job fand, und sein Job hatte mit der Revolution rein gar nichts zu tun.

Diese Tatsache – dass Baba nun eine feste Anstellung hatte und kein Vollzeitmitglied des ANC mehr war – eröffnete uns völlig neue Möglichkeiten. Von Flüchtlingen in Sambia – einem Land, dessen komplette Außenpolitik um unseren Schutz und unseren Kampf um Gleichheit herum aufgebaut war – wurden wir zu Ausländern in einer Stadt, deren Hauptanliegen es war, seine Reichen zu füttern und sich von seinen Armen zu distanzieren.

An den Wochenenden fuhren wir quer durch die Stadt, um andere südafrikanische Familien zu besuchen. Ein Jahr nach unserer Ankunft in Nairobi zogen auch Uncle Stan und Aunty Angela hierher. Mittlerweile besuchte Lindi ein Internat in Swasiland. Dumi schrieb sich an der Nairobi Academy ein, die auch meine Schwestern und ich besuchten. Wir fühlten uns gleich heimischer, als unsere Freunde nach Nairobi zogen, aber die Stadt blieb uns fremd.

Um zum Haus der Sangwenis zu gelangen, fuhren wir oft über den Arboretum Drive, der sich entlang eines kleinen Waldes aus uralten Bäumen voller Lianen erstreckte. Dieser Wald war ein üppiger, unfassbar grüner Farbklecks, der aus dem Nichts aufzutauchen schien, gleich hinter der belebten Einkaufsgegend Westlands. Vom Arboretum Drive kamen wir auf unserem Weg nach Kileleshwa durch einen äußerst typischen Vorort. Wenn ich aus dem Autofenster sah, erhaschte ich Blicke auf Villen im Kolonialstil hinter hohen Mauern, die mit Bougainvillea überwuchert waren. Die Blüten – lila und pfirsichfarben und rot – lugten über die gusseisernen Tore und ergossen sich über die dunkelgrünen Hecken. Ich wäre am liebsten aus dem Wagen gesprungen, um an ihnen zu riechen. Das wäre natürlich unmöglich gewesen – jedes Haus war von einer Mauer umgeben, und vor jeder Pforte stand ein Askari – ein Mann, dessen Aufgabe es war, keine Fremden hereinzulassen.

Wie schon in Lusaka gab es auch in Nairobi viele Kreisverkehre. Diese Kreuzungen waren trotz des zunehmenden Verkehrs elegant. Es waren aber auch Orte annähernder Gesetzlosigkeit. An den Wochenenden brauste Baba hindurch, ohne auf die Bremse zu treten. Auf dem Rücksitz rutschten meine Schwestern und ich von einer Seite auf die andere, kicherten und waren uns sicher, dass der Wagen wie ein Cartoon aussehen musste – als ob er jeden Moment umkippen würde.

Unter der Woche war die Stadt eine völlig andere. Von Montag bis Freitag wurde der Verkehr nicht den Ampeln oder jenen Verkehrsteilnehmern überlassen, die sich treu an die Straßenverkehrsordnung hielten. Nein, er wurde von Verkehrspolizisten mit weißen Handschuhen geregelt. Beide Hände nach oben hieß Stopp. Ein bedächtig in unsere Richtung ausgestreckter Arm bedeutete, nach links zu fahren. Die rechte Hand signalisierte dem herannahenden Verkehr anzuhalten. Die Fahrer taten, was ihnen signalisiert wurde, bis ihnen die Polizisten den Rücken zukehrten. Dann rollten sie weiter, hupten und fuhren ohne Rücksicht auf irgendwelche Regeln einfach los.

Die Polizisten trugen Hüte mit Borten, dazu gebügelte, hellblaue Hemden und marineblaue Shorts über sehnigen afrikanischen Beinen. Sie waren mir vertraut. Ich hatte sie in Lusaka gesehen, wo sie den Verkehr auf dieselbe Weise kontrollierten, in der prallen Sonne standen und doch nicht schwitzten. Ich mochte mich jetzt in einem anderen Land befinden, aber irgendwie war hier alles gleich.

Nur, dass es nicht gleich war. Nairobi war kantiger. Es war schnelllebiger, lauter und sehr viel größer als das verschlafene Lusaka. Nairobi kreischte und schepperte, und alle hatten es eilig, irgendwohin zu kommen, um dort etwas Wichtiges zu erledigen. Die Kenianer waren ungeheuer selbstsicher. Sie waren nassforsch und ungeduldig, wohingegen die Sambier das Leben leichter nahmen und sich gemächlicher bewegten. Vielleicht lag es an der jüngeren Vergangenheit Kenias, die extrem blutig war. Das Land zog es vor, nach vorn zu schauen, denn die Rückschau war zu schmerzhaft.

Ich war erst acht, als wir nach Kenia zogen. Ich wusste nicht, dass sich die Briten in dem Jahrzehnt vor der Unabhängigkeit Kenias im Jahr 1963 wie gewalttätige Schläger benommen hatten. Kenias Kolonialgeschichte ist so blutig wie die aller anderen Länder Afrikas, auch wenn die Kenianer bis vor kurzem so getan haben, als sei all das nie passiert.

Hätte ich also nachgefragt, niemand in der Stadt hätte bereitwillig von den *Mau Mau* erzählt. Sie hätten mir nicht davon berichtet, wie Hunderte von Kikuyu-Frauen einen Eid schworen und zu den Macheten griffen, um ihr Land gegen die Briten zu verteidigen. Sie hätten nichts über die kühnen Mau-Mau-Männer gesagt, die in den 1950er Jahren zu Tausenden ermordet wurden, als sie es bei einem Aufstand wagten, *Weiße* zu töten. Kenia war ein Ort voller Geheimnisse, und Nairobi war eine Stadt, deren Einwohner weitaus mehr wussten, als sie preisgaben.

Daniel arap Moi war der Präsident Kenias. Er unterschied sich deutlich von Präsident Kaunda, dem Sambia so sehr am Herzen lag, dass er mitunter in Tränen ausbrach. Präsident Moi schien von den Slums und den Schlaglöchern und der Mangelernährung nicht weiter beeindruckt. Er trug dunkle Anzüge und hatte rote Augen. Nur selten sah man ihn im Fernsehen lächeln.

In Lusaka erklärten Mummy und Baba immer: „Man kann über Präsident Kaunda sagen, was man will, aber er liebt sein Volk.“ In Kenia hörte ich sie das nie über Präsident Moi sagen. Wenn abends die Nachrichten liefen, mussten wir leise sein. Dann sahen wir, wie der Präsident – ohne zu lächeln – Schulen eröffnete oder auf Konferenzen sprach. Er weinte nicht, wenn er unterernährte Kinder mit Kropf sah, die ihn in ihren Schuluniformen begrüßten. Der Anblick von Präsident Kaunda hatte uns immer begeistert, hier beobachteten wir den Präsidenten mit respektvoller Sorge.

Wohin man in Nairobi auch kam, stieß man auf bitterarme Menschen, viele von ihnen erst Kinder. Sie liefen uns an den Abenden, wenn wir in eines der Restaurants der Innenstadt zum Essen gingen, in Horden hinterher. Ihre Blicke bohrten sich uns in den Rücken, wenn wir nach dem Essen rasch zum Auto geleitet wurden. Oder sie sahen uns schweigend an, starrten durch die Scheiben, während wir vor der Ampel warteten.

An den Wochenenden ergossen sie sich auf die Straßen. Sie waren zu arm, um etwas zu kaufen oder zu verkaufen – nicht einmal Essen. Ihre Hände waren immer flehentlich ausgestreckt, und ihre Gesichter sahen aus, als wären sie niemals gewaschen worden.

Ich fragte mich, wie es kam, dass sie nie unter die Räder der rücksichtslos fahrenden *matatus* gerieten, deren Fahrer mit toten Augen an ihnen vorbeidonnerten. In den Straßen Nairobis hatten sie, zwischen vorbeisausenden Autos, gelernt, den wichtigen Männern auszuweichen, deren Reifen unerbittlich über die Straßen bretterten, die so schlecht in Stand gehalten waren, dass man sich nur schwer vorstellen konnte, wie das Land auf ihnen in eine neue Zukunft fahren sollte.

Das Nairobi meiner Kindheit weigerte sich, den Blick zu heben. Es konzentrierte sich ausschließlich auf die Mittellinie, auf den Raum zwischen Magen und Geldbörse. Blickkontakt wurde unter allen Umständen vermieden. So kam man mit der Stadt zurecht – indem man sich in sich selbst zurückzog, die Augen schloss und sich die Ohren zuhielt, um den Lärm auszublenden, der von allem ausging.

Es gab Viertel in der Stadt, die zu gewalttätig, schmutzig und schlimm waren, als dass wir sie betreten konnten. Orte, an denen Kinderarmeen lebten und schliefen und die sie nie verließen. Es gab Kinder in Nairobi, deren Elendsquartiere zu einem völlig anderen Land zu gehören schienen. Mir wurden diese Bilder zu meinem eigenen Schutz vorenthalten. Die Kinder von Nairobis untersten Klassen wussten, wohin sie gehörten, und die Kinder der oberen Klassen erwarteten von ihnen, dass sie dort auch blieben. Kenias Führung war nicht auf Wachstum aus. Ihre Strategie bestand darin, die Elite mit mehr Macht auszustatten. Sie hatte keinerlei Interesse daran, die Mittelklasse auszubauen.

Uncle Stan und Aunty und Mummy und Baba beschlossen eines Tages, ein ganzes Schaf zu kaufen und es schlachten zu lassen. Sie wollten sich den Preis für das Schaf teilen und ebenso das Schaf selbst, um es anschließend einzufrieren. Das wäre billiger, als jede Woche frisches Fleisch zu kaufen. Baba fragte den Askari, der vor der Pforte unserer kleinen Wohnanlage Dienst tat, wo er ein Schaf und einen Schlachter finden konnte. Der Wachmann sagte ihm, er könne ein Schaf an der Dagoretti Corner oder in Kibera erstehen – dem riesigen Slum jenseits des Golfplatzes. Er warnte Baba jedoch, auf keinen Fall selbst dorthin zu gehen. „Ich übernehme das gern für Sie, Sir", schlug der Askari vor. Er wollte sich natürlich etwas dazuverdienen, aber es gab noch einen anderen, vorrangigeren Grund. Er wollte uns beschützen – mit unseren polierten Schuhen und unseren pan-afrikanischen Vorstellungen. Er wollte uns davor bewahren, den gichtigen, pockennarbigen Hintern von Nairobi zu sehen.

***

An unserer Schule, der Nairobi Academy, war die Namensliste aller Schülerinnen und Schüler eine Mischung aus Patels und Richardsons und Kariukis. Allen unseren Eltern lag daran, uns eine solide britische Erziehung angedeihen zu lassen. Jeden Morgen begannen wir den Tag, indem wir die Nationalhymne Kenias sangen. Dann sagten wir auswendig das Einmaleins auf. „Drei mal eins ist eins. Drei mal zwei ist sechs. Drei mal drei ist neun", deklarierten wir unisono. Wer stockte, bekam mit dem Lineal einen Schlag auf den Handrücken. Wir hörten erst auf, wenn wir bei zwölf angekommen waren. Diejenigen, die ganz vorn saßen, in ihren sauberen und gepflegten Schuluniformen, hatten immer alles richtig. Mrs. Richards behielt all jene im Auge, die ganz hinten saßen. Die murmelten etwas, meistens falsch, und hatten weitaus weniger Angst vor ihrem Lineal als ich.

Obwohl wir Nancy Drew und die Hardy Boys lasen und vergötterten, kam mir nie der Gedanke, ich wolle blond und Amerikanerin sein. An der Schule war niemand so selbstsicher oder schön wie Ethel Wanjiku. Während meine Kniestrümpfe unweigerlich auf meine knochigen Knöchel rutschten, blieben Ethels Strümpfe immer oben. Jeden. Einzelnen. Tag. Sie hatte gerade braune Beine und war genau im richtigen Maß mollig. Ihre Waden waren nicht zu mager, und ihre Trägerschürze schien nie zu knittern. Ihre Zöpfe reichten ihr bis auf die Schultern und wurden von zwei makellosen dunkelgrünen Haarspangen an Ort und Stelle gehalten, die farblich perfekt zu unseren dunkelgrünen Uniformjacken passten.

Als ich Mummy dazu bringen wollte, mir ebensolche Zöpfe zu flechten, meinte sie, meine Haare seien nicht lang genug. Ich musste mich mit sechs dürftigen, nach hinten verlaufenden Cornrows begnügen. Keine Haarbänder, keine Spangen. Nicht einmal eine Haarnadel. Als ich Mummy anflehte, mir wenigstens Schleifen in der Farbe meiner Schuluniform zu geben, erklärte sie: „Die Schule ist kein Laufsteg. Konzentriere dich auf deine Bücher, nicht auf dein Aussehen, meine Kleine." Oft bildeten sich bis zur Mitte der Woche in meinem Nacken kleine krause Haarbälle, und die Reihen zwischen den Cornrows waren nicht länger ordentlich, sondern struppig. Es fiel mir schwer, nicht neidisch auf Ethel zu sein.

Dennoch sprach auch einiges für mich. Unter anderem meine Liebe zu Büchern. Ich kann mich nicht erinnern, dass ich jemals nicht gern gelesen hätte. Als ich noch ganz klein war – vielleicht vier oder fünf –, krabbelte ich auf Babas Schoß und las stumm mit. Ich verstand die Bedeutung der Wörter nicht, aber ich wusste, wie man sie zusammensetzt.

Kurz nach unserem ersten Schultag an der Nairobi Academy stellte Mummy eine neue Regel auf. Wenn wir keinen Besuch hatten, sollten wir unsere Aufgaben erledigen und spielen und um fünfzehn Uhr auf unser Zimmer gehen und lesen. Mandla und Zeng kicherten manchmal und redeten. Meistens schliefen sie jedoch ein.

Ich nie. Ich rollte mich ein und las, auch wenn mir dabei manchmal die Augen fast zufielen. Die Geschichten waren eine Atempause für mich – ich konnte ein Drache sein oder eine Prinzessin, ein Bettler oder Dieb. Nach einer Weile wurde mir klar, dass ich auch schreiben konnte. Im richtigen Leben mochte ich neidisch auf Ethel sein, aber auf dem Papier konnte ich sein wie sie oder Gogo Lindi. In den Geschichten, die ich an diesen ruhigen Sonntagnachmittagen in mein Notizbuch schrieb, konnte ich überall und alles sein.

Wir konnten uns die Nairobi Academy leisten, weil Baba jetzt für die Vereinten Nationen arbeitete. In Lusaka war er neben seinem Studium freiwillig für das Umweltprogramm der Vereinten Nationen tätig gewesen. Nachdem er seinen Abschluss gemacht hatte, bot man ihm an, als fester Mitarbeiter nach Kenia zu gehen. Der Umzug tat uns gut, reichte aber nicht aus, um die Sorgen zu mildern, die ihn und Mummy umtrieben.

Der ANC war in Kenia so gut wie nicht vertreten. Die Gemeinschaft, die uns in Sambia Halt gegeben hatte, fehlte hier. Zum einen lag Sambia sehr viel näher an Südafrika. Es gehörte zu den sogenannten Frontline-Staaten, darum war die Bedrohung durch die Apartheid und die Angst vor ihr unter den Sambiern und innerhalb der ANC-Gemeinschaft bedeutend größer. Viel entscheidender war jedoch, dass Präsident Moi – anders als Präsident Kaunda – kein Interesse an der Zukunft des Schwarzen Südafrika hatte, darum war unser Schicksal nicht so eng mit dem seinen verbunden. Moi kümmerte sich ja kaum um das Erziehungs- und Gesundheitswesen seines eigenen Landes. Wie so viele Machthaber Afrikas in den 1980er Jahren war ihm nicht an Moral gelegen, nur daran, seine Macht zu erhalten.

Kenia schwamm im Geld. Es war das Finanzzentrum Ostafrikas, aber ein politisches Herz besaß es nicht. Mummy und Baba wussten, dass Kenia sie – anders als Sambia, Tansania oder Mosambik, wo die Entscheidungsträger um die Macht von Ideen wussten – weder verteidigen noch beschützen würde, sollte es hart auf hart kommen. Solidarität war in Kenia nicht zu finden.

Unsere Situation wurde noch durch unseren rechtlichen Status verschärft, der ad hoc und unsicher war. Meine Schwestern und ich brauchten unbedingt eine Staatsbürgerschaft. Je älter wir wurden, desto dringlicher wurde dieses Problem.

Gleichzeitig heizte sich innerhalb Südafrikas der Kampf gegen die Apartheid auf. Das Regime wurde zunehmend brutaler, und das wiederum machte die Aktivisten militanter. Ebenso wie Millionen ganz normaler Schwarzer im Land. Jede Woche trug man ermordete Aktivisten zu Grabe. Hunderte fanden sich ein und trauerten um sie, und die Trauerfeiern wurden zu Massenkundgebungen. Es gab Streiks, brennende Reifen, Razzien, Gerüchte über Folter und Exekutionen.

Es war eine dunkle und schwierige Zeit, und doch war sie durchdrungen von einem kleinen Funken der Hoffnung. Unser Leben in Kenia schien meilenweit entfernt von Südafrika, und die Freiheit war nur ein vager Umriss – eine Art Hologramm, nach dem man die Hand ausstrecken, das man aber nicht berühren konnte.

In diesem Afrika gab es keine Zukunft für uns. Kenia war nicht Sambia. Es herrschte kein revolutionärer Geist, sondern nur eine krasse soziale Mobilität, die uns niemals Schutz bieten würde. Darum fassten Mummy und Baba einen Plan.

Als Südafrika 1984 in letzten Zuckungen lag – ein Jahrzehnt vor der Unabhängigkeit, als die Freiheit sowohl unerreichbar als auch zum Greifen nah schien –, stiegen wir in ein Flugzeug nach Kanada. Mummy und Baba suchten einen Ort, der uns mehr Schutz bieten konnte, an dem uns die Möglichkeiten und das Potenzial offenstanden, die eine Staatsbürgerschaft und das Gefühl der Zugehörigkeit bieten.

Wir brachen also wieder in ein neues Land auf, an einen Ort, der sauber und unbelastet war und wo uns niemand etwas zuleide tun würde, wie Mummy und Baba dachten.

Der Hauptgrund für den Umzug nach Nordamerika war ein praktischer. Wir hatten in Nairobi ein gutes Leben geführt, aber Baba war offiziell staatenlos, und das bedeutete, dass meine Schwestern und ich das ebenfalls waren. Mummy durfte ihre Swasi-Bürgerrechte nicht auf uns übertragen, weil sie eine Frau war – obwohl sie keiner terroristischen Organisation angehörte und einen gültigen Ausweis besaß.

Als wir noch Babys waren, gelang es Mummy jedes Mal, die *wichtigen* Männer um den kleinen Finger zu wickeln. Sie lächelte kokett im Warteraum und sprach melodisch – und erwähnte ihren Buchhaltungsabschluss oder den Toyota Corolla, den sie fuhr, mit keinem Wort. Sie hatte ein *doek* um den Kopf geschlungen und hielt den Blick unterwürfig gesenkt. Die *wichtigen* Männer nickten und meinten: „Schon gut, *ntombazana. Sizobona*." Kein eindeutiges „ja", aber auch kein „nein". Manchmal riefen sie ihr mit strenger Stimme in Erinnerung, dass sie selbst ja nichts dafür könnten, es läge an ihr, warum habe sie auch einen Guerilla geheiratet. Sie sprachen es „Gorilla" aus. Mummy wusste, dass der Tag kommen würde, an dem die *wichtigen* Männer mehr von ihr verlangen würden, als sie zu geben bereit war. Oder an dem ein Rädchen im Getriebe einfach „nein" sagen würde – dann wären ihre Kinder ohne Staatsbürgerschaft gestrandet.

Es kann nur Mummys Entscheidung gewesen sein, Nairobi zu verlassen und eine Zukunft für uns zu suchen, die uns gültige Ausweise und eine gewisse Stabilität versprach. Als Buchhalterin war sie umsichtig und wusste, wann sich ein kurzfristiges Risiko langfristig auszahlen würde. Baba hatte sich anfangs vermutlich dagegen gesträubt, weil Südafrika eines Tages frei sein würde, und bis dahin würde er schon dafür sorgen, dass es den Kindern gut ging. Letztendlich machten ihn ihre Logik und ihre Entschlossenheit jedoch mürbe. „Südafrika wird frei sein“, kann ich sie sagen hören, „aber bis dahin gilt es, ein Leben zu führen.“

Wir mussten irgendwo sein, wo es sicher war, während andernorts die Trommeln des Krieges schlugen.

***

Auf den Fotos, die während der ersten Wochen nach unserer Ankunft in Kanada im schwülheißen Sommer von 1984 entstanden, stehen meine Schwestern und ich mondgesichtig in einer uns fremden Umgebung. Wir fühlten uns nicht wie Hänsel und Gretel im dunklen Wald, sondern wie Sally und Ding eins und Ding zwei in *Der Kater mit Hut* – plötzlich losgelassen in Ferien, die kein Ende zu haben schienen. Es war befreiend, aber auch beunruhigend.

Die Hitze und die Stille machten uns ruhelos. Mummy und Baba hatten keine Arbeit und waren Tag und Nacht um uns. Es gab keine Rückzugsorte. Und keinen Sicherheitsmann, der mit uns scherzte oder uns schalt, wenn wir uns zu weit von dem Motel entfernten, in dem wir untergekommen waren. Niemand, wirklich niemand interessierte sich für uns.

Die Tage zogen sich endlos vom Sonnenaufgang um sechs bis zum Sonnenuntergang um zehn, und jeder neue Tag war so heiß wie der Tag zuvor, sodass alle in Shorts herumliefen: Omas mit Krampfadern, alte Frauen mit Besenreisern und Teenager mit festen, durchtrainierten Schenkeln. In der schwülheißen Dauerhitze hatte man einfach keine andere Chance. Wir lernten, nicht zu starren, und verbargen unsere amüsierten Blicke, wenn Mehrgewichtige in Flipflops und Jeansshorts die Straße entlangwatschelten.

Alles war hier riesig – viel größer, als es sein sollte –, beispielsweise die Slurpees im 7-Eleven und die überlangen Autos, die trotz ihrer Größe nicht mehr Menschen transportierten. Wir staunten über die Parkplätze. Autos wurden wie Götter behandelt. Ganz anders als in Nairobi, wo die Straßen voller Schlaglöcher waren und man oft schon sehr genau hinsehen musste, um die Markierung für einen Parkplatz auszumachen. Hier waren die Parkplatzmarkierungen makellos, jeder Stellplatz war beleuchtet und sauber.

Wir trafen im Juni im Weizengürtel von Kanada ein. Im kanadischen Hochkommissariat in Nairobi hatten Mummy und Baba den korpulenten Mann hinter dem Schalter gefragt, ob er einen Vorschlag für sie hätte, wo sich unsere Familie niederlassen sollte. Er meinte, Saskatoon sei eine großartige Gegend, um Kinder großzuziehen, und sie folgten seinem Rat.

Bei unserer Ankunft in Saskatoon wurde schnell klar, dass es kaum Arbeitsmöglichkeiten gab. Also fing Baba an, sich auf Stellen in Toronto und Ottawa zu bewerben. Er ging die Zeitungen durch und telefonierte mit Personalvermittlern. Es dauerte nicht lange, und er fand einen Job beim World University Service of Canada (WUST), und schon sechs Wochen später packten wir unsere Koffer erneut und machten uns auf den Weg nach Osten. Wir brauchten eine Woche, bis wir in dem winzigen braunen Datsun, in dem sich fast alles befand, was wir besaßen, von Saskatoon nach Ottawa getuckert waren.

In der Prärie zu bleiben, war keine Option gewesen. In ruhigen Kleinstädten, in denen es hauptsächlich darauf ankommt, dass sich alle gut vertragen, hätte Babas Stolz uns einen Klotz zwischen die Beine geworfen. Uns Mädchen wäre es letztendlich gut gegangen, so gut es einem gehen kann, wenn man innerlich angeschlagen und zerbrochen ist, aber Baba hätte sich wie ein Panther hinter Gittern gefühlt. Er wäre wütend und frustriert geworden, hätte unserem Vater gar nicht mehr ähnlichgesehen, nur noch ein Schatten seiner selbst, seelisch verkrüppelt vor Wut. Darum vermieden wir das Drama, zu dem es zweifellos gekommen wäre, und verließen diesen Ort, der zu klein für einen so großen Mann und seine Frau war. Wir gingen so leise, wie wir gekommen waren.

Baba war von dem Team angeheuert worden, das für einige der ärmsten Gegenden Afrikas humanitäre Hilfe plante und umsetzte. In Lusaka hatte Baba für das World Food Programme gearbeitet und kannte sich mit den Verteilungswegen aus; später hatte er bei den UN in Nairobi viel Zeit damit verbracht, Flüchtlingen aus Uganda beizustehen. Seine Berufserfahrung war daher wie maßgeschneidert für die Dürreperiode, die Äthiopien 1984 heimsuchte.

In den folgenden Jahren war es nirgendwo so schlimm wie in Äthiopien. Die Hungersnot kostete so unendlich viele Menschen auf so unendlich grausame Weise das Leben, dass es sogar die Popsänger bemerkten. *We Are the World!* war im Jahr darauf unsere Hymne. Wann immer dieser Song gespielt wurde, mussten wir daran denken, wie bis auf die Knochen abgemagerte Babys mit leeren Augen und aufgeblähten Bäuchen dank Baba etwas zu essen bekamen.

Obwohl Ottawa bunter war als Saskatoon, waren wir eine der wenigen afrikanischen Familien in den Vororten der Hauptstadt. Unsere Anwesenheit fiel hier so sehr auf wie die der Rhodesier, die in unserer Kindheit auf der Independence Avenue von Lusaka flanierten. Wir stachen heraus wie die *weißen* NGO-Mitarbeiter in Nairobi.

In Kanada waren die *Weißen* so selbstbewusst wie alle *Weißen*, die ich kannte, aber mir fiel auf, dass die wenigen Schwarzen Menschen, auf die wir trafen, sehr viel weniger selbstsicher wirkten. Wir Schwarzen schienen hier zu schrumpfen. Wir wollten uns integrieren und alles genau so tun, wie es die Kanadier taten.

Meine Schwestern und ich waren vorsichtig und argwöhnisch. Am Ende dieses Sommers, einige Wochen, nachdem sich unsere Familie in Ottawa häuslich niedergelassen hatte, rief eine Kollegin von Baba bei uns an, eine Frau namens Marianne. Sie bot uns an, einen Ausflug mit uns zu machen. Sie und ihre beiden Söhne David und Nick wohnten schon seit ein paar Jahren in Ottawa. Die Jungs waren ungefähr im selben Alter wie wir, und sie und ihre Mutter brachten uns das Angeln bei und dass man keine Angst haben musste, im See zu schwimmen.

„Hier gibt es keine Krokodile!“, rief Marianne fröhlich aus dem Wasser. Wir drei Mädchen standen skeptisch am Ufer. Das Wasser war klar, aber den Grund konnte man nicht sehen. Zeng schüttelte den Kopf, und Mandla weinte und rief bockend, sie würde das nicht tun. Ich – zu stolz, um meine Angst einzugestehen – marschierte in den See. In Zeitlupe.

Unser erstes Jahr in Kanada war voll von solchen Momenten. Ständig lauerte etwas Unvertrautes auf uns, und wir gerieten urplötzlich in Situationen, die wir uns nie zuvor hätten vorstellen können. Manchmal handelte es sich um etwas Harmloses, dann geriet ich nur kurz ins Stocken, erholte mich jedoch rasch. Dann wieder hatte ich das Gefühl, als sei die Luft zu dünn zum Atmen, und mir wurde schwindelig und übel vor Sorge, ob ich mich wirklich jemals einfügen konnte.

Auf jenen ersten Sommer traf das besonders zu. Der Umzug nach Saskatoon und später nach Ottawa, das Schwimmen im Lake Manotick und die Besuche im Zellers, dem größten Kaufhaus, das ich je gesehen hatte, überwältigten mich. Hier war alles so fremd. Kanada ließ sich mit keinem der Orte vergleichen, an denen ich zuvor gewesen war. Die Menschen und ihre Bräuche und Gewohnheiten waren völlig anders als alles, was ich kannte.

Manchmal lag ich nachts wach und lauschte den Stimmen von Mummy und Baba im Stockwerk unter uns. Ich konnte nicht schlafen, fand nicht einmal Worte dafür, wie sehr mich alles überforderte.

Ich fürchtete mich auch vor dem Schulbeginn im September. Eine neue Schule, neue Gesichter. Ich fragte mich, ob es hier eine Ethel gab. Und wann ich endlich nicht mehr immerzu das neue Mädchen sein würde.

Am ersten Schultag hielt ich meine Tränen bewusst zurück, weil ich wusste, dass ich Mummy zuliebe stark sein musste. Wenn ich weinte, würde auch Mandla weinen. Zeng besuchte noch den Kindergarten und war zu klein, um wirklich etwas zu begreifen – ihr ging es immer gut. Aber wir anderen beiden wussten, was los war, und wir waren alt genug, um uns zu sorgen. An diesem Morgen fuhr Mummy uns zur Schule. Baba war schon im Büro, und auch Mummy musste zur Arbeit, darum ging alles ganz schnell – keine Zeit für Dramen. Mandla und ich gaben uns tapfer. Wir winkten, als Mummy mit Zeng davonfuhr. Dann blieben wir eine Weile vor dem Schulgebäude stehen. Unsere Angst war fast greifbar, gleichzeitig waren wir erwartungsvoll.

Der Tag war echt hart, denn erste Tage sind immer hart, aber wir überstanden ihn. Und nach ein paar Wochen fühlten wir uns angekommen. Die Schule war kein fremder Ort mehr, und die Straßen, durch die wir jeden Morgen auf unserem Schulweg gehen mussten, sahen sich nicht länger alle ähnlich. Sogar das Haus – das immer noch ein bisschen nach den Leuten roch, die vor uns darin gewohnt hatten – fühlte sich langsam wie ein Zuhause an.

Der Herbst kam, und ich mochte ihn. Die Blätter waren auf einmal nicht einfach nur Blätter – es waren bunte

Papierschnitzel in Gelb und Rot, die jemand in die Luft geworfen hatte und die nun den Boden zierten. Ganz langsam durchdrang mich das Gefühl, dass es mir hier gut gehen könnte. Wir gewöhnten uns einen festen Rhythmus an – morgens Schule, dann Spielen und Hausaufgaben. Es war immer noch anders als früher, aber es schien uns kein merkwürdiges, verunstaltetes Leben mehr, wie wir es anfangs empfunden hatten. Und dann, eines Tages, mitten in all dem, was zunehmend ganz normal wirkte, an einem Tag wie alle anderen Tage davor, nannte mich plötzlich jemand afrikanischer Affe.

Der Schuldige war ein Junge, der mir gar nicht mal so schlimm erschienen war, darum erwischte es mich eiskalt. Die Szene ist mir lebhaft in Erinnerung geblieben, hauptsächlich deshalb, weil sie so brutal war – und ich die Einzige war, der das etwas auszumachen schien. Vielleicht lag es daran, dass er es speziell auf mich abgesehen hatte. Am schlimmsten war – damals wie heute –, dass niemand zu meiner Verteidigung eilte. Sie hörten ihn. Sie hörten ihn alle. Es wurde gekichert und gelacht.

Ich stand wie erstarrt. Dann sagte jemand: „Komm schon ... Scherz!“ Als ob es nichts weiter als eine ganz gewöhnliche dumme Bemerkung wäre, eine Beleidigung, von der ich mich erholen könnte, wenn mir nur schnell genug eine schlagfertige Antwort einfiel. Aber mir fiel natürlich nichts ein – schlimmer noch, ich fing an zu weinen. Sie sahen also nicht nur den Pfeil, sie erkannten an meinen Tränen auch, dass er ins Schwarze getroffen hatte. Dann ertönten die Affenlaute. „Uuu, uuu, aaa, aaa.“ Der erste Junge fing damit an, und rasch fielen einige andere mit ein. Es wurde gelacht. Plötzlich schienen alle mitzumachen. Und als wäre meine Unfähigkeit, darauf zu reagieren, nicht schon schlimm genug, verlor ich die Nerven und lief davon. Mandla lief mir hinterher – sie hatte zu viel Angst, um mich einzuholen, aber auch zu viel Angst, zurückzubleiben. Wir waren beide viel zu verletzt, um etwas zu sagen. Ich lief immer weiter, war wütend auf sie, weil sie meine Demütigung mitbekommen hatte.

Ich hasse ihn bis heute. Ich bin jetzt eine erwachsene Frau und würde ihn auf der Straße nicht einmal mehr erkennen, aber es gibt Kränkungen, die wir nähren, um sie vor dem Vergessen zu schützen. Selbst heute noch, wenn ich bei meinen eigenen Kindern sehe, wie sie immer belastbarer werden, fahre ich manchmal mit den Fingerspitzen über die Stiche, die mir die scharfen kleinen Zähne des Rassismus zugefügt haben. Ich rufe mir in Erinnerung, wie unvorbereitet ich damals war. Dass es eine Zeit der Unschuld gab, als ich Bösartigkeit nicht erkennen konnte, selbst wenn sie schon vor mir stand. Ich blättere in diesen Erinnerungen vor meinem inneren Auge und weigere mich, bei deren Anblick zusammenzuzucken. Wer sich erinnert, der wappnet sich. Eines Tages in naher Zukunft werden meine Kinder weinend angelaufen kommen, weil die Farbe ihrer Haut die Aufmerksamkeit von irgendeinem rosa Kind geweckt hat. Dann werde ich sie in den Arm nehmen und festhalten, während sie die schreckliche Erkenntnis verarbeiten, dass etwas so Simples wie die Hautfarbe von so vielen pervertiert wird.

Meine Kinder werden sich davon erholen und werden stärker aus der Giftattacke hervorgehen, aber das Warten auf diesen Moment, der so unvermeidbar ist wie Wolken an einem eben noch blauen Himmel, erinnert mich an diesen Jungen und diesen Tag und an alles, was danach kam.

Ich erzählte es Mummy. Sie sah aus, als würde sie gleich weinen, aber sie weinte nicht. Sie sagte nur: „Ich rede mit deinem Vater darüber." Als er nach Hause kam, gingen sie ins Schlafzimmer, und als sie wieder herauskamen, rief Baba mich zu sich.

Wir saßen in dem, was die Kanadier „the den", die Höhle, nennen, was in unserem kleinen Stadthaus auch das Fernseh- und Esszimmer war. Ich konnte hören, wie Mandla und Zeng und Mummy in der Küche verstummten und die Ohren spitzten, während Baba redete.

Er packte mich nicht in Watte. „Was ist heute in der Schule passiert?", fragte er und klang ungeduldig, als hätte ich etwas falsch gemacht.

„Wir haben nur gespielt." Jetzt bekam ich es mit der Angst zu tun, wenn ich auch nicht genau wusste, wovor. „Wir haben einfach nur gespielt, und plötzlich hat mich dieser Junge vom Klettergerüst geschubst." Ich fing an zu weinen. „Und dann hat er gesagt, ‚oh, du bist ein guter afrikanischer Affe', und dann hat er Affenlaute nachgemacht."

Babas Gesicht verfinsterte sich, aber er tröstete mich nicht. „Und was hast du gesagt?"

„Nichts. Ich bin weggegangen, weil die anderen Kinder anfingen zu lachen und auch Affenlaute gemacht haben. Und dann hat er mir noch hinterhergerufen, ich solle mich von den Schaukeln fernhalten."

Baba war stinksauer. „Du hast nichts gesagt? Du hast ihn einfach so mit dir reden lassen?"

„Ich wusste nicht, was ich sagen sollte."

Baba stand auf, ich blieb sitzen. Er wirkte größer als je zuvor, und obwohl seine Größe mir normalerweise Trost vermittelte – er stach aus der Menge heraus und war immer leicht zu finden –, sorgte sie nun dafür, dass mir der Nacken vom Hochschauen wehtat. Die Tränen rannen mir aus den Augen direkt in die Ohren.

Mummy trat ein. „Wally, bitte, sie ist noch ein Kind. Was hätte sie denn tun sollen?"

„Ich kann dir sagen, was sie hätte tun sollen", donnerte er, wie er es immer tat, wenn er besonders wütend war, was nicht oft vorkam. „Sie hätte für sich eintreten sollen.

Nicht weglaufen wie ein ...“ Seine Stimme verlor sich, aber ich wusste, was er sagen wollte. Das Wort *Feigling* stand unausgesprochen zwischen uns. Das war Babas schlimmste Beleidigung. Für ihn war nichts erbärmlicher als ein Feigling.

Mummy sah ihn an und versuchte, nicht zornig zu werden. Sie wurde immer sehr leise, wenn sie wütend war, und schien dann eher Kälte als Hitze auszustrahlen.

„Du solltest wütend auf den Jungen sein, nicht auf sie. Wir sollten mit der Schule reden, nicht unsere Tochter anbrüllen.“ Sie flüsterte nur, und über das Rauschen der Scham in meinen Ohren konnte ich sie kaum hören. Baba hatte recht. Er hatte immer recht, und er war stark, und ich war das nicht. Manchmal – vor allem hier an diesem neuen Ort, wo ich anders war, ohne etwas dafür zu können – wusste ich nicht, was ich tun sollte, wie ich mich verhalten sollte, und dann wurde ich zum Feigling.

Mein Instinkt hatte mich nicht kämpfen lassen – er hatte mich zur Flucht bewogen. Ich wusste sofort, dass das nicht richtig war, aber dennoch war es das Einzige, was ich in diesem Moment hatte tun können. Meine Beine wollten mich weit, weit weg tragen, und mein Mund versagte seine Arbeit. Alles in mir, was jemals Angst empfunden hatte, war schlagartig reaktiviert worden. Trotz der Maske der Tapferkeit, die ich für Mummy aufsetzte, und obwohl ich Mandlas und Zengs Hände abschüttelte, die mich auf dem Heimweg festhalten wollten, war ich immer noch dasselbe Kind, das sich unter der Treppe von Burley Court versteckt hatte und unter Mama Tawonas gemeinen Blicken zusammengezuckt war. Ich wusste, dass die Lektion, die ich von Praisegod gelernt hatte – dass es immer am sichersten war, nicht aufzufallen –, in diesem Land nicht funktionieren konnte. Ich stach einfach zu sehr heraus. Ich war ein Ameisenhaufen in der flachen Prärie. Hier musste ich tapfer sein, weil mich alle sahen. Ihre Augen ruhten auf mir, auch wenn ich ihre Blicke nicht bemerkte.

Baba fing nochmal an. „Hör zu, Sonke“, sagte er. „Wenn dich irgendwann wieder jemand so beleidigt, dann schlägst du ihn. Du schlägst sofort zurück, und zwar mit aller Kraft. Es muss Blut spritzen. Hast du mich verstanden? In unserer Familie halten wir nicht die andere Wange hin, nicht in solchen Dingen.“

Ich nickte, immer noch weinend. Ich hatte verstanden. Ich hatte ihn nicht stolz gemacht, und das war neu und ungewohnt.

Am nächsten Tag brachte Baba uns zur Schule. Mandla lief in ihr Klassenzimmer. Baba nahm mich an der Hand und ging mit mir ins Büro des Direktors. Ich saß neben Baba im Flucht-Modus und war mir sicher, was immer er auch sagen würde, es würde mich fürs ganze Schulleben zeichnen. Ich würde zum Ziel werden. Ich würde als Petze und als Baby und, schlimmer noch, als Äffchen gelten. Schließlich wurden wir aufgerufen, und Baba erhob sich mit der Anmut einer Katze. Ich tappte hinter ihm her, bereits mit Tränen in den Augen, verschüchtert und klein. Ich wünschte mir, ich wäre Zeng, fünf Jahre alt und noch in der Vorschule und zu klein, um das Gewicht von Babas Erwartungen zu verstehen.

Im Büro von Mr. Barry – alle Kinder nannten ihn nur Mr. B – empfing uns der Direktor neugierig und freundlich, wie Direktoren es zu tun hatten. Wir setzten uns, und bevor Mr. B auch nur eine Tasse Kaffee anbieten konnte, fing Baba schon an zu reden. Er kam gleich zur Sache, spielte nichts herunter, redete nicht um den heißen Brei herum.

Als der Direktor fragte: „Wie lebt sich Sisonke ein?“, erwiderte Baba: „Tja, deswegen sind wir hier.“ Er wiederholte die Affen-Geschichte in all ihren beschämenden Details. Ich mochte Mr. B, und ich wollte, dass er mich auch mochte.

Ich wollte nicht auf dem Präsentierteller sitzen, weinend. Ich wollte ihm in den Gängen zuwinken können, wie es einige Mädchen in meiner Klasse taten, und ich wollte, dass er dann wohlwollend zu mir sagen würde: „Sisonke, wenn du läufst, anstatt zu rennen, dann kommst du an, ohne zu fallen. Mach langsamer." Aber dieser Zug war abgefahren. Von nun an wäre ich für ihn das Mädchen, das in seinem Büro geweint hatte, weil man es einen Affen nannte.

Baba war das egal. Ihm ging es nur um seine Wut. Er machte dem Direktor seinen Standpunkt klar, und ich schwieg. Baba war gleichzeitig ruhig und wütend, und sein Kopf war stolz erhoben vor Zorn und Würde. Seine großen Hände lagen beim Sprechen im Schoß. Ich starrte sie an und versuchte, nicht auf sein Gesicht zu sehen, denn dann wurde ich noch trauriger.

Zum Schluss, bevor Baba den Direktor zu Wort kommen ließ, sagte er: „Ich komme aus Südafrika. Ich denke, Ihnen ist klar, was das bedeutet. Ich werde nicht zulassen, dass man mein Kind schikaniert. Verstehen Sie das? Ich werde Sisonke das nicht durchmachen lassen. Nicht hier. Ich lasse das nicht zu."

Mr. B hörte zu, ohne Baba zu unterbrechen. Gelegentlich nickte er. Nachdem ihn Baba vor sein Ultimatum gestellt hatte, schwieg Mr. B kurz. Eine respektvolle Pause, um zu zeigen, dass er die Schwere der Situation begriff.

„Mr. Msimang", fing er an, „was da geschehen ist, ist selbstverständlich inakzeptabel. Wir werden den schuldigen Schüler ausfindig machen und ihn dazu bringen, dass er sich entschuldigt. Ich werde auch mit seinen Eltern sprechen und ihnen klarmachen, dass es an dieser Schule null Toleranz für ein solches Verhalten gibt. Was die anderen betrifft – die Kinder, die lachten –, also da sollten wir berücksichtigen, dass Kinder nun einmal über alles Mögliche lachen, ohne zu wissen, was sie da anrichten. Wir können nicht gleich die ganze Schule für jedes Fehlverhalten bestrafen – sosehr ich das auch möchte. Ich meine, ich müsste die ganze Zeit nach Schaulustigen suchen und sie eines Kapitalverbrechens anklagen."

Mr. B kicherte, versuchte, die Atmosphäre aufzulockern. Er glaubte, Baba das gegeben zu haben, was er wollte – sich in dieser Angelegenheit sehr vernünftig verhalten zu haben –, und er fand, dass es einen Präzedenzfall schaffen würde, wenn er Eltern erlauben würde, der Schule vorzuschreiben, wie sie sich zu verhalten habe.

Mr. B strahlte Selbstbewusstsein aus. Er war in seinem Job eindeutig sehr gut. Aber allgemeine Kompetenz reichte hier nicht aus, und Baba war wenig beeindruckt. Er ließ sich nicht einlullen. Er weigerte sich schlichtweg, Zugeständnisse zu machen. Er war hier, um Gerechtigkeit zu bekommen. Baba blieb ruhig und wütend, was mich immer beunruhigte, weil die Wut jeden Moment die Ruhe zu verschlucken drohte.

„Nein."

Das Lächeln von Mr. B gefror.

„Nein, ich lasse nicht zu, dass sie mein Kind auslachen und dann so tun, als hätten sie nicht verstanden, was Sache ist. Sie sind der Direktor. Sie müssen Kinder bestrafen, wenn sie grausam sind. Sie haben die Macht und tragen die Verantwortung."

„Ich verstehe ja, dass Sie erregt sind, Mr. Msimang, aber das hier ist Kanada. Nicht jeder ist so aufgeklärt, wie er sein sollte. Die Schulen können natürlich ihren Teil beitragen, aber leider kommt so etwas in unserer Gesellschaft vor. Ich weiß, Sie sind noch nicht lange hier, und ich sage es nur ungern, aber Ihre Tochter wird lernen müssen, mit solchen Dingen zurechtzukommen."

Jetzt war die Ruhe aufgebraucht. Der Zorn übernahm. Babas Gesicht veränderte sich, und seine Stimme dehnte sich wie der Gummi in einem Katapult, bevor man den Stein abschießt. Die Augen von Mr. B wurden groß, und er wirkte verängstigt und überrascht, als wäre ihm fast so unwohl zumute wie mir.

„Es macht Ihnen also nichts aus, dass unter Ihrer Aufsicht mein Kind als Affe bezeichnet wird? Sie als Direktor erklären, ohne mit der Wimper zu zucken, dass das einfach eine Lektion ist, die ein Schwarzes Kind zu lernen hat? Sie erklären ungerührt, dass sie eben lernen muss, Beleidigungen hinzunehmen? Ist das wirklich Ihr Ernst?"

Die Frage war rhetorisch, aber Mr. B versuchte dennoch, darauf zu antworten. „Das meine ich doch gar nicht", stammelte er. „Ich sage nur, dass der Vorfall natürlich äußerst bedauerlich ist, dass wir aber nicht jeden Aspekt des Zusammenlebens kontrollieren können."

Baba ließ sich nicht beirren.

„Diese Kinder – und zwar alle – schulden meiner Tochter eine Entschuldigung. Wenn Sie das nicht einsehen, dann weiß ich nicht, wie ich darauf vertrauen soll, dass Ihnen das Wohl meines Kindes tatsächlich am Herzen liegt. In diesem Punkt, Sir, sind wir nicht einer Meinung, und Sie können mich nicht vom Gegenteil überzeugen."

Es trat Stille ein. Nicht die angenehme Stille, die Mr. B womöglich in Workshops zu Konfliktlösungen oder Mediation zu erwarten gelernt hatte, sondern eine ausgedehnte, unangenehme Stille.

„Ich weiß nicht, was ich jetzt tun soll." Mr. B lief rot an. Es war ihm peinlich, und vielleicht schämte er sich sogar, wie ich am Tag zuvor, als Baba mich angebrüllt hatte. Ich hatte noch nie zuvor mitbekommen, wie souverän Baba seine Argumente einsetzte. Es war das eine, wenn Freiheitskämpfer tranken und darüber debattierten, den ersten Afrikaner ins All zu schicken. Aber es war eine ganz andere Sache, wenn ein Guerillakämpfer sich zu seiner ganzen Größe von zwei Metern fünf aufrichtete, und das in einem Vorortbüro, übervoll mit Memos vom Kultusministerium, Stundenplänen, Trophäen und Jahrbüchern. Mr. B wirkte klein und verwirrt, weil er nicht wusste, dass Baba gegen die Arroganz eines John Cecil Rhodes und David Livingstone und Henry Morton Stanley gekämpft hatte – und auch gegen die der wunderbaren Nonnen der Inkamana-Abtei, die ihn an der High School zwar sehr gut ausgebildet hatten, aber nie das Gefühl ihrer leichten Überlegenheit in den Augen Gottes und der Menschen ablegten.

Baba fuhr fort, immer noch wütend und voll rechtschaffener Empörung. „Ihnen ist doch klar, Sir, dass Sie auf Sisonkes Seite zu sein haben – auf unserer Seite, genauer gesagt. Ich darf doch davon ausgehen, dass Sie das wissen, oder? Das ist Ihr Job."

Mr. B sah auf. Allmählich wurde er wütend. Es schien, als wolle er den großen Mann ihm gegenüber der Anmaßung beschuldigen. Aber er hatte auch Angst, womöglich sogar körperliche Angst. Baba war größer und wütender und Schwärzer als er, also gab er nach. Zumindest ein wenig.

„Sie haben recht", räumte er schließlich ein. „Ich spreche mit der Lehrerin. Sisonke soll die betreffenden Schüler identifizieren, und wir sorgen dafür, dass sie sich entschuldigen."

Er sprach, als ob diese Kapitulation das Ergebnis seiner Einsicht war und nicht die Folge dessen, was Baba gesagt hatte. Baba wirkte jetzt zu müde, um weiterzukämpfen. Es hatte genug von dieser Sache. Wollte nur noch, dass alles geklärt wurde, damit ich wieder lernen konnte und die Kinder in der Klasse zurechtgewiesen wurden und er wieder an seine Arbeit konnte. Plötzlich war er wieder Baba und nicht der stolze Guerillakämpfer, der den ganzen Raum ausgefüllt hatte.

„Gut. Sehr gut“, sagte Baba und erhob sich abrupt. Mr. B schien überrascht, dass es so schnell vorbei sein sollte. Er stand ebenfalls auf.

„Komm, Sonke, ich begleite dich“, sagte Baba und wandte sich dann noch einmal an den Direktor. „Das passiert sofort, oder?“

Der Direktor nickte bedächtig: „Ja.“

Gemeinsam schritten wir durch den Flur. Meine Hand in der von Baba. Der Direktor ging vor uns. Als wir zu meiner Klassenzimmertür kamen, berührte Baba den Direktor am Arm.

„Sie tun doch das Richtige, oder? Sie werden für Ihre Gefühle mir gegenüber nicht Sisonke die Schuld geben, nicht wahr?“

Mr. B nickte kurz. Noch mehr Scham.

Dann traten wir ein. Baba blieb im Flur, sah durch die Scheibe in der Tür zu. Der Direktor sprach kurz mit meiner Lehrerin, während ich in der Ecke neben der Tafel stand. Dann kam Mr. B rücklings auf mich zu und redete dabei mit den Schülerinnen und Schülern. „Klasse, wir müssen über etwas Wichtiges sprechen.“

Er drehte sich zur Seite und sah zu Baba. Der stand immer noch vor der Tür. Mr. B zögerte. Dann nahm er meine Hand. Gemeinsam standen wir vor der Klasse, als der Direktor sagte: „Gestern waren einige von euch gemein zu Sisonke. Man hat mich wissen lassen, dass man sie Affe genannt hat.“

Stille.

„Ihr wisst alle, dass das falsch ist. Ich weiß, nicht alle von euch waren dort, aber wir werden mit allen, die dort waren, einzeln reden. Und jetzt und hier möchte ich euch klarmachen, wie falsch das war, was gestern passiert ist. Wichtiger noch, ich glaube, wir schulden Sisonke alle eine Entschuldigung. Wir alle. Ich möchte, dass ihr es alle gemeinsam sagt. Und ich will nicht, dass so etwas jemals wieder vorkommt.“

Dann dirigierte er sie im Chor: „Tut-uns-leid-Si-son-ke.“ Ich fühlte mich zwar nicht besser, aber mein Glaube an das System und an Babas Fähigkeit, tapfer zu sein, auch wenn ich Angst hatte, war wiederhergestellt.

Als ich an diesem Abend am Esszimmertisch meine Hausaufgaben machte, unter Tränen, weil es diese Art von Tag gewesen war, zog Baba mich an sich. Ich machte mich steif, war immer noch gekränkt. Seine Augen lächelten mich von tief innen an, und er singsangte wie die Kinder am Morgen: „Tut-mir-leid-Si-son-ke.“

Dann umarmte er mich. „Ehrlich, es tut mir sehr, sehr leid, mein großes Mädchen. Ich hätte nicht böse auf dich sein sollen. Es war nicht deine Schuld, dass sie dich einen Affen nannten. Ich möchte nur, dass du lernst, für dich selbst einzutreten. Verstehst du das? Nächstes Mal bist du tapferer.“

Diese Entschuldigung bedeutete mir mehr als die der käsigen Kinder, die sich nur entschuldigt hatten, weil Mr. B sie dazu nötigte. Es sagte mir, dass Baba mich genug liebte, um mir zu zeigen, wie wahre Tapferkeit aussah. Ich gehörte zu ihm, also musste auch ich tapfer sein. Das hatte er damit ausdrücken wollen. Und er hatte recht: Das nächste Mal war ich tapferer, und jedes Mal danach war ich noch tapferer. Ich bin die Tochter meines Vaters.

***

Als ich in die sechste Klasse kam, hatte das Leben in Kanada seinen festen Rhythmus gefunden. Weil Baba viel unterwegs war und Mummy in Vollzeit arbeitete, waren wir Schlüsselkinder. Zum ersten Mal in unserem Leben gab es keine Infrastruktur aus Familie und Freunden. Es gab keine Aunty Angela und keinen Uncle Stan, keine Lindi und keinen Dumi, keine Haushaltshilfe, die wir Aunty nannten und die uns sagte, was wir zu tun und wohin wir zu gehen hatten.

Stattdessen folgten wir strikten Vorgaben. Mummy war unser einziger Chef, und sie stellte die Regeln auf. Sie schrieb sie alle auf und ging sie mit uns durch. Dann sorgte sie unerbittlich für die Durchsetzung der Regeln, als ob unser Leben davon abhinge. Vermutlich tat es das auch. Wir wussten, welche Kinder aus der Nachbarschaft zum Spielen zu uns kommen durften und welche nicht willkommen waren. Es gab Regeln bezüglich des Essens und der Hausaufgaben und des Spielens im Keller und des Fernsehschauens und der Heizung und des Spielens im Freien und des Tragens von Schuhen oder Stiefeln. Wir folgten all ihren Regeln, weil man als Einwandererkind weiß, draußen ist eine Sache, aber daheim ist ein völlig anderes Land.

Draußen, in der großen, bösen Welt, hatte ich gelernt, mich anzupassen. Ich zog mich an wie alle anderen Mädchen – T-Shirts und Jeansshorts im Sommer, karierte Flanellhemden und Jeans im Winter. Allmählich klang ich auch wie eine Kanadierin – mit diesem nasalen Tonfall und den kurzen As, was ich mir erst dort angeeignet hatte.

Ich fand mich sogar in der Gruppe der „coolen Mädchen" wieder, zusammen mit Shelley und Candy und Joyce. Irgendeine von uns hatte entschieden, dass Shelley die Hübsche in unserer Gruppe war. Alle Gruppen mussten eine haben, und oft ergab sich die Rolle der Hübschen von selbst. Shelleys Schönheit machte sie zur Anführerin unserer Clique und berechtigte sie, unsere Gesprächsthemen vorzugeben, die sich natürlich immer um ihr Aussehen drehten. Sie hatte rotblonde Haare und blonde Augenbrauen und Wimpern, dazu Sommersprossen im Gesicht und an den Armen und Beinen.

Diese Sommersprossen waren wirklich überall, auf ihrer Stirn, ihren Wangen, auf ihrer kleinen Stupsnase und auf dem Kinn, das so spitz war, dass es in einer Schlacht gute Dienste als Waffe hätte leisten können.

Shelley erklärte sich zur Königin, und wir unterwarfen uns ihrem Herrschaftsanspruch. Vielleicht lag es an ihrer durchsetzungsstarken Persönlichkeit und der Hartnäckigkeit, mit der sie darauf bestand, stets im Mittelpunkt des Gesprächs zu stehen. Aber höchstwahrscheinlich war sie einfach gemein, denn sie regierte mit eiserner Faust.

Joyce war groß und schlaksig und trug ihre Haare kurz wie ein Junge, mit einem langen Pony, den sie sich ständig aus den Augen pusten musste. Diesen Stil hatte sie selbst kreiert, und weil ihre Eltern unglaublich alt waren (ihre Mutter war fünfzig, und ihr Vater musste an die sechzig sein), schenkten sie ihr keine große Beachtung mehr und ließen sie einfach machen.

Als ich in der fünften Klasse an die R.-Byrnes-Curry-Schule kam, war es die Aufgabe von Joyce, mich überall herumzuführen, darum wurde sie meine beste Freundin. Wir übernachteten abwechselnd bei ihr und bei mir, und sie kannte all meine Geheimnisse. Ich wollte sie so verzweifelt zur Freundin haben, dass ich ihr vergab, als sie einmal ihre große Schwester ans Telefon holte, damit die sich meinen Akzent anhören konnte. Wir unterhielten uns gerade endlos über nichts, als ich ein gedämpftes Geräusch hörte. Es klang wie ein Kichern und ein Schnauben. Dann wurde der Hörer des Nebenanschlusses aufgelegt.

„Was war das?“, fragte ich.

„Meine Schwester“, antwortete Joyce verlegen. „Ich habe ihr erzählt, wie du redest, und sie wollte es mit eigenen Ohren hören.“

Ich war insgeheim wie versteinert.

Candy war grazil und schlank und in Wirklichkeit viel hübscher als Shelley. Sie hatte dunkelbraune Haare, und ihre Nase und ihr Mund waren genau richtig proportioniert. Aber sie war ängstlich und neigte dazu, zu oft und viel zu laut aufzulachen. Sie beichtete mir – bevor wir den Kontakt abbrachen –, dass sie noch bis vor einem Jahr jede Nacht ins Bett machte, antwortete mir aber nicht, als ich sie fragte: „Warum?"

***

Die letzten Monate in der sechsten Klasse liefen nicht so gut. Wochenlang hatte ich das Gefühl, dass auf mir herumgehackt wurde. Ich war unsicher. Shelley schoss sich mit ihrer Gemeinheit auf mich ein, und Joyce und Candy schienen unfähig, mich zu verteidigen. Ich gewöhnte mir an, mittags allein zu essen.

Darum war ich überrascht, als Joyce eines Morgens, es war im Frühling, auf mich zukam. Sie baute sich vor mir auf. Die Sonne stand hinter ihr, und ihr Pony hing ihr wie üblich tief ins Gesicht, deswegen konnte ich ihre Augen nicht sehen. Ich blieb sitzen und bot ihr halbherzig einen Fruchtgummi an. Sie lehnte ab. Es ging ihr um Wichtigeres. Ich zuckte mit den Schultern. „Dann eben nicht", sagte ich. „Ganz genau", erwiderte sie gleichermaßen aggressiv. Und dann sagte sie es. Sie spuckte dabei und war nervös und kühn zugleich. „Shelley sagt, du gehörst nicht mehr zu unserer Clique."

„Was?" Ich sah auf. Es fuchste mich, dass ich überhaupt fragte.

„Shelley sagt, du gehörst nicht mehr dazu. Du kannst nicht mehr mit uns abhängen. Du hast über uns alle schlecht geredet." Sie klang nicht überzeugt. „Du versuchst, alle gegen uns einzunehmen. Shelley weiß das. Also, wenn du wieder dazugehören möchtest, dann musst du dich bei uns allen entschuldigen und versprechen, dass du sowas nie wieder machst."

Ich blinzelte die Tränen weg.

Joyce fuhr ein wenig zerknirscht fort: „Ich bin nicht sicher, ob sie ja sagt, aber selbst, wenn sie das nicht tut, kannst du noch manchmal bei mir übernachten, wenn du versprichst, es ihr nicht zu sagen."

Ich betrachtete die haarigen Arme von Joyce und ihre schlaksigen Beine und musste daran denken, wie sie mir erzählt hatte, dass ihre Eltern ihre Schwester mehr liebten als sie. Wie sie mir gesagt hatte, dass sie ihre Schwester hasste, und wie ich damals dachte, dass ich so etwas nie über meine Schwestern sagen würde. Und ich musste wieder an das gedämpfte Kichern in der Leitung denken und wurde traurig, weil mir plötzlich glasklar bewusst wurde, dass Joyce mich schon verraten hatte, lange bevor Shelley es tat, darum schüttelte ich nur den Kopf. „Ist schon gut", sagte ich, stand auf und ging davon.

Joyce hatte ihre Gründe, warum sie zugestimmt hatte, den Henker zu spielen. Zweifellos hatte es damit zu tun, dass sie nicht als Außenseiterin mit der Zahnspange und den uralten Eltern gelten wollte, aber das war mir egal. Soweit es mich betraf, war sie Brutus, und ich war Cäsar, der mit einem Messer im Rücken den Spielplatz verließ.

***

Schon Wochen, bevor mir diese Nachricht übermittelt wurde, reagierte Shelley auf alles, was ich sagte, mit einem höhnischen Grinsen. Jedes Wort von mir wurde mit Augenrollen und grundlosem Kichern quittiert. Candy und Joyce fielen oft mit ein, auch wenn es ihnen unangenehm zu sein schien. Sie wussten nie, worüber sie da eigentlich lachten, aber sie mussten Shelley signalisieren, dass sie auf ihrer Seite waren.

Die Sticheleien begannen an einem matschigen Nachmittag im März. Wir stapften durch den schmelzenden Schnee nach Hause. Ich dachte an das Ungeheuer von Loch Ness, das wir in den letzten Tagen im Unterricht durchgenommen hatten. „Stellt euch vor, es gäbe so ein Monster hier im Rideau-Kanal?“, sinnierte ich laut. Die Kreatur faszinierte mich, seit ich sieben war. Damals hatte Baba mir ein Buch über Nessie mitgebracht. Die Vorstellung, dass etwas so Altes und Geheimnisvolles bis in die Neuzeit überlebt haben könnte, gefangen in einem schottischen See, fand ich hochinteressant. Ein Rätsel, das leicht zu lösen sein sollte, sich der Lösung aber konsequent entzog. Shelley feuerte frech zurück: „Das einzige Monster, das hier herumschwimmt, kommt aus Afrika.“

Sie war nicht so klug wie ich, darum war Sarkasmus nicht ihre Stärke. Ihre Begriffsstutzigkeit führte dazu, dass man ihre Argumente mühelos auseinandernehmen konnte. Es war immer abzusehen, was sie sagen würde. Ich hatte so viele Bücher gelesen und mir so viele witzige Antworten eingeprägt, dass es eigentlich kinderleicht für mich sein müsste. Aber gegenüber Shelley fühlte ich mich so erstarrt wie Piggy in *Herr der Fliegen*. Das Buch hatte ich nachts gelesen, während Mummy die Steuern machte, und es hatte mich nachhaltig berührt. Ich war sicher, dass Shelley schon bald den Pöbel anführen und brüllen würde: „Stecht das Tier! Macht es tot! Blut fließt rot!“

Als ich zum ersten Mal von Jack las, hatte ich sogar ihren Namen dazugekritzelt. Und als Simon auftrat, hatte ich „Joyce, eindeutig Joyce“ danebengeschrieben.

Ich spürte, dass ich kurz davor stand, aus der Clique ausgeschlossen zu werden, und es gab nichts, was ich dagegen tun konnte. Eine dumpfe Vorahnung machte sich in mir breit.

Die anderen sahen zu Boden. Normalerweise hätte ich zurückgeschossen. „Du nimmst den Mund ganz schön voll, Shelley. Kannst du ‚Monster' überhaupt buchstabieren? Du kriegst Extrapunkte, wenn du es kannst." Angesichts der Tatsache, wie schlecht ihre Noten waren, hätte sie das getroffen. Aber ich hielt den Mund. Ich hatte gelernt, wie man mit Schikanen auf dem Spielplatz umging, aber das hier war anders. Shelley war doch meine Freundin! Die Kränkung schmerzte und machte mich sprachlos. „Haha!", lachte ich nur sarkastisch und wollte das Thema wechseln. Ich senkte den Kopf und ging weiter. Shelley grinste. Sie hatte Blut geleckt.

Zwei Tage vor dem Ausschluss aus der Clique war Shelley nach der Schule zu uns nach Hause gekommen. Das war noch nie zuvor passiert, darum war ich ebenso überrascht wie erfreut. Allerdings auch ein wenig nervös. Mummy war bei der Arbeit, und ich hatte sie nicht um Erlaubnis gefragt, weil Shelley ja unangemeldet auftauchte. An diesem Tag hatte Shelley nicht zum Abschied gewunken, bevor sie zu ihrem Elternhaus lief, sondern hatte angeboten, mich bis zu unserem Reihenhaus zu begleiten. Mandla und Zeng ließen sich zurückfallen. Sie wussten, dass sie sich unsichtbar zu machen hatten, wenn ich mit meinen Freundinnen zusammen war. Sie mussten so tun, als wären wir nur weitläufig miteinander bekannt.

Als wir zu Hause ankamen, schloss ich die Tür auf und ließ Shelley herein. Sie warf ihre Schultasche neben die Eingangstür und machte sich nicht die Mühe, die Schuhe auszuziehen, sondern ging direkt in das kleine Wohnzimmer, wo wir niemals spielen oder mit unseren Schuhen Dreck und Matsch hineintragen durften.

Shelley ignorierte Mandla und Zeng, die gewissenhaft die Regeln befolgten, die Mummy für die Zeit nach der Schule aufgestellt hatte. Wir mussten als Erstes unsere Hände waschen, weil die Welt schmutzig war und unser Zuhause sauber. Mandla drehte die Heizung in der Küche auf, wie Mummy es uns gezeigt hatte: erst den Thermostat auf achtundzwanzig stellen und nach ein paar Minuten auf vierundzwanzig herunterdrehen. Das war normalerweise meine Aufgabe.

Für gewöhnlich machten wir uns anschließend Sandwiches, dann gingen wir in den Keller und sahen fern. Mandla und Zeng verschwanden nach unten. Ich blieb im Erdgeschoss und sah zu Shelley. Ich überlegte, ob ich Mummy bei der Arbeit anrufen und fragen sollte, ob Shelley, die sich selbst eingeladen hatte, bleiben durfte. Aber ich entschied mich dagegen und überlegte stattdessen, wie rasch ich den Schmutz aus dem hellgrauen Teppich bekommen könnte. Mummy hatte uns eingetrichtert, ihn nur auf Strümpfen zu betreten.

Mir war klar, dass es Shelley nicht kümmerte, wie man sich bei uns zu Hause zu benehmen hatte. Es war augenscheinlich, dass sie etwas herausfinden wollte – ich wusste nur nicht, was. Ich blieb im Türrahmen stehen und beobachtete, wie sie – mit dem Rücken zu mir – mit den Fingern über Mummys gerahmtes Batikbild der Künstlerin Heidi Lange strich. Das Kunstwerk war den ganzen Weg von Nairobi mit uns gekommen und hing hier an der gleichen Stelle wie in unserem Haus in Nairobi: direkt über der Couch, dem Fernsehgerät gegenüber. Die gesenkten Lider der nachtschwarzen Frauen mit den baumelnden Ohrringen betrachteten uns hochmütig.

Shelley wandte ihre Aufmerksamkeit unserem Kaminsims zu. Er war voller Fotos. Von Großmüttern mit gelben Augen, die sehr viel Geld dafür bezahlt hatten, für den Fotografen posieren zu dürfen. Und von gut genährten Schwarzen Männern (den Vätern von Mummy und Baba), deren Blicke von harten Zeiten sprachen, trotz ihrer makellosen weißen Hemden und ihrer eng sitzenden Westen. Neben ihnen Lindi und Dumi mit ernsten Gesichtern in ihren Schuluniformen. Und dann die Schnappschüsse: eine hellbraune Frau (Tante Thandi, Mummys Schwester), die irgendwo in Botswana in einem Garten stand und sich eine Blüte neben das Gesicht hielt. Zuletzt mein Lieblingsfoto, das bei einem Picknick in den Munda-Wanga-Gärten in Lusaka entstanden war – ein Foto von Uncle Stan und Aunty Angela und Aunty Pulane und Uncle Zola und Mummy und Baba und Kholi und Yoli und Khaya und Vuyo und meinen Schwestern und mir. Wir schauten alle lachend in die Kamera. Für Shelley waren wir einfach nur eine Gruppe langgliedriger Afrikaner, die an einem weit entfernten Ort auf einer Wiese saßen.

Sie drehte sich zu mir um und kräuselte die Nase, als ob sie etwas Übles gerochen hätte. „Gibt es in deinem Leben überhaupt irgendwas, das nicht aus Afrika ist?“, fragte sie. Die Frage war ein Geschoss, das direkt auf mein Herz zielte. Darüber hatte ich noch nie nachgedacht, aber jetzt sah ich unser Haus, unsere Kunst und unsere Fotos mit ihren Augen. Wir waren anders. Wir kannten nicht viele Leute, die keine Afrikaner waren.

Shelley sah aus, als hätte sie gerade ein dunkles Geheimnis entdeckt. Ich war eine Afrikanerin, ein Mädchen, das von einem weit entfernten Ort voller Schwarzer Menschen kam. Ich war nicht die einzigartige, niedliche Ausnahme: Es gab ganz viele von mir.

Im Kontext von Shelleys kleinem Masterplan, die Weltherrschaft über die Mittelschule zu erlangen, stellte meine Andersartigkeit ein Problem dar. Es war grausam und einfältig und absolut logisch aus Sicht eines *weißen* Mädchens Mitte der 1980er Jahre in Ottawa.

Es lief alles darauf hinaus, dass wir fast zwölf Jahre alt waren, und bald schon würden wir Flaschendrehen spielen und ständig über Jungs reden. Dann reichte es nicht länger aus, witzig zu sein, man musste auch hübsch sein. Für Shelley bedeuteten meine flache Nase, mein breites Gesicht und mein Hintern, der von meinem Nguni-Erbe zeugte, dass ich nicht hübsch war. Ich wurde zu einer Belastung.

***

Als sich Shelley, Joyce und Candy von dem dunkelhäutigen Mädchen distanzierten, folgten sie einem Ritual, das so alt war wie der Kontakt zwischen indigenen Frauen und den Kolonialherren und -frauen, die sie erobert hatten. Es ging um viel mehr als nur einen Streit unter heranwachsenden Mädchen.

Der Kampf war ein existentieller. Ihre eigene Identität stand auf dem Spiel, sie schmiedeten sie, indem sie sich gegen alles stellten, was ich verkörperte. *Weiße* Weiblichkeit ist als das genaue Gegenteil zu all dem konstruiert, was angeblich nicht in Übereinstimmung mit dem Bild von Weiblichkeit steht. Shelleys Traumprinz war natürlich ebenfalls *weiß* und hatte blonde Haare, aber er würde sich nicht für sie interessieren, wenn sie sich mit Freundinnen umgab, die zu behaart waren oder zu groß oder zu dunkel oder, Gott verhüte, fett oder behindert. Sollte Shelley nicht länger den Inbegriff blonder, graziler Schönheit verkörpern, würde der Traumprinz auf seinem Schimmel womöglich an ihr vorbeireiten. Oder schlimmer noch, er könnte beschließen, sie mit seinem Bajonett zu stechen oder seine Kumpel zu holen und dieses Dorf aus Außenseitern bis auf die Grundmauern niederzubrennen.

In jenem Frühling vor so langer Zeit brodelte all das unter der Oberfläche, darum war es für mich nicht zu sehen. Ich wusste nur, dass ich in Schwierigkeiten steckte und dass diese Situation nicht von mir selbst gemacht war, aber dass sie mich trotzdem tief beeinflussen würde, vielleicht für immer, wenn ich es zuließ. Ich begriff das, wusste aber noch nicht, was ich dagegen tun konnte. Aber ich war stark. Ich drängte erhobenen Hauptes die Tränen zurück und überstand diese letzten beiden Wochen vor den Ferien ohne Freundinnen. Ich überlebte, weil Mandla sich jeden Tag in der Mittagspause zu mir setzte und mit mir aß – und ich das irgendwann auch widerstandslos zuließ.

***

Einwandererkinder wissen, dass der Schlüssel zum Überleben in Kleinigkeiten liegt. Die Art, wie du den Kopf schräg legst oder dich mit dem Fuß vom Boden abstößt, bevor du losradelst. Der Schlüssel besteht darin, sich anfangs einzufügen, wie alle anderen zu sein – das ist der erste Schritt zur Freiheit. Man muss erst als Insider wissen, wie es funktioniert, bevor man sich wieder davon lösen und alle zum Lachen bringen kann.

Meine Schwestern und ich lernten, dass wir erst die Regeln verstehen mussten, bevor wir sie brechen konnten, bevor wir unsere Persönlichkeit zeigen und andere zum Lachen bringen konnten – und Letzteres war das Geheimnis der Beliebtheit und des gesellschaftlichen Erfolgs. Bis dahin waren wir wie alle Kinder von Einwanderern still und beobachteten nur.

Als Einwandererkind macht man keinen Lärm. Man schaut aufmerksam zu, und manchmal lächelt man in sich hinein, weil man durchaus Humor hat – man behält den Humor nur für sich, damit man eines Tages selbst diejenige sein kann, die auf dem Tisch tanzt und Pointen präsentiert. Man bereitet sich auf diesen Tag vor, an dem man die Kunst des Normalseins beherrscht und daher aus der Masse herausstechen kann.

Wir hätten unsere Haare in einem kurzen Afro tragen können, wie Mummy es tat, aber mit der sensiblen Einfühlsamkeit von Einwandererkindern wussten wir, dass das nur unsere Andersartigkeit unterstrichen hätte. Wir wussten, anders zu sein bedeutete, unterlegen zu sein, darum war es für uns ungeheuer wichtig, die Teile von uns, die herausstachen, möglichst klein zu halten. So zu sein wie alle anderen ist für jedes Kind wichtig. Aber für Einwandererkinder wird „die anderen Kinder machen das aber nicht" zu einem Mantra. Als Einwandererkind lernt man schnell, welche Gefahren in alltäglichen Interaktionen lauern können.

Bevor wir nach Kanada gingen, hatten wir nie darüber nachgedacht, wie wir aussahen. Wir waren so dunkel und bezopft wie alle Kinder. Wir hatten unsere Kindheit damit verbracht, unsere Individualität zu pflegen, hatten es zu schätzen gewusst, dass unser Umfeld unsere Eigenarten akzeptierte, was deshalb der Fall war, weil wir alle gegen die totalitäre Gesellschaft in Südafrika kämpften. Man selbst zu sein hieß, frei zu sein. Wenn die Erwachsenen in Nairobi sahen, wie wir an ihnen vorbeiflitzten, meinten sie nur: „Ach, wie frei diese Kinder doch sind."

In diesem Milieu wuchsen wir heran, und es war berauschend. Wir wurden nicht verhätschelt, aber auf eine Weise verwöhnt, wie es nur in einer Gemeinschaft aus Exilanten der Fall sein kann. Wir waren nicht einfach nur Kinder – wir waren Repräsentanten von Idealen. Wir symbolisierten einen Neuanfang, eine faire Chance, eine neue Generation und alles, was sich unsere Eltern für Südafrika wünschten. Und nun waren wir hier – weit weg, um der Freiheit willen, aber wir waren nichts Besonderes mehr. Wir lernten schnell, dass wir hier nicht als farbenprächtiger Pfau überleben konnten, sondern nur als Schildkröte. Immer schön langsam vorwärts, mit gesenktem Kopf, einen Schritt nach dem anderen.

Als es anfing zu schneien und alles zufror, liefen wir mit den Nachbarskindern auf den Hügel und glitten auf unseren „fliegenden Teppichen" hinunter. Wir verschlangen *BeaverTails*-Gebäck und lernten Skilanglauf und glitten an den Wochenenden auf Schlittschuhen über den Rideau-Kanal. Mummy tat so, als würde sie das alles nicht hassen: die Kälte und das Eis und den abwesenden Ehemann und die gönnerhaften Kanadier, die nicht glauben konnten, dass er in Äthiopien war und gegen die Hungersnot ankämpfte – was für ein Afrikaner war denn das? Und ganz besonders hasste sie die schmerzende Anonymität, in diesem riesigen, flachen Land niemand Besonderes zu sein.

Inmitten von alldem wurden Mandla und Zeng zu meinen Freundinnen. Mir wurde klar, dass ich sie brauchte. In unserem alten Leben in Nairobi waren sie nur die Hintergrund-Deko gewesen, gewissermaßen zwei Möbelstücke, gegen die ich gelegentlich stieß, wenn ich mit meinen Freundinnen Dinge tat, die große Mädchen so taten. In Kanada waren Mandla und Zeng auf einmal alt genug, um eine Persönlichkeit zu haben, und angesichts all der Veränderungen wurden sie für mich plötzlich greifbar und wichtig. Sie schauten intelligent aus der Wäsche, und ihre Nasen waren nicht einfach nur Kopien meiner eigenen – Mandlas Nase sah aus wie die von Baba, und Zeng hatte ihre ganz eigene Nase. Sie waren keine Babys mehr, sondern differenzierte Wesen. Kanada mit seinen gloriosen Weißtönen – vom Winterschnee bis hin zu den bleichen Einwohnern – machte uns zu Schwestern.

***

Eines Freitags wartete Mummy vor den Toren der Schule auf uns. Es war Frühsommer, und sie stand neben dem goldfarbenen Gebrauchtwagen, den Baba und sie gekauft hatten, kurz bevor er Ende letzten Sommers nach Äthiopien aufgebrochen war. Baba war Entwicklungshelfer – einer der wenigen Schwarzen Menschen in leitender Funktion auf einer humanitären Mission. Er war nun schon sechs lange Monate weg und arbeitete in einem Lager in Dire Dawa in Äthiopien. An manchen Tagen vermisste ich ihn schon gar nicht mehr. Mummy meinte, wir sollten dankbar sein und uns nicht beklagen, weil ja, die Arbeit hatte ihn fortgeführt, aber sie sorgte auch dafür, dass wir etwas zu essen und anzuziehen hatten. Wenn wir also nicht nackt und hungrig herumlaufen wollten, dann sollten wir den Mund halten und das Leben so akzeptieren, wie es war.

Wir sprangen in den Wagen, und sie sagte mit einer Stimme, die viel zu leise war, um glücklich zu klingen: „Überraschung. Wir fahren campen." Mummy war in vielerlei Hinsicht unerschrocken, aber sie war keine Camperin. Ich wäre damals schon alt genug gewesen, um sie zu fragen, warum sie nicht bei der Arbeit war, aber aus irgendeinem Grund tat ich das nicht. Vielleicht spürte ich, dass ihre Stimme völlig unhörbar würde, wenn ich ihr Fragen stellte. Oder vielleicht war ich von der Überraschung viel zu überwältigt – von der Tatsache, dass sie uns wie ein Geschenk in den Schoß gefallen war.

Aufgeregt vor Erwartung schnallten wir uns an. Dann ging es los. Mummy hatte eine Reisetasche mit unseren Sachen gepackt. Sie hatte ein Zelt gekauft und eine Landkarte konsultiert. Zwei Stunden lang waren wir unterwegs, ohne uns zu verfahren. Das überraschte uns alle, nicht zuletzt Mummy. Schließlich sahen wir ein Schild in einem bewaldeten Gebiet mit der Aufschrift *Willkommen in Camp Gatineau – Zeltplatz.*

Wir hatten die ganze Zeit auf dem Rücksitz gesungen und gelacht und gerauft und keine Sekunde lang darüber nachgedacht, was das alles zu bedeuten hatte. Aber als wir nun auf den Zeltplatz bogen, wurde uns allen klar – nicht zuletzt Mummy –, dass es nicht so leicht würde, wie es aussah. Wie sollten wir ohne Hilfe ein Zelt aufbauen? Wo genau mussten wir es hinstellen? Was würde passieren, wenn wilde Tiere kamen?

Mummy parkte, und wir stiegen aus. Zeng war zu klein, um sich Sorgen zu machen, aber Mandla und ich wussten es besser. Wir fanden eine geeignete Stelle und begannen mit dem absurden Unterfangen, das Zelt aufzubauen. Es gab noch ein paar Camper – sogar in Rufweite –, aber alle wollten für sich sein. In Kanada steckt man seine Nase nicht in die Angelegenheiten anderer. Wir müssen einen Anblick mit hohem Unterhaltungswert geboten haben: Mummy in ihren schicken Jeans und den unpassenden Pumps, die uns mit ihrer seltsam wohlerzogenen und leisen Stimme herumkommandierte. Mummy hatte keine Ahnung, was sie tat, aber mit dem Stolz einer Afrikanerin und der Entschlossenheit der Einwanderin, sich zu assimilieren, weigerte sie sich, um Hilfe zu bitten.

Nach zwanzig Minuten fing es an zu regnen. Es war ein regelrechter Wolkenbruch, und bald schon lief uns das Locken-Gel, das wir jeden Morgen fast religiös in unsere *Jheri*-Locken kneteten, in Schlieren über das Gesicht.

Mummy sah zum Himmel hoch, dann sah sie auf unser immer noch plattes Zelt. Schließlich sah sie auf unsere öligen Gesichter und fing an zu lachen. Wir lachten ebenfalls. Wir waren klatschnass. Über den Regen hinweg rief sie: „Das wird nicht funktionieren, oder?“ Wir schüttelten die Köpfe. „Sollen wir lieber an einem anderen Tag zelten, Kinder?“ Wir nickten heftig und sammelten alles wieder ein: die Metallstangen, diverse Extras, die wir quer über den Platz verstreut hatten, die Zeltplane – und als die Blitze anfingen, sprangen wir ins Auto.

Wir waren nicht enttäuscht. Auf der Rückfahrt redeten wir ununterbrochen, erzählten Geschichten aus der Schule, die wir Mummy normalerweise nicht erzählt hätten, weil sie an Dringlichkeit verloren hatten, bis Mummy von der Arbeit kam. Doch an diesem Freitag war alles anders. Wir waren mit Mummy zusammen, die Sonne ging unter, es schüttete weiterhin wie aus Kübeln, und alles fühlte sich gut und richtig an.

Unser Camping-Versuch war spektakulär in die Hose gegangen, aber er hatte uns die Gelegenheit gegeben, mit Mummy zusammen zu sein – weit weg von all den Regeln, die sie aufgestellt hatte, damit ihr Leben leichter und unseres sicherer war. Der Ausflug erwies sich als eine unerwartete Bestätigung, von der wir nicht gewusst hatten, dass wir sie brauchten. Er erinnerte uns daran, dass Mummy uns liebte, und er sagte uns, dass wir nicht einfach nur eine Last waren – drei Mäuler, die es zu stopfen galt, drei Körper, die man einkleiden musste. Sie liebte uns genug, um früher von der Arbeit zu kommen und etwas Neues auszuprobieren – etwas Kanadisches. Wir waren Fremde in einem fremden Land, und irgendwie verstand Mummy, dass wir dazugehören mussten – nicht nur zu ihr, sondern auch zu der Welt, in der wir lebten.

Das Fahrrad

Mummy will, dass wir Verantwortung lernen, also gibt sie uns jeden Monat fünf Dollar und nimmt uns mit zur Bank, wo wir das Geld selbst einzahlen. Mandla und ich sind sehr ordentlich, wir haben eine saubere Handschrift und schreiben mit fester Hand. Zeng ist erst sechs, darum muss sie ganz oft von vorn anfangen und alles neu schreiben. Dann seufzen Mandla und ich. In der Bank ist es still und langweilig, und es gibt keine anderen Kinder außer uns. Wir haben Kontobücher, auf die wir einen Regenbogen gemalt haben. Es steht „Sparkonto für unsere Zukunft“ darauf.

Als ich beschließe, für ein Fahrrad zu sparen, ist Mummy enorm stolz. „Genau dafür ist dein Sparkonto gedacht.“

Ich beschwere mich ihr gegenüber, dass kanadische Kinder alle ein Fahrrad haben, aber für Mummy ist ein Fahrrad keine grundlegende Notwendigkeit – für sie ist es ein Luxusgegenstand. Ich bin anderer Meinung: Ein Fahrrad ist so notwendig wie Essen und Wasser. Kanadische Eltern verlangen von ihren Kindern nicht, für Notwendiges extra zu sparen. Mummy erklärt: „Es ist schön, ein Fahrrad zu haben, unbedingt nötig ist es aber nicht.“ Zwischen uns klafft ein kultureller Abgrund, der sich nicht überbrücken lässt.

Alle meine Freundinnen haben Zehn-Gang-Räder und fahren mit dem Fahrrad zur Schule, aber ich gehe zu Fuß, obwohl Mummy meint, dass ich ein „absolut akzeptables Rad“ zu Hause habe. Mummy und Baba haben es gekauft, als wir in Kanada ankamen, darum habe ich es, seit ich zehn bin. Seine Bremsen quietschen, die Lenkstange ist an den Enden nach oben gebogen und, das ist überhaupt das Schlimmste, es hat einen Bananensattel. Ich bin dreizehn Jahre alt, und meine Mutter hat kein Problem damit, dass ich auf einem Rad fahre, das mich aussehen lässt wie die mittellose kleine Schwester von *Fat Albert*.

Ich behalte meine Enttäuschung für mich und konzentriere mich darauf, Geld zu verdienen, damit ich mir selbst ein neues Rad kaufen kann. Ich hänge Zettel mit unserer Telefonnummer im Supermarkt aus und biete meine Dienste als Babysitterin an. Auf den Zetteln nenne ich mich Sissy, damit die Leute nicht von meinem Namen abgeschreckt werden. Ich erledige alle möglichen Aufgaben im Haus und bringe Mummy dazu, mir dafür etwas Geld zu geben. Ich verlange sogar Geld von Mandla, wenn ich ihr bei den Hausaufgaben helfe, aber Mummy findet das heraus, und ich muss das Geld zurückgeben. Ich wünsche mir so sehr ein neues Rad!

Meine Ersparnisse machen einen großen Satz nach vorn, als Onkel Glen zu Besuch kommt. Er wohnt in Abidjan, das ist, wie ich weiß, die Hauptstadt der Elfenbeinküste. Félix Houphouët-Boigny ist dort Präsident auf Lebenszeit. Er ist einer von Babas Lieblings-Diktatoren. Onkel Glen lebt in dem Land, in dem Boigny herrscht. Er hat einen wichtigen Job in der *Afrikanischen Entwicklungs-Bank* und nimmt in Ottawa an einer Konferenz teil.

Als Onkel Glen zu Besuch kommt, schenkt er jeder von uns zur Begrüßung fünfzig Dollar. Fünfzig Dollar! Von jedem rosafarbenen Schein starrt uns Königin Elizabeth an. Hinter ihr sieht man das kanadische Parlament, das ich auf einem Schulausflug besucht habe – es wirkt bedrohlich und noch königlicher als die Königin. Ich schaue zu Mandla und Zeng. Die beiden scheinen genauso sprachlos wie ich. Mummy muss uns erst auffordern, den Unterkiefer wieder hochzuklappen und uns zu bedanken.

Normalerweise hätte Mummy uns verboten, Geld anzunehmen, aber Onkel Glen ist ihr älterer Bruder, darum kann Baba ihm nicht vorwerfen, er würde damit irgendwelche Zwecke verfolgen. Onkel Glen bringt Neuigkeiten aus Swasiland mit, und Mummy ist glücklich. Die beiden sitzen auf der Couch wie kleine Eulen, die sich an ihr Zuhause erinnern. Ihre Gesichter strahlen, ihre Schultern heben und senken sich, ihre Füße berühren nur knapp den Boden, und ihre Stimmen klingen wie Eulenrufe, leise und doch durchdringend.

Als die Zeitschaltuhr am Herd bimmelt, wechseln wir an den Esszimmertisch. Mummy und ich holen Teller aus der Küche. Onkel Glen plaudert ununterbrochen weiter. Er erzählt Mummy von den neuesten Eskapaden ihrer jüngeren Nichten und Neffen, deren Ausbildung die beiden finanzieren. Er berichtet von Todesfällen und Autounfällen und merkwürdigen Krankheiten, und beide zeigen sich betroffen angesichts der Tatsache, dass es eine neue Krankheit geben soll, die anscheinend vor allem junge Leute befällt. „Sie verwandelt sie in kürzester Zeit in Gerippe und lässt sie sterben", sagt er, und Mummy schüttelt nur den Kopf und fragt sich, was das sein kann.

Onkel Glen teilt die Lasagne aus. Er fragt uns, wie es in der Schule läuft und was wir einmal werden wollen, wenn wir erwachsen sind, und wir antworten. Unsere Blicke ruhen länger auf ihm, als sie sollten. Wir mustern ihn, nehmen alle Details in uns auf, speichern sein Aussehen und seine Stimme. Als er sich wieder Mummy zuwendet, starren wir ihn weiter verstohlen an.

Das fällt ihm auf. „Was macht euren Onkel nur so interessant für euch Mädchen?", fragt er.

Wir sind überrascht, dass er es bemerkt hat. Verschämt kichern wir. Mummy schaut ihre Töchter belustigt an und fragt: „Zeng?" Sie weiß, dass ihre Kleinste ihr eine charmante Version der Wahrheit geben wird.

Zeng badet in der Aufmerksamkeit, schaut zu Onkel Glen und gluckst: „Du siehst aus wie Mummy!"

In ihrer Stimme liegt so viel Erstaunen und Entzücken, dass wir alle laut auflachen. Angestachelt von unserer Reaktion fährt sie fort: „Doch, das tust du! Ich wusste nicht, dass Erwachsene Brüder und Schwestern haben!"

„Erinnerst du dich denn nicht an Tante Thandi und Tante Zanele?", fragt Mummy.

Mandla und Zeng schütteln den Kopf. Ich nicke und sage: „Ich schon."

Mummy faltet ihre Traurigkeit zusammen und schiebt ihre Einsamkeit unter ihren Teller. Dann lächelt sie. „Tja, dann holen wir jetzt am besten die Alben heraus."

Wir verbringen den Abend damit, die mit Stoff eingebundenen Fotoalben durchzublättern. Mummy und Onkel Glen brüllen vor Lachen, bis Mummys Gesicht feucht vor Lachtränen ist. Sie lacht so heftig, dass wir Kinder auch lachen müssen, obwohl die beiden in *siSwati* sprechen, das viel zu schnell und kompliziert für uns ist, als dass wir etwas verstehen könnten. Es rauscht über uns hinweg, ein Strom aus Ts und Ds und weichen Ls.

Wir bleiben viel länger auf als sonst, aber irgendwann ist es doch an der Zeit, zu Bett zu gehen. Wir sagen gute Nacht, und Onkel Glen nimmt uns drei fest in den Arm. Jede von uns wünscht sich, er könnte noch länger bleiben und uns die Geschichten aus der Heimat erzählen und uns zum Lachen bringen. Oder dass wir ihn begleiten könnten. Wir haben keine Worte für dieses Gefühl. Es breitet sich nur warm und ein bisschen traurig in uns aus, und wenn ich erwachsen bin, werde ich wissen, dass das Wort für dieses Gefühl Nostalgie lautet.

Eine Woche nach seiner Abreise zahle ich Onkel Glens Geld auf meinem Konto ein. In der Bank schenkt mir Mummy die restlichen dreißig Dollar, die ich noch brauche, und legt sogar noch vierzig drauf, damit etwas auf meinem Konto übrig ist, sobald ich mein Fahrrad gekauft habe.

Am Wochenende gehen wir in den Fahrradladen. Mummy lächelt viel, und sie erwähnt dem Verkäufer gegenüber mehr als einmal, dass es wirklich ein gutes Rad sein muss, weil ich mir das Geld dafür ganz allein angespart habe. Mir ist das peinlich. Sie hat einen starken Akzent, und sie denkt, irgendein Kind und sein Sparplan würden ihn interessieren. Er sagt, er habe auch versucht, seinen Kindern das Sparen beizubringen, aber sie wollten nicht auf ihn hören. Er schenkt mir eine Luftpumpe und setzt die Garantie drei Monate höher.

Am nächsten Morgen fahre ich auf meinem neuen Fahrrad zur Schule, nach vorn gebeugt wie ein Profi. Ich radele schneller als je zuvor, mit dem Wind in meinem Gesicht und der Morgensonne auf meinen Schultern. An der verkehrsreichen Kreuzung warte ich, bis Mandla und Zeng mich eingeholt haben, dann radele ich erneut wie eine Verrückte, um am nächsten Stoppschild wieder zu warten. Als sie aufgeholt haben, rufe ich, sie sollen sich beeilen, und radele los.

In der Schule tue ich so, als sei das keine große Sache. Ich stelle mein Rad zu den anderen in den Fahrradständer und lege das Schloss vor. Aber allen fällt es auf. Genau das habe ich auch gehofft. Das Blut rauscht mir vor Stolz in den Ohren.

Im Oktober fängt es an zu schneien, und wir lagern unsere Räder ein. Die kalten Monate haben gerade erst begonnen, aber ich kann es kaum erwarten, dass der Winter wieder vorbei ist. „Ist schon gut“, sage ich zu mir, „im Frühling radele ich weiter und schneller als alle anderen. Vielleicht sogar bis zum Rideau-Kanal.“

***

Der Frühling kommt nie. Im November kehrt Baba von seinen Reisen zurück. Wann immer er wieder da ist, verstört mich seine Anwesenheit fast so sehr wie sonst meine Trauer über seine Abwesenheit. Ich weiß natürlich, dass er viel reisen muss, aber seine Einsätze dauern immer sehr lang: mal fünf Monate, dann drei Monate, dann wieder sechs. Wenn Baba fort ist, entwickeln wir einen eigenen Rhythmus, aber sobald er zurückkommt, müssen wir uns anpassen, und alle benehmen sich merkwürdig.

Nach seiner Rückkehr will er uns bei den Hausaufgaben helfen. Mandla ist in allen Fächern gut, darum gibt es keinen Streit. Sie ist in Mathe ebenso gut wie in Englisch, und auch in den naturwissenschaftlichen Fächern macht sie alles richtig.

Zeng lächelt einfach immer nur, dann vergisst er sie zu fragen, ob sie mehr Lesen üben muss. Sie erzählt ihm, was sie alles erlebt hat, und bringt ihn damit zum Lachen.

Baba will mir bei Mathe helfen, aber ich möchte seine Hilfe nicht. Ich will ihm stattdessen meine Aufsätze zeigen, denn die sind gut, und er ist immer stolz, wenn er meine Geschichten liest. Mathe ist dagegen ein einziger Kampf. „Begreifst du das nicht?“, sagt er, auch wenn deutlich zu sehen ist, dass ich nichts begreife. „Du überträgst die acht und rundest dann auf.“ Zahlen verschwimmen mir immer vor Augen und verwirren mich. Mit Wörtern ist das anders. Die ordnen sich problemlos, fügen sich wie Lego-Steine ineinander. Ich weiß, wie ich mit ihnen umgehen muss.

Mummy ist glücklich. Sie lächelt, wenn sie nach Hause kommt und wir mit gesenkten Köpfen am Tisch Hausaufgaben machen und Papa neben uns sitzt. Wenn wir sie um Erlaubnis bitten, weil wir es nicht gewöhnt sind, dass Baba da ist, dann sagt sie immer: „Fragt euren Vater.“ Als ob sie nicht wüsste, was zu tun wäre. Wir geraten völlig aus dem Rhythmus, und dass wir natürlich überglücklich sind, ihn wieder bei uns zu haben, macht es nicht leichter.

Als er dieses Mal nach Hause kommt, dauert es nur ein paar Tage, bis uns Mummy und Baba erklären, dass wir wieder nach Nairobi ziehen. Sie bereiten uns nicht mental darauf vor, wie es kanadische Eltern tun würden. Sie teilen es uns einfach mit, wie man auch sagen würde: „Ach übrigens, ich hole uns Eiscreme – in zehn Minuten bin ich wieder zurück."

Mandla und Zeng sind glücklich. „Hurra!" Als ob sie ein Abenteuer antreten würden. Die haben ja keine Ahnung.

Mummy merkt, wie sehr mich die Ankündigung mitnimmt, darum sagt sie zu den beiden Kleinen, sie sollen nach oben gehen. Mich bittet sie, zu bleiben. Mandla und Zeng sind ein Duo, man spricht ihre Namen immer in einem Atemzug und in einem Satz aus. Ich bin nicht eifersüchtig. Sie sind jünger als ich und erinnern sich nicht an so vieles wie ich, und ich brauche sie nicht so sehr, wie sie einander brauchen.

Wir können hören, wie sie sich oben die Zähne putzen. Dann fängt Mummy an. Sie erklärt mir, dass sich für Baba beruflich eine großartige Chance ergeben hat und der Zeitpunkt genau richtig ist. Sie sagt, dass wir im Dezember unsere Staatsbürgerschaft bekommen, was großartig ist, weil das für uns ein großer Vorteil ist, aber Baba muss seinen Job in Nairobi im Januar antreten, darum ziehen wir rechtzeitig nach Kenia, um mit den Sangwenis Weihnachten zu feiern. Baba schweigt. Er wirkt ungeduldig, als könne er nicht verstehen, warum Mummy mit mir spricht, als ob sie mir eine Erklärung schuldet. Er ist erst seit wenigen Tagen zurück und hat sich noch nicht an den Umstand gewöhnt, dass ich langsam erwachsen werde. Für keine von uns stand die Zeit still, nur weil er weg war.

Ich bin am Boden zerstört. Schlimm genug, dass wir umziehen werden, aber so schnell?

Ich sage nicht viel, schaue nur zu Boden und kämpfe die Tränen nieder. Dann frage ich, ob ich jetzt nach oben gehen darf. Am liebsten würde ich die Treppe hochstürmen und „Ich hasse euch!“ brüllen, wie sie es in den Fernsehserien tun, aber das kann ich nicht. Stattdessen verlasse ich leise das Wohnzimmer und flüstere nur ganz leise „Gute Nacht“, damit sie wissen, wie unglücklich ich bin. Danach sitze ich in meinem Zimmer und starre mein Corey-Hart-Poster an und mein signiertes Richard-Marx-Album und bin zu traurig, um zu weinen.

Ich schaue zu meinem Schreibtisch, zu den ordentlich gestapelten Büchern, zu meinem Rucksack auf dem Schreibtischstuhl. Schließlich wandert mein Blick durch den Raum. Ich betrachte alles, was ich besitze und was ich bald schon packen muss. Plötzlich entdecke ich die Quittung für das Fahrrad.

Der Gedanke an das Fahrrad lässt den Damm brechen. Ich weine und weine und wünschte, ich hätte unten geweint, damit sie wüssten, wie sehr mich das verletzt und dass ich es müde bin, immer *die Neue* zu sein. Ich bin es müde, immer dann aufbrechen zu müssen, wenn ich mich gerade erst so fühle, als würde ich dazugehören.

***

Der Flughafen riecht nach Schweiß und Ehrgeiz, und es geht geschäftig zu, aber dennoch strahlt er die Aura von Abnutzung und Hinfälligkeit aus. Ich bin immer noch wütend, aber als wir an den riesigen falschen Stoßzähnen, die wie Wächter zu beiden Seiten der Straße stehen, vorbei in Richtung Stadt fahren, ebbt die Wut langsam ab. Die Vertrautheit der Sonne und der Morgenhitze und des Verkehrslärms und all der Gesichter, die so braun sind wie meines, geben mir das Gefühl, auf eine Weise dazuzugehören, wie es in Kanada unmöglich war.

Als unsere Sachen sechs Wochen später eintreffen, interessiert mich nur eines. Ich sehe es in der Auffahrt unseres Hauses stehen. Es funkelt in der Sonne und erinnert mich an Kanada. In Nairobi bekommt das Rad eine völlig neue Bedeutung, denn man sieht ihm an, dass es aus dem Ausland kommt, von einem Ort, an dem Fabriken geräuschlos Speichen und Ketten und Lenker ausspucken, die von fleißigen, gut genährten Männern in hellblauen Overalls in stummer Konzentration zusammengesetzt werden.

Ich ignoriere den Umstand, dass man auf der mit Schlaglöchern übersäten Straße vor unserem Haus nur schwer radeln kann. Und ich tue so, als würde ich nicht hören, wie Mummy mich warnt, mich ja von der Hauptstraße fernzuhalten, weil ich den Tod finden würde, sollte ein *matatu* mich und mein schickes Rad rammen. Das ist mir egal. Ich bestehe darauf, mit meinem Rad über die holperigen Straßen der Nachbarschaft zu fahren. Auch nachdem ich zum dritten Mal ein Loch im Reifen habe, lasse ich nicht davon ab – das Rad ist zum Symbol meiner persönlichen Rebellion geworden, ein Totem, das ich selbst dann noch anbete, als wir uns in Loresho niederlassen, einem Viertel von Nairobi, dreizehntausend Kilometer weit weg von Hunt Club, dem Viertel in Ottawa, das nie zu meiner Heimat wurde, selbst dann nicht, als ich es mir so verzweifelt wünschte.

Loresho Crescent ist eine wunderschöne, aber unauffällige Straße, in der Bougainvilleas die Hecken und die gusseisernen Tore überwuchern. Langgestreckte weiße Bungalows sind hinter riesigen Veranden auszumachen, auf denen sich eine wilde Mischung an Stühlen, Hängematten und sonstigen Utensilien eines einfachen und leichten Lebens befindet. Neben jedem Tor steht ein winziges Häuschen für den Askari. Im Gegensatz zu den Villen, bei denen es gar nicht groß genug zugehen kann, sind die Häuschen der Wachmänner ein primitives Überbleibsel der Vergangenheit. Und doch sind sie nicht leer. In jedem sitzt ein Wachmann oder er patrouilliert davor. Nachts ziehen sich die Wachmänner in diese Boxen zurück, um sich warm zu halten. Die Situation der Askaris schockt mich nicht. Es ist eine der vielen Tatsachen des Lebens, die alarmierend sein sollten, aber zum Alltag gehören, darum sehe ich es, aber auch wieder nicht.

Da wir gerade unsere kanadische Staatsbürgerschaft erhalten haben, gelten wir in Kenia als Ausländer. Baba ist ein wichtiger Mann, er leitet die Niederlassung einer großen internationalen Hilfsorganisation. Er hilft Menschen aus der Armut, und einer der Vorteile seines Jobs ist es, dass wir die teuerste Schule des Landes besuchen und ein sorgenfreies Leben führen können, als ob das Elend, das er Tag für Tag ausradieren will, gar nicht existiert.

Samstags gehen wir ins Silver-Springs-Hotel, wo Mummy die Sauna aufsucht, während wir im Pool mit den Kindern von kenianischen Professoren und Bankmanagern und Vorstandsvorsitzenden herumplantschen, und sonntags kommen südafrikanische Studenten und Angehörige der Freiheitsbewegung zu uns zum Mittagessen. Baba reist viel, hat aber nur noch kurze Einsätze, nicht mehr so lange wie in Ottawa. Mummy ist viel entspannter. Wir haben ein Hausmädchen namens Edith, das Mummy zur Hand geht, und einen Chauffeur. Mummy organisiert den Haushalt, muss aber selbst nicht mehr Hand anlegen, und plötzlich ist das Haus wieder voll, und es gibt nicht nur uns fünf. Bei dem umtriebigen Leben, das wir hier führen, und angesichts unserer gesellschaftlichen Stellung nennt uns hier niemand Affe oder schnüffelt bei uns im Haus nach Beweisen, dass wir nicht dazugehören.

In der Schule finde ich rasch neue Freunde. Der Knoten in meinem Bauch löst sich auf, und ich schlucke meine Ängste hinunter. Bald schon fühlt es sich an, als wären wir schon immer hier gewesen. Kanada ist nur noch ein netter Traum, der mir einen Ausweis und einen Akzent eingebracht hat – sowie ein Ort, an dem ich jeden Sommer Urlaub mache.

***

Meine beste Freundin in Nairobi ist Patience, die Tochter des Botschafters von Simbabwe. Sie wohnt in einem seelenlosen Palais mit einer riesigen Wendeltreppe, nur zehn Minuten von unserem Zuhause entfernt. Patience ist verrückt nach Jungs, und das findet Mummy gar nicht gut, deshalb hängen Patience und ich so gut wie nie bei uns ab. Mummy spricht das nicht aus – sie findet einfach Mittel und Wege, ihre Missbilligung kundzutun.

An diesem bestimmten Sonntag bin ich mit Patience verabredet. Wir wollen uns auf halbem Weg treffen und dann bei ihr zu Hause abhängen. Ich schiebe mein Rad bis ans Ende des Loresho Crescent und nehme die Abkürzung über ein Feld auf der anderen Seite der Loresho Avenue. Ein schmaler, unbefestigter Pfad teilt das unbenutzte Land in zwei Hälften. Die meisten Haushaltshilfen, die man hier normalerweise sehen würde, sind sonntags in der Kirche oder besuchen ihre Familien in den überquellenden Slums, darum ist es ruhig im Viertel. Sogar an den Kiosken ist kaum Betrieb.

Ich weiß es noch nicht, aber ich gebe ein bevorzugtes Ziel ab. Ich bin ein unverkennbar reiches, strahlendes Mädchen, das gemächlich und ganz allein mit einem glänzenden Rad ein urbanes Brachland durchquert. Mir ist nicht bewusst, dass mich jemand beobachtet. Träge schiebe ich mein Rad über den Weg, schaue zu Boden, auf das ausgetrocknete Erdreich, und frage mich, warum ich kein Geld mitgenommen habe, damit ich mir einen gebratenen *mahindi* kaufen kann, als ich plötzlich gepackt und zur Seite gezerrt werde. Das Rad wird mir aus den Händen gerissen, und schon liege ich mit blutendem Knöchel im Dreck.

Die Person, die mich überfallen hat, bewegt sich schnell. So schnell, dass ich sie anfangs nur verschwommen sehe. Zielstrebig und rasend schnell treten die Füße die Pedale. Ein kleiner Hintern hüpft über dem Sattel, und dann ist der Dieb auch schon verschwunden, und ich liege strahlend und allein im Dreck.

„Mein Fahrrad, mein wunderschönes kanadisches Fahrrad!", denke ich. Oder etwas in der Art. Ich fange an zu weinen und gleichzeitig zu schreien, weil ich so hart dafür gespart habe und es mir gehört und es niemand einfach so stehlen darf! Dann setzt mein Kampfinstinkt ein – spät, aber mit aller Macht – und mir fällt das Kisuaheli-Wort für Dieb ein und ich brülle es, so laut ich nur kann.

„Mwizi! Mwizi! Mwizi!"

Weiter vorn richtet sich abrupt eine alte Frau auf, die farblos scheint und in Lumpen gehüllt ist und noch vor wenigen Augenblicken so aussah, als hätte sie keinen Lebenswillen mehr. Im Angesicht von Gefahr, Abenteuer und der Möglichkeit zur Rache vergisst sie kurzzeitig ihren Gehstock. Sie ruft ebenfalls, mit einer bemerkenswert kräftigen und tiefen Stimme. Unsere Schreie vereinen sich in der Luft über dem Brachland, und gemeinsam rufen wir: *„Mwizi! Mwizi!"*

Unsere Rufe werden gehört. Alle möglichen Leute tauchen auf. Sie kommen vom Rand des Feldes, von dem

Bereich, durch den ich gerade gegangen bin, von den Verkaufsständen an der Hauptstraße. Alle laufen auf mich zu, wollen wissen, was passiert ist, wollen helfen, den Schuldigen dingfest zu machen. Ein Dieb hat zugeschlagen, und niemand wird ruhen, ehe er gefasst ist.

Die alte Frau und ich zeigen in die Richtung, in die der Dieb geradelt ist, und bald schon ist eine veritable Jagd im Gange. Der Gauner ist mit meinem funkelnden Rad auf die geteerte Straße gebogen, und ich verliere ihn aus den Augen, als er über einen Hügel fährt. Da er auf einem Rad sitzt und seine Jäger zu Fuß unterwegs sind, gebe ich die Hoffnung auf und fange an zu schniefen und vor Schock und Selbstmitleid zu weinen. Die alte Frau schaut mich mitfühlend an. *„Pole“*, sagt sie.

„Aya, asante mama.“ Ich danke ihr, lächle trotz meiner Tränen, meiner Dummheit und meiner Demütigung.

Ich bin wütend. Wespen schwirren an meiner Schläfe und meiner Brust vorbei. Hat er auch nur die leiseste Ahnung, dass dieses Rad nicht ersetzt werden kann? Dieser miese kleine Schurke weiß nicht, wie hart ich dafür gearbeitet habe. Er weiß nicht, wie man sich um dieses Rad kümmern muss, wie man es fahren muss. Er wird es für einen Apfel und ein Ei auf irgendeinem Altmetallmarkt verschachern. Ich bin fuchsteufelswild. Empört. Rasend vor Wut.

Ich humpele zu dem Hügel, vor Zorn kochend – und da ist er! Mein Angreifer wurde gefasst. Die widerliche Kakerlake wurde aufgegriffen. Er dreht und windet sich, aber ein wütender guter Samariter hat ihn fest gepackt. Die Menschen, die mir zu Hilfe geeilt sind, scharen sich um sie herum. Der gute Samariter war im Auto unterwegs, als er sah, wie der Dieb davonradelte und eine wachsende Zahl von Leuten ihm hinterherlief. Hätte der Junge eine andere Abkürzung genommen, wäre er entwischt, aber so konnte der gute Samariter ihm in seinem Pick-up folgen und den kleinen Ganoven von der Straße abdrängen.

Nun steht er da, unsanft festgehalten. Die Menge erwartet, dass ihm eine Lektion erteilt wird. Ich bleibe am Rand der Menge stehen. Der Samariter begrüßt mich. „Hallo, junges Fräulein, ist das dein Fahrrad?"

Ich nicke. „Ja."

Der Samariter hat das fleischige Gesicht des Wohlstands und ein dazu passendes Bäuchlein.

„Und war er es, der es gerade gestohlen hat?", fragt er mit Respekt einflößender Stimme. Ich nicke erneut und bejahe auch das. Der Dieb ist noch sehr jung und sehr klein. Seine Schulterblätter stehen ab wie Flügel, und er hat ein langes, sensibles Gesicht mit großen Augen und einer zuckenden Nase. Eigentlich ist er weniger eine Kakerlake, mehr ein Moskito.

Der gute Samariter strahlt die Aura eines selbsternannten Staatsanwalts und Richters in Personalunion aus. Er ist offenbar geübt in donnernden Anklagen und feierlichen Urteilsfindungen, darum setzt er sich beide Hüte auf. In der Zwischenzeit umringt uns die Menge wie der Chor in einer griechischen Tragödie. Sie finden es nicht problematisch, gleichzeitig Zeugen des Verbrechens und Geschworene zu sein.

„Du hast also diesem Mädchen das Fahrrad gestohlen, stimmt das?", bellt der gute Samariter, zum einen, um dem Jungen Angst zu machen, zum anderen, um die Menge zu unterhalten. Er ist so groß, und der Dieb ist so klein – schon allein auf körperlicher Ebene scheint es unfair, dass sie gegeneinander antreten.

Unter denen, die dem Sieg der Gerechtigkeit beiwohnen wollen, werden Rufe laut. „Ja, er war es!", bekräftigen sie, obwohl ich keinen von ihnen gesehen habe, bevor ich anfing zu schreien, und es somit unwahrscheinlich ist, dass sie das Verbrechen tatsächlich beobachtet haben.

Der Junge – der nicht älter sein kann als ich – nickt ängstlich. Sein T-Shirt ist zerrissen und so fadenscheinig, dass nicht klar ist, ob die Risse schon vorher da waren oder durch die grobe Behandlung durch den Staatsanwalt-Richter und anderer aus der Menge, die an seiner Ergreifung beteiligt waren, entstanden sind. Seine Flügel flattern hilflos, und einer von beiden wirkt angebrochen. Er ist viel zu mager. Er trägt Shorts, die ihm zu groß sind, aber keine Schuhe, und seine Füße sehen aus, als ob sie schon sehr, sehr lange schmutzig sind und Waschen jetzt auch nicht mehr helfen würde. Er tut mir leid, aber ich bin auch immer noch wütend, und mein Knöchel blutet, was mich daran erinnert, empört zu sein.

Der Staatsanwalt fährt fort: „Sprich! Deine nutzlosen Gesten sagen uns nichts. Hast du keinen Mund, mit dem du reden kannst?"

„Ja, *bwana*, ich habe es getan. Ich habe das Rad genommen." Der Junge spricht leise und mit piepsiger Stimme. Ich halte ihn für nicht älter als elf, und jetzt bedauere ich, wie ein verwöhntes Ferkel gequietscht zu haben. Ich hätte ihm das Rad einfach überlassen sollen, aber nun ist es dafür zu spät.

Ich kann mich in seinen Augen sehen. Meine Schenkel wirken in meinen Shorts größer, als sie sind. Ich bin wohl genährt und pubertär; kein Kind mehr, aber auch noch keine Frau; nicht dick, aber alles andere als dünn. Ich stehe auf meinen Hinterbeinen und schaue über meine Schnauze auf ihn herab. Privilegiert, herrisch. Wie ein Tier.

Der gute Samariter sieht mich natürlich nicht so. Er ist auf meiner Seite, weil ich das Opfer bin und der Dieb nichts weiter ist als ein unbedeutendes Straßenkind – ein geborener Verbrecher.

„Gibst du zu, dass du dieses Vergehen an einem Sonntag begangen hast? An dem Tag, von dem unser Herr Jesus Christus im Himmel sagt, dass der Mensch ruhen und ihn anbeten soll?“

Der Dieb flüstert: „Ja, Sir.“

„Aha!“, ruft der Staatsanwalt. „Diebe ruhen also nicht einmal am Sonntag, was?“

Die Menge lacht und johlt, und es ist irgendwie lustig, und wenn das den dummen kleinen Jungen lehrt, dass er nie wieder stiehlt, dann bleibt anderen vielleicht mein Schicksal erspart, und darum lache ich auch. Doch plötzlich höre ich mich selbst. Ich schnorchele und schnaube. Abrupt halte ich inne. Beschämt. Ich bin immer noch wütend auf den Dieb, aber allmählich frage ich mich, warum er so klein sein muss und warum seine Stimme so piepsig und leise sein muss.

Der Junge antwortet nicht auf die Frage des guten Samariters, darum schubst der große Mann ihn, und er fällt hin, und sobald er am Boden liegt, scheint die Menge entfesselt, als ob sie eine Art Erlaubnis bekommen hätte, und sie stürzt sich auf ihn.

Der Junge will aufstehen, aber ein Mann stößt ihn wieder zu Boden, und als er es erneut versucht, stößt ihn ein anderer, und dann schlägt ihn jemand, und jetzt ist mir das Lachen gründlich vergangen. Der Nervenkitzel, gerächt zu werden, fühlt sich an wie Galle, die gegen die Rückseite meiner Kehle drückt, und ich beuge mich vor und versuche, mich zu beruhigen. Es wäre so einfach, ihm mit den Gummisohlen meiner Sandalen wehzutun. Es wäre so einfach, ihn zu zertreten, als wäre er wirklich nur ein bedeutungsloser Moskito und nicht das, was er ist, nämlich ein Junge, ein sehr kleiner Junge. Ich gerate in Panik. „Aufhören!“ Aber niemand hört auf mich. Ich habe mit meinem Einwurf zu lange gewartet, und jetzt ist es zu spät: Sie reißen ihn in Stücke.

Ich schaue mich hilfesuchend um, weil der gute Samariter die Kontrolle über die Situation verloren zu haben scheint. Da sehe ich Patience. Sie schaut mich über den Rand ihrer Brille an und lächelt unsicher. „Alles okay?", fragt sie mich, und weil mich in einer stressigen Situation die Anwesenheit von jemandem, der mich kennt, immer weinen lässt, breche ich in Tränen aus.

Der Samariter bemerkt das und ruft die Menge zur Ordnung.

„Aufhören", sagt er, und auf ihn hören sie, weil er ein Mann ist und mit männlicher Stimme spricht. Er dreht sich zu mir. „Alles okay, kleines Fräulein?"

„Ja", sage ich und versuche, ruhig und gefasst zu wirken, in der Hoffnung, dass es für den Dieb dadurch leichter wird. „Ja, aber ich glaube, er hat seine Lektion gelernt. Bitte lassen Sie ihn jetzt gehen."

„Bist du sicher?", fragt er und dreht sich wieder zu dem Jungen.

Ich nicke.

„Na schön, aber man muss diese Kerle bestrafen, sonst lernen sie es nie. Man darf es ihnen nicht zu einfach machen. Das hilft nichts – das wissen sogar diese Kerle tief in ihrem Herzen."

„Es ist alles gut", sage ich.

„Na schön. Mein Junge, du musst dich trotzdem bei ihr entschuldigen."

„Es tut mir leid", sagt der Junge. Er kauert am Boden und weint und sieht aus, als wünsche er sich, mein glänzendes schwarzes Rad und meine glänzende braune Haut nie gesehen zu haben.

Aber er meint es nicht ehrlich. Er sagt es nur, weil man ihn erwischt und zu dieser Entschuldigung gezwungen hat. In Wirklichkeit hasst er mich. Es kann ihm nicht entgangen sein, dass mich der gute Samariter als Fräulein bezeichnet hat, weil ich wie ein Fräulein gekleidet bin. Ich trage die Shorts, die ich im Sommer bei *Zellers* erstanden habe, und ein T-Shirt von Le Chateau, das nichts Besonderes ist, aber unverkennbar aussieht, als sei es im Ausland geschneidert worden. Ich kann nicht so tun, als wäre ich jemand anderes, mit meinen gut geölten Beinen und meinem teuren, wenn jetzt auch verdreckten Fahrrad. All das hat mich dem Dieb als Fräulein verraten, lange bevor der gute Samariter eingriff.

Jetzt starrt mich der Junge mit unverhohlener Wut an. Es tut ihm leid, dass ich reich bin und er arm ist. Meine Tränen und meine Verletzlichkeit rühren ihn nicht.

Das schockiert mich, dann verärgert es mich. Wie kann er es wagen? Er hat mich bestohlen! Ich erwidere seinen hasserfüllten Blick. Meine Nackenhaare stellen sich auf. Wie kann er es wagen, mich so anzuschauen, wo *er* doch derjenige ist, der mir eindeutig eine aufrichtige Entschuldigung schuldet?

„Schon gut", sage ich, aber ich bin erschüttert. Ich kann nichts gegen diesen Hass machen, denn er ist berechtigt. Menschen wie mir gehört die Welt, allein aufgrund der Tatsache, in welche Familie und welche Umstände wir hineingeboren wurden. Es ist alles nur pures Glück. Warum sollte er sich darüber nicht aufregen?

Die Blicke wurden ausgetauscht, die Entschuldigung geäußert, es ist an der Zeit, dass die Verhandlung zu ihrem Ende kommt. Patience sagt mit leiser Stimme, als habe auch sie Angst vor dem Dieb und seinen lodernden Blicken: „Lass uns gehen. Nimm dein Rad."

Es erleichtert mich, jemanden zu haben, der mir sagt, was ich tun soll. Ich frage mich – ohne Sentimentalität, weil die Realität seines Lebens zu verstörend für Krokodilstränen ist und unser Austausch mich dazu gezwungen hat, all meine Prätentionen fallen zu lassen –, was mit dem

Dieb passieren wird, sobald wir weg sind. Die Menge wirkt immer noch so, als wolle sie ihm eine Lektion erteilen.

Da er eine Entschuldigung erzwingen konnte, holt der gute Samariter jetzt zum entscheidenden Schlag aus, um dem Gericht zu zeigen, wie entsetzlich dieses Verbrechen wirklich ist. Er stellt dem Verdächtigen einige spitzfindige Fragen.

„Das machst du also mit Ausländern? Das tust du Leuten an, die in unserem Land zu Gast sind? Statt Gastfreundschaft zu beweisen, bestiehlst du sie? Was soll sie jetzt von uns allen denken?"

Aus meinem gebrochenen Kisuaheli und meinem geschliffenen Akzent hat er geschlossen, dass ich keine Kenianerin bin. Damit habe ich ihm das Öl gegeben, das er nun ins Feuer schütten kann.

„Ist schon gut, Sir", sage ich zu ihm. „Er hat sich entschuldigt. Danke, dass Sie mir geholfen haben. Ich muss jetzt nach Hause. Meine Eltern werden sich Sorgen machen."

Als ich meine Eltern erwähne, ist der Bann gebrochen. Der gute Samariter – in all seiner Brillanz – erinnert sich plötzlich daran, dass es jenseits dieser Szene hier eine Welt gibt. Wir sind letzten Endes nur Kinder.

„Aber ja", sagt er, plötzlich ganz sanft. Vielleicht hat er selbst Kinder. „Soll ich dich nach Hause fahren? Du kannst dein Rad auf die Ladefläche meines Wagens legen. Ist das deine Freundin?"

Wir danken ihm und klettern in die Fahrerkabine des Pick-ups. Ein paar der Männer, die den Jungen herumgeschubst haben, laden mein Fahrrad auf die Ladefläche. Dann setzt sich der Samariter hinter das Lenkrad und ruft dem Jungen eine letzte, strenge Warnung zu. Er wedelt mit dem Finger in seine Richtung und lässt seinen Blick über die Menge wandern. „*Wewe*! Ja, du, pass bloß auf! Geh zurück nach Mathare, wo du hingehörst. Wenn ich dich jemals wieder hier auf der Straße sehe – wenn irgendeiner von uns dich jemals wieder hier sieht –, dann bekommst du meinen Stock zu spüren! Du wirst sein Feuer zu spüren bekommen und du wirst dir wünschen, dass deine Füße niemals den Boden von Loresho berührt hätten!"

Der Junge nickt und schaut zu Boden. Sein Zeh bohrt ein Loch in die Erde. Dann fordert der Samariter ihn auf, die Fliege zu machen. „Weg mit dir! Willst du etwa abwarten, bis wir fort sind, damit du erneut stehlen kannst? Verschwinde!"

Der Dieb fädelt sich durch die Menge. Ich sehe, wie er im Gebüsch verschwindet, sein angebrochener Flügel zuckt nutzlos. Der gute Flügel treibt ihn voran, und bald schon ist er nur noch ein Fleck auf dem Weg durch das Brachland und ist ebenso rasch verschwunden, wie er neben mir aufgetaucht war.

Der gute Samariter fährt uns fröhlich zu mir nach Hause, erzählt uns dabei unablässig Geschichten von anderen Missetätern, die er überführt hat. Er ist ein freundlicher Geselle, erkundigt sich, woher wir kommen und was unsere Familien in Kenia machen. Als ich ihm sage, dass ich aus Südafrika bin, lächelt er. „Ah! Dieser Nelson Mandela ist ein tapferer Mann. Ich hoffe, die *mzungus* bringen ihn in der Haft nicht um."

Er erzählt uns, dass er jemanden aus Südafrika kennt. Er versorgt nämlich die Universität von Nairobi mit Papier, und die Bürovorsteherin des Vizekanzlers ist eine Südafrikanerin, die mit einem Kenianer verheiratet ist. „Eine wunderschöne Frau", sagt er. „Eine sehr, sehr schöne Frau. Ihr habt dieselbe braune Hautfarbe. Wie wir Kikuyus. Nicht so dunkel wie die Luos."

Patience stupst mich gegen das Bein, und ich stupse unauffällig mit dem Ellbogen zurück. Wir speichern das unter *Später drüber reden.*

Als wir zu Hause ankommen, hilft uns der gute Samariter, das Fahrrad abzuladen. Er kommt mit ins Haus und begrüßt Mummy und Baba. Er kommt mit hinein, damit man ihm dankt. Er trinkt ein Bier mit Baba und tauscht mit ihm Witze aus. Sie sprechen über Kenias Wirtschaft. Über Politik reden sie nicht. Er strahlt vor Zufriedenheit, weil er nützlich sein konnte. Das war ein guter Tag, und er ist ein guter Mann. Er hat einem Kind geholfen, und er hat einem Kriminellen eine Lektion erteilt. Der Gerechtigkeit wurde Genüge getan.

Mummy reinigt meine Handflächen mit Jod. Sie entfernt winzige Kieselsteinchen. Dann schaut sie sich meinen Knöchel an. „Du musst die Wunde trocken halten", sagt sie, „sonst heilt es nicht." Sie bemuttert mich, als wäre ich wieder neun Jahre alt. Aber sie ist auch erfreut und stolz, dass ich siegreich aus der Schlacht heimgekehrt bin und mein Fahrrad wiederhabe. Sie ist zufrieden, dass der Dieb einen Hauch von Lynchjustiz zu schmecken bekommen hat. Und glücklich, dass ich nicht den Kopf verloren habe.

In den nachfolgenden Wochen erzählen Mummy und Baba diese Geschichte jedem, der es hören will. Sie wiederholen sie mit großer Freude immer wieder: die johlende Menge, der gute Samariter. Es ist eine durch und durch afrikanische Geschichte, und weil sie gerade erst aus Kanada zurückgekehrt sind, kosten sie jedes Detail aus und betonen, was das über ihre Entscheidung sagt, nach Afrika zurückzukehren. „Wir haben die richtige Wahl getroffen", sagt diese Geschichte und sagen sie. „Hier ist alles voller Leben und Freude, auch wenn es sich vor dem Hintergrund von Elend abspielt. So ist Afrika."

Häufig rufen sie mich hinzu und fordern mich auf, die Geschichte aus meiner Sicht vorzutragen. Familien sind nichts ohne die Geschichten, die sie erzählen.

„Sonke!“, ruft Mummy dann. „Komm her und erzähle Aunty und Uncle die Geschichte vom Fahrrad.“ Dann lasse ich meine Spielgefährten zurück und gehe ins Wohnzimmer und berichte von meinem Erlebnis. Ich beanspruche die Bühne, hebe meine Stimme und feile an der Geschichte, schmücke sie aus, trage auch mal zu dick auf, bis jede Figur darin Gestalt annimmt. Die meisten Lacher bekomme ich, wenn es um den guten Samariter und seine Wampe geht. Es wird auch immer vergnügt gekichert, wenn ich die winzige alte Frau beschreibe, die eine so voll tönende Stimme hat. In der Neuerzählung der Geschichte hat die Frau den Mob zusammengerufen, nicht ich. Ich erzähle immer, dass sie *„Mwizi!“* rief, lange bevor ich es tat. Sie war diejenige, die den ersten Stein warf.

Ich sage nichts über den Blick, den ich mit dem Dieb austauschte. Ich erzähle ihnen nicht, dass er mich verachtete und mich nicht um Vergebung bat, weil keine erforderlich war. Ich sage nicht, dass ich in seinen Augen lesen konnte, wie erbärmlich ich bin, weil ich jämmerlich geheult habe, obwohl ich nur auf meinen gut gepolsterten Hintern gefallen bin, während er – ein Junge von zwölf Jahren – von einem Auto verfolgt und geschlagen wurde und vermutlich seit dem Aufwachen an diesem Tag schon unendlich viel mehr ertragen musste als ich mit meinem kanadischen Akzent und meinem kanadischen Fahrrad. Wie hätte ich erzählen sollen, dass er mich ansah, als wollte er mir sagen: „Vielleicht begegnen wir uns eines Tages wieder, und dann kommst du nicht so einfach davon“?

Nichts davon fand Eingang in meine Erzählungen. Egal, wie oft ich aufgefordert wurde, den Diebstahl nachzustellen, ich erzählte nie, dass sich der Dieb nicht rechtfertigte oder dass er mir die Schuld gab, weil ich diese Art von Mädchen war, das mit einer Selbstvergessenheit durch diese Welt ging, die nicht akzeptabel war. Ich konnte niemandem sagen, dass er nicht einfach nur ein Dieb war, auch wenn mir das unter der Zunge brannte. Er war ein ausgebeutetes Straßenkind, ein kleines menschliches Monster, das darauf wartete, zu etwas heranzuwachsen, was man unmöglich kontrollieren konnte und das noch schwerer zu töten war als die Kakerlake, für die ihn alle hielten: Er war Kenias Zukunft. Verzweifelt und arm und unnötigerweise mangelernährt.

Ich ließ stets den wichtigsten Teil der Geschichte außen vor, dass er nämlich der erste Mensch war, der nichts vortäuschte. Er stahl mein Fahrrad, und es tat ihm nicht leid, weil er wusste, dass sein Anspruch auf Glück genauso groß war wie meiner.

Die Rückkehr nach Südafrika

Im Februar 1990 wird Nelson Mandela befreit. Ich bin sechzehn Jahre alt und wohne zusammen mit Uncle Stan und Aunty Angela in Nairobi. Dumi und Lindi studieren in Amerika, Mummy, Baba und die Schwestern sind nach Äthiopien gezogen, weil Baba wieder eine neue Stelle angetreten hat.

Aunty und Uncle sitzen vor dem Fernsehgerät, während CNN uns Südafrika ins Wohnzimmer bringt. Nelson und Winnie Mandela gehen Hand in Hand. Seine Faust reckt er hoch in die Luft, und Winnie ist wunderschön. Sie scheinen einander zwei Fremde zu sein. Wir weinen. Aunty schüttelt ungläubig den Kopf. Uncle Stan steht immer wieder auf und geht aus dem Zimmer und tut so, als würde er nicht weinen. Ich sitze ganz still und bin fasziniert.

Ich bin versunken in diese Szene, die in Dauerschleife gezeigt wird, suche im Hintergrund nach Details. Ich sehe den Himmel und die Gesichter in der Menge und welche Kleidung alle tragen. Ich stelle mir vor, wie es dort riecht, und frage mich, ob es wohl kühl ist. Ich versuche, mich in diesen Augenblick hineinzuversetzen. Ich beobachte diesen alten Mann, der langsam und steifbeinig schreitet. Das ist nicht der Mandela von den T-Shirts. Der ist schlank und nicht so alt. Mandela stützt sich mehr auf seine Frau, als er sollte. Ich schaue und schaue und schaue, als würde der Bildschirm mich einsaugen.

Baba ist vorsichtig, was unsere Rückkehr betrifft. Er will sicher sein, dass die Verfolgung aller politischen Organisationen tatsächlich aufgehoben ist, dass es sich nicht um eine Falle handelt. Für mich wird es auf jeden Fall sicher sein: Ich bin ein Kind und war nie in irgendwelche terroristischen Aktivitäten verstrickt. Außerdem besitze ich einen kanadischen Pass. Uncle Stan kehrt als Akademiker zurück, für ihn ist es auch anders. Man hat ihm eine Stelle an der Universität von Natal angeboten. Er nimmt sie an, und im Dezember diesen Jahres besteige ich mit der Familie Sangweni ein Flugzeug in Richtung Johannesburg.

Wir fliegen nach Hause.

***

Der Jan-Smuts-Flughafen ist in schmutziges, fluoreszierendes Licht getaucht, die Art Licht, in der selbst perfekte Haut narbig aussieht. Die Decken hängen niedrig, und es gibt zu viele braune Ziegelsteine. Der Flughafen ist eine faschistische Festung, gebaut, um Angriffen standzuhalten. Die Gebäude haben alle kleine Fenster – eher Luftlöcher als Fenster. Jan Smuts ist modern, wenn man die 1970er für modern hält. Was ich nicht tue.

Unsere Pässe werden von einer Reihe finster aussehender Beamter von der Einwanderungsbehörde abgestempelt. Sie fragen uns, was wir hier wollen. Jeder von ihnen scheint einen Schnauzbart zu tragen. Ich verspüre den Drang zu kichern, aber mir ist klar, dass das die Männer verärgern würde. Ich sage, dass ich meine Familie besuchen will, und sie stellen keine weiteren Fragen. Mandela hat uns freien Zutritt nach Südafrika versprochen, auch wenn es die Apartheid immer noch gibt. Die Männer lächeln nicht und heißen uns auch nicht willkommen, aber sie lassen uns ins Land.

Draußen warten mein Cousin Slumko und meine Cousine Mandisa. Slumko ist der glamouröse ältere Bruder und fünfzehn Jahre älter als ich, also schon ein erwachsener Mann. Mandi ist die emotionale jüngere Schwester, nur fünf Jahre älter als ich, aber alt genug, um sehr viel cooler zu sein. Sie sind im angrenzenden Swasiland aufgewachsen, darum wissen sie bereits, was „innen" los ist.

Slumko hat in Amerika studiert und ist nur wenige Wochen vor Mandelas Freilassung nach Johannesburg gezogen. Er ist riesig – zwei Meter groß – und sieht sehr gut aus. Wohin wir auch gehen, starren ihn die Leute an, als wäre er ein Superstar. Die Blicke der *weißen* Frauen ruhen am längsten auf ihm. Wenn man sie dann ansieht und lächelt und sie merken, dass man bemerkt hat, wie sie ihn anstarren, dann scheinen sie selbst erstaunt, und es ist ihnen peinlich.

Mandi lebt noch in Swasiland, ist aber oft in Joburg, weil hier die Post abgeht und ihre Persönlichkeit viel zu groß für das verschlafene Swasiland ist. Wir können ihr schrilles Quietschen schon hören, noch bevor wir sie sehen. Sie ist ebenfalls groß und schlank und zieht wie ihr Bruder die Blicke auf sich. Sie spricht und benimmt sich kokett, und für alle anderen Frauen in ihrer Nähe bleibt nur ihr Schatten. Während unseres einwöchigen Aufenthalts ist sie der bunte Pfau, und Lindi und ich sind die grauen Fischreiher.

Aber vorerst umarmen wir uns lautstark und theatralisch. Es ist unsere erste Reise nach Hause, und wir spüren, dass wir unter Beobachtung stehen werden. Wir stehen auf einer Bühne, sind uns nicht ganz sicher, wer uns zuschaut, wissen aber dennoch genau, dass wir Aufmerksamkeit auf uns ziehen, und da wollen wir dem Publikum auch etwas bieten.

Wir passen nicht alle in Slumkos schnittiges deutsches Auto, darum teilen wir uns auf. Lindi, Dumi und ich fahren mit dem Shuttlebus zum Holiday Inn am Flughafen, während Uncle und Aunty im Wagen mitgenommen werden. Wir bleiben nur eine Nacht in Joburg. Am nächsten Morgen geht es weiter nach Pietermaritzburg. Wir wollen den Umzug von Uncle an die University of Natal damit verbinden, zum ersten Mal Familienangehörige zu treffen.

Uncle und Aunty gehen zu Bett. Sie sind müde und wollen im Hotelzimmer bleiben, aber uns lassen sie losziehen. „Geht und schaut euch Joburg an“, sagen sie, und genau das tun wir. Wir kennen die Stadt nur durch die Musikvideos von Brenda Fassie, die von Genossen herausgeschmuggelt worden waren. In ihren Songs ist sie auf eine Art glamourös, die sie schön wirken lässt, auch wenn sie das nicht ist. Und ihre Videos zeigen eine Stadt, die so groß und schnell und funkelnd ist, dass sie eigentlich unmöglich real sein kann. Ich habe noch nie eine afrikanische Stadt gesehen, in der die Häuser so eng beisammenstehen.

Slumko sagt, er weiß genau, wohin er uns bringen will, also drehen wir die Musik im Wagen auf und gleiten durch die Dunkelheit in Richtung Autobahn, auf der Suche nach Abenteuer.

Hillbrow ist voller Neonlichter, und als ich die Scheibe nach unten rolle, riecht es nach Urin und Erbrochenem. Der Stadtteil ist nicht wirklich verwahrlost, aber viel fehlt nicht dazu. Das Zwielichtige liegt immer hinter der nächsten Ecke, verborgen vor den Blicken. Die Autos fahren langsam über die Kotze Street, die flankiert ist von langbeinigen Mädchen, die hier einen Neuanfang gesucht hatten. Viele von ihnen sind nervös. Im Griff von Kokain und der Angst vor der Polizei fällt es ihnen schwer, still zu stehen. Dickbäuchige *weiße* Männer werfen ihnen anzügliche Blicke zu – sie sind hier, um einen Hunger zu stillen, den die Apartheidsgesetze nicht zu regeln vermögen.

Wir entscheiden uns für ein Café, in dem alle Gäste schick aussehen und wie in Paris an Tischen auf dem Bürgersteig sitzen. Drinnen ist viel los, darum warten wir draußen. Es ist ein milder Abend. Um uns herum funkelt die Stadt aus Gold wie eine geöffnete Schmuckschatulle. Irgendwo kifft jemand, und der Duft wabert bis zu uns. Unser Lachen wird lauter, unser Körpergefühl wird sensibler, unser Lächeln erzeugt Grübchen, unsere Seufzer werden sinnlich. Dieses Land gehört uns bereits, und wir wissen das, darum sonnen wir uns jetzt in einem dieser Momente, in denen man sich von den Göttern geküsst glaubt. Der Augenblick funkelt, und wir tun das auch. Wir sind jung, die Freiheit liegt vor uns, und Kummer und Schmerz sind die Helden von gestern.

Ein Mann taucht auf. Als wäre er ausgesandt, um uns daran zu erinnern, dass die Welt nicht nur für die Jungen und Schönen gemacht ist, sondern auch für die Alten und Grauen. Er wirkt eingefallen und fleckig, wie etwas, das man weggeworfen hat, wie eine Papiertüte oder eine zerknüllte Dose in der Gosse. Aber das ist er nicht. Er ist ein Mensch.

Anfangs bemerken wir ihn nur als Bewegung aus den Augenwinkeln, aber bald schon rückt er ins Scheinwerferlicht unserer Aufmerksamkeit. Er öffnet den Mund und stimmt einen Nat-King-Cole-Song an: „Mona Lisa, Mona Lisa, men have named you. You're so like the lady with the mystic smile." Er singt, als würde er auf eine Bühne gehören. „Do you smile to tempt a lover, Mona Lisa?" Stille senkt sich über uns. „Or is this your way to hide a broken heart?" Seine Stimme ist samtig, aber er singt, um sich sein Essen zu verdienen. Er hält einen Becher in der Hand. Wir singen mit, denn für uns ist er in diesem Moment Nat King Cole, in Smoking und Fliege, und seine Stimme erbaut eine Welt, in die er uns mitnimmt. Dort gibt es keine Verbitterung und nur gutaussehende Menschen, die für diesen Schwarzen, schönen Moment geboren wurden.

Ohne Vorwarnung und ohne provoziert worden zu sein, brüllt eine Kellnerin, deren Mund zur Fratze verzogen ist, unseren charmanten Sänger an: „Weg hier!" Sie baut sich vor ihm auf, und noch bevor er reagieren kann, schüttet sie ihm Wasser ins Gesicht. Er kauert gedemütigt vor ihr, zittert wie ein Hund.

Aha! Da ist er endlich: der Moment, den wir erwartet hatten, als wir in Nairobi unsere Taschen packten. Als wir in Südafrika landeten, waren wir für eine solche Konfrontation gewappnet. Um ehrlich zu sein, unser Leben im Exil, als Kinder von Revolutionären, war eine einzige lange Probe für diese Szene.

Da ist er, der Schurke – und er ist eine Frau, die kaum erwachsen scheint. Eigentlich ist sie sogar eher noch ein Kind. Aber sie hat die Würde eines Mannes, der unser Vater sein könnte, mit Füßen getreten.

Und er lässt es mit sich geschehen. „Sorry, bitte. Es tut mir leid. Bitte vergeben Sie mir. Ich möchte mir nur etwas Brot verdienen." Seine Stimme klingt nicht länger samtig, sondern brüchig, krächzend und rau von zu viel Alkohol. Aber jedes Wort ist perfekt artikuliert, als wäre er in Eton zur Schule gegangen. Der Kontrast zwischen dem, was er einst war, und dem Mann, der jetzt nass und zitternd auf der Straße steht, sollte für jede und jeden unerträglich sein.

Wir springen auf. Slumko tobt, und Mandi zischt, und ich rufe laut, und Lindi bohrt ihren Finger fast in das Gesicht der Kellnerin. Das Mädchen, das noch nicht ganz Frau ist, wird bleich wie ein Laken und taumelt rückwärts in die Sicherheit des Cafés. Wir folgen ihr, vor Wut kochend. Wir sind so empört, dass wir den alten Mann völlig vergessen. Wir vergessen, ihn zu fragen, ob alles in Ordnung ist. Stattdessen richten wir unsere ganze Aufmerksamkeit auf die Täterin.

„Was fällt Ihnen ein?", donnert Slumko. „Der Mann ist alt genug, um Ihr Vater zu sein!"

„Sie haben keinen Respekt. Was ist das nur für ein Verhalten?", fällt Mandi ein.

„Wo ist der Manager?", will Slumko wissen. „Das darf nicht einfach so durchgehen."

Die Kellnerin schluckt schwer. Sie wirkt aufgewühlt, aber auch aufsässig. „Sie arbeiten nicht hier", sagt sie. „Er kommt jeden Tag. Jeden Tag bettelt er die Gäste an."

„Wir sind Gäste", kontert Slumko. „Wir sind zahlende Gäste, und wir haben uns nicht beschwert."

Jetzt schaut sie zu Boden.

Ich hole zum entscheidenden Schlag aus. „Sie sind eine Rassistin. Das ist Ihr Problem. Sie sind eine Rassistin, und Sie denken, Sie könnten so mit ihm umgehen, weil er Schwarz ist." Mein Ziel ist es, sie zu erlegen, nicht sie zur Einsicht zu bringen.

Die Kellnerin kämpft gegen die Tränen an, aber sie bleibt stur. Sie ist es nicht gewöhnt, dass Schwarze Menschen so mit ihr reden, und sie kann dieses Zerrbild ihrer bisherigen Realität nicht einfach zulassen. „Nennen Sie mich nicht Rassistin. Ihr Ausländer denkt, ihr wüsstet alles über dieses Land, aber ihr wisst gar nichts. Das hier ist nicht Amerika, das ist Südafrika."

Das Wort „Rassist" ist wie eine Hundepfeife – jetzt richten alle Anwesenden ihre Aufmerksamkeit auf uns. Die Fronten bauen sich auf.

Ein *weißer* Mann an einem Nebentisch meldet sich zu Wort. „Sie hat recht. Er kommt ständig her. Der Alte ist die Pest. Darf ich Sie etwas fragen? Waren Sie je zuvor hier?" Er schaut mir direkt in die Augen. „Haben Sie vor heute Abend jemals einen Fuß in dieses Café gesetzt? Falls ja, dann wüssten Sie, dass wir hier alle nett sind. Es gibt hier keinen Rassismus. Sie hier ..." Er zeigt auf die Kellnerin. „... macht nur ihren Job."

Die Verwandtschaft ihrer Haut reicht tief.

Sie halten uns für Fremde. Sie denken, wir wären Afroamerikaner, und das macht uns nur noch wütender. Lindi erklärt mit ihrem besten britischen Akzent: „Sie denken, wir kommen aus Amerika? Sie glauben, weil wir Englisch sprechen, sind wir nicht von hier? Diese Tricks können Sie sich sparen. Sie können uns über unser eigenes Land nichts beibringen."

Eine alte *weiße* Frau, die aussieht, als hätte sie keinen Ort, an dem sie nachts ihr Haupt zur Ruhe betten könnte, schaltet sich ins Gespräch ein. Sie ist magerer, als es selbst alte Frauen sein sollten. So dürr, dass sie keine Kinder haben kann, die ihr zu essen geben. Sie starrt uns an und zischelt in seine Richtung: „Gehen Sie gar nicht weiter auf die ein. Hier liegt eindeutig ein Fall von schlechter Aufzucht vor."

Mandi rastet aus. „Eine Aufzucht ist für Pferde", kreischt sie mit ihrer hohen Stimme. „Falls Sie es noch nicht bemerkt haben, wir sind keine Tiere, nur Schwarze, die zufällig auch Menschen sind!"

Jetzt kommt der Manager des Cafés. Er stellt sich uns vor und versucht, seine Autorität auszuspielen, aber die erkennen wir nicht an. Es ist uns egal, wie man sich in einem Café zu benehmen hat. Wir sind einmal quer über den Kontinent gereist und durch Jahrzehnte der Erwartung auf diesen Moment. Ein Manager kann uns auf unserem Kollisionskurs nicht aufhalten, die Konfrontation ist unser Geburtsrecht. Wir sind hier, um uns den Apartheids-*Weißen* zu stellen, deren Stiefel wir in unserem Nacken zu spüren bekamen. Wir sind renitent und unbeherrschbar. Wir sind nicht aus dem Exil zurückgekehrt, nur um höflich zu kapitulieren, wie es die unbußfertigen *Weißen* von uns erwarten. Wir sind auf den Rassismus gestoßen, vor dem unsere Eltern geflohen sind, und wir beabsichtigen, ihn an der Wurzel auszurotten.

Wir respektieren den Manager nur insofern, als er unserem Ansinnen entgegenkommt, und verlangen, dass er die Kellnerin dazu bringt, sich zu entschuldigen.

Sie weigert sich.

Wir bestehen darauf.

Er macht Ausflüchte, weiß nicht, wie er mit Schwarzen wie uns umgehen soll.

Wir wittern Morgenluft.

„Worauf warten Sie noch? Wir bestehen darauf, dass sich eine Ihrer Angestellten für ihren rassistischen Akt entschuldigt. Was müssen Sie da noch groß nachdenken? Wissen Sie nicht, dass der Gast immer Recht hat? Wo genau haben Sie Ihren Beruf erlernt?"

Wir lachen hämisch.

Er stottert Unzusammenhängendes.

„Hören Sie, hier geht es nicht um uns", argumentiert Slumko. „Uns ist es schnurzegal, ob sie sich bei uns entschuldigt oder nicht. Aber ein alter Mann wurde respektlos behandelt, und bei ihm sollte sie sich entschuldigen. Nicht bei uns. Sobald sie das tut, ist sie uns los. Falls sie es nicht tut, werden Sie noch lange davon hören. Sie haben ja keine Ahnung, wie gut unsere Beziehungen sind."

Wir sind tief verwurzelt in den Gefechtsregeln der Mittelklasse und viel kosmopolitischer, als er sich das vorstellen kann. Es ist schon Jahre her, seit wir zuletzt eine solche Entwürdigung erlebt haben, und doch wissen wir, dass wir uns moralisch gesehen im Recht befinden. Man hat uns dazu erzogen, für die zu kämpfen, die nicht für sich selbst eintreten können. Wir sind die artikulierte Empörung derer, denen ein Unrecht geschehen ist, und wir haben den Vorteil der Überraschung auf unserer Seite. Unsere Haut ist braun, aber das darf nicht automatisch zu der Annahme führen, dass wir ängstlich oder nicht gebildet oder unhöflich sind. Wir sind nichts davon.

Die Kellnerin spürt, dass sie den Kürzeren gezogen hat. Sie ist verwirrt – sie hat nicht geahnt, dass eine Gruppe hochnäsiger Afroamerikaner ihre Schicht sabotieren würde. Wie hätte sie das auch ahnen sollen? Sie schaut zu

Slumko mit seinen Muskeln und seinem Filmstaraussehen und dann zu Lindi und Mandi und mir – groß und elegant in unseren Jeans und hochhackigen Pumps und mit Make-up –, und sie weiß, dass sie nachgeben muss.

Ihr Manager begleitet uns – ebenso verwirrt und eingeschüchtert wie sie – nach draußen. Die restlichen Gäste des Cafés beobachten uns. Sie haben sich alle für eine der beiden Seiten entschieden – eine kleine Anzahl ist auf unserer Seite, aber die meisten sind von unserer Frechheit schockiert. Sogar hier, in einer der liberalsten Straßen von Johannesburg, ist die Zukunft noch nicht in den Köpfen angekommen. Und dennoch ist sie schon da: unverfroren und unbeugsam und fordernd. Alles scheint eingefroren, und die Neonlichter der Straße wirken nicht länger glamourös. Wir befinden uns in einem heruntergekommenen Teil der Stadt, und die *Weißen* sitzen hier nur deshalb neben den Schwarzen, weil sie keine andere Wahl haben.

Der alte Mann ist verschwunden. Dieser Mr. Bojangles des Viertels hat sich aus dem Staub gemacht, und all unsere Vorhaltungen waren umsonst.

Die Kellnerin schaut triumphierend, als wolle sie sagen: „So viel dazu." Aber sie reißt sich rasch zusammen, als ihr klar wird, dass wir immer noch am längeren Hebel sitzen, auch wenn sich das Opfer, für das wir eingetreten sind, davongeschlichen hat. Wir sind wütender als sie und können uns sehr viel besser ausdrücken. Seine Abwesenheit ändert daran nichts, obwohl es uns schon einen Stich versetzt. Er ist nicht da, um unsere Redegewandtheit und Tapferkeit zu feiern. Er ist weitergezogen, um sich irgendwo anders etwas zu essen zu erbetteln. Er hat sich von uns abgewendet.

„Tut mir leid", sagt der Manager. Er schaut uns Frauen nicht in die Augen, als ob die Auseinandersetzung durch zu viel Östrogen angefacht worden wäre. Nur zu Slumko sagt er: „Von Mann zu Mann sollten wir es jetzt gut sein lassen."

Er fährt fort, immer noch an unseren furchtlosen Führer gewandt: „Ich denke, wir haben heute eine Lektion gelernt. Wir werden dafür sorgen, dass so etwas nie wieder vorkommt." Er schaut Slumko fest in die Augen, als ob er hofft, dass die Vernunft siegen möge. Slumko lässt sich verführen: Diesem Geheimbund der Männlichkeit lässt sich nur schwer widerstehen.

„Schon gut, Mann, wir verstehen das."

Die Kellnerin wird fortgeschickt. Wir sehen ihr nach. Der Manager begleitet uns zu unserem Wagen, als wolle er sicherstellen, dass wir auch ja nicht ins Café kommen und keinen weiteren Schaden anrichten.

„Wenn Sie das nächste Mal vorbeikommen, schauen Sie herein. Die Getränke gehen auf uns!", sagt der Manager zu Slumko. Wir anderen sind für ihn unsichtbar. Slumko ist der Mann der Stunde, denn an nichts anderes kann sich der Manager klammern. Wir sind keine gewöhnlichen Schwarzen, denen er drohen kann. Wir sind großmäulige Frauen, aber angeführt von einem Mann, der vernünftigen Argumenten doch sicher zugänglich ist.

Slumko setzt sich hinter das Steuer, auch wir anderen steigen in den Wagen. Das Auto beeindruckt den Manager. In den kommenden Jahren wird er noch viele Schwarze wie uns sehen, aber in dieser Nacht sind wir einzigartig. Seine Unruhe wächst.

Er schüttelt Slumkos Hand, und wir fahren los. Nach ein paar Minuten der Stille brechen wir in Lachen aus. Wir schwelgen in der Geschichte von unserem Heldentum, jubeln uns gegenseitig zu, dass wir uns dem fanatischen Rassismus in den Weg geworfen haben, und wir necken Slumko, indem wir ihn als Verräter bezeichnen, der einen Pakt geschlossen hat, damit die Frauen aus dem Weg geschafft werden, bevor sie für weiteres Chaos sorgen. Wir lachen und fühlen uns satt, obwohl wir nichts gegessen haben.

Noch Jahre später ergötzen wir uns an dieser Geschichte, und im Laufe der Zeit beenden wir sie immer mit den Worten von Mandi als Pointe: „Aufzucht ist für Pferde. Wir. Sind. Menschen." Wenn wir zusammen sind, sagen wir das oft im Chor, kichern und klatschen uns ab und freuen uns diebisch über unsere Schlagfertigkeit.

Der alte Mann und sein Verschwinden wird von Mal zu Mal weniger wichtig. Irgendwann haben wir sogar vergessen, ob er „Mona Lisa" oder „Mr. Bojangles" gesungen hat. Die Geschichte, die wir in den Wochen und Jahren danach erzählen, handelt allein von unserer Chuzpe. Sie dreht sich um unsere Begegnung mit dem Rassismus, von dem man uns unser ganzes Leben lang erzählt hat.

***

Wir mieten uns einen Wagen, mit dem wir nach Pietermaritzburg fahren. Die Fahrt ist großartig. Sie führt über einwandfreie Straßen, vorbei an Zuckerrohrfeldern. Die Hügel scheinen wie ein Van Gogh und wir sind die Sonnenblumen – wir saugen die Luft und die Kurven dieses neuen Ortes auf, den wir nie zuvor gesehen haben. Aunty und Uncle erinnern sich deutlich, als wären sie gestern noch hier gewesen. Uncle wird direkt auf dem Universitätsgelände arbeiten. Wir wollen alles kaufen, was nötig ist – Geschirr, Bettwäsche –, und dafür sorgen, dass seine vorübergehende Unterkunft blitzsauber ist. Aber zuvor – noch vor allem anderen – statten wir Mkhulus Haus einen Besuch ab. Wir sind auf dem Weg zu Babas Vater, meinem Großvater.

Als wir aussteigen, tritt ein alter Mann aus dem Haus. Er ist grauhaarig und klein, viel kleiner als Baba. Außerdem ist er untersetzt und strahlt die Aura von jemandem aus, um den man sich gut kümmert – womöglich derart gut kümmert, dass er ein wenig zu weich geworden ist. Das Stehen scheint ihm nicht leichtzufallen. Er stützt sich schwer auf seinen Stock und ruht sich einen Moment aus, dann schlurft er weiter zum Kopf der Treppe und schaut auf. Ich schaudere: Ich sehe die Zukunft. So wird Baba in dreißig Jahren aussehen. Der alte Mann versucht erst gar nicht, die Stufen hinunterzusteigen. Es sind zu viele, und sie sind zu steil. Stattdessen bleibt er stehen und schaut zum Wagen, aus dem wir mit unseren langen Gliedmaßen und eifrigen Gesichtern aussteigen. Als er mich sieht, hebt er die Arme, vergisst kurz den Gehstock. Er hält sich aufrecht und gerade, mit weit ausgestreckten Armen, wartet auf mich. Seine Stimme klingt brüchig, aber ich höre ihn deutlich. Er ruft meinen Namen, wie man ein Tier ruft, das weggelaufen ist. Seine Stimme ist alt und etwas atemlos, aber sie hat eine unverkennbare Ähnlichkeit mit der Stimme von Baba. „Sisonke!“, ruft er. „Sisonke!“

Ich laufe über die Straße und dann die Treppe hinauf und in seine Arme. Er lehnt sich schwer gegen mich, und einen Moment lang fürchte ich, das Gleichgewicht zu verlieren. Dann würden wir beide die Treppe hinunterfallen. Aber ich finde meinen Halt und klammere mich an ihn. Wir weinen uns gegenseitig in die Pullover. Seiner ist weich und neu und riecht noch nach Laden, aber sein Hals und sein Gesicht gehören einem alten Mann und riechen muffig und leicht säuerlich.

„Ahh. Ahh, *mtanami*.“ Die rissigen Holzdielen der Veranda unter uns beben. Die Straße schaut zu, müde und blass. Meine Cousins stehen auf der Treppe und lächeln, und die wissenden Berge beobachten uns mit schweren Lidern.

Diese Landschaft hat den alten Mann auf seiner Veranda jeden einzelnen Tag seines Lebens gesehen. Sie kannte ihn, als er noch ein junger Mann war, sogar noch früher, als er noch ein Kleinkind war. Diese Berge haben gesehen, wie er genau hier seine ersten Schritte tat, und später sahen sie, wie sein Sohn geboren wurde. Die Sonne hängt tief am Himmel, und dort hing sie auch und sah zu, wie der Sohn des alten Mannes zum letzten Mal die Tür hinter sich schloss und nie zurückkam. Sie hat gewartet, ebenso wie der alte Mann. Die Sonne und die Bäume und die Berge und der Himmel haben gewartet, und schließlich wurde allen klar, dass der Sohn nicht wiederkommen würde. Sie sahen aber auch, dass der alte Mann nicht aufgab. Und jetzt sehen die Sonne und die Bäume und der Himmel, wie wir uns umarmen. Sie freuen sich auf eine weitere Wiedervereinigung, die noch kommen wird. Sie wissen, dass ich nur ein Omen bin, die Vorbotin, die der Krieger vorausgeschickt hat. Bald kommt er nach.

Wir begeben uns ins dunkle Wohnzimmer, beide tränenüberströmt. Ich stütze Mkhulu beim Gehen, er lehnt sich an mich – die Energie, die es ihn gekostet hat, auf der Veranda zu stehen, hat seine Kräfte aufgezehrt. Schulter an Schulter treten wir ein. Seine anderen Kinder – meine Tante und mein Onkel, die jünger sind als ich und ihre Sonntagskleider tragen – stehen auf und begrüßen uns. Ich bin überrascht, wie jung sie sind. Großvaters Frau ist so alt wie Mummy, darum macht es vermutlich Sinn. Technisch gesehen sind sie meine Tante und mein Onkel, aber sie sind bloß Kinder. Fremde. Fremde Teenager.

Ich versuche, mir meine Enttäuschung über ihre Anwesenheit nicht anmerken zu lassen. Eine kindische Eifersucht überkommt mich. Mkhulu braucht mich nicht – er braucht überhaupt keine Enkelkinder. Er hat Kinder, die jünger sind als meine Schwestern und ich. Was für eine Art von Liebe können wir ihm noch geben, die er nicht schon hat? Irgendwie fühle ich mich beraubt. All die Jahre habe ich darauf gewartet, meinen Großvater kennenzulernen, und hier ist er nun, altersschön, und doch auch ein völlig Fremder, dessen Leben bereits ausgefüllt ist – und voller Kinder.

Die Kinder sehen aus wie er, darum sehen sie auch aus wie ich. Ich schüttele den Kopf, als sei das alles eine merkwürdige Traumsequenz und nicht das Ende eines Teils meines Lebens und der Anfang eines anderen. Ich kenne meinen Großvater erst seit fünf Minuten, aber schon hungere ich nach seiner Zuneigung.

Das Exil war wie eine Decke – es schützte uns vor den alltäglichen Verletzungen und gleichzeitig verlieh es den geliebten Menschen, nach denen wir uns sehnten, einen besonderen Glanz und ließ sie heldenhaft wirken. In meinen Träumen waren sie alle perfekt, wie wir es in ihren Träumen waren.

Ich habe keine Zeit, diese Emotionen zu verarbeiten. Wir sind bereits im tiefen Wasser. Mkhulu hat jede Menge zu sagen, und er muss es schnell sagen, denn er will all die verlorene Zeit gutmachen.

In den nächsten Stunden erzählt er mir Geschichten. Er spricht davon, wie es ist, einen Sohn zu verlieren, und darüber, wie es sich anfühlt, zurückbleiben zu müssen. Er sagt, dass das Verschwinden ein Akt der Grausamkeit war, aber ihm scheint klar zu sein, dass es auch ein Akt der Liebe war. Ich verstehe natürlich nicht alles. Baba hat nie über seinen Vater gesprochen.

Ich kenne einzelne Teile des Puzzles, in den Jahren angesammelt, nur stückchenweise und verhalten präsentiert. In Babas Version der Geschichte verabschiedete er sich nach den Schulferien wie üblich von seinem Vater und seiner Stiefmutter (damals einer anderen – Mkhulu hatte im Laufe der Jahre insgesamt vier Ehefrauen) und umarmte seine Lieblingscousine Gugu. Er verließ das Haus und kehrte an die Schule zurück. Kurz darauf gab es eine Protestaktion in Fort Hare, und dort trat der Masterplan in Aktion. Ein paar von ihnen gingen in den Untergrund. Sie fuhren mit dem Zug von Alice nach Johannesburg und spazierten an den Polizeihunden vor dem Hauptbahnhof vorbei. Keiner von ihnen hatte einen der verhassten *dompas*-Ausweise, die alle „Eingeborenen" mit sich führen mussten und ohne die sie keine Erlaubnis hatten, in der Stadt zu leben und zu arbeiten. Ihr Plan hätte also schon gleich zu Beginn scheitern können, aber das Glück war ihnen hold. Sie versteckten sich in Alexandra und folgten den Anweisungen der Genossen, die gelegentlich mit Paketen und Geld und neuen Befehlen auftauchten.

Baba hatte von der Bewegung die strenge Anweisung erhalten, niemandem zu sagen, dass er untertauchte. Er wusste nur, dass er zu einer Gruppe von Rekruten gehörte, die im neuen militärischen Arm der Volkspartei zu den Waffen gerufen wurden. Er wusste nicht genau, wohin er gehen würde. Dieses Detail wurde einem erst mitgeteilt, wenn man die Grenze hinter sich gelassen hatte. Sein Zielort wurde zu seiner eigenen Sicherheit vor ihm geheim gehalten. All das erfuhr ich im Laufe meiner Kindheit. Jetzt, all die Jahre später, erzählte Mkhulu seinen Teil der Geschichte und berichtete, was auf der anderen Seite der Grenze geschah, während Baba sein altes Leben hinter sich ließ.

Wenige Wochen später klopfte ein Polizist an Mkhulus Tür. Es war ein Samstag, darum war Mkhulu zu Hause. Der Polizist setzte sich in die Küche, nicht ins Wohnzimmer, was Mkhulu extrem unangenehm war. Er ging davon aus, dass der Beamte ihm mitteilen würde, dass man seinen Sohn tot im Graben auf dem Weg nach Fort Hare gefunden hatte, wo er vor seinem Verschwinden zur Schule gegangen war. Aber das war nicht der Grund des Besuchs. Der

Beamte war auf der Suche nach Mkhulus Sohn. Der Mann hatte einen kalten Blick, auch wenn sein Mund lächelte und seine Worte freundlich waren.

Mkhulu sagte ihm die Wahrheit. Er hatte keine Ahnung, wo sich sein Sohn befand. Der Beamte beugte sich vor und warnte ihn, dass er besser mit ihm kooperieren sollte. Mkhulu geriet in Panik, denn er kooperierte ja. Gut, sagte der Beamte und lehnte sich wieder zurück.

Jetzt hält Mkhulu im Erzählen inne und steht steif auf. Er schlurft zu einer Anrichte und nimmt ein gerahmtes Foto in die Hand. „Das ist sie. Mit ihr war ich damals verheiratet. Sie bot dem Polizisten Tee an, und er nahm ihr Angebot an. Wegen der Apartheidsgesetze hätte er eigentlich nicht ja sagen dürfen, aber er zeigte uns seine menschliche Seite. Im Laufe der Jahre freundeten Du Toit und ich uns irgendwie sogar an."

Mkhulu fährt fort, macht hier und da einen erzählerischen Schlenker. Er erinnert sich, wie schlecht das Wetter in diesem ersten Winter ohne seinen Sohn war. Er spricht darüber, wie seine erste Frau – die Mutter meines Vaters – sich solche Sorgen machte, dass sie den ganzen Weg aus ihrem Dorf kam, um mit ihm zusammen nach Johannesburg zu fahren und nach ihrem Sohn zu suchen. Sie war davon überzeugt, dass eine Gang ihren Sohn überfallen und entführt hatte. „Eine fantasiereiche Theorie", sagt mein Großvater in seinem geschliffenen Englisch. Etwas an der Art, wie er spricht, beantwortet Fragen über meinen Vater, von denen ich gar nicht wusste, dass ich sie hatte.

Er macht es sich jetzt auf der Couch bequem und zählt die Meilensteine der vergangenen Jahre auf – all die Zeiten, in denen er zu verzweifeln drohte, und die Momente, in denen er sicher war, dass sein Sohn bald nach Hause kommen würde. Nachdem ein Jahrzehnt vergangen war – das erste von insgesamt drei –, brachte Du Toit bei einem seiner wöchentlichen Besuche eine Akte voller Fotos mit. Er breitete sie vor Mkhulu aus und sagte: „Wir haben ihn gefunden. Es ist jetzt sicher, dass dein Sohn ein Terrorist ist. Hier bitte."

Mkhulu sah sich die Fotos an, und ja, da war er, in seiner ganzen Größe von fast zwei Metern, wie er aus einem Flugzeug stieg. Ein anderes Foto zeigte ihn, wie er neben *Denis Goldberg* über eine Behelfspiste ging. Er war mager und jung. Ich habe kein Bild vor Augen, denn ich habe nie ein Foto von meinem Vater als Kind oder junger Mann gesehen. Wenn man im Exil aufwächst, kann man sich nur vorstellen, wie die Eltern früher ausgesehen haben mögen. Es gibt keine Erinnerungsstücke auf der Flucht. Es ist, als hätte er nicht existiert, bevor er mein Vater wurde. Obwohl es viele Fotos von Mummy an ihrer High School gibt, taucht Baba erst in unseren Familienfotoalben auf, als wir auf die Welt kamen, und selbst dann steht er meistens hinter der Kamera.

Als Mkhulu damals die Fotos sah, war er außer sich vor Freude: Das war das erste Lebenszeichen, seit sein Sohn verschwunden war. Aber natürlich war er klug genug, die Identität seines Sohnes nicht zu bestätigen. Darum verbarg er seine Freude und schüttelte nur den Kopf. Langsam und ohne ein Anzeichen des Wiedererkennens sagte er: „Ich habe keine Ahnung, wer das ist."

Sein Herz pochte, und seine Gedanken rasten. Endlich hatte er die Gewissheit, dass sein Sohn lebte. Aber seine Gesichtszüge blieben unverändert. Er verriet nichts.

Mkhulu gibt meinem Baby-Onkel mit einer Geste zu verstehen, dass er das Foto holen soll. Mir kommen die Tränen. Da ist er, da schaut mich Baba aus der Vergangenheit an. Mir ist nie der Gedanke gekommen, dass mein Großvater Babas Fotos regelmäßig aus den Alben nehmen und sie betrachten könnte. Dass er weinte, wenn er an ihn dachte, und für seine Sicherheit betete. Ich war zu sehr damit beschäftigt gewesen, mich zu fragen, wie mein Großvater wohl sein mochte, zu sehr damit beschäftigt, sein Fehlen in meinem Leben zu beklagen.

Mkhulu tätschelt mir die Hand, wie es ein Großvater tun sollte, und lässt mir kurz Zeit, mich zu erholen. Er reicht das Foto herum – gibt es Dumi, der ebenfalls auf der Couch sitzt. Dumi reicht es Lindi, und beide quietschen entzückt auf und sagen, wie jung er damals war, wie anders er jetzt aussieht. Ich bin zutiefst traurig, aber Mkhulu fährt fort. Er hat noch eine Geschichte zu erzählen. Seine Augen funkeln, und ein Lächeln breitet sich über seine Wangen aus. Schon ist er mittendrin.

Nach drei Stunden lässt die Kraft des alten Mannes nach. Er muss sich ausruhen, aber er hat dafür gesorgt, dass ich bei Verwandten in Edendale übernachten kann. Ich erstarre. Der Nachmittag war wunderbar, aber das sind alles Fremde für mich. Ich will bei Uncle Stan und Aunty Angie und Lindi und Dumi bleiben. Sie sind meine Familie – jedenfalls mehr als diese freundlichen Fremden, von denen es heißt, sie seien meine Tante und mein Onkel.

Verzweifelt schaue ich zu Aunty Angela. Wenn sie mir nicht hilft, werde ich in Tränen ausbrechen. Worüber soll ich mich beim Abendessen mit diesen Menschen unterhalten? Wie soll ich dem allen ohne Dumi und Lindi einen Sinn geben können? Ohne Aunty Angela, die die Verbindungen für mich herstellt – mich daran erinnert, dass das hier Mkhulus erste Frau ist, dass er sich von Gogo Sonke hat scheiden lassen und dann Mam' Soundso geheiratet hat und – nachdem er sich auch von ihr getrennt hatte – ein illegitimes Kind bekam, von dem keiner wusste, und dass er, nachdem das geklärt war, erneut heiratete. Seine jetzige Frau – die Frau, die so geschäftig um uns herumeilt – ist seine neueste Frau, und sie scheint ihm gutzutun.

Aunty legt ein gutes Wort für mich ein. Sie sagt sehr freundlich: „Wir haben morgen eine lange Fahrt vor uns. Wenn Sonke nicht bei uns übernachtet, wird unsere Abreise unnötig hektisch." Ich nicke bestätigend und atme aus. Ich blinzele meine Tränen zurück, bin von mir selbst enttäuscht, weil ich nicht in der Lage bin, in diese Familie einzutauchen, gleichzeitig dankbar, dass ich nicht bei diesen Fremden bleiben muss, die ich doch eigentlich lieben sollte.

Wir verlassen das Wohnzimmer und treten auf die Veranda mit Blick auf die Straße. Mkhulu steht hinter mir, schaut über meine Schulter zu den Bergen. Die untergehende Sonne färbt sie lila und orange. Ich möchte mich zurücklehnen, als würde Baba hinter mir stehen, aber ich tue es nicht. Ich bin mir nicht sicher, ob ich nicht zu schwer für ihn bin, und ich bin auch unsicher im Umgang mit ihm. Noch verstehe ich die Umgangsformen in meinem Land nicht – wann ich näher kommen darf, wann ich besser Abstand halte. Ich bin unbeholfen, die Tochter, die zu lange eine Fremde war.

Wir schweigen alle und stehen reglos. Die Ereignisse des Nachmittags erfüllen uns. Schließlich bricht Mkhulu das Schweigen.

„Als ich deinen Vater das letzte Mal sah", sagt er, „stand er auf dieser Veranda, hatte mir den Rücken zugekehrt. Er stand genau dort, wo du jetzt stehst, und er war ungefähr in deinem Alter."

Die Tränen kommen wieder, und ich weiß nicht, was ich fühle. Ich erlebe einen Moment der Panik und stelle mir vor, dass Baba etwas Furchtbares zustoßen könnte. Er wartet noch darauf, dass er grünes Licht bekommt, will sicher sein, dass er nach der Einreise nicht sofort verhaftet wird. Er plant, im Mai nachzukommen – in fünf langen Monaten. Was, wenn er niemals nach Hause kommt?

Mkhulu tröstet mich. Er ist sanft und ganz Gentleman, wie es für seine Generation und Ära typisch ist. Er legt die Hand auf meine Schulter und flüstert mir ins Ohr.

„Weine nicht um mich, *mtanam'*. Letzten Endes ist alles gut geworden."

Es ist lieb von Großvater zu denken, ich würde wegen ihm weinen. Aber mit der ganzen Maßlosigkeit der Jugend weine ich hauptsächlich um mich selbst. Ich trauere um meine Ignoranz und meine Verluste. Ich trauere um die Großeltern und Tanten und Onkel, die ich nie kennenlernte. Ich weine, weil mich der Gedanke an alles, was verloren gegangen ist, überwältigt und weil ich dankbar bin, dass nicht alles verloren ist. Ich habe Angst, dass uns nie genug Zeit bleiben wird, um alles wiedergutzumachen, und dass wir – falls wir doch genug Zeit haben sollten – es verbocken könnten. Und vielleicht weine ich auch, weil ich endlich zu Hause bin.

***

Unsere Reise dauert drei Wochen. Wir fahren zu der Siedlung, in der Baba und Uncle Stan aufwuchsen, nach Jobstown vor den Toren von Newcastle. Man begrüßt uns wie Mitglieder des Königshauses. Wir essen Schaf und Innereien. Man verköstigt uns mit *mqushu* und *dombolo* und *amasi*. Wir hören Geschichten aus der Kindheit der beiden, dass Uncle Stan das Wörterbuch auswendig gelernt hat und dass Babas Großvater die Rindertränke gehört hat. Zum ersten Mal sehe ich, wo Baba geformt wurde, wo er seinen Stolz und sein Selbstbewusstsein erlernte. Der Kampf war nicht der Brennofen, in dem er geschmiedet wurde. Schon davor bildete sich Babas fester Glaube an sich selbst heraus – unter diesen Menschen, die nie an ihren eigenen Fähigkeiten zweifelten, niemals ihren Mut oder ihre Intelligenz in Frage stellten, auch nicht ihre Entschlossenheit und Fertigkeit, Gemüse anzubauen und Tiere zu züchten und das Land einzuzäunen und zu bewirtschaften. Ich stelle fest, dass ich es mit der Landbevölkerung zu tun habe – das ist neu für mich, denn ich bin ausschließlich Stadtkind gewesen. Mir wird klar, wie viel ich nicht wusste – darüber, was es heißt, von jenen Orten unseres Kontinents zu kommen, die weit und ausgedehnt sind. Ich habe mir nie bewusst gemacht, dass es ein Dorfleben gibt, in dem es vor Ehrgeiz und Energie und Leidenschaft nur so pulsiert, ebenso wie in den Städten. Ich kichere mit meinen Cousins und Cousinen und höre meinen Tanten zu und schelte mich, weil ich – wenn auch nur eine Sekunde lang – geglaubt habe, ich könnte mich hier langweilen. Dass ich zu weltgewandt sei, um hier Freunde zu finden. Meine Verwandten sind kein bisschen weltgewandt, aber sie sind lustig und aufmerksam und klug. Sie sind auch viel bodenständiger, ruhen viel mehr in sich, weil das alles ist, was sie je kannten, und es war für sie – trotz der Welt um sie herum – ein guter Ort. Meine Familie ist nicht wohlhabend, aber es geht allen gut. Ihr Auskommen finden sie, weil sie – anders als die meisten Familien in der Gegend – niemals ihren Grund und Boden verloren haben. Wie ich in den nachfolgenden Jahrzehnten lerne, machte das einen großen Unterschied, und es formte uns zu dem, was wir sind und was aus uns werden konnte.

Am Ende der Reise fliegen wir in alle vier Himmelsrichtungen – Dumi und Lindi reisen zurück an ihre Schule in Amerika, Aunty Angela und ich fliegen zurück nach Nairobi. Wir lassen Uncle Stan in Natal zurück. Während ich die High School beende, packt Aunty ihre Besitztümer in Kenia, um sie nach Südafrika zu verschiffen und dort mit ihrem Mann ein neues Leben aufzubauen. Ihr jahrelanges

Exil findet endlich ein Ende. Lindi und Dumi schmieden auch schon Pläne. Sie wollen nach ihrem Abschluss zurückkommen – in ein Südafrika, das sie – wie ich – gerade zum ersten Mal besucht haben. Der Rest meiner Familie ist in Addis Abeba. Mummy und Baba lassen noch offen, ob wir nach Südafrika ziehen. Baba war ja noch nicht einmal zu Besuch dort. Sie warten ab, ob es für sie wirklich ein Zurück geben kann.

***

Ich habe noch ein paar Monate an der High School vor mir, dann geht es für mich an die Universität. Darum muss ich allmählich entscheiden, ob ich in Südafrika studieren will oder ob ich Amerika beziehungsweise Kanada anvisiere. Ich habe einen kanadischen Pass, daher könnte dort der Zugang zu finanziellen Hilfen für mich einfacher sein.

Ich bin eine gute Schülerin. Meine Stärken sind Englisch, Geschichte und Gesellschaftskunde. Außerdem liebe ich den Französischunterricht. Ich besuche auch Zusatzkurse. Durch das internationale Hochschulreife-Programm navigiere ich mich ohne die Hilfe meiner Eltern. Ich frage sie auch nie nach ihrem Rat. Dasselbe erwarten sie nun, wo es darum geht, an welcher Universität ich studieren möchte. Sie kennen sich mit den Bewerbungsmodalitäten für die Hochschulen ohnehin nicht aus – sie erwarten einfach, dass ich Zugang zu einer guten Uni bekomme.

Ich treffe mich mit der Berufsberaterin an der Schule. Wir sprechen über Kosten und Finanzierungshilfen und Stipendien. Südafrika steht mir zwar endlich offen, aber es ist auch die große Unbekannte. Ich schaue mir die Journalismus-Kurse der Rhodes-Universität an und bin sehr versucht, mich dort einzuschreiben. Ich telefoniere mit Südafrika und spreche mit einer Frau in einem Büro irgendwo in Grahamstown. Sie ist weder hilfsbereit noch nett. Sie findet meine Lebensgeschichte verwirrend. Sind Sie Kenianerin?, fragt sie. Nein, erkläre ich, ich bin Exil-Südafrikanerin, ich wohne nur in Kenia. Dann haben Sie einen kenianischen Schulabschluss?, fragt sie. Nein, erkläre ich, ich habe einen internationalen Schulabschluss. Sie hat keine Ahnung, wie sie damit umgehen soll. Wir drehen uns im Kreis. Ich werde an jemand anderen verwiesen. Die Fragen fangen wieder von vorn an.

Ich gebe auf. Der Kontakt mit den amerikanischen Universitäten, bei denen ich mich beworben habe, ist dagegen viel einfacher. Sie lehnen mich ab oder nehmen mich an und sagen auch immer, für welche Stipendien ich mich bewerben kann. Eine von ihnen bietet mir einen besonders guten Deal an: das Macalester-College.

Ich rufe Mummy in Addis an. Was soll ich tun? „Geh nach Amerika", sagt sie leise, aber entschlossen. „Du hast keine Wahl. Südafrika wartet auf dich, wenn du deinen Abschluss hast."

Obwohl meine Leistungen niemanden erstaunen, sind doch alle aufgeregt. Macalester liegt in St. Paul, einer Nachbarstadt von Minneapolis. Man nennt die beiden Städte auch „Twin Cities". Als Gogo Lindi hört, dass mich eine Uni in den Twin Cities angenommen hat, greift sie zum Hörer und ruft mich aus Washington an. Es sind nur noch wenige Wochen bis zu meinem High-School-Abschluss und ungefähr zwei Monate bis zu meiner Abreise.

Gogo ruft frühmorgens an, noch vor der Schule, damit sie sicher sein kann, mich auch zu erreichen. Aunty Angela reicht mir den Hörer mit einem hastigen Lächeln. „Es ist deine Gogo Lindi", sagt sie. „Telefoniere aber nicht zu lange, sonst verpasst du den Bus."

Gogo gratuliert mir dazu, dass die Universität mich angenommen hat. Die Erwachsenen in der Familie erwarten von uns allen, dass wir Großes leisten, dafür werden wir auch mit einer angemessenen Menge an Lob überschüttet, wenn sich unsere harte Arbeit auszahlt. Jetzt bin ich an der Reihe, aber davor waren es Lindi, die eine sehr angesehene Hotelfachschule besuchte, und Dumi, der vor zwei Jahren nach Florida ging, um sich an einem Ort namens Boca Raton zum Piloten ausbilden zu lassen. Ein Jahr nach mir wird Mandla an ein Ivy-League-College gehen. Als sie die Zusage von Cornell bekommt, erhält auch sie einen Anruf von Gogo, die ihren Stolz und ihre Anerkennung ausdrückt.

Im Laufe der Jahre wird Gogo immer mehr sie selbst. Mittlerweile weiß man schon im Voraus, was sie sagen wird – jedes Wort, jede Nuance, jeder Tonfall sind vorhersehbar und nachahmenswert. Sie hat sich zu einer echten Fünf-Sterne-Diva entwickelt. Alles, was sie sagt, ist akzentuiert und zeremoniell. Ihre Turbane wurden von Jahr zu Jahr immer größer und komplexer, und der Aufwand, den sie für ihr Outfit betreibt, ist gigantisch. Ihre Hingabe an den Kontinent als Ganzes und die Erfahrungen aus erster Hand, die sie mit all seiner Pracht gesammelt hat, erlauben es ihr, die besten Ankara-Stoffe aus Nigeria zu ordern und die feinste Spitze an ihre Kleider nähen zu lassen. Ihre *boubous* werden aus der besten senegalesischen Baumwolle gefertigt, aufwändig bestickt von einem Schneider, der in Maryland lebt. Manchmal lässt sie sich auch Stickereien aus Dakar oder Cotonou schicken.

Gogos gelbstichige Haut strahlt, und ihre Augenbrauen sind stets perfekt gezupft. Ich kann sie nicht sehen, während ich ihre Stimme am Telefon höre, aber ich stelle sie mir vor. Sie schnurrt vor Stolz. Sie kann es kaum glauben, dass ich in ihre Fußstapfen treten werde, sagt sie. Sie besteht darauf, dass ich mich schon früh mit dem Campus der University of Minnesota vertraut mache und dass ich

Kontakt zu lieben Freunden und Kampfgefährten von ihr aufnehme: Vusimusi und Nothando Zulu.

Es gibt Schwarze Südafrikaner in Minnesota?, rufe ich. Nein. Sie klärt mich auf: „Als ich sie traf, hatten sie andere Namen, aber sie wollten ordentliche afrikanische Namen. In der damaligen Zeit hat man das so gemacht. Wir haben unsere Sklavennamen abgelegt und etwas Neues erschaffen."

Ich muss über meine verrückte, kämpferische Gogo lächeln. Seit unserer gemeinsamen Zeit in Lusaka ist sie für den ANC von Land zu Land gezogen. Jetzt ist sie die Generalbevollmächtigte des ANC in Amerika – eine unserer wichtigsten Diplomatinnen. Ihre Tage sind voll mit Rede-Auftritten und Terminen. Sie trifft sich mit Leuten wie Charlayne Hunter-Gault und isst mit Maya Angelou zu Mittag und hält Hof mit Jesse Jackson und Randall Jackson, die nicht verwandt sind, wie sie sagt, aber beide schneidige Herren im besten Alter seien. Abends speist sie mit Senatoren von Bundesstaaten, deren Namen nicht englisch klingen und mich daran erinnern, dass Amerika viel älter ist als die vierhundert Jahre, die es vorgibt zu sein. Südafrika ist noch nicht ganz frei, aber wir sind nahe dran, und Gogo verhält sich entsprechend. Sie erledigt ihr Koordinieren und Delegieren und Schmeicheln und Beeindrucken aus einem gut ausgestatteten Stadthaus gleich um die Ecke der 16th Street und U Street.

Wenige Jahre später verleiht ihr unser erster Präsident Nelson Rolihlahla Mandela den offiziellen Status einer Botschafterin. Er entsendet sie nach Malaysia, wo sie 1994 zur Hochkommissarin der Republik Südafrika wird. Aber das steht uns alles erst noch bevor, und keine von uns weiß das, darum ist sie an diesem Tag einfach nur eine Freiheitskämpferin. Sie ist außerdem eine Frau, die in Würde alt wird und die ihre Lieblingsenkelin anruft, um ihr zu gratulieren und sie aufzufordern, alte Freunde von ihr zu besuchen, sobald sie nach Amerika kommt.

Sie erwähnt Mahmoud El-Kati, mit dem sie in den Tagen von „Schwarz und stolz darauf" zusammengearbeitet hat. Gogo glaubt, dass auch er noch in Minnesota wohnt. „Er wird dich unter seine Fittiche nehmen. Du wirst sehen, er ist ein sehr weiser Mann und noch dazu einer, dem sein Volk sehr, wirklich sehr am Herzen liegt."

Aunty Angela irrlichtert an mir vorbei. Sie sorgt sich, was der Anruf kostet, und will auch noch kurz mit Gogo reden, bevor wir auflegen. Ich werde ruhelos. Wenn ich den Schulbus, der mich abholt, noch erreichen will, muss ich mich beeilen. Mit meinen achtzehn Jahren schwelge ich nicht mehr in Gogos Geschichten, wie ich es als Kind tat, sondern erdulde ihre Erinnerungen eher, darum sage ich so feinfühlig, wie es mir möglich ist: „Gogo, ich werde zu spät in die Schule kommen."

„Ist gut, Liebes", fährt sie bedächtig fort, als hätten meine Eile und ihr Sprechtempo nichts miteinander zu tun.

„Was also Mahmoud angeht, da bin ich nicht ganz sicher, wo er dieser Tage wohnt. Ich habe schon lange nicht mehr mit ihm gesprochen. Ich muss ihn erst aufspüren. Ich glaube, er arbeitet irgendwie für die Universität. Aber ich werde ihn zu finden wissen. Es ist so ein schöner Gedanke, dich sicher unter seinen Fittichen zu wissen. Du wirst in die Lüfte steigen, meine liebe Sisonke, du wirst dich in die Lüfte erheben, wie du es immer tust."

Das ist typisch Gogo, immer mit viel Drama und einer poetischen Sprache und immer in ihrem eigenen Tempo. Ich lächele und reiche den Hörer mit funkelnden Augen an Aunty weiter. Wir werden hinterher viel zu lachen haben. Ich werde ihr von Gogos Abschiedsworten an mich erzählen: „Steige auf in die Lüfte!" Ich werde es in Gogos Tonfall sagen, und wir werden an dem Tee nippen, den wir jeden Nachmittag nach der Schule zusammen trinken, und wir werden uns sehr über Gogo Lindi amüsieren, von der Uncle Stan sagt, sie sei das achte Weltwunder.

Und dann ist es auch schon Zeit für meine Abreise. Das College wartet. Ich reise nach Addis, um ein paar Wochen mit Mummy und Baba und Mandla und Zeng zu verbringen. Dann fliege ich weiter nach Amerika. Wieder ein neues Land.

College Girl

Mein Studium beginnt mit dem Wintersemester 1992. Ich komme im Spätsommer an, kurz bevor der Herbst die Bäume rot, gelb und orange färbt und der Wind die Blätter zarte Pirouetten drehen lässt, an deren Ende sie sich zu sterbenden Haufen auf dem Boden zusammenfinden. Alles ist grün – die frisch gemähten Rasen und die Bäume, die die Straßen säumen. Es scheint eher ein Technicolor-Film als das wahre Leben.

Der Flughafen in Minnesota ist sauber und neu und teuer – ganz anders als der bräunlich-vergilbte Jomo Kenyatta International Airport mit seinen grauen Böden und der abgestandenen Luft. An der Gepäckausgabe steht ein junger Mann mit einem Schild, auf dem mein Name steht. Er ist ein aufgeweckter amerikanischer Student, wie so viele, die ich in den nächsten Jahren kennenlerne. Sobald ich mein Gepäck habe, zieht er meinen Koffer hinter sich her und fängt an zu reden. Er redet ohne Punkt und Komma, bis wir den grauen Minivan mit dem Logo des College erreicht haben. Auch während der Fahrt in die Stadt redet er ununterbrochen. Seine schiere Freundlichkeit überwältigt mich. Ich fühle mich wie ein allergieanfälliges Kind, das von einem freundlichen Labrador angesprungen wird.

Er spricht etwas zu laut und etwas zu langsam mit mir. Ich versuche, mich in das Gespräch einzuklinken und ihm zu zeigen, wie perfekt mein Englisch ist, weil offensichtlich ist, dass seine Vorstellung von mir nichts mit meiner Realität zu tun hat. Irgendwann werfe ich das Handtuch. Aber er meint es gut auf eine Weise, die mich ihm gegenüber wohlwollend sein lässt, auch wenn ich ein wenig verärgert bin.

Ich schaue aus dem Fenster, und wann immer sein Tonfall es angezeigt sein lässt, täusche ich Interesse vor.

Ich wurde dazu erzogen, meine Gedanken für mich zu behalten, bis ich ganz sicher sein kann, dass mein Gegenüber wirklich an dem interessiert ist, was ich zu sagen habe. Mummy hält es für ungehobelt, zu schnell zu viel zu reden: Das sei das Ergebnis einer schlechten Erziehung. Mein Schweigen schreckt ihn allerdings nicht ab: Er plaudert unbeirrt weiter, vom Wetter bis zum Sport. Unterwegs macht er mich auf die Sehenswürdigkeiten entlang der Strecke aufmerksam und erzählt mir uninteressante „Fakten" über die Twin Cities. Ich versuche, die Augen offen zu halten, kämpfe gegen meine Müdigkeit an.

Nach ungefähr zwanzig Minuten in der klimatisierten Luft des Minivans halten wir vor dem Studentenwohnheim, in dem ich während meines ersten Jahres in Amerika untergebracht bin. Er erteilt mir ein paar gewissenhaft formulierte Anweisungen bezüglich der Sicherheit auf dem Campus, des Waschkellers und der Orte, an denen man Kaffee trinken kann, und gibt mir ein paar Tipps, die ich beachten soll, falls ich mit dem Bus fahre, aber das sind zu viele Informationen auf einmal für mich. Ich bin müde.

Irgendwo in diesem Wirbelsturm aus Worten schlägt er mir vor, einen Spaziergang entlang des Mississippi zu machen, den wir zwischen Flughafen und Unigelände auf einer großen Brücke überquert haben. Im kommenden Winter werde ich noch feststellen, dass den Straßen, auf denen wir gefahren sind, weder die Winterstürme noch der Sommerregen etwas anhaben können.

„Wenn du auf der Summit Avenue bleibst, kommst du direkt hin", sagt er. Anfangs verwirrt mich sein Englisch. Ich bin die amerikanischen Besonderheiten noch nicht gewöhnt. Amerika wird sich als Abenteuer erweisen.

Ich bin extra eine Woche früher angereist, um an den Orientierungskursen für ausländische Studenten und Studentinnen teilzunehmen, die in zwei Tagen beginnen. Das bedeutet, dass nur sehr wenige Leute vor Ort sind. Mein Zimmer liegt im dritten Stock der Doty Residence Hall, also stelle ich mein Gepäck vor dem Aufzug ab und warte. Dann erst bemerke ich das Schild mit der Aufschrift: *Aufzug ab dem 1. September 1992 wieder in Betrieb.*

Wie mein aufgeweckter Führer schon sagte, treffen „die Truppen“ erst in einigen Tagen ein. Mir wird klar, dass ich mein Gepäck drei Stockwerke nach oben schleppen muss. Plötzlich fühle ich mich sehr allein. Und ziemlich angefressen. Zu Hause wären mindestens drei Typen in der Lobby gestanden und hätten mir angeboten, mir mit dem Gepäck zu helfen – natürlich gegen ein Trinkgeld, aber trotzdem. Sie wären freundlich gewesen und vor allem verfügbar. Hier dagegen – nichts. Nur ein ruhiges, steriles, menschenleeres Gebäude. Das Fehlen von Menschen ist mir ein bisschen unheimlich.

Der aufgeweckte Amerikaner hat mir auch eine genaue Wegbeschreibung zu *Target* gegeben, wo ich mir Bettwäsche kaufen will, aber weil ich Mark Twain gelesen habe, beschließe ich – nach kurzer Inspektion des Zimmers, das sonnig ist und genauso aussieht, wie ein Wohnheimzimmer aussehen sollte –, ans Ufer des großen Flusses zu gehen, über den einst Huck und Tom geschippert sind.

***

Ich schlendere die Summit Avenue entlang, die direkt zum Mississippi führt. Mein Amerikaner hat recht – man spaziert genau auf den Fluss zu, gelangt dort ans Ufer und könnte, wenn man wollte, direkt in die schlammigen Fluten eintauchen. Der Mississippi ist allerdings enttäuschend durchschnittlich und wenig inspirierend, was meine Laune weiter verschlechtert. Er sieht überhaupt nicht so aus, wie ich ihn mir vorstellte, als ich Mark Twain las.

Zudem ist es ein schwülheißer Tag – viel heißer, als es in Kenia jemals war. Das erinnert mich an meinen ersten Sommer in Kanada und wie sehr wir unter der Sonne gelitten haben und wie extrem die wechselnden Jahreszeiten in Nordamerika sein können. Ich schaue zu den braunen Fluten und finde, dass dieses große Abenteuer deutlich zu wünschen übrig lässt. Wie so oft, wenn die Langeweile einsetzt, überlege ich, was ich alles nachholen muss, weil ich es vergessen habe, beispielsweise einen Sonnenhut und noch mehr Shorts zu kaufen. In Nairobi herrschen grundsätzlich zivilisierte Temperaturen, und tagsüber ist es meistens mild. Aber hier ist es verdammt heiß.

Ich bin achtzehn und denke, dass ich alles weiß, vor allem über Amerika. Ich habe genug Filme gesehen und genug Amerikaner im Ausland getroffen, um mir sicher zu sein, dass ich mich im Land der Tapferen und der Heimat der Freien sofort einleben werde. Oder ist es das Land der Freien und die Heimat der Tapferen?

In amerikanischen Serien sieht alles so sauber aus, und im wirklichen Leben riecht es auch sauber, und darum denke ich – so albern das auch klingen mag –, dass es hier sicher ist. Wie ein Ort aussieht und riecht, war für mich immer schon eng damit verbunden, ob es dort sicher ist oder nicht. Vielleicht weil die Stadtteile von Nairobi, in denen man wachsam sein muss, sich normalerweise deutlich zu erkennen geben: Sie sind ungepflegt und haben schmutzige Straßen und jede Menge Verstecke für dunkle Gestalten oder aber es quillt über vor verschwitzten Menschen, und jederzeit können sich Finger in deine Tasche schmuggeln oder Hände legen sich anonym auf deinen Hintern. In ruhigen Stadtvierteln, in denen es Askaris gibt, fühlt sich Nairobi absolut sicher an.

Weil sich auch die Optik vertraut anfühlt – ich habe weiße Vorgartenzäune tausende Male im Fernsehen gesehen – und weil es Amerika ist, das beste Land der Welt, was ich nicht wirklich glaube, aber irgendwie doch, schließlich sagen es die Amerikaner ständig –, begehe ich an meinem ersten Tag in Amerika den gravierenden Fehler, mich in meiner Umgebung wohl zu fühlen.

Es ist Ende August, und es ist schwülheiß. Die Häuser an der Summit Avenue scheinen verlassen. Es wirkt mehr wie die Location eines Filmes als ein realer Ort, an dem Menschen lachen und tanzen und tatsächlich leben. Die Straße ist besonders ruhig, weil – wie man mir bald sagen wird – die meisten Leute in ihren Ferienhäusern am See sind und dort das Ende des Sommers genießen, bevor das akademische Jahr beginnt. Ich trage Shorts, denn das tun Amerikaner. Sie laufen in Shorts herum und trinken Slurpees oder Eiskaffee, und es macht ihnen nichts aus, wenn afrikanische Mädchen das ebenfalls tun. *Wen interessiert's?* Ich mag es, dass Amerikaner das ständig sagen. Bei uns zu Hause ist diese Frage verboten. „Deine Familie interessiert's", schimpfte Mummy, als sie mich das zum ersten Mal zu Mandla sagen hörte, nachdem ich es in der Schule in Kanada aufgeschnappt hatte. Mandla teilte mir eine aufregende Neuigkeit mit, und ich war in dem Alter, in dem man es genießt, ein Arschloch zu sein. „Wen interessiert's?", sagte ich gelangweilt und raubte ihr damit alle Freude. Es war mir sofort peinlich, und ich habe das nie wieder gesagt, aber etwas in mir mag es, wenn andere es sagen. Es signalisiert eine emotionale Freiheit, die mir nie erlaubt war.

Ich spaziere die Straße entlang und denke an Kenia und Kanada und all die Orte, an denen ich schon gelebt habe. Bei dem Gedanken an Slurpees muss ich schmunzeln und versinke für einen Moment in Erinnerungen an jenen ersten Sommer in Kanada vor so langer Zeit. Ich nehme mir vor, das meinen Schwestern gegenüber zu erwähnen, wenn ich nachher mit daheim telefoniere. Ich gehe etwas schneller, weil mir klar wird, wie viel ich noch zu tun habe. Ich bin auch ein wenig nervös, weil ich unbedingt noch meine Reiseschecks einlösen muss.

Ich gehe und denke und fühle mich nicht allzu müde, nur ein wenig besorgt auf diesem Heimweg vom Fluss, der für mich so wenig beeindruckend war. Ich komme an einer Schule vorbei, nur einen Häuserblock vom Campus entfernt. Mir fällt erneut auf, wie still es ist – und wie ordentlich gepflegt. Ich frage mich, ob es in Amerika fest angestellte Hausmeister gibt, wie wir sie an der Internationalen Schule in Nairobi hatten, oder ob die Hausmeisterdienste an Firmen vergeben werden. Ich erinnere mich gerade daran, die Reiseschecks aus meinem Rucksack zu nehmen, wenn ich wieder in meinem Zimmer bin, als ich ihn sehe.

Er sitzt in einem geparkten Wagen hinter dem Steuer. Die Fahrertür steht weit offen. Er hat lange schwarze Haare und einen milchweißen Brustkorb, der in einen bleichen Bauch übergeht, der sich bis zu einem schwarzen Büschel Schamhaar zieht, aus dem sich stocksteif sein Penis erhebt. Der Mann masturbiert. Er befriedigt sich und schaut mich dabei an, ohne dass es ihm peinlich wäre. Auf eine unverfrorene Weise, die mir Brechreiz verursacht und mir das Gefühl gibt, als würde er mich besudeln. Plötzlich lächelt er, und das bricht den Bann. Ich wende mich ab und laufe davon. Er verfolgt mich nicht, aber darauf kommt es nicht an. Obwohl das Ganze nur wenige Sekunden gedauert hat, bin ich wie versteinert.

Ich bin erschrocken – wie Bambi mit großen Augen im Wald. Nie zuvor habe ich einen von denen unverhüllt und aufrecht stehend in der Stille der Nachmittagssonne gesehen. Ich laufe auf meinen Zulu-Beinen in Richtung Wohnheim und halte erst an, als ich wieder auf dem Unigelände bin und mich vor einem Gebäude befinde, auf dem in praktischen braunen Lettern „Doty“ steht. Es ist genau die Stelle, an der mich der aufgeweckte Amerikaner vor eineinhalb Stunden abgesetzt hat.

Noch steht zwar die Sonne am Himmel, aber es ist schon spät. Der Tag verblasst. Er hat die orange Schönheit, die sich an Sommerabenden über Nordamerika legt und alles so hübsch aussehen lässt, dass man sich für immer und ewig daran erinnern möchte, auch wenn nichts passiert ist, was diesen Tag zu etwas Besonderem gemacht hätte.

Der apricotfarbene Abend und der Duft nach allzu heftig gesprengtem Rasen und die makellos gepflegten Häuser der Professoren lassen die Begegnung mit dem Exhibitionisten surreal erscheinen, und ich stelle mir vor, wie ich Mandla und Zeng die Geschichte erzähle und sage: „Na? Nicht schlecht für meinen ersten Tag in Amerika, oder?“

Der Gedanke an ihr Gelächter lässt mich glauben, der Vorfall sei nur passiert, damit ich etwas zu erzählen habe. Mit einem schiefen Lächeln stelle ich mir vor, wie Mummy fragt, was denn so lustig ist, während meine Schwestern am anderen Ende der Leitung nach Luft schnappen und sagen: „Ach nichts, das interessiert dich bestimmt nicht.“ Dann lachen sie noch heftiger, bis Mummy sich den Hörer schnappt und verlangt, ich solle es ihr erzählen, was ich auch tue. Sie wird entsetzt sein, und das erinnert mich plötzlich daran, dass ich eine Telefonkarte bei Target besorgen muss, bevor der Supermarkt schließt. Ich frage mich, ob eventuell die Bank schon geschlossen hat, aber alles in Amerika hat einen Drive-in-Schalter und ist rund um die Uhr geöffnet – sogar Banken –, darum ist hoffentlich alles gut. Ich notiere mir gerade noch einen weiteren Punkt auf dieser Merkliste vor meinem inneren Auge, als mir der Ärger auf die Schulter klopft.

Ärger – vor allem, wenn man nicht auf der Suche nach ihm ist – kommt meistens unauffällig daher. Der Mann scheint auf den ersten Blick zu alt, um Student zu sein. Aber nur um wenige Jahre. Er ist klein und schlank, trägt ein makelloses weißes Leinen-Sakko und weiße Leinenhosen, als ob er gerade aus der Filmkulisse von *Miami Vice* getreten wäre. Er hat sogar denselben Hautton wie der Schwarze in der Serie, den alle lieben, weil er wie ein „Pointfive" – ein „Halber" – aussieht, wie wir in Nairobi umgangssprachlich Kinder von einem Schwarzen und einem *weißen* Elternteil nennen, was man in Amerika aber nicht sagt, wie ich bald darauf lerne. Hier nennt man diese Kinder „bi-racial". Jedenfalls ist dieser Ärger klein und ein Leichtgewicht und kleidet sich wie ein Kubaner, und als er spricht, klingt er wie Fred Sanford aus *Sanford and Son*. Ich dagegen bin groß und habe vor langer Zeit beschlossen, dass ich keine Halben mag, weil sie so ein Klischee sind. Ich habe mir vorgenommen, mich nur in absolut dunkelhäutige Männer zu verlieben, weil Schwarz schön ist und kein Klischee. Außerdem mochte ich noch nie Jungs, die kleiner sind als ich, obwohl auch das ein ziemliches Klischee ist, aber ich bin achtzehn, und man kann nicht erwarten, dass ich alles bis zu Ende denke. Kurzum, nichts an dieser Situation scheint darauf hinzuweisen, dass Liebe in der Luft liegen könnte.

Sein Aufreißspruch ist keine Überraschung, und als ich ihn höre, bin ich verärgert und will nur weg, damit ich zur Bank komme.

„He, Kleine, der Himmel sucht dich, ihm fehlt ein Engel ..." Ich bin erstaunt, dass tatsächlich jemand diesen Spruch im echten Leben verwendet. Meine Freundinnen und ich haben in den letzten beiden Jahren sehr viel über ihn gelacht.

Ich frage mich, ob das ein Trick ist, ob meine Freundinnen aus Nairobi das inszeniert haben, um mir einen

Streich zu spielen. Sie haben das genaue Gegenteil meines Beuteschemas engagiert, um mir an meinem ersten Tag in Amerika mit diesem abgedroschenen Spruch zu kommen.

Ich antworte mit einem angespannten „Hallo“, mit dem ich ausdrücken will: „Ich habe kein Interesse, und ich sage nur Hallo, weil ich nicht unhöflich sein möchte.“

Meine Frostigkeit scheint ihm nicht aufzufallen.

„Woher kommst du, Himmlische? Studierst du hier?“

Meine afrikanische Wohlerzogenheit reckt erneut ihr schüchternes Haupt. Anstatt mit den Augen zu rollen und einfach wegzugehen, antworte ich ihm. „Ja, ich bin Studentin hier. Aber ich habe es eilig, darum kann ich mich jetzt nicht unterhalten.“ Ich setze mich in Bewegung. Aber er hält mit mir Schritt.

„Hör dir nur selber zu. Es klingt, als seist du hochnäsig.“ Er wiederholt meine Worte, imitiert dabei meinen Akzent und lacht. „Kommst du etwa aus Connecticut oder so?“

„Tut mir leid“, sage ich. „Aber ich bin echt in Eile.“

Mittlerweile stehen wir vor dem Aufzug, mit dem ich in den dritten Stock fahren will, in dem mein Zimmer liegt: 309 Doty. Ich versuche, an ihm vorbeizukommen und den Knopf zu drücken, aber er ist schneller als ich und stellt sich mir in den Weg.

„Komm schon, du Schöne. Du hast mir noch nicht einmal deinen Namen verraten.“ Er flüstert es fast. So etwas mag in einem Hollywoodfilm funktionieren, vielleicht sogar bei jemand, der nicht müde und gereizt ist. Es funktioniert aber auf gar keinen Fall bei jemand, der den Flüsternden absolut unattraktiv findet.

Langsam mache ich mir Sorgen. Wenn ich in Nairobi auf der Straße einem Mann begegne, der etwas zu hartnäckig ist und etwas zu lange „hallohallo“ gurrt, dann gehe ich einfach weiter. Irgendwann wird er der Sache müde und wendet seine Aufmerksamkeit einer anderen zu. Bis dahin hat er deinen Duft bereits aufgenommen und sein Mund hat ein großes O geformt, und dann ist sein Unterkiefer aufgeklappt, damit dir – und allen anderen, die seine Performance beobachten – klar wird, dass er will, was immer in deiner Jeans steckt oder unter der Bluse deiner Schuluniform. Er wendet dir seinen Körper zu, wenn du an ihm vorbeiziehst, und wenn du anschließend einen Blick über deine Schulter wirfst, um sicherzugehen, dass er dir nicht folgt, dann siehst du, wie er dir mit hervorquellenden Augen nachschaut, wie der Wolf, der so tut, als sei er die Großmutter von Rotkäppchen. Dann schüttelst du nur gereizt den Kopf, aber alles ist gut, weil du mitten in einer Menschenmenge bist, in der er dich schon bald nicht mehr ausmachen kann.

Doch hier und jetzt kann ich mich nicht verstecken. Ich kann mich nicht an ihm vorbeidrängen, denn das hier ist keine übervolle Straße, und es gibt keine hupenden Autos und keine Abgase und keine kleinen Geschäfte, in die ich mich flüchten und so tun kann, als wolle ich etwas kaufen. Hier ist niemand außer ihm und mir, und das Schlimmste ist, dass ich so entsetzlich nahe an der Sicherheit meines Zimmers bin, aber eben nicht nahe genug, und ich weiß beim besten Willen nicht, was ich tun soll, um ihn loszuwerden.

Also kapituliere ich und nenne ihm einen erfundenen Namen. Ich sage ihm, ich sei Sarah, denn wenn ich ihm sage, dass ich Sisonke heiße, dann wird er sagen: „Ach ja? Das ist ein hübscher Name. Wie schreibt man den?“ Oder etwas Ähnliches. Auf jeden Fall würde es eine unnötige Unterhaltung zur Folge haben.

Dann sage ich, dass ich jetzt weitermuss, weil ich spät dran bin. Mir fällt auch wieder ein, dass der Aufzug außer Betrieb ist. Eigentlich hatte ich mir merken wollen, dass ich die Treppe nehmen muss.

Er folgt mir.

Im Treppenhaus komme ich mir wie eine Idiotin vor, weil ich das nicht vorausgesehen habe. Ich dachte, er würde es endlich begreifen. Aber nein, er hat es nicht begriffen, und jetzt bin ich in einem leeren Treppenhaus mit einem fremden Mann, der mich belästigt. Ich kann nur weitergehen, Stufe um Stufe, was ich angespannt tue, bis wir endlich in den dritten Stock kommen. Er ist immer noch hinter mir und erzählt dummes Zeug, dass es heißer als heiß ist und dass er diese Hitze aus Charlotte kennt, aber in Minnesota nicht erwartet hätte. Ich stoße die Tür zum Vorraum auf, dann bleibe ich stehen und drehe mich zu ihm.

„Verdammt, Mädchen, du kannst doch nicht einfach so stehenbleiben. Ich hätte dich beinahe gerammt."

Wenn ich keine Angst hätte, würde ich jetzt lachen.

„Hör zu", sage ich. „Ich bin echt müde, ich hatte einen langen Tag. Du musst jetzt bitte gehen." Ich sage bitte, weil jeder weiß, dass es Probleme bringt, wenn man zu fremden Männern unhöflich ist.

„Ich will doch nur deine Telefonnummer", sagt er.

Jetzt gerate ich in Panik. Wenn ich meine Telefonnummer gekannt hätte, dann hätte ich sie ihm womöglich gegeben, nur um ihn loszuwerden, aber ich kenne die Telefonnummern im Wohnheim noch nicht, weil ich ja gerade erst vor zwei Stunden angekommen bin. Das sage ich ihm auch, aber er denkt, ich würde ihn anlügen.

„Na schön, du kannst mir deine Nummer geben", kapituliere ich.

Ich bin völlig am Ende. Ich habe eben am helllichten Tag einen Penis gesehen und muss mich jetzt mit Ärger in einem weißen Anzug herumschlagen.

„Nee, du rufst mich nicht an, Collegemädchen. In welchem Zimmer bist du untergebracht? Ich komme oft hier vorbei. Ich besuche dich mal."

Ich bleibe stumm.

„Ich tu dir nichts, Collegemädchen." Er sagt es mit einer Stimme, die sehr leise ist, und sofort taucht wie in einem Cartoon eine Sprechblase über seinem Kopf auf, in der BEDROHLICH steht. Ich würde am liebsten weinen, aber ich sage nur: „Ich habe dir nicht unterstellt, dass du mir etwas antun willst. Ich habe nur gesagt, dass ich die Telefonnummer hier auf dem Campus noch nicht kenne. Ich bin eben erst angekommen."

„Collegemädchen, was hast du für eine hübsche Stimme. Sag mir deine Zimmernummer, dann finde ich deine Telefonnummer heraus."

Mir dämmert, dass ich in der Falle sitze und in Gefahr bin. Meine beste Chance besteht darin, nach unten zu laufen, wo inzwischen mehr Menschen sein könnten. Vielleicht aber auch nicht. Der Campus ist schließlich kaum belegt. Warum bin ich auch wegen des Orientierungsprogramms noch vor Semesterbeginn angereist, wo man dort doch nur Sachen lernt wie „In der Öffentlichkeit in der Nase zu bohren, gilt als ungehobelt" oder „Amerikanern ist Pünktlichkeit im Allgemeinen sehr wichtig"? Aber jetzt fällt mir wieder ein, dass der aufgeweckte Amerikaner mir erzählte, dass der Wohnheimkoordinator ein Apartment im Erdgeschoss hat, deswegen beschließe ich, nach unten zu laufen und an seine Tür zu klopfen. Falls der Ärger mich vorbeilässt. Plötzlich bin ich sehr dankbar für die Plaudereien meines aufgeweckten Amerikaners im Auto – es war doch kein sinnloses Geplapper.

„Ich muss wieder nach unten." Ich flitze an ihm vorbei, hoffe, dass er mich nicht mit seinem Körper blockt.

„He, schon gut, schon gut, Collegemädchen. Ich sehe, dass du Angst hast. Dabei bin ich gar kein furchteinflößender Typ. Ich will nur mit dir reden. Ich tu dir nichts, hübsches Mädchen."

„Gut", sage ich und eile die Treppe hinunter. Er ist direkt hinter mir, ein Schatten, um den ich nicht gebeten habe. Ich komme mir wie eine Geisel vor, aber ich bin mir nicht sicher, ob ich mich tatsächlich schon so fühlen darf.

Ich notiere mir auf meiner inneren Merkliste, was ich meinen Schwestern sagen will. Regel Nummer eins: *Wenn du in Amerika bist, dann denke nicht, dass hier die Regeln anders seien. Es ist hier wie überall. Lass nie zu, dass du mit einem Fremden allein bist. Wenn er dir folgt, dann dreh dich um und bleib im Licht.*

Im Erdgeschoss angekommen stoße ich die Eingangstür auf und treffe auf zwei riesige Mädchen, die ihre Räder auf dem Gehweg schieben. Der Ärger ist direkt hinter mir, er kommt aus dem Gebäude, also folge ich meinem Instinkt, der mir sagt, zu den Mädchen zu laufen. Ich komme mir hysterisch vor, und ich weiß, dass ich völlig verzweifelt klinge, was merkwürdig scheint auf einem Campusgelände in Amerika, wo alles so sauber und manikürt und normal aussieht.

„Hallo, könnt ihr mich bitte zu meinem Zimmer begleiten? Der Typ da belästigt mich irgendwie", flüstere ich hastig.

Sie zögern keine Sekunde. „Natürlich", sagen sie unisono, wie Zwillinge. Sie sehen mit ihren langen Beinen und starken Armen und blonden Haaren wie Wikingerinnen aus. Und einfach so gibt es plötzlich drei von uns und nur einen von ihm. Ich kann endlich wieder normal atmen, obwohl ich immer noch ein bisschen Angst habe. Aber ich bin nicht länger allein.

Ich spüre, dass auch die beiden ein wenig Angst haben – als ob sie sich fragen, ob es sich um einen Beziehungsstreit handelt und er kein Typ von der Straße ist –, aber ganz ehrlich, wen interessiert's, denn bevor sie auftauchten, kam es mir so vor, als ob er sehr viel mehr im Sinn hat, als nur ein Mädchen aufzureißen, dem er zufällig begegnet ist. Und was macht er überhaupt hier auf dem Campus, direkt neben dem Doty-Wohnheim?

Sobald ich sicher bin, dass sie mich wirklich begleiten und unser kleiner Kreis an Frauenpower fest geschmiedet ist – was die Hauptsache ist, wenn man von einem Mann bedroht wird –, drehe ich mich zu ihm um. Er scheint plötzlich zu schrumpfen, wirkt gar nicht mehr so bedrohlich, als hätte man die Luft aus ihm herausgelassen. Er sieht, dass sie mich beschützen, und wirkt überrascht. Sein Gesichtsausdruck vermittelt den Eindruck, als sei er verraten worden, und jetzt tut er mir fast ein wenig leid – als ob ich vor Leuten überreagiert hätte, die unsere Angelegenheiten nichts angehen. Vor dem Auftauchen der Wikingerinnen fühlte er sich dadurch geschützt, dass wir beide braun waren – als ob unsere Hautfarbe ein Tarnmantel wäre. Ich spüre, dass ich nicht nach den Regeln des Spiels gespielt habe, aber das ist mir egal. Im Moment muss ich mich einfach nur sicher fühlen. Komisch nur, obwohl mir wegen seines Verhaltens die Furcht bis in den Hals pochte und ich wirklich große Angst hatte, fühle ich mich trotzdem genötigt, mich bei ihm zu entschuldigen, als wir jetzt an ihm vorbeigehen. Über meine Schulter rufe ich ihm zu: „Es tut mir leid, ich muss weiter."

Auch wenn eigentlich er sich bei mir entschuldigen müsste. Aber es ist schon in Ordnung, weil ich jetzt Teil eines Teams bin. Unsere Beine sind jung und stark, und mit festen Schritten steigen wir die Treppe hinauf.

Die Wikingerinnen schauen zurück, als wir die Eingangstür zufallen hören. Eine von ihnen legt den Arm um meine Schultern. Sobald klar ist, dass er uns nicht folgt, zieht sie ihren Arm wieder ein. Unbeholfen schweigend gehen wir die Treppe hinauf. Da keine Gefahr mehr besteht, sind wir auch keine Schwestern mehr, und ich bin mir bewusst, dass ich nicht so sehnig und durchtrainiert bin wie sie und wir vermutlich keine Freundinnen werden. Als wir den dritten Stock erreichen und sie mir anbieten, mir noch etwas Gesellschaft zu leisten, lehne ich daher ab. „Danke, ist schon okay."

Nachdem sie mich vor meiner Tür abgesetzt haben und wieder gegangen sind, trete ich ein und verriegele die Tür hinter mir und setze mich aufs Bett und weine haltlos. Die Geschichte von dem Masturbierenden und von dem Kerl aus *Miami Vice,* die ich Mandla und Zeng erzählen werde, ist nicht länger lustig. Ich rolle mich unter dem äthiopischen Schal ein, den Mummy mir vor zwei Tagen am Flughafen von Addis mitgegeben hat, und falle erschöpft in einen unruhigen Schlaf.

***

Ich wache davon auf, dass jemand gegen eine Tür donnert.

Ein Mann brüllt: „Mach auf! Mach verdammt nochmal die Tür auf!" Es ist nicht meine Tür, aber sie ist irgendwo auf meinem Stockwerk – und beängstigend nahe.

Er hämmert gegen eine Tür nach der anderen und brüllt dabei ununterbrochen. Er arbeitet sich den ganzen Gang entlang. „He, ich weiß, dass du da bist, Collegemädchen!"

Es ist der Ärger, und er ist fuchsteufelswild. Ich bin nicht einmal sicher, ob ich ganz wach bin, aber es hört nicht auf, und ich fürchte, dass er in seinem Zorn die Tür einschlagen könnte. Ich frage mich, ob ich das hier überleben werde. Ich frage mich, ob er mich vergewaltigen oder umbringen wird oder beides. Ich frage mich – falls ich überlebe –, wie ich vier Jahre Studium in Amerika durchhalten soll.

Ich bin die Art von Achtzehnjähriger, die immer schon klug genug war, Amerika nicht zu vergöttern, aber hinter meiner vorgetäuschten ironischen Abgebrühtheit war ich – wie alle anderen – davon überzeugt, dass Amerika doch das beste Land der Erde ist, denn ich bin erst achtzehn, und wenn man so tut, als würde man so etwas nicht glauben, dann will man in Wirklichkeit doch daran glauben.

Als er an meine Tür kommt, erstarre ich auf dem Bett. Ich atme so flach wie möglich ein und aus. Ich bin sicher, er weiß, dass ich hier bin. „Mach. Verdammte Scheiße. Die. Tür. Auf." Er donnert fest gegen das Holz.

Ich fange an zu beten, wie die drei kleinen Schweinchen gebetet haben müssen, als der große, böse Wolf schnaufend ankam und sich daranmachte, ihr Haus zu zerlegen. Meine Lippen bewegen sich lautlos, und ich schicke panisch einen Hilferuf zu Gott und flehe nebenher auch noch, mir zu verzeihen, dass ich nie richtig an ihn/sie geglaubt habe. Als ich zu Ende gebetet habe, zieht der Ärger weiter. Er donnert gegen die nächste Tür, dann gegen die übernächste, und ich atme aus und kann es kaum glauben. „Danke", sage ich laut und schaue zur Decke, wo ich Gott vermute. Dann denke ich: „Scheiße, das war zu laut."

Aber der Ärger hat mich nicht gehört. Er donnert weiter an die Zimmertüren, und als er mit der linken Seite des Gangs durch ist, schlägt er auf die Türen auf der anderen Seite ein. Irgendwann steht er im Vorraum zum Treppenhaus und brüllt: „Ich werde dich verdammt nochmal wiedersehen, Collegemädchen. Hörst du mich? Ich kriege deine Nummer!" Dann ist er weg. Ich bekomme sehr lange kein Auge zu. Stattdessen liege ich auf dem Bett ohne Bettwäsche, eingehüllt in den Schal, der nach Mummy riecht, und hoffe, dass der Ärger nicht zurückkommt.

Am nächsten Morgen notiere ich mir auf meiner inneren Merkliste, nie zu vergessen, dass nur, weil eine verrückte Sache passiert ist, das noch lange nicht bedeutet, dass nicht am selben Tag eine weitere verrückte Sache passieren kann. Das Universum hätte wissen müssen, dass ich gerade ungewollt dem Anblick eines Penis ausgesetzt wurde, und es hätte mir nicht wenige Minuten später einen anderen völlig Verrückten schicken sollen, der mich unbedingt vergewaltigen wollte.

Ich setze mich im Bett auf und denke, dass ich als Erstes zur Bank und dann zu Target muss, aber vor allem anderen brauche ich eine Telefonkarte, damit ich allen zu Hause Bescheid geben kann, dass ich wohlbehalten angekommen bin. Ich frage mich, was ich Mandla und Zeng erzählen soll, wenn sie mich mit ihren ironischen, aber dennoch erwartungsvollen Stimmen fragen, wie Amerika so ist.

Mandla wird sagen: „Alter, ist es eine abgefahrene Partytime?“ Und wir werden mit Zitaten aus *Wayne's World* um uns werfen, aber dann wird sie dennoch auf eine Antwort warten, und ich bin nicht sicher, ob ich ihr die Wahrheit sagen kann, dass nämlich Amerika so ist wie Kenia und Kenia wie Kanada und Kanada wie Sambia, was bedeutet, es gibt keinen einzigen Ort auf der Welt, wo irgendeine von uns sicher ist, weil Amerika – die Heimat der Tapferen und das Land der Freien – mir gerade bewiesen hat, dass auf dich, wenn du ein Mädchen bist, an jeder Ecke Ärger wartet und du nie weißt, wie genau er aussehen wird. Ich bin nicht sicher, wie ich meinen Schwestern über eine wackelige Telefonverbindung beibringen soll, dass sie sich keine Sorgen um mich machen sollen, sie sollen einfach nur wachsam bleiben und die Fäuste geballt halten.

Amerika verleiht mir Anonymität, aber es schenkt mir auch Liebe. In dieser Reihenfolge. Die beiden sind in meinem Herzen für immer eng miteinander verbunden, und beide gehören zu dem Ort in mir, der für die Vereinigten Staaten reserviert ist.

Die Anonymität kommt an erster Stelle, und dann finde ich – im Terrain des Unbekannten, in dieser Landschaft, in der ich niemand Besonderes bin, in den Winkeln und dunklen Schatten der Orte, an denen ich kein Geburtsrecht habe – die Liebe.

Bis zu diesem Zeitpunkt war ich immer der Mittelpunkt des Universums. Ich wurde in ein Afrika hineingeboren, das auf mich gewartet hat, in eine Bewegung, die Kinder als Symbol der Zukunft brauchte. Wir waren die Wahrzeichen, wir alle – wir waren das große Experiment, das nicht nur von der Liebe unserer Eltern zeugte, sondern auch von der Fähigkeit, zu kämpfen, sich zu regenerieren, standzuhalten. Das galt nicht nur für uns, die ANC-Kinder. Auf dem ganzen Kontinent waren wir ein Versprechen an Afrika – Mittelklassekinder, die nur zu dem Zweck geboren wurden, dass sie entschlossen und in absolutem Selbstvertrauen die Vergangenheit hinter sich ließen. Wir post-kolonialen Kinder der Elite – also jener Eltern, deren Herzen voller Träume waren – trugen die Vision einer entkolonialisierten Zukunft in unserem Lächeln.

In Amerika erhalte ich eine neue Bedeutung. Ich bin nicht länger der Mittelpunkt des Universums. Ich bin einfach nur eine junge Schwarze Frau.

Rasch lerne ich, dass Schwarz zu sein bedeutet, sowohl unerkannt als auch unerkennbar zu sein. Als Außenseiterin ist mir fast unmittelbar klar, dass die amerikanische

Gesellschaft ihre Schwarzen Menschen bewusst verkennt. Infolgedessen werden sie individuell und als Gruppe herabgesetzt.

Anfangs staune ich über all die Geschichten von Verwechslungen. Meine amerikanischen Freunde und Freundinnen waren die Besten und Klügsten an ihren Schulen. Deshalb hatte man sie ausgewählt – sie erhielten die Chance auf vier Jahre Ausbildung an einem privaten College. Sie waren hell leuchtende Sterne – alle in ihrem Umfeld kannten und schätzten sie. Aber in der Sekunde, in der sie ihre heruntergekommenen Stadtviertel verlassen und in die Innenstädte kommen, die glitzern und funkeln, werden sie unsichtbar.

Es ist wie eine Superkraft, um die man nicht gebeten hat, die man aber zum eigenen Vorteil nutzen kann. Manchmal allerdings haben sie Pech. Sie sind einfach nur da, tun nichts weiter, als spazieren zu gehen oder die frische Luft zu genießen, aber plötzlich ziehen sie die Aufmerksamkeit auf sich. Wie Glühwürmchen in der Nacht.

Darum lernen sie, unauffällig zu sein, eins zu werden mit ihrer Umgebung, die Kapuze über den Kopf zu ziehen und geduckt zu gehen. Sie schrumpfen, damit man sie nicht bemerkt. Wenn Ghettokindern Aufmerksamkeit zuteilwird, ist das nur selten positiv.

In meinem ersten Jahr teile ich mir das Zimmer mit einem Mädchen namens Katie. Sie ist zur Hälfte *weiß*, zur Hälfte sri-lankisch. In unserem Zimmer ist immer viel los. Falls wir nicht gerade im Zimmer von Darius Party feiern und Rap hören. Rob und die Football-Jungs dominieren das Fernsehen im Gemeinschaftsraum, der für Hispanoamerikaner und Schwarze als sicher gilt. Wir sehen uns Martin Lawrence an und lachen uns kaputt. Nach Bill Clintons Auftritt bei *Arsenio* sind wir uns alle einig, dass er der erste Schwarze Präsident wird.

Und plötzlich sagt jemand: „Die haben meinen Cousin für einen Typ aus *America's Most Wanted* gehalten, darum haben sie ihn erschossen."

Jemand anderes erzählt: „Die Verkäuferin im Laden meinte, ich würde wie eine Frau aussehen, die in der Woche zuvor eine Uhr gestohlen hat, darum hat sie mich rausgeworfen."

Und wieder eine andere sagt: „Die Vermieterin erklärte, sie habe vergessen, wie ich aussehe. Wir haben uns erst eine Woche vorher getroffen, und sie hat mir eine Wohnung vermietet! Wie kann sie vergessen, wie ihre Mieter aussehen? Außerdem hat mein Geld dieselbe Farbe wie das von allen anderen."

Ich lerne rasch, dass man in Amerika unsichtbar ist, wenn man Schwarz ist. Man wird übergangen, ignoriert oder weggesperrt. Und grundsätzlich immer für jemand anderes gehalten.

Alle haben eine Geschichte zu erzählen, wie sie von Polizisten gefilzt wurden. Alle haben für solche Situationen eine Strategie entwickelt. Niemand stellt es in Frage, es ist kein Grund, politisch zu intervenieren. Als ich mich freiwillig für die Minneapolis Urban League melde, werde ich einem Projekt zugeteilt, das Teenagern ihre Rechte beibringt und dass sie höflich und respektvoll reagieren sollen, wenn die Cops sie anhalten. Jede Lektion beginnt und endet mit dem Satz: „Hebt die Hände und lauft auf keinen Fall weg, sonst werdet ihr erschossen."

Meine Landsleute, die in Südafrika aufgewachsen sind, haben solche Erfahrungen ebenfalls gemacht. Mir sind sie auch nicht ganz fremd. Die Jahre in Kanada haben ihren Tribut gefordert. Und doch bin ich nicht in der Höhle des Löwen aufgewachsen. Wenn man deine Individualität leugnet, wenn du ständig für jemand anderen gehalten wirst, dann macht es dich entweder kaputt oder du blühst besonders auf. Amerika zeigt mir, wie sich das anfühlt. Ich bin dankbar, dass es für den amerikanischen Rassismus bereits zu spät ist: Er kann meine Seele nicht mehr zerstören. Und noch dankbarer bin ich, dass meine Kanten hier abgeschliffen werden, als ich später wieder nach Südafrika zurückkehre.

Weil ich schon fast erwachsen und in dem Glauben aufgewachsen bin, dass ich der Mittelpunkt des Universums bin, ist Amerika keine Bedrohung für den Kern meiner Persönlichkeit. Auch dafür bin ich dankbar. Es macht mich zu einer Kämpferin auf eine Weise, wie es vielen anderen verwehrt blieb. Und ich empfinde eine Art Verbundenheit mit den Afroamerikanern und Afroamerikanerinnen, die nur möglich ist, wenn man Seite an Seite mit einem anderen Menschen Schlachten gefochten hat.

***

Bevor ich nach Amerika kam, war ich so politisch, wie man es als High-School-Schülerin nur sein kann. Ich besuchte die Internationale Schule von Kenia, war im Schülerrat und schrieb für die Schülerzeitung. Meine Lieblingsfächer waren Gesellschaftskunde, aber auch Englisch und Französisch, weil wir dort richtige Bücher lasen und mit Ideen um uns warfen. Zudem war unser Französischlehrer ein Rebell. Er zupfte seine Augenbrauen, und wir wussten noch nicht, dass er schwul war, aber er trug bunte *kikois* und war anti-autoritär. Unsere multinationale Blase verlieh uns das Gefühl, etwas Besonderes zu sein, geliebt zu werden und Teil der Politik des Landes zu sein, auch wenn das nicht zutraf.

In meinem letzten Schuljahr beschlossen meine Freundinnen und ich, einen Tag zu schwänzen. CNN hatte berichtet, dass Kenia bald schon kein Ein-Parteien-Staat mehr sein würde, und wir wollten diejenigen sein, die Moi nach Jahrzehnten der Korruption und des brutalen Durchgreifens gegen Dissidenten in die Knie zwangen. Also marschierten wir in die Innenstadt. Wir wollten sehen, wie Studenten die Polizei mit Steinen bewarfen. Wir fanden, dass wir dadurch unsere Solidarität zum Ausdruck brachten. Wir glaubten sogar, wir würden Geschichte schreiben, indem wir vor Ort dabei waren. Allerdings hatten wir auch Angst, darum blieben wir immer ganz am Rand der Proteste. Es bestand zu keinem Zeitpunkt eine Gefahr für uns. Selbst wenn man uns aufgegriffen hätte, so wäre uns nichts passiert, dazu waren wir zu kostbar. Die ausländischen Botschaften, bei denen wir alle registriert waren, hätten interveniert oder jemand hätte jemanden angerufen, der jemanden kannte, und die Probleme wären aus dem Weg geräumt worden. Aber dazu kam es nie, nicht einmal im Ansatz, weil wir aus weiter Ferne zusahen – Außenseiter, Voyeure, Kinder, die beobachteten, wie sich die Welt vor ihren Augen weiterentwickelte.

Darum verstehe ich erst jetzt, im Herbst 1992 in Amerika, was der Unterschied zwischen „politisch bewusst" und „politisch aktiv" ist. Ich bin politisch bewusst aufgewachsen, aber weil Mummy und Baba uns erlaubten, Kinder zu sein, habe ich – bis zu meinem Aufenthalt in Amerika – politisch nichts in meinem eigenen Namen getan. Es ist höchste Zeit, dass ich aktiv werde. Ich fasse diesen Entschluss nicht leichtfertig. Durch das Leben in Amerika denke ich über mich selbst völlig neu nach. Wichtiger noch, ich finde Ventile, wie ich dieses neue Konstrukt von mir selbst ausprobieren kann.

Es beginnt natürlich damit, dass man mir das Gefühl vermittelt, nichts wert zu sein. In den ersten Wochen nach meiner Ankunft werde ich in den Läden des *Mall-of-America*-Einkaufszentrums häufig wortlos verfolgt. Und als ich eines Abends im Bus nach Hause fahre – ich habe an einer Veranstaltung der Schwarzen Studentenschaft an der University of Minnesota teilgenommen –, macht sich ein alter Mann kurz vor dem Aussteigen an mich heran und flüstert mir – fast lyrisch – ins Ohr: „Negerschlampe." Sein Atem ist heiß und muffig.

Das ist neu für mich, vielleicht weil ich achtzehn Jahre lang meistens vor dem psychologischen Schmerz geschützt wurde, der entsteht, wenn man übersehen oder ignoriert wird. Kanada hat mir Wunden zugefügt, schaffte es aber nicht, die Luft aus meinem Selbstwertgefühl herauszulassen. Nairobi blies mich wieder auf. Jedes Mal, wenn mich jemand abqualifiziert, jede Geschichte, die ich höre, in der Freunde oder Freundinnen von mir allein wegen des Melaningehalts ihrer Haut beschimpft werden, macht mich stärker. Die Herabwürdigung wird zu einer Quelle des Trotzes, nicht der Scham. Ich bin längst nicht mehr das naive zehnjährige Mädchen, das ich in Kanada war, und allmählich verstehe ich die Macht der Analyse – wie wichtig es ist, eine Linse zu haben, durch die man die Welt interpretiert. Diese Linse entscheidet, ob man untergeht oder sich schwimmend ans Ufer retten kann.

Amerika macht mich tapfer, denn es zwingt mich, für mich einzutreten. Es macht mich tapfer, weil ich die Liebe zu meinen eigenen Bedingungen suche – nicht länger auf Basis dessen, was von mir erwartet wird.

Im Laufe der Zeit schließe ich Freundschaften. Da ist LaKeesha. Sie stammt aus Gary, Indiana, der Heimatstadt von Michael Jackson. Sie ist klein und zierlich und drahtig und unglaublich intensiv – unsere Freundschaft ist wie eine Liebesaffäre. Wir reden nächtelang durch, wir weinen, wir verschmelzen miteinander: ein untrennbares Paar, das nicht zusammenzupassen scheint. Ich bin groß und habe einen dicken Hintern, dafür einen kleinen Busen. Sie ist winzig, aber ihr Busen reicht für uns beide. Wir finden es herrlich, wie wir uns gegenseitig ergänzen. Von den Äußerlichkeiten abgesehen füllen wir denselben Raum aus – wir füllen jeden Raum aus. Wenn ich zum ungezählten Mal *Sula* von Toni Morrison lese, dann bleibt das niemandem verborgen. Wenn wir Ntozake Shanges *Für farbige Mädchen, die Selbstmord in Betracht gezogen haben / wenn der Regenbogen genug ist* für uns entdecken, dann gibt es keinen Tisch, an den wir uns setzen, der nicht darüber informiert wird. Wir lesen laut. Wir lesen zusammen. Unsere Schwesternschaft ist intensiv, ja kinetisch.

Dann gibt es da Sharon – im Jahrgang über mir. Sharon kommt aus Natchez in Mississippi, hat aber in Minneapolis die High School besucht. Ihre Mutter folgte einst dem Fluss nach Norden, suchte nach Freiheit für ihre Kinder, wie so viele Schwarze Menschen vor ihr. Auf Sharon ruht die Hoffnung der ganzen Familie – einer Familie, die hart arbeitet, fleißig und puritanisch ist. Aber Sharon wünscht sich nichts sehnlicher, als Schauspielerin zu werden. Wenn sie auf der Bühne steht, hat nichts anderes Bedeutung. Allerdings werden Schwarze Studentinnen mit starken Familienbanden keine Schauspielerinnen: Sie werden Buchhalterinnen oder Anwältinnen oder Ärztinnen. Sharon hat mit ihrer Entscheidung sehr zu kämpfen, wägt die Freude, die sie beim Spielen empfindet, gegen ihre Verpflichtung ab, eine gute Tochter zu sein.

Und dann ist da noch Simone. Die karibische Ausgabe von Twiggy. Simone stammt ursprünglich aus St. Vincent. Auch sie hat eine alleinerziehende Mutter, und wie wir anderen alle kann sie es sich nicht leisten, Mist zu bauen. Simone lächelt nicht oft. Man kann ihr Herz nicht so leicht für sich gewinnen, aber sie ist beschützend und loyal und ist eine sehr gute Freundin in einer feindseligen

Umgebung, wo man jeden brauchen kann, der einem den Rücken frei hält.

Dann gibt es noch Katie – meine Zimmergenossin in diesem ersten Jahr. Ihr Vater kommt aus Sri Lanka, ihre Mutter ist eine *weiße* Amerikanerin. Und zu guter Letzt Marika, deren blasse Haut und Sommersprossen über ihr afrikanisch-indigenes Erbe hinwegtäuschen.

Wir werden zu wütenden und redegewandten Fürsprecherinnen der Vielfalt. Wir sind leidenschaftlich und verbringen unsere gemeinsame Zeit damit, zu neuen Frauen zu werden. Wir lesen viel. Wir reden viel. Wir häuten uns – schälen die Teile von uns ab, die wir vor der Uni nicht an uns mochten, und legen uns gleichzeitig eine dicke Haut zu.

Wir bilden eine Lyrik-Gruppe. Anfangs nennen wir uns *Sistahs of the Rainbow*, die Schwestern des Regenbogens. Ein Jahr später werfen wir die Solidarität ab und werden zu den *Sistahs 'n Struggle*, den Schwestern im Kampf. Nur die Schwarzen Mitglieder der Truppe bleiben am Ball. Unsere Auftritte vollziehen wir mit finsterer Entschlossenheit. Sharon und LaKeesha haben ein Talent für die Bühne. Der Rest von uns tritt mit Leidenschaft auf, hat aber im Grunde auf einer Bühne nichts zu suchen. Das ist uns aber egal. Unser politisches Anliegen ist wichtiger als unsere Kunst. Unsere Politik ist unsere Kunst. Wenn wir auftreten, ist es immer rappelvoll. Wir proben gewissenhaft, zitieren Margaret Walker und Sonia Sanchez, Ntozake Shange und Nikki Giovanni. Die *weißen* Studentinnen und Studenten lieben und fürchten uns zu gleichen Teilen. Was sie von uns halten, ist uns wichtig, auch wenn wir so tun, als wäre das nicht der Fall. Wir behaupten, wir würden uns nur an die Schwarzen wenden, und das glauben wir auch tatsächlich.

Bald schon erkennt man uns überall auf dem Campus-Gelände und jubelt uns zu. Das macht uns nur noch wütender, weil all das Lob nichts an den zermürbenden Zuständen für Schwarze Studierende ändert. Es ändert auch nichts an der Zahl derer, die sich einschreiben. Allmählich begreifen wir, dass gute Absichten ebenso unser Feind sind wie die namenlosen Anzugträger, die – davon sind wir überzeugt – von den obersten Sprossen der Karriereleiter innerhalb der Universitätsverwaltung den Rassismus an der Uni orchestrieren.

Wir werden zunehmend wütender und kommen zu dem Schluss, dass unsere Bühnenauftritte nicht ausreichen. Wir müssen die institutionelle Diskriminierung in Angriff nehmen. Also kritzeln wir mit Kreide Graffiti auf den Campus. Wir stellen Schilder mit der Aufschrift auf, *weiße* Studenten und Studentinnen sollten „sich fürchten". Damit umgehen wir die formalen Strukturen und verschaffen uns auf einfache Weise Zutritt zu einem System, das extra so eingerichtet wurde, um uns auszutricksen, da sind wir uns sicher. Komitees beizutreten und an Prozessen teilzunehmen, ist nichts weiter als ein Trick. Wir kennen uns in der Geschichte aus. Stattdessen organisieren wir ein Sit-in im Büro des Präsidenten und verlangen, dass die Universität ihre Vergabe von Professuren an Schwarze überprüft, eine größere Anzahl von Studentinnen und Studenten of Colour zulässt und das Problem der hohen Aussteigerzahlen in Angriff nimmt.

Wir können einige Zugeständnisse erwirken und feiern das euphorisch. Ein Schwarzer Professor erhält eine Dauerstellung. Für die Politikwissenschaft wird ein neuer Dozent eingestellt, und er ist Afrikaner. Wir haben noch nicht gelernt – wir sind ja noch so jung –, dass institutioneller Rassismus eine gerissene alte Bestie ist und dass es sich nur oberflächlich um Siege handelt.

Wir verlieren aber auch viel. Die Zahl rassistischer Vorfälle auf dem Campus steigt. Wir weinen oft. Die Zahl der Schwarzen Kommilitonen, die mit uns angefangen haben, sinkt. Ein Freund – Andre – wird zu einer Hülle seiner selbst. Er driftet ab, verhält sich merkwürdig. Er war immer unglaublich lustig, und wir haben ihn alle geliebt. Eines Tages brabbelt er Unzusammenhängendes. Plötzlich ist er verschwunden: Er hat sein Studium geschmissen. Unsere Zahl ist zu klein. Alle, die gehen – unter Umständen, die unglücklich und so nicht geplant sind –, erschüttern uns bis ins Mark und bestätigen uns in dem, was wir bereits wissen: dass eine bestimme Art von Schwarzen das System absichtlich nicht überleben soll und dass genau das den Fortschritt einer bestimmten Art von *Weißen* sichert.

Ich verliere die Geduld. Es fällt mir schwer, mit den anderen afrikanischen Studenten und Studentinnen befreundet zu sein. Sie lästern und kichern über die Schwarzen Amerikaner und bedienen sich dabei verbreiteter Stereotype – sie seien faul, sie seien beschädigte Ware. Sie warten mit allen möglichen Argumenten auf, inwiefern sich Afrikaner von Afroamerikanern unterscheiden. Es ermüdet mich, dieselben Sprüche immer und immer wieder zu hören, von wegen die Geschehnisse während der Sklaverei hätten die Verbindung zwischen den Schwarzen in Amerika und denen in Afrika aufgelöst. Anfangs nicke ich nur. Manchmal tue ich auch so, als hätte ich nicht zugehört. Wie sie habe auch ich nachts meine Hausaufgaben machen müssen, durfte weder spielen noch telefonieren oder fernsehen, bis ich die Physikaufgabenstellung beherrschte oder den Aufsatz fertig geschrieben hatte. Ich weiß also, was sie meinen. Aber nach ein paar Monaten macht mich ihre Geringschätzung nervös. Vom Kopf her verstehe ich, dass es zwischen diesen beiden Gruppen kaum einen Unterschied gibt: die kleine, aufstrebende afrikanische Gemeinschaft und die aufstrebende afroamerikanische Gemeinschaft. Aber zwischen den beiden Gruppen tut sich ein Abgrund auf. Er ist nicht hässlich oder offen feindselig, aber er ist da.

In meinem ersten Winter an der Uni bringt Spike Lee seinen Film *Malcolm X* heraus. LaKeesha und ich gehen zur Premiere. In unserem Bauch brennt daraufhin ein Feuer. Wir lesen die Autobiografie von Malcolm X immer und immer wieder. In unseren Träumen wird Bruder Malcolm lebendig. Wir quietschen beim Lesen oft aufgeregt und lesen uns einzelne Abschnitte laut vor. „Hör zu, hör dir das an!", kreische ich und schaue zu LaKeesha. „Das ist einfach zu gut. Er schreibt, er *glaube an die Bruderschaft aller Menschen, aber er glaube nicht daran, Brüderlichkeit an jemanden zu verschwenden, der sie nicht aktiv mit ihm ausüben wolle*. Das sage ich doch immer schon." Nichts ist besser, als über die Ideen von jemand zu lesen, dessen Erfahrungen die eigenen widerspiegeln und dessen Intellekt wie ein Leuchtfeuer strahlt. Malcolm X bringt uns dazu, laut auszusprechen, was wir bislang furchtsam in unseren Herzen vergraben haben.

Im Laufe dieses ersten Semesters reift in mir die Erkenntnis, dass ich meine Zeit weder mit den Afrikanern noch mit den „guten *Weißen*" verschwenden will. Die Afrikaner versuchen nur, einen erstklassigen Abschluss zu schaffen und einen Job zu finden, damit sie die Hoffnungen und Träume ihres Dorfes oder ihrer Eltern erfüllen können. Sie haben genug damit zu tun, die *weißen* Amerikaner breit anzugrinsen, die mit ihnen über den Sommer sprechen wollen, in dem sie in Bujumbura freiwillige Hilfsdienste geleistet haben. Ich strotze nur so vor jugendlicher Arroganz, darum will ich nicht zugeben, dass das Studium in Amerika für diese jungen Afrikaner ein entscheidender Schritt ist, ein *Erster* zu werden. Ich will nicht akzeptieren, dass sie jedes Recht haben, ihr Studium einfach konsequent durchzuziehen – zu überleben, Freundschaften zu schließen und ihre Chancen in Amerika so zu nützen, wie es für sie passt.

Ich bin voreingenommen und selbstgerecht. Ich vergrabe mich noch tiefer in Malcolm X. Ich lese auch wieder Steve Biko, den ich schon an der High School gelesen habe, aber erst in Amerika wirklich verstehe. Ich lese Stokely Carmichael. Und ich lese alles über die Black Panther Party.

Die Gedichte, die wir auf der Bühne vortragen, stammen hauptsächlich von Frauen, aber die Politik – die Worte, die unsere Gespräche dominieren und die uns dazu bringen, in der realen Welt aktiv zu werden – stammt von Männern. Es dauert eine Weile, bevor ich verstehe, wie sich das auf meine eigene politische Empfindsamkeit auswirkt.

Ich halte also Abstand zu den afrikanischen Studenten und Studentinnen. Ich betrachte sie aus einer gewissen Distanz heraus. Manchmal versuche ich, meine Geringschätzung ihres mangelnden politischen Bewusstseins zu verbergen, aber meistens nicht. Mich treibt es in eine andere Richtung.

Wäre ich in eine Familie der Black-Consciousness-Bewegung hineingeboren worden, dann hätte es mich nicht so verändert, an der Universität amerikanischem Rassismus ausgesetzt zu sein. Aber in eine solche Familie war ich nicht hineingeboren worden. Bei uns hatte der Nicht-Rassismus immer die stille Mitte unserer politischen Bestrebungen gebildet.

Mummy und Baba sind stolz und voller Würde und können, wenn nötig, für sich selbst einstehen. Sie kennen Biko und wissen ihn zu schätzen, aber sie sind in einem anderen politischen Verständnis verankert. Sie sind Teil einer Bewegung, die zutiefst glaubt, dass Afrikaner ebenso zivilisiert und intellektuell sind und genauso viel Respekt verdienen wie *Weiße*. Sie hinterfragen die Basis der *weißen* Zivilisation nicht. Sie wollen die Idee des Liberalismus und die Traditionen der säkularen Demokratie nicht zerstören, und für mich ist das traurig.

Zum ersten Mal sehe ich meine Eltern nicht als revolutionäre Helden, sondern halte sie für ein wenig naiv. Sie wurden von allem, was *weiß* ist, übertölpelt. Wie Christopher Columbus glauben meine Freundinnen und ich, dass wir mit Hilfe der spirituellen Führung von Biko und Malcolm X das Schwarzsein entdeckt haben.

Es dauert Jahre, bis ich die Idee der radikalen Liebe, die *bell hooks* propagiert, verstehe und Audre Lorde entdecke. Die Wortwahl bestimmter Schwarzer Männer – die Art, wie sie ihre Wut zum Ausdruck bringen – ist ungemein verführerisch. Ich ignoriere die Tatsache, dass ihr Schwarzsein nur wenig Raum für mein Frausein lässt. Ich brauche lange, bis mir klar wird, dass es möglich ist, Radikalismus zu leben, der anders aussieht und sich anders anfühlt als die radikalen Ideen der Männer. Und darum brauche ich länger, als es nötig gewesen wäre, bis ich einsehe, dass es Möglichkeiten gibt, widerstandsfähig und wütend zu sein und auf Konfrontation zu gehen, ohne dabei die Entscheidungen anderer abzuwerten. Und noch viel länger brauche ich, bis ich begreife, dass diejenigen, die eine gemäßigtere Politik als meine vertreten, nicht notwendigerweise kompromittiert oder übertölpelt worden sind. Mummy und Baba wussten um Biko. Sie hatten seine Ansichten überdacht und waren zu anderen Schlussfolgerungen gelangt. Nicht weil sie schwach waren, sondern weil sie – was absolut legitim ist – intellektuell und strategisch anderer Meinung waren. Damals konnte ich das nicht erkennen, heute ist es mir glasklar.

1993 ziehen Mummy und Baba zurück nach Südafrika. Sie lassen sich in Natal nieder, dem wirtschaftlichen Knotenpunkt von Durban. Wie so viele Exilanten zieht es sie in die Stadt, die ihrem Geburtsort am nächsten liegt. Dorthin, wo ihre Familie lebt. Schon wenige Jahre später werden sie umziehen – und dem Geld und den hervorragenden beruflichen Möglichkeiten in Pretoria und Johannesburg folgen. Aber 1993 sind alle rund um Port Elizabeth, Umtata, Durban und Kapstadt verstreut.

Anfang der 1990er Jahre wird in Natal jede Woche ein Mord verübt. Die Inkatha Freedom Party (IKP) und der ANC führen einen Stellvertreterkrieg. Obwohl De Klerk verkündet, er stehe für den Weg des Friedens und wolle alle Konflikte durch Verhandlungen beilegen, ist nicht zu übersehen, dass er eine Schmutzkampagne führt, die den Friedensprozess vereiteln soll. Es hat den Anschein, als seien alle Neuigkeiten grundsätzlich schlecht. Mandela wirkt plötzlich alt und sein Genosse und lebenslanger Freund Walter Sisulu ebenso.

Aber es gibt noch andere, die uns anführen können, darunter Chris Hani. Er ist hitzig und radikal und verkörpert alles, was die *Weißen* fürchten. Und er ist unglaublich beliebt.

Mummy und Hanis Ehefrau Limpho haben gemeinsam die Schule in Lusaka besucht, und Baba kennt Hani aus seiner Zeit im militärischen Arm des ANC, darum denke ich, wenn ich etwas über Hani lese, automatisch „Uncle“. Baba und Uncle Chris waren zusammen in den Lagern. Baba und Mummy haben sich für uns Kinder entschieden, die Hanis wählten den Kampf. Sie haben für ihr Engagement einen hohen Preis gezahlt. Ebenso wie wir sind sie von Land zu Land gezogen. Anders als wir war Chris Hani ein ausgewähltes Ziel – er stand auf der Abschussliste des Apartheid-Regimes an erster Stelle. Sie kannten Todesangst auf eine Art und Weise, wie meine Schwestern und ich sie niemals auszustehen hatten.

Uncle Chris besitzt die unglaubliche Fähigkeit, sowohl die Gemüter zu erregen als auch die Emotionen zu beruhigen. Er ist den *weißen* Südafrikanern gegenüber zutiefst misstrauisch, doch hat er sich voll und ganz dem Konzept des *non-racialisms* verpflichtet. Er ist der erste Mensch, den ich treffe, der das präzise artikulieren kann, ohne dabei heuchlerisch und verlogen zu wirken. Chris Hani hat unzählige Mordanschläge überstanden. Er hat allen Grund, dem *weißen* Minderheitenregime zu misstrauen. Und doch hat er auch lange und schwere Kämpfe innerhalb und außerhalb des ANC gefochten, um die Partei fairer zu gestalten. Um Gerechtigkeit zu einem Grundsatzprinzip der kommunistischen Partei zu machen, deren Anführer er ist. Seine marxistischen Analysen machen es ihm unmöglich, die *race* über die Klasse zu stellen. Er weigert sich, eine falsche Entscheidung zu treffen, aber er verwendet das nicht als Krücke. Er versteckt sich nicht hinter blumigen Worten über die *Weißen*, nur weil einige *Weiße* seine Genossen im ANC und in der South African Communist Party (SACP) sind.

Uncle Chris ist die wichtigste Stimme, die uns zu vorsichtigem Optimismus aufruft. Er ist nicht davon überzeugt, dass die *Weißen* schon bereit sind, die Macht aufzugeben, aber er ist davon überzeugt, dass der Weg über Verhandlungen momentan wichtig ist.

Im Winter 1993 steht der Entschluss an, wer Mandela nachfolgen soll. Noch haben wir keine Freiheit. Ich frage mich am anderen Ende der Welt in Minnesota, ob wir zu früh gefeiert haben – ob Mummy und Baba wirklich gut daran taten, nach Südafrika zurückzukehren. Vielleicht haben wir uns mitreißen lassen von den Popsongs und den schmallippigen UN-Repräsentanten und den skandinavischen Premierministern und dem Referendum. Wir hätten wissen müssen, dass die *Weißen* die Macht nicht einfach so aus der Hand geben würden.

***

Trotz meiner Sorgen, was sich zu Hause abspielt, gewöhne ich mich auf dem Campus ein. In den Semesterferien reise ich nach Washington und besuche Gogo Lindi.

Lindi – mein Idol und die „gefühlte“ große Schwester meiner Kindheit – ist schon dort, und auch Mandi kommt zu Besuch. Zu Weihnachten stößt noch eine Gruppe junger Leute zu uns, die alle an der Ostküste Amerikas studieren, sowie ein paar Versprengte aus dem Rest des Landes.

Gogo ist begeistert, uns alle um sich zu haben. Wir kümmern uns um sie und verwöhnen ihre beiden kleinen Enkelkinder. Meine Noten an der Uni sind gut, und ich habe mich an das Leben in Amerika angepasst, aber mir fehlt die Generationen-Vielfalt meines Lebens zu Hause. Ich vermisse den Umgang mit Kindern und alten Leuten. Auf dem Campus sind alle im selben Alter. Manchmal fühlt sich das für mich unnatürlich an, vielleicht weil ich nie ein Internat besucht habe.

Wir reden viel über Südafrika und was dort als Nächstes passieren wird. Die Verhandlungen zwischen dem *weißen* Minderheitenregime und dem ANC sind gescheitert. In den folgenden Monaten soll ein neuer Prozess in Gang gebracht werden. Die Atmosphäre ist angespannt. In Washington unterhalte ich alle mit fantasievollen Geschichten darüber, was wir mit den *Weißen* anstellen, sobald wir die Macht übernommen haben.

„Wir bringen ihnen bei, ihr Geschirr selbst zu spülen!“

„Sie müssen ihren Diamantschmuck herausrücken, und mit dem Erlös finanzieren wir die Ausbildung Schwarzer Kinder!"

Gogo ist von meiner spielerischen Radikalität entzückt.

Als im Februar das neue Semester beginnt, kehre ich aufgedreht zum Campus zurück. LaKeesha und ich umarmen uns und bringen uns auf den neusten Stand. Ich erzähle ihr von Washington. Sie ist – wie gewöhnlich – voller Wut. Sie macht sich Sorgen um ihren Bruder und ihre Mutter und ihre Schwester. Ein Gefühl der nahenden Katastrophe dräut über unseren Gesprächen, wenn wir von ihrer Familie reden. An ihrem Heimatort brodelt es, eine Explosion scheint unausweichlich. Ich bin hingegen bester Laune aus den Ferien zurückgekommen. Trotz meiner Skepsis und allem, was mir meine analytischen Fähigkeiten bezüglich der Aussichten auf eine echte Veränderung in meiner Heimat sagen, wenn es um *Weiße* geht, kann ich nicht anders, als daran zu glauben, dass Südafrika bald frei sein wird.

***

Dann geschieht das Unvorstellbare. Am Morgen des 10. April 1993 wird Uncle Chris vor seinem Haus niedergeschossen. Sterbend liegt er in der Auffahrt. Seine dreizehnjährige Tochter Khwezi läuft hinaus. Es ist zu spät. Chris Hani, der Held des Volkes, ist tot.

Es lässt sich kaum beschreiben, wie schmerzhaft das ist. Ich möchte am liebsten sofort nach Hause fliegen, aber das ist teuer. Mummy will wissen, was es bringen würde, wenn ich in den Sturm hineinfliege. Ich streite nicht mit ihr. Mein ganzes Leben habe ich fernab des Sturms verbracht. Die Umstände schienen immer dafür zu sprechen, mich von Südafrika fernzuhalten, abgekoppelt und sicher.

In den darauffolgenden Tagen sterben neun Menschen. Keiner von ihnen ist *weiß*, denn die Schwarzen in Südafrika haben ihren Selbsthass in einem Maß verinnerlicht, dass wir uns nur selbst verletzen können. Und dennoch hat diese Schwarze Wut etwas an sich, das den *Weißen* Angst macht – auch wenn sich die Wut gegen uns selbst richtet.

Mandela weiß genau, dass die Jugend, diejenigen, die diesen großen Mann mit dem Herzen eines Löwen verehrt haben, sagen könnte, dass sie keinen Glauben an die *Weißen* oder an den Friedensprozess mehr hat, dass sie nur an Feuer und Gewalt glaubt und an das sofortige Ende der Apartheid, ohne die Nettigkeiten von Verhandlungen.

Darum hält er eine Rede, ein wichtiges und kraftvolles Statement voller Zorn und moralischer Autorität. Er hält diese Rede im Fernsehen und zementiert damit seinen Platz als Friedensstifter. Er sagt:

> Chris Hani ist in den Herzen unserer Nation und unseres Volkes unersetzlich. Als er nach drei Jahrzehnten im Exil nach Südafrika zurückkehrte, sagte er: „Ich habe einen Großteil meines Lebens dem Tod ins Auge geblickt. Ich will in einem freien Südafrika leben, selbst wenn ich mein Leben dafür geben müsste." Der Leichnam von Chris Hani wird im FNB-Stadion in Soweto aufgebahrt, von zwölf Uhr mittags am Sonntag, dem 18. April, bis zum Beginn der Totenwache um achtzehn Uhr. Die Trauerfeierlichkeiten beginnen um neun Uhr am Montag, dem 19. April. Der Trauerzug zieht anschließend zum Boksburg Cemetery, wo Hani um dreizehn Uhr begraben wird. Die Trauerfeier und die Kundgebungen müssen in Würde durchgeführt werden.

Damit wird Mandela de facto Präsident von Südafrika. Er wählt den schweren Weg, und wir folgen ihm. Die *Weißen* –

die ihn einst fürchteten – können jetzt nicht anders, als ihn zu respektieren. Die Schwarzen – die ihn schon immer bewunderten – erkennen nun seine Größe als Staatsmann. Es scheint sich gelohnt zu haben, auf den alten Mann zu warten.

Zwei Männer – ein Schwarzer namens Cyril Ramaphosa und ein *Weißer* namens Roelf Meyer – begeben sich mitten ins Schlachtfeld. Sie reichen sich die Hand, eine Entfernung, die einst zu groß schien, um sie jemals zu überbrücken. Sie sind verletzlich – alle Augen ruhen auf ihnen –, aber es ist klar, dass in Folge des Mordanschlags ein Zeichen gesetzt werden muss.

Sie fassen sich an den Händen und lassen nicht mehr los. Ein Termin für freie Wahlen wird festgesetzt. Der Tod von Uncle Chris wird zu einem Wendepunkt. Der ANC verhindert einen Krieg, und Meyer und Ramaphosa sowie die gewählten Unterhändler arbeiten erneut an einem Kompromiss – dieses Mal aufrichtig.

Das Land macht einen großen Sprung nach vorn. Rasch einigt man sich auf die temporäre Verfassung, die jedem eine Stimme zuerkennt. Die Gewalt nimmt ab, dann wieder zu, dann wieder ab. Wir atmen durch. Und erneut glauben wir, dass die Parole, wir würden noch zu unseren Lebzeiten die Freiheit schmecken, stimmen könnte.

Die Freiheit ist auf dem Weg, aber das ändert nichts an den Fakten. Chris Hani ist tot, ermordet von einem hasserfüllten *weißen* Mann. Die Tage des Sterbens liegen noch nicht hinter uns.

***

Nach dem Tod von Uncle Chris kocht meine Wut über. An der Uni fällt alles auseinander. Keesh hat beschlossen, an eine andere Uni zu wechseln – sie verlässt Macalester.

Sie braucht einen größeren Campus, eine Uni, an der sie sich nicht wie im Belagerungszustand fühlt. Sie ist in Gary aufgewachsen, einer Schwarzen Stadt, und hat während ihrer Zeit hier das Fehlen anderer Schwarzer Menschen überdeutlich wahrgenommen. Ich fühle das auch, aber anders. Ich bin nicht in Amerika aufgewachsen, im Schatten einer Vernachlässigung, die sich als Autonomie tarnt. Ich kann ihre Entscheidung verstehen, aber für mich ist das furchtbar. Mit meiner Wut allein klarzukommen, ist das eine; ohne unsere Schwesternschaft auf einem Campus zu überleben, auf dem wir uns so viele Menschen zu Feinden gemacht haben, ist das andere.

Im Mai, zum Ende des Semesters verabschieden wir uns voneinander. Ich spüre, dass von nun an alles anders sein wird. Die Wucht unserer geteilten Wut, unser gemeinsames Lesen und Schreiben, die Lyrik-Auftritte – all das hat Keesh angekurbelt. Sie hat mich dazu inspiriert. Ich weiß nicht, was ich ohne sie tun werde.

***

In den Sommerferien fliege ich nach Hause. Ich freue mich sehr, alle wiederzusehen – vor allem Mandla und Zeng. Aber ich bin mir auch unsicher, wie ich mit meinen Emotionen umgehen soll. Amerika hat mich mutiger gemacht, aber auch aufbrausender. Ich habe keine Geduld mehr gegenüber Rassisten – meine Identität ist jetzt eng mit meiner Ungeduld ihnen gegenüber verknüpft. Ich bin vor allem eins: Schwarz. Ich habe keine Energie für all jene, die das nicht verstehen oder nicht respektieren. Im Laufe des letzten Semesters bin ich viel in mich gegangen. Ich liebe meine Eltern, aber ich bin überzeugt, dass sie *race* und Rassismus einfach nicht verstehen. Sie sind naiv, glauben noch an das Gute im Menschen und an ein System, dem niemals am Wohlergehen der Schwarzen gelegen war. Ich gehe davon aus, dass diese Reise in vielerlei Hinsicht frustrierend sein wird.

Mandla hat ihr Studium an der Cornell-Universität in New York begonnen, und wir telefonieren jede Woche miteinander. Mummy und Baba und Zeng leben in La Lucia. Ihre Nachbarn sind ausnahmslos *weiß*. Von ihrem Haus aus kann man einen winzigen Teil des Ozeans sehen. Mummy arbeitet, ebenso wie Baba, darum haben sie Zeng an einer renommierten Mädchenschule in der Stadt eingeschrieben. Zu ihrer Schuluniform gehört ein Barett. Das Barett – eigentlich die ganze Uniform – ist lächerlich und purer Kolonialismus und ein Sinnbild für die seltsam neue Gesellschaft, in die wir gerade verpflanzt wurden.

Ich bin unerträglich.

Ich schwinge meine neuen, radikalen Ansichten wie ein Schwert um mich herum. Mummy und Baba gegenüber bin ich ungeduldig, und an *Weiße* verschwende ich meine Zeit schon gleich gar nicht. Mummy holt dann immer tief Luft und versucht, mich zu ignorieren. Meine Schwestern behandeln mich mit einer Mischung aus Ehrfurcht und Amüsement. Ich bin sowohl urkomisch als auch unausstehlich.

In Folge der Ermordung von Uncle Chris wurde ein Zeitplan errichtet, bis wann die Übergangsphase abgeschlossen sein soll. Wahlen werden angesetzt. Hier sind wir also alle versammelt, in Südafrika, zum ersten Mal seit langer Zeit – am Vorabend der Befreiung.

Mummy und Baba wollen, dass wir die Geschichte und die Geografie unserer neuen Heimat verstehen und vor allem die Konflikte zwischen den Briten, den Buren und den Zulus. Sie wollen, dass wir uns mit der Schlacht von Isandlwana und mit der Schlacht am Blood River vertraut machen und vor unserem inneren Auge ein Bild von der

Landschaft haben, auf der sich all das abspielte. Um uns der Zukunft stellen zu können, müssen wir uns erst der Geschichte stellen.

Also plant Mummy einen Familienausflug an den Drakensberg. Zu fünft quetschen wir uns in den Wagen. Wir Mädchen sitzen hinten, eng an eng. Ich habe schlechte Laune. Natürlich verstehe ich, warum unsere Eltern das von uns verlangen, mir gefällt nur die Vorgehensweise nicht.

Ich frage Mummy, was wir tun sollen, wenn die *weißen* Besitzer der Gästehäuser, die sie für uns gebucht hat, uns nicht in ihren Betten und auf ihren Laken schlafen lassen wollen?

Mummy ist verärgert. Sie beißt an. „Hör auf, Sonke. Es reicht mir mit deiner Einstellung. Du hast dich völlig in diese Rassismus-Sache verrannt. Wir haben dich nicht nach Amerika geschickt, damit du mit einem Einstellungsproblem zurückkommst."

Ich bin nicht in der Stimmung für eine Lektion in Rassismus.

„Das ist keine Einstellungssache, Mummy, es ist eine Tatsache. Wir können uns den Rassismus nicht einfach wegwünschen. Wir können auch nicht so tun, als würden sich diese Leute über Nacht ändern. Ich sage ja nur, dass uns bewusst sein sollte, dass sie uns möglicherweise nicht in ihren Betten haben wollen, selbst wenn sie uns dort übernachten lassen."

Mummy hat einen Ordner mit allen Details der Reise sowie Broschüren und Flugblättern zusammengestellt. Ganz oben liegt die Broschüre des ersten Gästehauses, in dem wir übernachten wollen, ein Bauernhaus mit dem Namen Penny Farthing. Ich blättere darin, suche weitere Munition. „Wir übernachten also im Penny Farthing. Was bedeutet ‚Penny Farthing' überhaupt?", frage ich und lasse es besonders verächtlich klingen. „Klingt unglaublich kolonial."

Baba erklärt, dass ein Farthing vor langer Zeit eine britische Münze war.

„Na toll", erwidere ich. „Das kann ja heiter werden."

Ich lese die Broschüre laut vor und informiere meine Familie in meiner besten David-Attenborough-Imitation, dass die Farm „dreitausend Hektar umfasst und strategisch in der Nähe der KwaZulu-Natal-Schlachtfelder liegt – zwischen Rorke's Drift, Isandlwana und dem Blood River." Hmm. „Die Farm ist seit 1847 im Besitz der Familie", gebe ich wie mit einem Trompetenstoß bekannt. Ich bin angewidert. „Die *Weißen* stehlen unser Land und dezimieren unsere Bevölkerung, und wir gehen hin und schlafen in ihren Häusern?"

Das Wort „dezimieren" verwende ich oft.

Baba amüsiert sich über meinen Ekel. „Die Zulu wurden niemals dezimiert", sagt er. „Sie haben uns besiegt, aber ‚dezimiert' würde bedeuten, dass wir kurz davor standen, ausgerottet zu werden. Das war ganz sicher der Fall beim Volk der San, aber nicht bei den Zulu. Wenn du wütend sein willst, dann nur zu, aber sei das auf Basis von Fakten."

Mandla und Zeng sind angespannt, sie spüren, dass eine Konfrontation in der Luft liegt.

Es ist nur eine Formsache, aber ich beiße mir auf die Zunge. Insgeheim verurteile ich Baba, aber ich bin trotz allem immer noch ein afrikanisches Kind und gebe meinem Vater keine Widerworte.

Nach der langen Fahrt von Durban halten wir vor dem Gästehaus. Eine alte Frau kommt heraus und begrüßt uns. Sie scheint sowohl erfreut, uns zu sehen, als auch ein wenig verunsichert. Eine fünfköpfige afrikanische Familie steht vor ihr. Drei hochgewachsene Teenager, eine zierliche Mutter und ein riesiger Vater.

Sofort bezaubert Mummy die alte Dame und plaudert über unsere Anreise. Baba beeindruckt die alte Frau mit seinem Wissen über die Region. Wir drei Mädchen stehen ungelenk und stumm daneben – aber wir begrüßen sie höflich und in tadellosem Englisch, das scheint sie zu freuen. Sie führt uns mit einer Aura gutmütiger Verwirrung durch das Haus.

Wir beziehen unsere Zimmer und ruhen uns vor dem Abendessen aus. Während des Essens bin ich mürrisch und ziehe mich früh zurück. Ich sage Mummy und Baba, ich würde mich nicht wohl fühlen, aber in Wirklichkeit lässt meine Wut nicht zu, dass ich mit den anderen Gästen im selben Raum sitze und so tue, als wäre dieses Haus nicht voll von Geistern der Kolonialherren.

Am nächsten Morgen wache ich hungrig auf, darum kann ich das Frühstück nicht auslassen. Der Duft von mdogo wabert durch das Haus. Mein Lieblingsessen – saures Porridge. Ich schlage ordentlich zu.

„Schmeckt es, junge Dame?“, erkundigt sich unsere Gastgeberin.

„Ja“, sage ich.

„Köstlich, nicht wahr? Meine Zulu hat es zubereitet.“

Ich bin fassungslos. Mummy und Baba sind fassungslos. Mandla und Zeng sind fassungslos. Ich lege den Löffel zur Seite.

„Wer hat es zubereitet?“, frage ich und gebe ihr die Chance, sich zu korrigieren.

„Meine Zulu hat es gemacht“, sagt sie, blind für ihren Rassismus.

„Gehört sie Ihnen?“, frage ich. „Besitzen Sie sie, wie man ...“

Mummy unterbricht mich. „Sonke ...“, sagt sie warnend.

Ich schaue von ihr zu Baba. Er wirkt amüsiert – als ob er bereit wäre, den Dingen einfach ihren Lauf zu lassen.

Ich beschließe, es durchzuziehen. Mummys Warnung hängt allerdings noch in der Luft. Ich schalte einen Gang herunter.

„Ich frage mich", fahre ich fort, „ob sie einen Namen hat. Die Person, die das Porridge gemacht hat. Weil sie nicht *Ihre* Zulu ist. Sie ist ein Mensch."

Es wurmt mich, dass ich nicht deutlicher werden kann. An der Uni, mit meinen Freundinnen in Minnesota, eingehüllt in Anonymität und ohne das Beisein von Mummy und Baba, hätte ich einfach gesagt: „Das ist rassistische Scheiße."

Aber ich bin nicht in Minnesota, ich bin in Südafrika, und meine Eltern beobachten mich, darum lasse ich die alte Dame glimpflich davonkommen, auch wenn mich das innerlich auffrisst.

Sie sieht das allerdings anders.

„Ja, ich weiß, dass sie einen Namen hat, aber es ist nichts daran auszusetzen, wenn ich sie meine Zulu nenne. Das machen wir hier so, und keiner nimmt daran Anstoß."

„Woher wollen Sie das wissen?"

Ich koche mittlerweile vor Wut.

„Niemand hat je etwas gesagt", fährt sie unbekümmert fort.

„Dann ist die Sache ja erledigt", erkläre ich mit monotoner Stimme. Ich mustere sie verächtlich. Sie wirkt ein wenig ängstlich, als ob sie sich nicht sicher wäre, warum sie Angst hat.

Am Tisch herrscht einen ausgedehnten, unangenehmen Moment lang nichts als Stille.

Niemand kaut oder schluckt. Wir rühren unser Essen nicht an.

Dann bricht Mummy das Schweigen.

„Tja, ich denke, wir sollten jetzt in den Tag starten", sagt sie aufgeräumt und fröhlich. „Wir haben heute noch einen weiten Weg vor uns."

Die Zulu-Frau der alten Dame tummelt sich im Hintergrund, sammelt Teller ein, wäscht Geschirr.

Wir holen unsere Sachen aus den Zimmern und laden sie schweigend ins Auto. Dann steigen wir ein, und Baba fährt los. Wir schweigen immer noch.

Schließlich sagt Baba: „Tja, wir müssen unbedingt dafür sorgen, dass uns auch im nächsten Gästehaus eine Zulu das Porridge zubereitet."

Wir brechen in Lachen aus – erleichtert, aber auch wütend.

„Wow. Wow. Wow. Wow. Wow", sagt Mandla mit ausdruckslosem Gesicht und ihrem üblichen sarkastischen Humor.

„Wow", gibt Mummy ihr recht – ebenfalls emotionslos.

„Wow", sagt Zeng.

„Wow", sage ich.

„Und was für ein Wow", sagt Baba.

Dann fahren wir zum Schlachtfeld von Rorke's Drift und lassen uns dort erzählen, wie unser Volk tapfer gekämpft hat, aber besiegt wurde.

***

Jahre später lerne ich, dass ein Penny Farthing ein Hochrad ist – mit einem riesigen Vorderrad und einem winzigen Hinterrad. Ich google den Begriff, und Wikipedia hält eine Perle für mich bereit: „Auf einem Hochrad sitzt der Fahrer nicht nur hoch, sondern auch beinahe über der Vorderachse. Wird das Vorderrad durch einen Stein oder eine Spurrille blockiert oder muss abrupt gebremst werden, kann es den Fahrer mit dem Kopf voraus über das Vorderrad schleudern. Es kam daher häufig zu Kopfverletzungen, die signifikant oft zum Tod führten."

Wenn ich das nur damals schon gewusst hätte – ich hätte noch mehr Köder für Mummy auslegen können. Es ist viel Zeit vergangen, und aufgrund all dessen, was ich heute über den Weg Südafrikas weiß, scheint es passend, dass unser Versuch, unsere eigene Geschichte kennenzulernen, in einem Farmhaus begann, das nach einer veralteten britischen Erfindung benannt worden war.

Ich stelle mir die alte Dame vor, wie sie vor zwanzig Jahren war. Vor meinem inneren Auge fährt sie nicht in einem *bakkie* durchs Gelände, sie sitzt auf einem Hochrad. Es geht nur holpernd voran in eine Zukunft, die sie nicht kennt und nicht begreift. Ruckelnd fährt sie über die Felder, in denen die Zulu gegen die Briten kämpften und verloren. Plötzlich schaut sie nach unten, und ihr wird klar, dass sie über die Knochen der Toten fährt. Sie verliert die Kontrolle. Das Hochrad fällt zur Seite, und sie wird in die Luft geschleudert. Ich sehe ihren hinfälligen Körper mitten im Flug – ein grauer Fleck am blauen Himmel über den Midlands. Seht ihr sie auch? Sie rudert hilflos durch die Luft, wie so viele ihrer Zeit und ihrer Generation. Wenn man die Ohren spitzt, kann man vielleicht sogar hören, wie sie nach *ihrer* Zulu ruft.

Freiheit

Und plötzlich kommt die Freiheit nicht mehr: Sie ist da. Es ist der 27. April. Man schreibt das Jahr 1994. An diesem Tag erlangen Schwarze Südafrikaner und Südafrikanerinnen die vollen Bürgerrechte. Das *weiße* Südafrika lässt den Makel des Rassismus hinter sich. Ein geschichtsträchtiger Moment.

Überall im Land wird das gefeiert. Das *weiße* und das Schwarze Südafrika bewegen sich aufeinander zu wie Frischvermählte, die ihr Ehegelübde ablegen wollen.

Bis zu diesem Punkt verhalten sich die *Weißen* kollektiv scheu, was den anstehenden Tag angeht. Sie fürchten sich vor der Veränderung, die er mit sich bringt. So lange Zeit haben sie die Welt entweder Schwarz oder *weiß* gesehen. Übersimplifizierung war ein Schlüsselelement des Apartheid-Erfolgs. Jetzt werden sie in eine Welt aus Grau-Tönen geworfen – voller Zweifel und Angst und nervöser Erregung.

Obwohl viele *Weiße* den Weg bis zu diesem Tag mit aller Kraft unterstützt haben, bleiben sie doch besorgt, wie die neue Ära aussehen wird. Doch an diesem herrlichen Herbsttag lassen sie los.

Und dieses Loslassen wurde monatelang vorbereitet. Im Radio und Fernsehen liefen jeden Tag Werbespots, die uns alle aufforderten, einander zu respektieren, dem Frieden eine Chance zu geben. Brenda Fassies Song *Black President* lief in den Kaschemmen und Nachtclubs des ganzen Landes rauf und runter, bereitete uns darauf vor, dass Nelson Mandela als Präsident der Republik Südafrika bestätigt werden würde. Poster in Grün, Schwarz und Gold, den Farben des ANC, sowie in Orange, Blau und Weiß, den Farben der National Party (NP), zierten die Straßen. Landesweit fanden politische Großkundgebungen in den

Stadien statt, die Menge jubelte und sang „Hoch lebe der ANC, vivat! Lang lebe der Geist der *UDF!*“ Wir stürmten auf unser Schicksal zu.

Der Tag selbst ist sowohl ein Höhepunkt als auch eine Enttäuschung. Einerseits sind da die Freude, der Jubel und die Feierlichkeiten. Andererseits gibt es ein kaum hörbares Geräusch. Es ist die Apartheid, aus der mit einem Zischen die Luft entweicht. Urplötzlich hat die Apartheid ihre gespenstische Kraft verloren. Sie ist ein bezwungener Dämon, nicht länger ein berittenes Klan-Mitglied, das Furcht in den Herzen der Schwarzen Bevölkerung verbreitet. Dieser nächtliche Reiter, der uns so lange terrorisiert hat, ist bloßgestellt worden: als kleiner Junge in einem wallenden Laken mit ausgeschnittenen Augenlöchern. Reglos sitzt er unter dem hochgezogenen Laken und wirkt befremdlich und traurig. Als ob er versucht, sich in Nichts aufzulösen.

Diese Enthüllung trifft auf einen überraschten Moment der Stille. Aber es ist nur ein kurzes Innehalten. Innerhalb von Sekunden wirft sich Südafrika wieder der Demokratie entgegen.

In den Straßen der Städte und in einem breiten Streifen quer durch das Hinterland steht die euphorische Jugend Schulter an Schulter neben jenen, die einfach nur dankbar sind, an diesem Tag noch am Leben zu sein. Alte Frauen beugen sich mit schmerzenden Gliedern über die Wahlzettel, machen mit zitternder Hand stumm ihr Kreuz und falten den Zettel pflichtbewusst.

Noch bevor die Stimmzettel alle ausgezählt sind, steht der Sieg fest. Die Macht derer, die so lange die Verdammten des Landes waren, ist unmissverständlich. „Lilililili!“-Rufe füllen die Rathäuser und hallen in den Straßen und Tälern wider, weitergetragen vom Wind.

Weiß behandschuhte Hände winken. Wir sind die *Isicathamiya*- und die *Maskandi*-Musik. Wir sind Hugh

Masekelas rauchige Stimme. Wir sind der Atem in seiner Trompete, ein langer, samtener Ton der Freiheit. Wir sind die Stadtviertel, die ihre Hüften heben, als würden sie einen lange verloren geglaubten Liebhaber begrüßen, der endlich wieder aufgetaucht ist. Wir sind die Umarmung zweier Ozeane.

An diesem Tag spielt sogar das Wetter mit. Es regnet nicht. Nichts als blauer Himmel und Stille in den Gräsern. Gott hat bestimmt, dass die Natur an diesem Tag nicht den Triumph der Menschlichkeit stört.

Und so tanzen und freuen wir uns, vor dem Hintergrund der Landschaft, wir tänzeln und verweben unsere Körper in einem zeitlosen *domba*. Wir sind der heilige Venda-Python, der sich häutet und vor den Toren der Geschichte sein altes Ich abwirft. Wir sind majestätisch. Mit glänzender Haut tanzen wir bis zur völligen Erschöpfung. Als der Mond aufgeht, wissen wir, dass die Stimmzettel bald ausgezählt sein und die Ergebnisse verkündet werden, und dann sind wir endlich, endlich frei.

***

Als die Südafrikaner und Südafrikanerinnen diesen Tag beginnen – um ihre Stimmen abzugeben –, bin ich in Minnesota, sitze in einem gemieteten Kleinbus auf dem Weg nach Chicago. Mit mir sind die beiden Mandlas unterwegs, außerdem Kgomotso, Lunda, Sbusiso und Rogene – alles Studentinnen an verschiedenen Universitäten des Mittelwestens. Wir sind auf dem Weg zum Konsulat Südafrikas, fest entschlossen, diesen historischen Tag nicht zu verpassen.

Wir kommen im Konsulat an und werden in einen kleinen Warteraum geführt, später in den Bereich, in dem wir unsere Stimmen abgeben können. Wir sind in aller Frühe aufgebrochen. Ich stehe in der sterilen Kabine unter einem fluoreszierenden Licht. Bis zu diesem Tag hatte ich keine Veranlassung, das Konsulat aufzusuchen. Der Konsul hätte mich ohnehin nicht hineingelassen. Auf einen Streich hat sich das verändert. Als ich meinen Wahlberechtigungsnachweis betrachte, trifft mich die Ironie dieser Situation mit aller Kraft.

Ich bin zwanzig Jahre alt, ungefähr in dem Alter, in dem Baba vor so vielen Jahren Südafrika verließ. Ich mache mein Kreuz bei Nelson Mandela und dem ANC.

Hinterher suche ich ein Telefon. Meine AT&T-Telefonkarte habe ich extra aufgeladen, weil ich einen ausgedehnten Anruf vorhergesehen habe. In Durban, tausende Kilometer weit weg, klingelt das Telefon. Zeng hebt ab. Ich frage aufgeregt: „Wie war es?" Sie ist mit ihren fünfzehn Jahren noch zu jung, um zu wählen, aber selbstverständlich kann sie meine Frage beantworten: „Wahnsinn, Sonke. Ich wünschte, du wärst hier." Sie ist bester Laune, und ihre Stimme hat etwas von einem Feuerwerk – über die Statik der Telefonleitung hinweg gibt es kleine Explosionen in Rot und Blau. Zeng beschreibt alles: die Ausgelassenheit der Menge, die Angst, dass etwas furchtbar schieflaufen könnte, die Heiterkeit angesichts zweier alter *weißer* Frauen, die sich in der Schlange vor den Wahlurnen nach vorn drängen wollten, obwohl gerade demokratische Wahlen im Gange waren, die einem solchen Verhalten ein Ende setzen sollten.

Zeng lacht und imitiert in ihrer unvergleichlichen Art die Stimme eines Nachrichtensprechers: „Wir berichten live von der Front. Hier haben wir Mrs. Smith. Also, Mrs. Smith, Sie wollen also nach vorn an die Spitze der Schlange, weil Sie *weiß* sind? Für wen wollen Sie Ihre Stimme abgeben, *Gogo*? Ich denke ... ja, Mrs. Smith, ich kann bestätigen, dass Sie sich hinten anstellen müssen, wie alle anderen auch. Die alten Zeiten sind vorbei!“ Wir lachen herzlich. Für manche *Weiße* wird es ein langer Weg werden. Unser Lachen macht aber auch deutlich, wie sehr wir uns vermissen.

Der Hörer wird weitergereicht. Ich spreche mit allen – Cousins und Cousinen, Tanten und Onkeln. Das Haus ist voller Verwandter und Freunde, die diesen Tag mit uns feiern wollen. Seit die Familie nach Durban „zurückgekehrt“ ist, ist unser Haus der Ort, an dem sich alle treffen.

Schließlich spreche ich mit Baba. Ich umklammere den Hörer fester, als ob ich mich allein durch Willenskraft nach Durban transportieren könnte. „Du bist also in Chicago?“, fragt er. „Ja, Baba.“ Ich versuche, mir nicht anmerken zu lassen, wie sehr mich der Klang seiner weit entfernten Stimme bewegt. „Das ist gut“, sagt er, „ich bin froh, dass du es geschafft hast.“ Wir schweigen einen Moment, sind uns plötzlich unsicher, was wir sagen sollen. Dann sagt er das, worauf ich gewartet habe: „Hier sind wir also, meine kleine Sonke.“ Er spricht mit mir, wie er das früher immer getan hat. Dann lacht er und sagt unbeholfen, fast flüsternd, als könne er es selbst nicht glauben: „Wir haben es geschafft. Wir sind frei.“

Das X auf dem Stimmzettel in einer Wahlkabine in Chicago ist mein Platz in der Geschichte. Es markiert meinen Platz in einer neuen Nation am Beginn einer neuen Ära.

Jason

Nachdem LaKeesha fort ist, gibt es in meinem Leben mehr Raum für meine anderen Beziehungen. Meine Freundin Genevieve zieht bei Simone und mir ein. Wir haben eine ziemlich schäbige Wohnung außerhalb des Uni-Geländes gemietet. Es gibt zwei Schlafzimmer, und die Vermieterin schlägt vor, wenn man den „Alkoven" abhängt, hätte man ein drittes Schlafzimmer. Wir quetschen ein Bett hinein, und das wird Genevieves Zimmer. Allerdings ist es viel zu klein, und sie benützt es nie. Stattdessen hält sie sich in meinem Zimmer auf, wo wir die Heizung voll aufdrehen. An kalten Tagen gehen wir so gut wie nie zu den Vorlesungen. Wir sind wie Schwestern – nur ohne Politik. Gen ist lässig. Wir reden über Jungs, und in den Ferien fahre ich mit ihr zu ihren Eltern nach Boston. Es besteht so gut wie nie Veranlassung für politische Grundsatzdiskussionen oder lautes Vorlesen. Simone hat ihr eigenes Zimmer und leidet an gebrochenem Herzen, darum bleibt sie viel für sich. Wir lassen sie allein. Wenn sie hin und wieder aus ihrem Liebeskummer auftaucht, bereit zu einem Lächeln, dann essen wir gemeinsam in der Küche oder liegen alle zusammen, eingehüllt in Decken, vor dem Fernseher.

Der Winter macht uns mürbe. Die Monotonie des Campuslebens vermischt sich mit dem Wetter. Die Finger um das Lenkrad sind klamm, die Zehen an der Bushaltestelle eisig. Der Wind in den Häuserschluchten auf dem Weg zur Uni lässt die Augen tränen. Mitten hinein in dieses Grau erscheint Jason. Wir begegnen uns bei Stairstep, wo Simone arbeitet. Simone hat im Mai ihren Abschluss gemacht und ist jetzt Vollzeit angestellt. Ich habe noch ein Jahr vor mir. Jeden Morgen fahre ich sie zur Arbeit, und meistens hole ich sie nachmittags auch wieder ab. Es ist eine lange Fahrt – gut dreißig Minuten auf dem Highway von St. Paul bis North Minneapolis. Aber wir haben uns das Auto gemeinsam gekauft. Jede hat dreihundert Dollar beigesteuert. Der Wagen war in gutem Zustand, als wir ihn von einer Freundin kauften, die für das Friedenscorps nach Nicaragua gehen wollte. Es ist ein VW Fox, darum nennen wir ihn Foxy. Simone ist zwar die Mitbesitzerin, hat aber keinen Führerschein. Darum chauffiere ich sie zur Arbeit, und an besonders kalten und grauen Tagen hole ich sie auch wieder ab, weil man sich beim Warten auf den Bus den Tod holen kann.

Stairstep ist eine kirchliche Initiative in North Minneapolis, geleitet von einem afroamerikanischen Paar, den Johnsons. Es ist ein gutes Team aus Ehemann und Ehefrau – beide groß und schlank und nüchtern, ohne Schnickschnack. Wenn Mrs. Johnson in der Nähe ist, habe ich immer das Gefühl, als müsse ich aufrecht sitzen und meine Dreadlocks richten. Sie verströmt diese Aura: Ihr Lippenstift wirkt immer wie frisch aufgetragen, dabei scheint sie sich nie darum zu kümmern, ob er noch frisch ist. Ihr Mann ist ein Jahrzehnt älter als sie. In seiner Gegenwart bin ich nicht so nervös, denn er lacht viel, aber auch er lässt sich nichts bieten, darum fühle ich mich auch bei ihm nie ganz unbefangen. Die Umstände scheinen ihnen diese Härte aufgezwungen zu haben. Aber sie sind authentisch. Ihre Art spiegelt einfach nur die Wachsamkeit wider, die sie sich in ihrem Leben aneignen mussten.

Wie viele berufstätige Schwarze ihrer Generation mussten sie sich ihren Mittelklassestatus hart erarbeiten. Sie sind fest in der Wohlanständigkeit ihres Glaubens verankert und tragen die Last von Menschen, die immer mehr arbeiten und besser sein mussten als ihre *weißen* Gegenstücke, darum haben sie gelernt, sich der Regeln und ihres Auftretens sehr bewusst zu sein. Und doch besitzen sie auch eine gewisse Radikalität. Sie erinnern mich an die „Ersten“, die uns in Lusaka besuchten. Wie unser Zusammenhalt wurde auch ihrer im Feuer des Ehrgeizes geschmiedet. Auch sie kämpften um das Überleben ihres Volkes. Sie tragen die Aura stolzen Verwundetseins mit sich herum, und doch sind sie bei aller Wachsamkeit auch großzügig.

Stairstep befindet sich in einem umgebauten Wohnhaus. Die Räume sind geschmackvoll eingerichtet und nie voll oder laut, wie man es bei einem Schwarzen Gemeinschaftsprojekt erwarten würde. Das hätten die Johnsons nicht geduldet. Sie organisieren Veranstaltungen und planen Events, da hängt man nicht ab und lärmt auch nicht herum.

Wenn ich Simone abhole und zu früh dran bin, setze ich mich auf die Couch im Büro und gehe meine Vorlesungsunterlagen durch. Mrs. Johnson macht das nichts aus, denn das sind Aktivitäten, die für sie in die Kategorie „konstruktiv“ fallen. Und doch habe ich das seltsame Gefühl, dass sie kein Problem damit hat, mich zu bitten, nicht wiederzukommen, wenn ich einen falschen Schritt mache. Eines Nachmittags will ich Simone abholen, und da räkelt sich ein Kerl auf der Couch, auf der ich normalerweise mit meinen Büchern und Papieren warte. Er wirkt nur wenig älter als ich, scheint sich aber in der Gegenwart von Mrs. Johnson kein bisschen unwohl zu fühlen. Sofort werde ich nervös. Ich will, dass er sich aufrecht hinsetzt, dass er diesem stillen, achtbaren Raum seinen Respekt erweist. Der junge Mann ist groß und hager und hat einen eckigen, rasierten Kopf und dicke, grüblerische Brauen. Es lässt sich nicht leugnen, dass er außergewöhnlich gut aussieht. Seine Haut hat die Farbe eines Pumas. Ich sage „Hallo“, leise – weil ich immer leise spreche, wenn ich bei Stairstep bin, ebenso wie alle anderen, aber auch weil er so gut aussieht und ich nicht will, dass er denkt, ich sei nur wegen seines Aussehens freundlich zu ihm. In seinem Blick flackert ein Wiedererkennen auf, als seien wir uns schon einmal begegnet. Er lächelt breit. Dieses Lächeln breitet sich langsam über sein ganzes Gesicht aus. Er zeigt sein Interesse ganz ungeniert.

„Hall-o“, raunt er. „Wer bist du denn?“

Es übt einen besonderen Charme auf mich aus, dass er mich fragt, wer ich bin, nicht, wie ich heiße. Krampfhaft überlege ich mir eine schlagfertige Antwort. Mir fällt nichts ein, darum nicke ich einfach nur in Simones Richtung und sage: „Ich bin ihre Mitbewohnerin.“

Er nickt und erklärt mit ausdrucksloser Miene: „Ach, du wohnst mit Miss Hochnäsig zusammen?“

Ich will lachen, denn das beschreibt Simone wirklich perfekt. Sie ist arrogant und zeigt ihre Verachtung für die Welt offen. Aber wer sie kennt, weiß, dass sie hinter der gerunzelten Stirn und den zusammengezogenen Augenbrauen nur ihr Herz vor Enttäuschung schützt.

Aber ich lache nicht, weil Simones Zorn gewaltig sein kann. Simone rollt mit den Augen und schnaubt, ignoriert ihn aber. Ich spüre die Feindseligkeit und frage mich, was sich vor meinem Eintreffen abgespielt haben mag. Ich frage mich auch, wie lange er schon so auf der Couch gefläzt liegt und ob Mrs. Johnson jeden Moment hereinkommt und ihn sich vornimmt – ihm sagt, er solle sich aufrecht hinsetzen und seine Taschen von der Couch nehmen.

Ich befinde mich auf dem Höhepunkt meiner Erykah-Badu-Phase, darum habe ich ein großes Stofftuch um meine Dreadlocks gewickelt. Außerdem setzt mir die Kälte zu, also habe ich mich wie üblich in einen dicken Pullover von The Limited eingehüllt und trage Leggins unter meinen weiten Jeans. Und darüber hinaus stecke ich in einem Monster von Mantel, den ich Second Hand bei Goodwill gefunden habe.

Simone – die immer gut gekleidet ist, weil sie diese Art von Frau ist und weil Mrs. Johnson von ihrem Team einen gewissen Standard erwartet – hasst meinen Goodwill-Mantel. Sie findet ihn abstoßend. Mir ist das egal. Er war sauber und kaum getragen, als ich ihn kaufte. Er mag hässlich sein, aber er ist zweckmäßig. Er hält mich warm, und wenn ich mich zwischen Wärme und Kälte entscheiden muss, kenne ich keine Eitelkeit.

Trotz meiner Vorsichtigkeit gegenüber Mrs. Johnson mache ich es mir neben ihm auf der Couch bequem, und wir flirten. Jason – der im Grunde nicht weiß, wie man flirtet – ist einfach er selbst. Die charmante, beste Version seiner selbst.

Es wird sechzehn Uhr, und Jason fragt, ob wir ihn mitnehmen. Er sammelt seine Sachen ein. „Was gibt's zum Abendessen?"

Simone und ich tauschen Blicke aus. Sie täuscht Genervtheit vor, aber nicht lange, dazu sieht er einfach zu gut aus. Keine von uns kann wirklich glauben, dass er mit uns abhängen will, dass er in seiner lässigen Schönheit mit uns chillen will.

Während wir das Essen zubereiten, neckt Jason Simone. Er nennt sie Miss Hochnäsig. Irgendwann kommt Genevieve – die wie eine kleine Schwester für uns ist – nach Hause. Als er sie sieht, bekommt er große Augen. Sie ist hübsch, mit weiblichen Rundungen, ein echter Augenschmaus. Etwas verändert sich. Er interessiert sich nicht länger nur für mich. Und doch ist er auch nicht nur an ihr interessiert. Er will uns beide. Und es ist ihm nicht peinlich. So ist es mit ihm. Es gibt nie irgendwelche Spielchen, und so entwickelt sich unsere Beziehung. Seine Ehrlichkeit beeindruckt mich; die Wahrheit verletzt mich. Jason weigert sich, auf konventionelle Weise höflich zu sein. Er gibt nie vor, ein ganz normaler Mann zu sein, der sich an die Regeln hält.

Die Intensität seiner Zuneigung hat etwas an sich, das mir das Gefühl verleiht, mich auf unbekanntem Terrain zu befinden. Mich in ihn zu verlieben fühlt sich notwendig und verwegen an.

Jason ist arbeitslos und auch nicht vermittelbar. Das erzählt er mir schon in der ersten Nacht. Er sagt es ohne Bitterkeit oder Selbstmitleid. Es ist einfach eine Tatsache. Er will keinen Job, wo ihm jemand sagt, was er zu tun hat und wie er sein soll. Er lebt von seiner Arbeitsunfähigkeitsversicherung. Er ist siebenundzwanzig. Er ist ein offenes Buch und doch der geheimnisvollste Mann, dem ich je begegnet bin. Er nimmt Medikamente, weil er bipolar ist. Das sagt er mir sofort, aber natürlich habe ich keine Ahnung, was das bedeutet. Und selbst, wenn ich es gewusst hätte, hätte ich mich nicht anders entschieden.

In den folgenden Jahren bringt mir Jason Loyalität bei und Liebe und, ja, auch Wahnsinn und wie es ist, am Rand dessen zu leben, was alle anderen für sicher und richtig und angemessen halten.

Als Jason in mein Schlafzimmer einzieht, muss Genevieve ausziehen. Sie muss zurück in den Alkoven. Jason nimmt mich völlig in Beschlag. Er lässt sich in meinem Leben nieder. Vom ersten Augenblick an benimmt er sich, als hätte er ein Anrecht auf meine Liebe, als ob er einen Anspruch auf mein Herz hätte. Genevieve mag Jason nicht – aber die Gründe dafür reichen tiefer als nur der Rauswurf aus meinem Zimmer.

Plötzlich ist sie das fünfte Rad am Wagen. Eben war sie noch meine beste Freundin und Vertraute, jetzt ist sie ausgeschlossen – eine kleine Schwester, die zusehen muss, wie sich ihre große Schwester in jemanden verwandelt, den sie nicht wiedererkennt. Ich höre ihre ungestellten Fragen und lausche ihren stummen Vorhaltungen. Aber ich schweige, weil ich nicht weiß, was ich dazu sagen soll. Sie sieht zu, wie ich immer tiefer in eine Beziehung gerate, die keinen Sinn ergibt.

Jason verbringt seine Tage damit, Reime zu schreiben und zu zeichnen, weil er ein Dichter und ein Rapper ist. Die Gedichte sind nicht so gut, wie ich das gern hätte, aber er ist magnetisch und trägt sie so intensiv vor, dass ich ihm seinen Mangel an Talent verzeihe. Er füllt unser aller Leben an, redet mit uns und denkt mit uns, und manchmal grübelt er auch, aber hauptsächlich ist er mit seiner Energie und seinem unablässigen Redefluss eine stete Gegenwart in unserer Wohnung. Er rappt unter der Dusche. Er sitzt auf dem Rand meines Bettes, prägt sich seine Gedichte ein und rezitiert sie in einem manischen Tempo. Ich gehe an die Uni oder zur Arbeit, und wenn ich zurückkomme, sitzt er noch da, wo ich ihn verlassen habe: in einer Trance aus Reimen und Beats.

Er flirtet mit Gen und sagt ihr bei jeder Gelegenheit, dass er mit ihr schlafen will. Das ist kein Witz. Er tut das sogar in meiner Gegenwart. Sie rollt mit den Augen, und ich lächele, weil ich weiß, dass sie mir das niemals antun würde. Er schon, aber er ist eben unkonventionell – das ist sein Ding. Ich bin in der Logik seiner Welt gefangen. So fängt es an.

Wenn ich allein bin, wiederhole ich, was er zu mir gesagt hat: dass ich glücklich sein soll, dass er mich hinsichtlich seines Verlangens nicht anlügt, dass er mir immer die Wahrheit sagt, anders als andere Männer. Ich tue so, als würde mich das freuen, aber tief in mir frage ich mich in diesen Momenten des Alleinseins (die selten sind, weil er eigentlich immer da ist), warum er nicht nur mich und ausschließlich mich begehrt. Mein Verlangen nach ihm ist außerordentlich. Warum muss sein Herz auf Wanderschaft gehen? Warum bin ich nicht genug?

Nach einer Weile bin ich es leid, dass Jason immer bei aufgedrehter Heizung zu Hause herumliegt. Ich will, dass er rausgeht – sich beschäftigt, seine Songs einspielt.

Als er mir eines Morgens – ich will gerade das Haus verlassen – sagt, dass er in die Bibliothek gehen möchte, bin ich begeistert. Ich gebe ihm meinen Studentenausweis.

Ich bedauere das schon bald. Er sucht mich auf dem Campusgelände. Von da an kommt er jeden Tag. Auf dem Campus lässt er mich ausrufen. Er will wissen, wann meine Vorlesungen und Seminare zu Ende sind. Ich merke, wie ich immer öfter meine Ruhe will – ein paar Minuten nur für mich, ohne dass er mir auf die Pelle rückt. Es ist mir damals nicht klar, aber das ist der Anfang vom Ende meiner Freiheit.

Gen, Simone und Sharon machen sich Sorgen. „Das geht alles viel zu schnell“, sagen sie, wie ein Chor in einer griechischen Tragödie. Das macht mich wütend. „Ihr versteht das nicht!“, sage ich, wie eine verfluchte Jungfrau – wie Persephone, die von Hades entführt wurde. Ich bin vor Liebe blind. Die Entführung geschieht nicht gegen meinen Willen. Ich weiß nicht, ob es ein Wort dafür gibt. An manchen Tagen wird es mir zu viel, aber es vergeht kein einziger Tag, an dem ich nicht alles will, was er mir zu geben hat. Seine Aufmerksamkeit und die langen, bisweilen schwer zu ertragenden Gespräche, in denen er mich wissen lässt, wie unterentwickelt ich in spiritueller Hinsicht bin, wie viel ich noch an mir arbeiten muss. „Warum brauchst du die Bestätigung durch andere?“, will er wissen. „Warum ist es dir nicht egal, was andere denken?“ Ich war nie ein besonders bedürftiger Mensch – nie diejenige, die sich von der Mehrheit beeinflussen lässt. Aber darauf kommt es nicht an. Im Vergleich zu Jason bin ich verletzlich und konventionshörig – weil ich die Erwartungen meiner Eltern und meiner Freunde nicht enttäuschen will.

Und so liegen Jason und ich uns fast jede Nacht weinend in den Armen. Ich bin immer die Erste, die in Tränen ausbricht – dicke, stumme Tränen, damit Gen und Simone mich nicht hören können. Ich weine vor Frust und weil ich gekränkt bin. Warum muss er mir gegenüber so kritisch sein? Warum ist nichts, was ich tue, jemals genug? Er wird wütend. „Du musst dich nicht schützen. Verteidige nicht, wer du bist – verändere dich einfach", sagt er. „Du klammerst dich an dein Ego, daran, wie du dich sehen willst, nicht daran, was an dir wahrhaftig ist. Öffne dich der Wahrheit", sagt er. Das bringt mich nur noch mehr zum Weinen. Ich kann niemals gewinnen.

Es ist ein Teufelskreis. Es ist jeden Abend dasselbe – erst beschimpft er mich, dann tröstet er mich. Seine Worte tun ihm nie leid. Er nimmt nie etwas zurück. Er ist ergriffen – hauptsächlich von sich selbst, aber auch von meinen Tränen –, aber nie reumütig. Also weint er auch, hält mich in seinen Armen und sagt: „Ich liebe dich, Booboo. Ich will doch nur, dass du stärker wirst. Die Welt ist voller Feinde, die dir niemals sagen würden, was ich dir sage."

Anfangs sehe ich die Feinde nicht. Ich verstehe nicht, was er meint. Mit der Zeit lerne ich dazu. Ich lerne, die Welt durch seine Augen zu sehen, denn so funktioniert es für uns: Wir spielen nach seinen Regeln. Ich schlafe jede Nacht erschöpft ein, ausgelaugt von der emotionalen Energie, die es mich kostet, so genau unter die Lupe genommen zu werden. Und doch bekomme ich von Jason, was Baba mir nie geben konnte, weil er so viel unterwegs war: Ich bekomme die ungeteilte Aufmerksamkeit eines Mannes. Jason unterzieht mich einer Prüfung, die Baba nur den Hausaufgaben zuteilwerden ließ, aber niemals – sobald wir zu Teenagern herangewachsen waren – unseren Hoffnungen und Träumen und Herzen. Baba konnte uns das nicht geben, weil er war, wer er war – ein Mann seiner Zeit und seiner Umstände, der einfach sein Bestes gab. Aber unsere Herzen wollen, was sie wollen. Manchmal fehlt es unseren Herzen an Logik, dann suchen sie sich, was sie wollen, ungeachtet dessen, was es sie kostet.

Jason gibt meinem Herzen, was es sich seit so langer Zeit gewünscht hat: geprüft und beschäftigt zu werden. Er sieht mich an und sieht meine Fehler. Er benennt jedes Manko. Er will, dass ich besser werde oder zumindest anders, dass ich eine Version meiner selbst werde, die ich unmöglich werden kann. Dennoch trifft es trotz allem merkwürdigerweise zu, dass ich ihm nicht entfliehen kann – Jason sieht mich, und er sieht mich voller Fehler, und doch will er mich.

***

Zu meiner Abschlussfeier fliegen Mummy und Baba nach Minnesota. Es ist Mai, und endlich ist es warm. Ich habe mich den Winter über von Jason förmlich erdrücken lassen und fühlte mich immer weniger wie ich selbst – aber auch seltsam sicher. Gelegentlich kann ich nach Luft schnappen, aber für gewöhnlich liegen wir zusammen im Bett. Meistens gehe ich nicht einmal an die Uni. Meine Noten sind furchtbar. Jason schreibt seine Rap-Songs und zeichnet. Mir fallen immer neue Ausreden ein, um das Haus nicht allzu oft zu verlassen.

Als die Abschlussprüfungen näher rücken, werde ich nervös. Ich habe für Mummy und Baba ein Zimmer in einem Hotel in der Nähe des Campus reserviert. Wie üblich hat Mummy sich um die finanzielle Seite gekümmert. Sie spart seit Monaten für diese Reise – plant gewissenhaft, wie sie es mir immer beigebracht hat.

Ich befinde mich mehr in Trance denn je. Jason manipuliert mich nicht, was Geld betrifft – er muss einfach nur nicht über bestimmte Dinge nachdenken, wenn ich mich darum kümmere.

Mummy übernimmt also die finanzielle Seite der Reise – von Durban aus hat sie dem Hotel ihre Kreditkartendetails durchgegeben.

Je näher der Termin rückt, desto aufgeregter klingen sie bei unseren Telefonaten. Ihre Erstgeborene macht ihren Abschluss an einer amerikanischen Universität! Ich stelle mir vor, wie Mummy vor ihren Freundinnen damit prahlt – wie sie Aunty Tutu anruft, um nonchalant zu sagen: „Ach übrigens, nächste Woche kann ich dich leider nicht anrufen. Mein Mann und ich fliegen nach Amerika. Ja, Sonke hat ihren Abschluss gemacht."

***

Wir werfen unsere Hüte in die Luft und umarmen uns. Es ist vorbei. Simone, Sharon und Genevieve sind hier, ebenso Mummy und Baba. Wundersamerweise ist – als Überraschungsgast – sogar Uncle Stan nach Minnesota geflogen. Der Himmel ist blau und die Luft feucht. Amerika hat mir gegeben, was ich hier suchte – und mehr. Ich habe einen Abschluss. Vier Jahre lang habe ich Freundschaften geschlossen und gelernt, wie man Feuer und Zorn atmet und wie man allein zurechtkommt. Ich habe mir ein politisches Bewusstsein angeeignet, das auf Identität und Analyse beruht. Eigentlich sollte ich jetzt bereit für die Welt sein.

Nach der Zeremonie fahren wir zum Essen. Ich bin auch stolz – auf Mummy, Baba und Uncle Stan. Ich staune, dass sie alle da sind. Jason begleitet uns nicht. Er hat beschlossen, nicht am Essen teilzunehmen. Er wollte sogar, dass ich bei ihm zu Hause bleibe, und verstand nicht, warum ich überhaupt ausgehen musste. Das passiert ständig.

Für ihn ist vollkommen logisch, dass wir das Essen ausschlagen und meine Eltern enttäuschen. Was soll's, dass sie um den halben Globus gereist sind, um mich zu sehen und diesen Moment zu feiern? Als ich durch die Tür gehe, ruft er mir hinterher, dass mir viel zu viel an der Meinung anderer Leute liegt.

Er unterzieht alles, was ich tue, einer Prüfung und zwingt mich, ständig zu hinterfragen, ob mich Verlangen oder Konvention dazu treibt. Das ist spannend, aber auch aufreibend. Niemand versteht es, doch ich spüre, dass ich das brauche. Alle anderen halten Jason für einen Rüpel, weil er immer schwierig ist, immer mit allen diskutiert, mich immer zu Entscheidungen zwingt – und für gewöhnlich entscheide ich mich für ihn.

Dieses Mal kann ich das natürlich nicht tun. Ich kann nicht mein eigenes Abschlussfeieressen in den Wind schießen und Mummy und Baba sitzen lassen, die extra aus Durban angereist sind. Ich kann sie nicht mit Gen und Simone essen lassen, während ich mit Jason in unserem winzigen Zimmer im Bett liege, sein Gesicht streichele, ihm beim Beatboxen zuhöre und ihm sage, dass ich ihn liebe.

Als ich nach dem Essen nach Hause komme, ist Jason immer noch wütend. Wir streiten uns wieder einmal lautstark. Für Jason ist meine Entscheidung, mit Mummy und Baba essen zu gehen, Verrat. Und auf merkwürdige Weise hat er sogar recht. Angesichts dessen, was aus uns wurde – ein eingesponnenes Universum, das nur aus uns beiden besteht –, hat er recht. Und das ist das Problem. Jason will diese Blase – ist unfähig, nach den Regeln und den Erwartungen der Welt zu leben. Er kann nicht einmal versuchen, höflich zu sein – nicht einmal einen Abend lang kann er mit meinen Eltern zusammen sein und lächeln und so tun, als sei er glücklich, weil er nicht die leiseste Ahnung hat, wie man Kompromisse schließt. Und warum auch? Er ist das Yin zu meinem Yang. Ich habe immer gelächelt und mich gesetzt, wenn man mir sagte, ich solle mich setzen, und bin aufgestanden, wenn man mir sagte, ich solle aufstehen, und mich bewegt, wenn man mir sagte, ich solle mich bewegen – das war mein Leben.

Genau das liebe ich am meisten an ihm: seine Kompromisslosigkeit, die vorbehaltlose Weigerung, sich zu verbiegen. Jason ist hingebungsvoll, nicht nur mir gegenüber, sondern auch sich selbst gegenüber. Sein Weg ist der einzige Weg. Das ist selbstsüchtig, ja, aber es ist auch frei.

So verrückt es auch scheint, aber an diesem Abend leuchtete Jason für mich am hellsten.

***

Ein paar Tage später fliegen Mummy, Baba und Uncle Stan zurück nach Südafrika. Vor ihrer Abreise versuchen sie, mit mir über meine Pläne zu reden. Meine nächsten Schritte. Ich weiche aus. Ich murmele Unverständliches und gebe verschwurbelte Antworten, warum ich noch länger bleiben muss. Ich wechsele das Thema.

„Das wird sich zeigen", sage ich immer wieder.

In Wahrheit hat Jason keine Lust mehr auf Minnesota. Er will zurück an die Westküste. Wir haben vor, nach Kalifornien zu ziehen. Eigentlich hat Jason mich nicht gefragt, ob ich mitkomme, er weiß einfach, dass ich das tun werde. Darum verschiebe ich meine Rückkehr nach Südafrika. Endlich steht es mir frei, in meine Heimat zurückzukehren, aber ich tue es nicht. Stattdessen ziehe ich nach Kalifornien. Ohne Plan. Ohne Job. Ohne Ticket nach Südafrika. Nur mit Jason.

***

Mummy ist fassungslos, als ich ihr erzähle, dass ich nicht zurückkomme. „Was willst du damit sagen?", hakt sie nach. Ich bin mir nicht sicher, was ich damit sagen will. Unser Gespräch gestaltet sich heikel.

Baba sagt, er spricht erst mit mir, wenn ich wieder zu Verstand gekommen bin. Er kann nicht verstehen, wie ich jetzt, wo Südafrika frei und Nelson Mandela Präsident ist, in Amerika bleiben will. Ohne eine richtige Arbeit und ohne einen Plan.

Er fragt noch, was für Absichten ich mit „dieser Person" habe. Er bringt es nicht einmal über sich, Jasons Namen auszusprechen.

„Ich bin mir nicht sicher", antworte ich. Jetzt, wo ich ihn am Apparat habe, fühle ich mich ängstlich.

„Sonke, es gibt ein paar Dinge, die wir in dieser Familie nicht tun. Das ist eines davon. Man lebt nicht einfach mit jemand zusammen – so wie ihr. Vor der Ehe."

Da klingt etwas durch. Etwas in seiner Stimme sagt mir, dass er sich vortastet, dass er herauszufinden versucht, ob ich womöglich schon in Ungnade gefallen bin und ob ich bereits eine „bestimmte Art von Frau" bin.

Er denkt, was ich da mache, würde mich „besudeln". Das ist lächerlich, wenn man bedenkt, dass ich nur fünf Monate nach der Hochzeit von Mummy und ihm auf die Welt gekommen bin.

So fühlt es sich also an. Das Blut rauscht mir in den Ohren, meine Knie werden weich. So fühlt es sich an, wenn man ihm die Stirn bietet.

Nach all den Jahren, in denen ich eine gute Tochter war, ist mein Moment der Rebellion gekommen.

Ich werde nicht laut, sage einfach nur: „Ich tue das aber, Baba."

Er reicht den Hörer an Mummy weiter, und das macht mich zornig.

„Mummy, sag ihm, dass ich ihn noch einmal sprechen will!“ Ich schäume vor Wut.

„Nein, mein Mädchen. Du hast deine Entscheidung getroffen, jetzt musst du mit ihr leben.“

Wir beenden das Telefonat.

Ich weine und weine. Meine Augen sind drei Tage lang rotgeweint. Ich bin wütend, dass sie mir nicht einmal die Chance geben, Baba anzuschreien.

Dennoch ist mir klar, was ich tun werde, und seine Weigerung bestärkt mich nur in meinem Entschluss. Ich werde nicht diejenige sein, die das Schweigen bricht. Aus meinem Meer aus Tränen tauche ich entschiedener denn je auf. Ich werde das tun, was ich will – besser gesagt, ich werde das tun, was Baba *nicht* will –, ungeachtet der Konsequenzen.

Diese Entscheidung macht all die Male wett, in denen ich genickt und meine Widerworte hinuntergeschluckt habe, in denen ich mit meinem Groll allein war. Es wird mein Schweigen wettmachen, wenn ich hätte weinen sollen – von Lusaka über Nairobi bis Ottawa und wieder zurück.

Mein Herz ist wund, aber meine Brust ist voller Stolz. Jason versteht nicht, warum das so eine große Sache sein soll. Er weiß zwar, wie es sich anfühlt, allein und ausgestoßen zu sein, aber er weiß nicht, wie es sich anfühlt, wenn man sich gegen die Gemeinschaft und für sich selbst entscheidet. Er kann nicht verstehen, wie es ist, eine afrikanische Tochter zu sein, die einfach ihr eigener Mensch sein will, die ihre eigenen Fehler machen möchte. Er begreift nicht, was es bedeutet, endlich renitent zu sein, denn ihm fiel der offene Widerstand immer ganz leicht. Ich beneide ihn darum, bin neidisch auf seine angeborene Polarität.

Folie à deux

An manchen Tagen hätte ich am liebsten seine Stirn geküsst, bevor er den Mund öffnete, weil er ein Gedicht und ein Liebeslied und ein Klagegesang war. Dann wieder rangen wir im griechisch-römischen Stil miteinander auf dem schwarzen Teppich in der verrückten Wohnung, die wir in Oakland angemietet hatten, aber die Kämpfe waren immer sinnlos, weil er stärker war als ich und er nur zuließ, dass ich ihn mit meinen Fäusten traktierte. Er schlug nie zurück, und schließlich gab ich auf und klammerte mich an ihn, als wäre er nicht der Grund – die Quelle – all meinen Schmerzes. Dann war für eine kurze Weile alles besser. Unsere Tränen vermischten sich, und schließlich verschwanden sie in dem allzu weichen Hochflor.

Es heißt immer, dass es nicht darauf ankommt, wie jemand aussieht, aber ich weiß es und Sie wissen es, und alle Frauen auf dieser Erde wissen, dass Schönheit blendet. Wenn man selbst schön ist – tja, das ist gut –, aber wenn du einen schönen Mann siehst, und dieser Mann sieht dich auch, dann ist das berauschend, und irgendwie scheint es mehr zu bedeuten, als es in Wirklichkeit der Fall ist. Jason war dieser schöne Mann, der mich wahrnahm und mich anlächelte. Er hatte herrliche Augenbrauen und eine karamellfarbene Haut, die meine braune Haut teigig aussehen ließ. Seine Nase war ein wenig zu groß und zu gerade, was sowohl fehl am Platz als auch sexy wirkte in diesem Gesicht, das so fein ziseliert war. Er war eine amerikanische Erfindung mit seinem breiten, süßen Lächeln, diesem schlenkernden Gang und den ausgeprägten Kadenzen in seiner Stimme. Und darum liebte ich ihn, wie ich das Schwarze Amerika liebte.

Jason log mich niemals an. Er sagte mir von Anfang an, dass er manisch veranlagt war, was für mich damals aber keine Bedeutung hatte. Ich hatte noch nie davon gehört, und darum liebte ich ihn. Als mir klar wurde, was manisch bedeutete, dass er nämlich anders verdrahtet war und dass seine Hochs höher und seine Tiefs tiefer waren und dass er dazwischen stur und von seiner eigenen Rechtschaffenheit überzeugt war, fing ich an, ihn mit einer Absicht und Sicherheit zu lieben, die das Gegenteil von blinder Liebe war.

Er behandelte mich schlechter als jeder andere Mann, wenn auch nicht auf eine Weise, die mich verletzen sollte – er wollte mir immer nur etwas beibringen, das ich einzig und allein verstehen konnte, wenn er mich anbrüllte und mir widersprach. Das sagte er zumindest, und all die Jahre später bin ich immer noch davon überzeugt, dass er das selbst glaubte. An manchen Tagen glaube ich es auch. Wenn ich mich auf die richtige Weise an ihn erinnere.

Einmal sagte er beispielsweise, dass ich nicht hübsch sei, weil mein Gesicht schief sei, aber dass er mich trotzdem gern ansähe, weil die fehlende Schönheit durch meine Herzenswärme ausgeglichen werde. Ich weinte und weinte, aber es tat ihm nicht leid, dass er das gesagt hatte, weil es stimmte.

Das klingt jetzt schlimmer, als es sich damals anfühlte. Wie ein schlechter Film, den jede Frau irgendwann einmal gesehen hat – ein Film, den sich kluge Frauen erst gar nicht anschauen –, aber es war kein Klischee, es war aufregend, und ich befand mich auch nie wirklich in Gefahr, da er mich nur mit Worten schlug, und manchmal nicht einmal damit, nur mit scharfen und brutalen Inhalten.

Die Sache ist die: Jeder einzelne der siebenhundertdreizehn Tage zwischen unserer ersten Begegnung an jenem Winternachmittag in Minneapolis und unserer Trennung an einem kühlen Morgen in Oakland, als ich ihn zum Abschied küsste und mit dem Ticket, das Mummy mir gekauft hatte, ins Flugzeug stieg – jeder einzelne Tag war unglaublich intensiv.

Niemand außer mir verstand das. Mummy war der Existenzialismus egal, sie wollte einfach ihre Tochter wiederhaben. Baba war viel zu wütend, um etwas zu sagen. Wütender, als er eigentlich hätte sein sollen. Im Recht zu sein fachte meine Selbstgerechtigkeit nur weiter an und machte es mir schwerer, Jason zu verlassen. Ich wollte nicht im Irrtum sein. Ich wollte recht haben. Ich wollte uns. Ich wollte, dass das mit uns richtig war.

Jason war völlig besessen von unserer Beziehung. Er war nicht von mir besessen – das war etwas völlig anderes. Die Vorstellung von *uns* faszinierte ihn, denn obwohl ich nicht glücklich war, war ich doch da, und das machte uns zu etwas Besonderem. Niemand sonst hatte so viel geweint und innerlich so viel geblutet und war trotzdem geblieben. Und doch kümmerte er sich nicht darum, was ich alles aufs Spiel setzte, nur um mit ihm zusammen zu sein. Er war unfähig zu Mitgefühl. Er verlangte Opfer, aber er war nie dankbar, wenn man diese Opfer brachte.

Jason hatte auch kein Interesse daran, mit meinem Vater zu sprechen oder meine Mutter um den kleinen Finger zu wickeln, und das war eine Lektion, die ich wirklich lernen musste. Ich war eben jung, und es gibt nur ein einziges erstes Mal. Es gibt nur ein einziges Mal, wo man sich bis an den Punkt verliert, an dem man keine Ahnung hat, wie man wieder zurückfinden soll – bis du nur noch durch einen lauten Schrei auf dich aufmerksam machen kannst.

Jason weckte in mir den Wunsch, die Art von Frau zu sein, die Selbstmordgedanken hegt, auch wenn ich absolut keinen Grund hatte, mich irgendwo runterzustürzen. Unsere Liebe war eine jahrhundertealte Erzählung. Sie war ein Lied, das von Stummen gesungen wurde – hoffnungslos zum Scheitern verurteilt, und doch versucht man es mit aller Kraft. Unsere Liebe war ein langsam brennender Scheiterhaufen, aber wenn ich Jason jemals vorgeschlagen hätte, wir sollten uns an den Händen fassen und uns selbst anzünden, dann hätte er mit dem Auge gezuckt und wäre mit der Zunge über seine Zähne gefahren, wie er es immer tat, wenn er so wütend war, dass er nicht wusste, was er mit sich anfangen sollte, und dann hätte er gebrüllt: „Booboo, du hast keine gottverdammte Ahnung, wovon du da redest und wie nahe ich dem Tod schon gewesen bin." Deshalb sagte ich ihm nie, dass er mich an manchen Tagen dazu brachte, über Selbstmord nachzudenken.

Jason hätte allen Grund gehabt, irgendwo runterzuspringen – einen winzigen Moment lang in der Luft zu schweben, bevor er ins Nichts stürzt. Ich hatte dagegen keinen Grund, und wenn er sich nicht umbrachte, warum sollte ich es dann tun? Ich wollte es wirklich nicht, aber diese Sache zwischen uns hatte eine lebensverändernde Qualität. Jedes Wort, das er sagte, jedes Flüstern, jeder Moment fühlte sich an, als ginge es um Leben und Tod, und ihn zu lieben war eine Art Selbstmord, war eine Art Sterben, aber es war auch Leben und Atmen und sogar Errettung. Als ich daraus auftauchte, als ich endlich nach Luft schnappte und den Kopf aus dieser Einbalsamierungsflüssigkeit unserer gegenseitigen Besessenheit reckte, hatte ich mich in einen anderen Menschen verwandelt, längst nicht mehr so interessant, wie ich es war, bevor ich vor Liebe halb wahnsinnig wurde.

Wenn Jason über seine Zeit in der psychiatrischen Anstalt sprach, schämte er sich nie dafür. Er weigerte sich, vor dem zu kneifen, was er gesehen hatte, darum blieben die Stimmen und die Schatten für ihn real. Er verschob die Grenzen zwischen verrückt und vernünftig und lachte, wenn ich diese anderen Dimensionen nicht sehen konnte. Er weigerte sich, das Problem zu sein.

Das Manische stand ihm gut. Ich erlebte ihn nie ohne Medikamente, aber er war nie ohne die Erinnerung an die Dinge, die in ihm und außerhalb von ihm lauerten und grunzten. Das Bezwingen der Angst, mit der er hatte klarkommen müssen, als er den Verstand vollkommen verloren hatte, war immer gegenwärtig. All das war ein Teil von ihm geworden. Wahnsinn war eine Form von Freiheit, und da ich das genaue Gegenteil davon war und immer gut darin gewesen war, innerhalb des gesellschaftlichen Rahmens zu bleiben und gewissermaßen nur ein hübsches Bild abzugeben, brauchte ich ihn, um den Schlamm aufzuwühlen. Ihr seht also, er war meine Rebellion.

Der Wahnsinn hat allerdings seinen Preis, und als der zu hoch wurde, löste ich mich und rettete mich. Ich bereue es nicht, denn er war der unabhängigste Mensch, den ich je kennengelernt habe, aber Freiheit ist kostspielig, und ich war bankrott. Jason befreite mich, aber er erschöpfte dabei all meine Ressourcen. Es ist schwer zu erklären. Nach einer Weile hielten mich alle ebenfalls für verrückt, weil ich es so lange mit ihm aushielt. Es wurde auch immer schwerer, echte Gespräche mit ihm zu führen – ständig legte er den Kopf schräg und lauschte. „Pst! Hörst du das?" Er glaubte, dass ein Flüstern unsere Unterhaltungen unterbrach – merkwürdige Geräusche und ein Murmeln in den Wänden und hinter den Wänden. Auch wenn ich es nicht hören konnte, glaubte ich ihm, dass die Geräusche da waren. Man nennt es Wahnvorstellungen, aber der Begriff gefällt mir nicht: Wenn einer von uns es hören kann, dann ist es kein Wahn, dann ist es real.

Als wir nach Kalifornien zogen, suchte ich mir einen Job. Bei der Arbeit hatte ich meine Ruhe und, ja, Normalität. Dann erinnerte ich mich ansatzweise daran, wer ich ohne die ununterbrochenen Prüfungen durch Gott war, ohne seine Verschwörungstheorien, wer vor der Tür stehen könnte. Jason rief mich regelmäßig bei der Arbeit an, und ich musste immer weinen, sobald ich auflegte, denn das bedeutete, dass er nun wach war und bald auftauchen würde. Wenn er schlief, wusste ich wenigstens, dass er nicht auf dem Weg zu mir war. Dass er nicht mit seinen Fragen ankam.

Manchmal klingelte das Telefon, kaum dass ich im Büro angekommen war. Er hatte die Zeit gestoppt, wie lange ich brauchte, um ins Büro zu kommen. Und wenn ich einmal nicht abnahm, weil ich wusste, dass er es war und ich doch meine Arbeit zu erledigen hatte, weil das unser einziges richtiges Einkommen war – obwohl seine Arbeitsunfähigkeitsversicherung half –, dann kam er noch schneller vorbei. Nach einer Weile wusste ich, dass es kein Entrinnen gab, und dann fing ich an, es zu hassen. Ich wusste nicht, wie ich es verhindern konnte, und wurde wütend, furchtbar wütend, wo ich doch eigentlich Angst hätte haben sollen.

Ihn zu lieben war ein Experiment. Bevor ich Jason traf, dachte ich, ich könnte andere durch meine Liebe dazu bringen, eine bessere Version ihrer selbst zu werden. Durch Jason lernte ich, dass ich nicht als Trostpflaster und zur Errettung eines anderen Menschen existieren konnte. Jason wollte das auch gar nicht, aber selbst wenn – was für eine dumme Idee. Wie dumm von mir, den ältesten Fehler im Buch der Liebe zu begehen.

Ich war klug und unabhängig und hatte eine feministische Sicht auf die Welt, und doch dachte ich, dass es etwas Wesentliches in mir gab, das etwas Wesentliches in ihm ausglich. Dass ich die Melodie war und er der Rhythmus.

Doch eines Tages erwachte meine afrikanische Erziehung mit ihrem gesunden Menschenverstand. Er konnte und wollte keiner Arbeit nachgehen, weil seine Medikamente nicht richtig ausdosiert waren und er allen gegenüber misstrauisch war und dachte, er hätte überall Feinde. Ich fragte mich, wie es wäre, wenn wir Kinder haben sollten. Doch selbst dann noch blieb ich bei ihm, eingefroren in einer Haltung, die keinen Sinn ergab. Ich fürchtete, wenn ich ihn verließ, würde ich damit Baba recht geben – und es würde mich wieder vernünftig und langweilig und dienstbeflissen machen.

Am Ende – trotz all des Dramas und der Tränen – liebte ich Jason nur wegen dem, was er mir beibringen konnte. Und vielleicht auch ein wenig, weil ich dachte, es sei irgendwie selbstlos, wenn man jemanden, der verrückt war, so sehr liebte. Wenn man jenseits der Diagnose den wahren Mann sah. Da war ich also mit meinem pflichtbewussten Herzen, tauschte die eine Dienstbeflissenheit gegen eine andere aus. Dabei hatte meine Liebe zu ihm nichts Selbstloses. Ich liebte ihn, weil ich mich selbst finden wollte, was falsch und auch gar keine echte Liebe ist.

Selbst heute noch möchte ich, wenn ich an ihn denke, Zeit und Raum transzendieren und seine wunderschöne Wange berühren und mich bei ihm dafür entschuldigen. Ich liebte ihn, aber vermutlich weniger, als ich es damals zugegeben hätte. In der Rückschau ist mir das klar, denn als es Zeit war zu gehen, ging ich einfach. Ich hörte auf, mich zu sorgen, mit wem er nachts ohne mich reden sollte und ob er in eine Schlägerei geraten könnte, weil ihn jemand auf die falsche Art ansah. Ich zögerte es nicht hinaus, und am Ende fiel es mir auch gar nicht schwer, weil ich so viel lieber gehen als bleiben wollte.

Und als ich endlich wieder zu Hause war, auf einem anderen Kontinent, mit Ozeanen und Flüssen zwischen uns, und Lake Merritt nur noch eine lebhafte Erinnerung und keine Realität mehr war, die ich auf meinem Weg zur Arbeit umrunden musste, dachte ich noch oft daran, wie er mich nie angelogen hatte, und ich verfluchte ihn und ich vermisste ihn, aber ich konnte nicht mehr zu ihm zurück.

***

Meine liebste Erinnerung an Jason ist die, wie er in der Kälte vor mir steht, mit Eiszapfen in den Nasenhaaren. Der Wind beißt mir in die Wangen. Wir hatten gerade eine geharnischte Auseinandersetzung über Gott weiß was, und der Schnee von Minnesota blendet mich, aber er ist auch das, was ich brauche, um wieder einen klaren Kopf zu bekommen. Ich habe keine Jacke an, nur Stiefel, und Jason sagt zu mir: „Booboo, ich bin der verrückteste Nigger, den du je treffen wirst, und ich bin der Einzige, der dich jemals so lieben wird, dass es so wehtut wie jetzt. Verrückt zu sein hat seinen Preis."

Und selbst jetzt, wo ich das schreibe und ich weit weg bin und viel Zeit vergangen ist, weine ich immer noch bei der Erinnerung an diesen Moment, denn Jason war meine erste Liebe. Er hat mir beigebracht, dass Liebe nicht ausreicht. Er hat mir geholfen, einen Grenzstrich in den Sand zu malen, den nie wieder jemand übertreten durfte. Von ihm habe ich gelernt, wie es ist, wenn man sich selbst treu bleibt.

Daheim

Als ich aus Amerika zurückkomme, bin ich wie ein Liebesbrief, den man zerrissen und wieder zusammengesetzt hat. Teile von mir fehlen. Mummy sieht das und behandelt mich mit Nachsicht. Manchmal spricht sie mit mir, als sei ich eine Kriegsheimkehrerin, frisch von der Front. Baba weiß nicht, was er sagen soll, darum geht er mir aus dem Weg. Bei den wenigen Gelegenheiten, bei denen wir im Haus aufeinanderstoßen, versucht er, nicht gereizt auszusehen. Meistens verlässt er frühmorgens das Haus und kehrt erst spätabends zurück. Ich verbringe viel Zeit mit Weinen. Ich habe ein gebrochenes Herz, und Baba weiß nicht, was er mit diesem Wissen anfangen soll. Er hat keine Ahnung, wie er mit der Frau umgehen soll, in die sich sein kleines Mädchen verwandelt hat.

Wenn er in der Nähe ist, tue ich so, als hätte ich viel zu erledigen, und ich spüre, dass er dafür dankbar ist. Er ist immer noch wütend, weil ich in Sünde gelebt habe und nicht nach Hause gekommen bin, und ich bin immer noch wütend, weil er sich wie ein frauenhassender Patriarch verhalten hat. Ich bin wütend, weil er mich so lange ignoriert hat. Zwischen uns existiert eine Schwere, die es so nie zuvor gegeben hat, und doch ist es befreiend. Ich stehe nicht länger unter dem Joch von Babas Zustimmung. Ich habe ihn zutiefst enttäuscht, und es tut mir nicht leid. Im Gegenteil, ich bin stolz. Dass er das möglicherweise niemals verstehen wird, stärkt nur meine Entschlossenheit und mein Gefühl, im Recht zu sein.

Mummy fällt die Aufgabe zu, uns wieder zusammenzubringen. Sie ist zuversichtlich, weil ich nämlich kein Geld habe und sie daher weiß, dass ich eine Zeitlang zu Hause wohnen werde, und allein schon die physische Nähe wird sehr zu einer zwangsverordneten Versöhnung beitragen.

Sie hat natürlich recht. Der Nebel des Liebeskummers lichtet sich. Ich bin dankbar für den Frieden. Dankbar, tagsüber allein zu Hause zu sein, wenn Mummy und Baba und Zeng weg sind, damit ich weinen kann und essen und meine Privatsphäre habe und mein Alleinsein. Ich bin auch dankbar für Mummys Kochkünste. Für ihre stumme Präsenz – für all das, was sie nicht ausspricht, aber trotzdem bemerkt. Mummys Bemutterung ist sanft – nur selten erfolgt sie in Vorhaltungen.

Allmählich fühle ich mich heraus aus der Wut auf Baba und aus der Einsamkeit und aus der Raserei für Jason. Ich muss über Zeng lachen. Sie ist in ihrem letzten Jahr an der High School. Während meiner Zeit an der Uni ist sie erwachsen geworden. Sie ist lustiger und scharfsinniger und von Natur aus geistreicher als wir anderen. Trotzdem ist sie noch ein Baby, darum steht ihr Herz weit offen.

Wenn ich an Baba herummeckere, dann nickt sie verständnisvoll – die beiden haben ihre eigenen Reibungsflächen. Letzten Endes ist sie meine Nörgeleien aber leid und sagt: „Rede mit ihm, Liebes. Das wird langsam langweilig."

Und genau das tue ich. Ich warte darauf, dass er von der Arbeit nach Hause kommt. Es wird später und später, aber ich warte. Als er endlich eintrifft, sieht er mich im Fernsehzimmer. Er begreift sofort, dass meine Anwesenheit eine Einladung ist, also setzt er sich zu mir. Das haben wir seit meiner Ankunft vor einem Monat nicht getan. Wir sitzen und reden über nichts Bestimmtes, und es fühlt sich gut an. Ich spüre seine Liebe, aber auch seine Geringschätzung, und beschließe, mit beidem zu leben, denn ich bin des Kämpfens müde. Ich entscheide mich dafür, Baba zu lieben – trotz der Dinge, die er einfach nicht verstehen will.

Es herrscht also wieder Frieden im Haus. Mummy ist glücklich, auch wenn sie klug genug ist, nicht allzu laut zu jubeln. Sie lächelt wieder mehr und neckt Baba und mich damit, dass wir uns so ähnlich sind – von unserer Linkshändigkeit bis hin zu unserer Starrköpfigkeit.

***

Ich fange an, mir einen Job zu suchen. Ich fülle Bewerbungsformulare aus und beschäftige mich damit, meinen Lebenslauf zu perfektionieren.

Das australische Hochkommissariat sucht eine/n Programmbeauftragte/n. Ich weiß nicht, was das bedeutet, aber ich erfülle die Anforderungen – ein Abschluss in internationalen Beziehungen beziehungsweise Politik sowie Erfahrung mit gesellschaftlichen Problemstellungen. Ich verfasse ein lupenreines Begleitschreiben, in dem ich erkläre, wie sehr ich dazu beitragen möchte, eine neue rassismusfreie Gesellschaft aufzubauen. Drei Mal überprüfe ich meinen Lebenslauf auf Fehler, dann schicke ich die Bewerbung per Fax los.

Es ist noch keine Woche vergangen, da erhalte ich einen Anruf und werde zu einem Gespräch eingeladen. Ich ziehe meinen einzigen Hosenanzug an – einen rotbraunen Blazer mit Schulterpolstern und passender Hose. Dazu flache schwarze Schuhe und eine Umhängetasche, ganz Profi. Ich setze mein seriösestes Gesicht auf und versuche, nicht nervös zu wirken.

Mein amerikanischer Uni-Abschluss und die vielen Jahre, die ich im Ausland verbracht habe, faszinieren meine Gesprächspartner. Ich habe Angst, dass sie sich auf die offensichtlichen Schwächen einschießen könnten – dass meine globale Erfahrung mich in Wirklichkeit von ihren Projekten vor Ort distanziert, dass ich möglicherweise den Kontext der Projekte, die sie finanzieren, nur schwer verstehen kann.

Doch meine Angst ist unbegründet. Das Bewerbungskomitee ist glücklich, mich anheuern zu können. Ich spreche ein Englisch, das ihnen gebildet scheint, und bin eine „Einheimische". Es ist egal, dass nur mein Name südafrikanisch ist – weil das so in meinem Ausweis steht – und es, abgesehen von meiner DNA, kaum etwas Südafrikanisches an mir gibt.

Ich bekomme den Job.

An dem Abend, bevor ich meine neue Arbeitsstelle antrete, setzt sich Mummy im Wohnzimmer zu mir. „Lass uns reden, mein Mädchen." Ich bin sicher, sie wird mir jetzt einen Vortrag darüber halten, dass ich mein Geld sparen und im Büro nicht telefonieren soll. Doch sie überrascht mich.

„Erinnerst du dich an unseren Camping-Ausflug?"

Ich muss lächeln und weiß sofort, wovon sie spricht. „Du meinst den Camping-Ausflug, der nie stattgefunden hat?"

Angesichts dieser Erinnerung müssen wir beide lachen. Ein Jahrzehnt ist vergangen, seit sie versuchte, das Zelt aufzubauen, während wir Schwestern ratlos und kichernd danebenstanden und keine Ahnung hatten, was in unsere Mutter gefahren war. Es hatte wie aus Kübeln geschüttet, was uns davor rettete, die Nacht im Wald verbringen zu müssen. Wir hatten alles wieder eingepackt und waren in unser kleines Reihenhaus zurückgekehrt und hatten Filme geschaut, zu viert auf der Couch – drei braune Mädchen und ihre Mama. Ich war damals dreizehn und mir gerade meiner knospenden Brüste und wogenden Schenkel bewusst geworden, auch wenn mich noch niemand anschaute. Der abgebrochene Campingausflug hatte dafür gesorgt, dass meine Gedanken einige Stunden lang nicht mehr nur um mich kreisten – er hatte mich meiner Unsicherheit und Selbstversunkenheit entrissen.

An diesem Abend sitzen Mummy und ich bei schummrigem Licht zusammen. Ich bin nicht länger unbeholfen. Ich bin groß und schön auf eine Weise, wie es alle Frauen in diesen flüchtigen Jahren sind, wenn sie keine Mädchen mehr sind und gerade erst zur Frau wurden. Allerdings kann ich in Mummys Blick lesen, dass sie mich noch nicht ganz für eine erwachsene Frau hält, die sich ohne sie in der Welt zurechtfinden kann.

„Genau jener Ausflug." Mummy lächelt. Ich sehe, wie sehr sie sich freut, dass ich mich an diesen Tag erinnere. Zum ersten Mal denke ich darüber nach, wie das Leben in Kanada für Mummy gewesen sein muss – die Einsamkeit ohne Baba und die Schwierigkeit, sich an diesem neuen und fremden Ort zurechtzufinden. Mummy hat uns immer ein Gefühl der Beständigkeit vermittelt, vermutlich weil sie selbst diese Beständigkeit als Kind nie gehabt hatte.

An diesem Abend erzählt sie mir eine Geschichte, begibt sich mit mir auf Zeitreise. Sie malt mir ein vollständigeres Bild der Frau, die ich nie erkennen konnte, weil ich als Kind zu viel damit zu tun hatte, meine eigenen Bedürfnisse erfüllt zu sehen.

Sie fängt an.

Es ist ein warmer Frühlingstag im Jahr 1985, und sie ist glücklich, weil sie ihren ersten Winter in Kanada überlebt hat. Monatelang ist sie Tag für Tag im Dunkeln aufgewacht, hat sich ihre Stiefel angezogen und sich gegen die Kälte gewappnet, bevor sie dann den über Nacht gefallenen Neuschnee wegschaufelte. Sie hat für ihre Kinder das Frühstück gemacht und dann durch Eis und Sturm den Weg in ihr Büro angetreten, Monat um Monat, allein und müde und einsam.

Sie arbeitet als Buchhalterin in einer kleinen Firma – in untergeordneter Stellung, trotz ihrer jahrelangen Erfahrung. Sie sitzt in einem Kubus und erstellt Bilanzen und füllt Vordrucke aus. Die Arbeit ist seelenlos und schlecht bezahlt, aber es ist Arbeit und wichtig für die Zukunft, die sie aufbauen will. An diesem Tag nähert sich ihr Chef ihrer kleinen Arbeitszelle. Ihre Stimmung ist gut, denn endlich ist die Sonne herausgekommen. Sie summt leise, hört aber auf, als er neben ihr stehen bleibt. Er befragt sie nach irgendeiner Unregelmäßigkeit, die ihm aufgefallen ist. Sie kann das rasch aufklären, etwas nervös, wie es ihre Art ist. Er scheint sie jedoch nicht zu verstehen. Sie überlegt, ob sie nachgeben und sagen soll, ja, Sie haben recht, ich habe einen Fehler gemacht. Das Problem ist nur, dass die Folgen des Fehlers, den er ihr unterstellt, den sie aber nicht begangen hat, signifikant wären.

Also gehen sie alles nochmal durch. Beim dritten Mal wird ihm klar, dass sie recht hat. Es liegt ihm ein „Ach, ich verstehe" auf den Lippen, aber er verkneift es sich. Es ist ihm peinlich, weil sie ihm vor allen anderen widersprochen hat und weil der Fehler, den in Wirklichkeit *er* begangen hat, finanzielle Folgen haben wird. Also macht er sich groß und brüllt los. Mit rotem Gesicht bellt er, dass sie jetzt in Kanada ist und nicht mehr in Afrika und dass man die Dinge hier professionell regelt. Dann nennt er sie eine Zicke. Um genau zu sein, er nennt sie eine dumme Zicke.

An diesem Punkt der Erzählung hebt Mummy die Hand und hält die Handfläche nach oben, als ob ihr Chef noch vor ihr stünde und sie ihn auf Abstand halten will.

Dann fährt sie fort.

Nach seinem Ausbruch bleibt Mummy still. Ein paar Erwiderungen in SiSwati drängen sich ihr auf, aber sie spricht sie nicht aus, beißt die Zähne zusammen. Sie hat das Gefühl, über Eis zu gleiten, wie damals, als sie aus dem Bus stieg und hinfiel. Der gefrorene Boden hatte sie überrascht, und ihre Beine – in Stiefeln, die nicht standhaft genug waren – gaben unter ihr nach.

Der Chef hört ihr Schweigen und weiß, dass er aufhören sollte, aber das tut er nicht. Er macht es noch schlimmer. „Das hier ist keine Wohltätigkeitseinrichtung, es ist eine Firma! Sagen Sie mir gefälligst nicht, wie ich mein Unternehmen zu führen habe.“ Er brüllt aus voller Kehle. Niemand bewegt sich oder redet oder unternimmt etwas. Alle sitzen nur da, mit gesenkten Köpfen, geben vor, nicht zu lauschen. Jemand steht wie erstarrt in der Kaffeeküche, traut sich auch dann nicht, sich zu bewegen, als die Mikrowelle anfängt zu piepsen.

Schließlich hört der Chef auf zu brüllen. Er schaut sie an und merkt, dass sie nur seinen Blick erwidert und kein Wort sagt. Er bekommt es mit der Angst zu tun und weiß nicht, warum. Also dreht er sich um und marschiert rasch zurück in sein Büro – mit gesenkten Schultern wie nach einer Niederlage, auch wenn andere das für einen Sieg halten mögen. Er knallt die Tür zu, als ob er wütend sei und jedes Recht dazu hätte. Aber er spielt das nur.

Mummy weiß, dass er nicht wütend ist, er hat Angst. Denn sie hat durch ihn hindurchgesehen, als wäre er ein Geist, und er ist nicht der Mann, der wüsste, wie er damit umgehen soll. Er versteckt sich in seinem Büro, fürchtet, sie könnte, wie eine Voodoo-Priesterin, ein Haar von seiner Schulter stehlen oder eine Nadel durch seinen Augapfel stechen.

Das tut sie nicht. Das würde sie niemals tun.

Sie steht nur auf und packt ihre Tasche. Der Stachel der Demütigung und die aufgestaute Wut zwingen sie, langsam zu machen. Sie bewegt sich nicht schnell, obwohl sie das am liebsten würde. Etwas in ihrem Körper sagt ihr, bewusst langsam zu machen. Als sie schließlich fertig ist, schreitet sie durch den Flur und nickt den Kollegen zum Abschied zu. Sie sind fassungslos. Mummy lächelt, sagt aber nichts. Dann dreht sie sich ein letztes Mal um und schaut durch die Scheibe in sein Büro. Der Chef sitzt an seinem Schreibtisch und spürt, dass jemand da ist, also schaut er auf. Sie starrt ihn lange und intensiv an. Nicht gemein oder verletzend, einfach nur mit einem klaren und festen Blick, als ob sie sich jedes Detail einprägen will, damit dieser Augenblick niemals in ihrer Erinnerung verblasst. Er wird rot und senkt den Blick, und das reicht ihr. Sie schlüpft in ihren dicken Mantel, verlässt das Büro und kehrt nie zurück.

Keine Entschuldigung kann wiedergutmachen, was hier passiert ist. Mummy kann es nicht einmal Baba erzählen, denn wie gewöhnlich ist er unterwegs. Er ist auf einem sechsmonatigen Einsatz im krisengeschüttelten Äthiopien, darum kann sie sich ihm nicht anvertrauen. Sie kann ihn nicht fragen – wie sie es könnte, wenn er neben ihr im Bett säße und ihr zuhörte –, wie es sein kann, dass dieser Mann so mit ihr spricht? Sie kann nicht sagen: „Wie kann er so mit mir reden? Weiß er nicht, wer ich bin?" Sie kann keinen Dampf ablassen und erklären, dass sie nicht mit ihren Kindern in dieses Land gezogen ist, nur um sich als afrikanische Zicke beschimpfen zu lassen. Sie hat niemanden, dem sie das sagen kann, aber sie denkt es, und das lässt sie stark bleiben und den Tränen widerstehen, denn wenn sie sie zuließe, würde sie darin ertrinken.

Mummy steigt in ihr Auto und fährt davon. Sie fährt ruhig und langsam, aber sie fährt davon, und sie weiß, dass sie niemals zurückkehren wird. Der Tag ist hell, der Winter ist vorüber. An der Schule holt sie ihre Mädchen ab. Sie ist schon da, als wir das Gebäude verlassen. Sie steht da und lächelt, als wäre sie eine kanadische Mutter, die alle Zeit der Welt und Plätzchen im Ofen hat. Wir sind überrascht, als sie uns in die Arme nimmt, und noch überraschter sind wir, als sie sagt: „Lasst uns zelten." Die ganze Fahrt über kichern wir hinten auf der Rückbank.

In der folgenden Woche ruft das Büro an. Mummy sagt: „Nein, ich werde es mir nicht noch einmal überlegen. Ich komme nicht zurück."

Sie sucht sich eine neue Arbeitsstelle, und in dem Bewerbungsgespräch sagt sie zu dem Leiter der Personalabteilung mit ihrer weichen, aber müden Stimme: „Ich bin gegangen, weil meine Würde nicht zum Verkauf steht." Und etwas daran, wie sie es sagt, bringt ihn dazu, ihr den Job anzubieten.

***

Als Mummy zu Ende erzählt hat, sitzen sie und ich im flackernden Licht des Fernsehgeräts. Ich wünschte, ich hätte das über Mummy gewusst, als ich an der Uni war, voller Liebeskummer und auf der Suche nach Antworten auf die Frage des Rassismus. Ich denke daran, wie oft ich mich den Worten von Dichtern und Schriftstellern und großen Denkern zugewandt habe, wie ich in die Bibliothek in Minnesota lief, wo sich die Regale unter den Büchern bogen, wo doch all die Zeit Mummy da war.

Zum ersten Mal sehe ich deutlich, wie sehr ich sie immer für selbstverständlich genommen habe, wie sehr ich mich auf Baba konzentriert habe, weil er der Freiheitskämpfer war. Sie war immer nur unsere Mutter – stark und entschlossen, ja, aber – zumindest für mich – unpolitisch. Ich sehe, was für ein Fehler es war, zu denken, sie hätte den Stachel und die Peitsche des Rassismus nie zu spüren bekommen, nur weil sie nicht darüber redete. Ich bedauere mein früheres Verhalten sofort und erkenne es als Folge meiner Vergötterung von Baba. Ich habe Mummy immer geliebt, aber mir war nie der Gedanke gekommen, dass auch sie ein Objekt meiner Bewunderung sein sollte – eine Heldin wie Gogo Lindi.

Plötzlich ist es mir peinlich, obwohl meine Brust gleichzeitig voller Stolz schwillt. Wie die meisten Kinder habe ich meine Mutter nur als das gesehen, was ich brauchte, nicht als das, was sie war. Ich habe jedoch großes Glück – sie hatte die Weisheit, zu warten und den perfekten Moment zu finden, in dem sie mein Gesicht zu sich drehen und mir zuflüstern konnte: „Höre, mein Mädchen, schau mich an: So bin ich wirklich."

Ich habe seit sechs Jahren nicht mehr mit meinen Eltern unter einem Dach gewohnt, darum gestaltet es sich schwierig, uns wieder aneinander zu gewöhnen. Mummy und Baba haben schrecklich viel zu tun – mehr, als es während unserer Kindheit je der Fall war. Wie alle anderen ihres Alters und ihrer gesellschaftlichen Schicht arbeiten sie mit aller Kraft daran, die Nation neu aufzubauen. Ihre Fähigkeiten sind gefragt, und jetzt, wo sie wieder zu Hause sind, wollen sie die verlorene Zeit wettmachen.

Baba ist einer der ersten Schwarzen Vorstandsvorsitzenden und einer der ersten Schwarzen Generaldirektoren, und Mummy profiliert sich in der Gemeinschaft der Rückkehrer, die das Wirtschaftsleben und das kulturelle Leben des neuen Südafrika umgestalten. Sie ist die erste Schwarze Frau, die ein afrikanisches Restaurant eröffnet, später wird sie die erste Schwarze Tafeltraubenfarmerin und wird in dieser Kategorie die erste „Frau des Jahres" und Vizegewinnerin als Unternehmerin des Jahres.

Unser Haus liegt nur einen Steinwurf entfernt von Afrikas größtem Einkaufszentrum. Wir haben keine Schwarzen Nachbarn. Es gibt nur uns – diese merkwürdigen Schwarzen Menschen, die angstfrei und distanziert zu sein scheinen. Wenn wir zu *braais* oder anderen gesellschaftlichen Ereignissen einladen, achten wir sehr darauf, nicht zu viel Lärm zu machen. Wir gehen davon aus, dass unsere Nachbarn Rassisten sind und denken, Schwarze Menschen wüssten sich in den Vororten nicht zu benehmen. Mummys Strategie besteht darin, ihnen so wenig Anlass zu Klatsch oder Beschwerden wie möglich zu geben. Sie schickt jedes Mal Baba mit einer Notiz herum, die er in die Briefkästen wirft: „Liebe Nachbarn, am Samstag geben wir ein kleines Fest. Wir hoffen, Sie nicht zu stören." Die

Wohlanständigkeit von Mummy und Baba ist tief verwurzelt. Mein Aufenthalt in Amerika hat mich gelehrt, keine übertriebene Rücksicht zu nehmen – ich rolle nur mit den Augen über den Aufwand, den meine Eltern betreiben.

„Ehrlich, Mummy, warum müssen wir denen beweisen, wie zivilisiert wir sind? Haben die uns jemals so eine Notiz zukommen lassen? Nein, sie ziehen ihr Ding durch und denken dabei keine Sekunde an uns."

Sie reagiert jedes Mal ruhig auf mich. Mummy weiß es besser, als ihren Blutdruck durch die radikale politische Einstellung ihrer ältesten Tochter in die Höhe treiben zu lassen.

„Du und deine militanten Ansichten. Verhalte dich anderen gegenüber, wie du willst, dass sie sich dir gegenüber verhalten. Du kannst so unhöflich sein, wie du willst, wenn du erst einmal dein eigenes Haus hast. Bis dahin ist es mein Haus, mein Mädchen."

Zeng und ich grinsen dann verächtlich und schlendern davon, weil wir unsere eigene Methode haben, wie wir mit den alten *Weißen* im neuen Südafrika umgehen.

Zeng ist auf ihre Weise ebenfalls eine Erste. Ihre Generation ist ein Experiment. Ihre Freunde und Freundinnen spiegeln das sich verändernde Gesicht unseres Landes wider. Es gibt junge Menschen, die – wie wir – im Exil in Lesotho und Sambia und Uganda und Schweden und Russland und Großbritannien und Kanada und Amerika und an allen möglichen anderen Orten aufgewachsen sind. Anfang der 1990er Jahre kehrten sie als Teenager zurück und versuchten, sich in die südafrikanischen Schulen zu integrieren.

Alle waren im Herzen südafrikanisch, aber sie lernten Südafrika erst kennen, als ein ziemlich fundamentaler Teil ihrer Identität bereits voll ausgeformt war. Darum wurden sie sofort zu einer eingeschworenen Gemeinschaft, alles

Teenager, die wir als Kinder in Lusaka gekannt hatten oder deren Familiennamen wir unser ganzes Leben lang gehört hatten, deren Erfahrungen den unseren ähnelten, denen wir aber nie begegnet waren.

Zeng hat auch eine andere Gruppe von Freundinnen und Freunden, die in Südafrika aufgewachsen sind und deren Eltern Ärzte und Anwälte und Manager sind, die es in die Mittelklasse geschafft haben, als der Group Area Act, der Schwarze und *Weiße* streng getrennt hielt, an bestimmten Orten gelockert wurde. Einige von ihnen sind die Kinder von Aktivisten, die das Land nie verlassen haben. Ihre Eltern gehörten der Vereinigten Demokratischen Front an. Sie hatten verrückte Geschichten zu erzählen – Geschichten von Razzien und politischer Unsicherheit. Ihre Eltern waren wochen- oder gar monatelang auf der Flucht oder in Haft gewesen. Diese Kinder hatten an zu vielen Totenwachen teilgenommen, hatten neben zu vielen Leichnamen gestanden. Sie kannten alle Freiheitslieder und sprachen fünf afrikanische Sprachen und bestes Englisch. Auch wenn sie sich von Zeng unterscheiden, verstehen sie doch, wie es ist, einer Bewegung anzugehören, die gleichzeitig Familie ist. Der Befreiungskampf liegt ihnen ebenso im Blut wie uns.

Es gibt aber auch Freundschaften, die Zeng hätte schließen können, aber nicht geschlossen hat – mit den Kindern jener Eltern, die niemand Besonderes sind. Das sind die Schwarzen Kinder, die aus der Atteridgeville Township oder aus Mamelodi mit Bussen in die Vororte gekarrt werden, um die High School am Ende unserer Straße zu besuchen, in der Zeng anfangs eingeschrieben war. Diese Kinder können mit Zeng nichts anfangen, und Zeng kann mit ihnen nichts anfangen. Die Kinder halten sie für hochnäsig, weil ihr Englisch perfekt ist, dafür schwächelt ihr isiZulu, und ihr seSotho ist praktisch nichtexistent. Sie halten sie für aufgeblasen, weil sie in einem Stadthaus wohnt und nicht im Morgengrauen aufstehen muss, um den Schulbus zu erreichen, nur damit sie von *weißen* Kindern umgeben ist, die sie verachten und sich über ihre Haare und ihre Nase und ihre Art zu reden lustig machen.

Wie Zeng wuchsen auch sie in den letzten Tagen der Apartheid auf. Anders als Zeng leben sie nicht in komfortablen Mittelklasseverhältnissen. Da, wo sie leben, streifen streunende Hunde durch die Straßen, sie hausen in Hütten, und die Schulen sind völlig überfüllt. Nelson Mandela mag in Pretoria auf feinen Laken und weichen Kissen liegen, aber für sie hat sich das Leben noch nicht sehr geändert. Sie wissen genug über Diskriminierung, um sich eine dicke Haut zuzulegen. Es sind taffe Kids – sie scheinen zu wissen, wie man überlebt.

Und obwohl Zeng bisweilen eine große Klappe hat, weiß sie sich nicht schlagfertig zu wehren, wenn man sie Kokosnuss nennt. Sie zuckt nur mit den Schultern und tut so, als würde sie das nicht weiter kratzen. Zum ersten Mal ist sie an der Schule viel für sich, weiß nicht, zu wem sie passt. Die *weißen* Kinder können sich nicht mit ihr identifizieren und zählen sie nicht zu sich, die Schwarzen Kinder betrachten sie mit Skepsis.

Mummy und Baba nehmen sie letztendlich von der Schule am Ende der Straße, weil Zeng so unglücklich ist, dass sie nicht mehr hingehen will. Zusätzlich zu den Spannungen mit den anderen Kindern wird sie auch noch ständig von Lehrkräften drangsaliert, die nicht glücklich darüber sind, wie Schwarze Mädchen sich anziehen, wie sie ihr Haar frisieren, mit ihrer „Hygiene“. Es hat etwas von Kriegsführung.

Bevor ich aus Amerika zurückkam, war Zeng oft allein im Haus. Mummy war so gut organisiert wie eh und je, darum gab es immer genug zu essen, aber wenig Struktur und wenig Aufmerksamkeit. Als ich dann da bin, fällt mir auf, dass Mummy und Baba oft geistesabwesend sind, auch zu Hause – sie beschäftigen sich nicht einmal mehr gegenseitig miteinander, sondern nur noch mit ihren individuellen Projekten.

Ich mache Mummy keinen Vorwurf: Sie hat Baba ihr ganzes erwachsenes Leben lang unterstützt und uns nebenher noch großgezogen, also ist es jetzt an der Zeit, dass sie sich auf sich selbst konzentriert. Das bedeutet allerdings, dass Zeng unter der Woche praktisch allein ist, denn Mummy und Baba haben immer Termine. Es gibt ständig irgendein Staatsbankett oder eine Vorstandssitzung oder irgendjemand ist gerade aus Übersee zurückgekehrt.

Zeng ist erst fünfzehn, scheint aber alt genug, um relativ autark zu sein. Mummy und Baba nehmen an, dass sie sich um sich selbst kümmern kann. Aber sie ist das Baby der Familie und kann es nicht. Sie haben sie zu schnell losgelassen.

Mandla und ich waren zu der Zeit bereits erwachsen. Zeng war dagegen noch unvollständig, war eine Heranwachsende. Sie hatte die Hauptlast der Geschäftigkeit unserer Eltern zu tragen.

In diesen frühen Monaten, als ich noch zu Hause unter demselben Dach wie Zeng und meine Eltern wohne, sehe ich, wie schwer es für Zeng ist, in dieser Grauzone zu navigieren – einerseits die Freiheit, die mit der inneren und äußeren Abwesenheit der Eltern einhergeht, und andererseits das Einleben in das neue Südafrika und die stille Vereinsamung, die das mit sich bringt.

Wir kommen uns näher denn je. Angesichts der fünf Jahre Altersunterschied zwischen uns war sie für mich immer ein Baby. Als ich mit sechzehn das Haus verließ, war sie erst elf. Und obwohl sie jedes Mal, wenn ich in den

Ferien nach Hause kam, älter und lustiger wurde, war ich mit ihr nie so vertraut wie mit Mandla.

Doch jetzt verbringen wir viel Zeit miteinander. Mandla ist noch in den Vereinigten Staaten, macht dort ihren Abschluss. Bevor ich meine neue Arbeitsstelle antrete, borgen Zeng und ich uns Mummys Auto und fahren durch die Vororte. Oft strecken uns Schwarze, die noch nie zuvor Schwarze Mädchen in einem fast neuen Toyota Corolla gesehen haben, die aufgerichteten Daumen entgegen.

Eines Tages besuchen wir ein kleines Einkaufszentrum in der Nähe unseres Viertels, und als wir zum geparkten Wagen zurückkommen, steht dort eine Gruppe Männer in Overalls. Sie löchern uns mit Fragen. Wo kommt ihr her, Kinder?, fragen sie. Wir sagen es ihnen. Unsere Eltern sind gerade aus dem Exil zurückgekehrt, erklären wir. Die Männer wollen uns die Hände schütteln. Es ist peinlich, dafür gefeiert zu werden, dass man einfach nur Glück hatte. Wir sind nicht ganz sicher, wie wir mit ihrer Freundlichkeit und mit ihren Segenswünschen für uns umgehen sollen. Wir haben nichts getan, um das zu verdienen, außer in den Wagen unserer Mutter zu steigen. Das können wir natürlich nicht sagen. Für diese Uncles und Väter, die um den Wagen stehen und uns ihren Segen und all ihre guten Wünsche geben, ist unser Erfolg ein Spiegelbild der Zukunft, die sie sich für ihre Kinder vorstellen. Wir repräsentieren den Fortschritt.

Hinterher fahren Zeng und ich schweigend nach Hause. Wir können nicht länger die Augen davor verschließen, wie viel wir in unserem Leben für selbstverständlich erachtet haben.

Unter den Schwarzen Menschen herrscht eine Art von Unschuld – eine Unschuld, die rasch verloren geht. In diesen frühen Tagen verbindet uns ein Stolz und eine Solidarität, die darauf gründet, was wir kollektiv durchmachen mussten. Ich weiß es noch nicht, aber dieses Gefühl wird verblassen. Ein Jahrzehnt später ist es so gut wie verschwunden.

Eine neue und arrogante Art von Schwarzen taucht auf. Diese neuen Schwarzen interessieren sich nicht für die Lebensgeschichten der Armen. Diese neuen Schwarzen halten die Uncles, die uns und unseren Wagen bestaunen, für einen Schandfleck, nicht für einen Teil ihrer selbst. Und die Uncles werden den neuen Schwarzen nicht vertrauen, darum betrachten sie sie auch nicht mit Stolz.

Aber all das ist noch weit weg. In den ersten Jahren der Unschuld bekommen die alten Leute, die Zeng und mich durch Pretoria brausen sehen, ein Funkeln in den Augen, ihre Herzen platzen fast vor Stolz, und man kann sie praktisch sagen hören: „Wenn du gewinnen kannst, mein Kind, dann habe auch ich gewonnen."

Ich denke zu dieser Zeit immer noch jeden Tag an Jason. Eben war ich noch bankrott in Oakland – konnte mir nicht einmal eine Busfahrkarte leisten –, und jetzt gehöre ich einer neuen Elite an. Ich vermisse Jason. Wir telefonieren viel. Ich weine immer noch regelmäßig. Aber ich weiß, dass ich nicht zurückkehren werde. Das neue Südafrika will aufgebaut werden. Jason hat mich eine Zeitlang abgelenkt, aber jetzt bin ich wieder zu Hause und sehe, wie komplex die anstehende Aufgabe ist. Da ist natürlich die Politik, aber da ist auch die ökonomische Realität. Außerdem will das Gefüge der Gesellschaft neu aufgebaut werden, und das finde ich faszinierend.

Unter den *Weißen* sorgt unser Mittelklassestatus für völlig andere Reaktionen. Anders als die Schwarzen, die uns mit Stolz grüßen, sind die *Weißen* wütend und missgünstig. Wir sind der Feind. Wir verkörpern alles, was die *Weißen* mit dem Ende der Apartheid zu verlieren fürchteten.

Als Mandela starb, gaben sie alle vor, ihn geliebt zu haben, aber in diesen frühen Jahren, direkt nach den Wahlen, lieben sie ihn kein bisschen, und nicht alle von ihnen akzeptieren ihn als ihren Präsidenten. Sie verfluchen ihn. Sie schleudern uns seinen Namen entgegen wie ein Schimpfwort im Straßenverkehr.

Einmal überhole ich auf der Straße mit meinem Wagen eine *weiße* Frau, und sie spuckt mir seinen Namen zornentbrannt entgegen. „MANDELA!" Ich habe keine Ahnung, was ich getan habe, um sie so zu erzürnen – aber darauf kommt es nicht an. Ich kichere in meinem Wagen in mich hinein, freue mich an ihrem Frust, verstehe, dass sie nicht auf mich wütend ist – sie ist unglücklich darüber, dass ihre Welt sich vor ihren Augen ohne große Vorwarnung auf den Kopf gestellt hat.

Zeng und ich treffen oft auf zornige Männer in *bakkies* oder werden von miesepetrigen Frauen in glänzenden Jogginganzügen angeschrien. Häufig finden diese Schlachten in den Heiligtümern der Vororte statt – in den Einkaufszentren. Meistens spielt sich das Drama allerdings in unserem örtlichen Supermarkt ab. Zeng nennt unsere wöchentlichen Scharmützel die „Shoppingkriege".

Normalerweise beginnt die Schlacht auf dem Parkplatz. Ausnahmslos immer biegt der *weiße* Gegner direkt vor uns auf einen Parkplatz, auf den ich geduldig gewartet habe. Es passiert so oft, dass es schon nicht mehr ärgerlich ist, sondern zum Running Gag wird. Selbst wenn es viele freie Parkplätze gibt, zieht irgendwie immer der Platz, den ich will, die Aufmerksamkeit des Besitzers eines verwitterten gelben oder blauen *bakkies* auf sich. Wenn ich doch einmal schneller bin als der andere Fahrer, dann werden Fäuste geschüttelt und wütend Türen zugeknallt, und manchmal gibt es einen regelrechten Tobsuchtsanfall.

Wenn die andere Seite gewinnt, dann wirft sie uns einen hämischen Blick des Triumphs zu. Sie steigen aus ihrem Wagen auf eine Weise aus, als hätte ihr Leben jetzt einen neuen Sinn und neue Bedeutung. Das wiederholt sich endlos oft. Es ist erschöpfend, und weil die *weiße* Rechtschaffenheit so machtvoll demonstriert wird, kann man leicht vergessen, dass die Apartheid ein Verbrechen gegen die Schwarzen Menschen war. Man könnte meinen, die *Weißen* seien die historischen Opfer eines Unrechtssystems.

***

An dem Tag, an dem die dauergewellte Blondine mich während der Shoppingkriege anrempelt, bin ich bereit, in die Schlacht zu ziehen. Sie spricht mit ihrer Tochter und achtet nicht auf ihre Umgebung. Versehentlich läuft sie gegen meinen Einkaufswagen. Keine große Sache. Ich schaue sie an, warte auf eine Entschuldigung, obwohl ich weiß, dass es keine geben wird. An diesem Tag macht es mich – wissend, dass es ihr nicht leidtut und dass sie sich höchstwahrscheinlich nicht entschuldigen wird – noch wütender als sonst.

Wenn das eine normale Gesellschaft wäre, würde sie einfach „Oh, tut mir leid" sagen und weitergehen. Aber wir leben nicht in einer normalen Gesellschaft. Anstatt sich also zu entschuldigen, grinst sie höhnisch und schnaubt, ich solle ihr gefälligst aus dem Weg gehen. Ungehobelt.

Ich bin natürlich sofort auf hundertachtzig und bestens ausgerüstet für diesen Kampf. Ich bin der endlosen Ansprüche müde, ebenso des engherzigen Rassismus, der von mir verlangt, ich müsse mich dafür entschuldigen, überhaupt zu existieren und Raum einzunehmen. Der mir das Gefühl gibt, ich hätte mich des widerrechtlichen Betretens schuldig gemacht, wenn ich einfach nur einer banalen Tätigkeit nachgehe, auf die alle Mitglieder einer Gesellschaft ein Anrecht haben. Etwas in mir rastet aus.

Anstatt um sie herumzugehen, bleibe ich stehen und sage: „Ich gehe Ihnen aus dem Weg, sobald Sie sich entschuldigen. Sie sind schließlich in mich hineingelaufen."

Anscheinend hat sie ebenfalls nur auf einen Moment wie diesen gewartet, auf die Gelegenheit, einer dieser neuen Schwarzen die Meinung zu geigen.

Sie spricht in Afrikaans mit mir – einer Sprache, die ich nicht beherrsche. Ich wurde in dem politischen Bewusstsein erzogen, diese Sprache zu verachten. Während ich aufwuchs, war Afrikaans ein Symbol der Apartheid, und in meinem Bewusstsein wurde das fest zementiert durch die Geschichten all meiner Uncles und Aunties, die Südafrika nach den Aufständen von 1976 verlassen hatten, als versucht wurde, Afrikaans als offizielle Unterrichtssprache für Schwarze Kinder von oben herab durchzusetzen.

Ich unterbreche die Frau. „Sprechen Sie Englisch! Ich verstehe Sie nicht."

Meine Stimme ist zu laut – weil ihr Ton inakzeptabel war. Ich bin nicht Mandela.

Die Intensität meiner Reaktion lässt sie zusammenfahren.

„Was?", sagt sie.

Ich wiederhole mich und füge sicherheitshalber noch hinzu: „Das ist jetzt unser Land. Sie müssen gehen, wenn Ihnen Schwarze Menschen nicht passen!"

Sie stößt mit ihrem Einkaufswagen gegen meinen, dieses Mal in voller Absicht. Ich lasse mir das nicht bieten und schubse zurück. Sie stößt erneut, ich schubse wieder, und so geht es hin und her. Wir sind wie zwei Geistesgestörte, die einander mit Vorort-Waffen attackieren.

Schließlich ruft Zeng: „Sonke! Hör auf!"

Das bricht den Bann, und ich halte inne. Schwer atmend starre ich meine Gegnerin an, unsicher, was ich jetzt tun soll. Da sagt Zeng in ihrer lapidaren und sarkastischen Art: „Sie ist nur ein blondes Dummchen. Sie ist es nicht wert."

Die Dauerwelle ist entrüstet. Wie kann eine Schwarze es wagen, so über sie zu reden? „Das reicht!" Sie schaut sich um, will den Manager rufen. Zeng hat auf diese Spielchen keine Lust.

„Lass uns gehen", sagt Zeng, ohne Eile. „Das ist lächerlich."

„Sie bleiben hier!", brüllt die Blondine. „Sie werden schön warten. Ich will mich auf Sie beschweren."

Da kann Zeng nicht widerstehen. Sie bleibt stehen und dreht sich um.

„Es heißt, Sie wollen sich *über* uns beschweren. Ü-B-E-R." Sie buchstabiert es. „Lernen Sie Englisch, gute Dame. Ernsthaft."

Wir gehen. In strahlender Unverfrorenheit marschieren wir durch den Laden, stellen offen unsere Unzufriedenheit zur Schau. Unser gemessenes Schreiten signalisiert unsere Überlegenheit. Wir haben keine Angst. Wir weigern uns, zu flüchten. Wir werden uns in unserem eigenen Land nicht jagen lassen – nicht in einem freien Südafrika.

Im Wagen bleiben wir eine Weile schweigend sitzen. Dann stößt mir Zeng den Ellbogen in die Rippen. „Wow! Deswegen lässt du dir also normalerweise so viel bieten! Wenn du ausflippst, dann aber richtig!"

Sie hat natürlich recht, aber ich komme gerade aus Amerika, wo die *Weißen* sich nur noch selten solche Entgleisungen erlauben und wo die Schwarzen, falls es doch geschieht, sie rasch und ohne großes Mitgefühl in ihre Schranken weisen. Südafrika ist noch nicht so weit.

Mir ist natürlich klar, dass Südafrikas Weg zu einer neuen Nation in großen Teilen davon abhängt, Zeng das

Gegenteil zu beweisen. Südafrika versucht, ein Ort zu werden, an dem jede und jeder „es wert ist", wo sogar die Schlimmsten unter uns die Zeit und die Mühe und die Liebe wert sind, die es kostet, sie aufzuklären.

Das ist das Fundament des neuen Staates. Die Rassisten sind keine Dummerchen. Sie sind völlig daneben, aber sie sind keine hoffnungslosen Fälle. Die Kompromisse, die nötig sind, um die Apartheid durch Verhandlungen endgültig zu beenden, bedeuten, dass niemand von uns die anderen abschreiben darf.

Das ist natürlich die Theorie, aber ich ringe damit. Ich bin dem Bedürfnis nach *weißer* Zustimmung nur knapp entflohen, als ich Kanada verließ, und habe in Amerika gelernt, mich nicht davor zu fürchten, die Gefühle von *Weißen* zu verletzen. Jetzt, wo ich endlich zu Hause bin, stehe ich den *Weißen* ambivalent gegenüber.

Ich wurde mit dem Mantra des *non-racialisms* erzogen und verstehe den Drang nach Vergebung, aber es fällt mir schwer, ständig geduldig zu sein. Es ist höchste Zeit, dass die Schwarzen die Bedingungen vorgeben, wie ihre *weißen* Mitbürger zu agieren haben. Häufig kocht es in mir hoch, wenn die *Weißen* sich aufblasen und ihre Anspruchshaltung kundtun, sobald sie in der Schlange anstehen oder sich an öffentlichen Orten aufhalten. Ständig beschweren sie sich über irgendetwas, und ich frage mich, wie das möglich sein kann, wo es sie doch immer noch gibt. Ihre Häuser sind unberührt, und ihre Schulen und Arbeitsplätze wurden nicht in Schutt und Asche gelegt. Das ist für mich eine ständige Quelle der Anspannung. Ich versuche, meine Wut zu beherrschen und meine Empörung zu disziplinieren, während ich mir gleichzeitig überlege, wie ich Teil des neuen Landes sein kann, auf das ich so lang gewartet habe – und das auf eine Weise, die der historischen Bedeutung angemessen ist.

Ich habe das Gefühl, diese Zeit wird schnell vorbei sein, und die Entscheidungen, die ich jetzt treffe – selbst die kleinen, ob ich beispielsweise die Hand in Freundschaft reiche –, werden sich langfristig gesehen als enorm wichtig erweisen.

***

Abend für Abend erzählen die Opfer der Apartheid im Fernsehen ihre Geschichte. Die „Wahrheits- und Versöhnungskommission" (TRC) verkörpert Südafrikas Versuch, die Vergangenheit anzuerkennen, während man gleichzeitig kopfüber in die Zukunft stürzt.

Meistens kommt in den Nachrichten ein kurzer Beitrag über die Fortschritte des Tages – insbesondere, wenn etwas Explosives entdeckt wurde. Es gibt auf dem staatlichen Fernsehsender eine längere, ausführliche Wochen-Analyse. Max du Preez liefert einen Kommentar dazu, und ein Team berichtet zusätzlich über die Täter beziehungsweise Opfer der im Rampenlicht stehenden Verbrechen.

Abend für Abend bekommen wir zu sehen, wie die Täter leugnen, irgendetwas getan zu haben. Sie sagen nicht, sie hätten nichts *falsch* gemacht – sie leugnen, überhaupt etwas getan zu haben. Das ist bemerkenswert. Als sei die Apartheid nichts anderes gewesen als eine Anzahl von Jahren, in denen *weiße* Männer in Uniform herumsaßen und Däumchen drehten. Als hätten sie nie Elend und Gewalt verbreitet. So gut wie alle, die vor die Kommission gerufen werden, leugnen ihre Verantwortung und weisen mit dem Finger entweder auf ihre Vorgesetzten oder auf ihre Untergebenen. Es gab so viel Blutvergießen, so unendlich viele Leben wurden ausgelöscht, und doch scheinen all diese Verbrechen von Schattenwesen ausgeführt worden zu sein. Geister haben die Opfer zu Tode geprügelt oder sie lebendig begraben. Zombies haben es getan: die wandelnden Toten.

Im Rahmen meiner neuen Arbeitsstelle bei der australischen Hilfsorganisation AusAID wähle ich Projekte in Südafrika aus, die für eine Finanzierung geeignet sind, und empfehle sie der Hauptverwaltung in Canberra. Ich muss das Hauptbüro auch über die aktuellen gesellschaftlichen und politischen Entwicklungen informieren, die Auswirkungen auf unsere Finanzierungen und unsere Partnerschaft mit der südafrikanischen Regierung haben könnten. Meine erste große Aufgabe besteht darin, über eine besondere Reihe von Anhörungen vor dem TRC zu berichten, bei denen es um die Erfahrungen weiblicher Aktivistinnen während der Apartheid geht. Das Büro interessiert sich für Bereiche, in denen eine australische Finanzhilfe sinnvoll wäre.

Als ich am ersten Tag der Anhörungen im TRC-Gebäude eintreffe, fühle ich mich völlig fehl am Platz. Ich trage meine neue Arbeitskleidung, aber plötzlich lassen mich die Absätze, die im Büro so passend erscheinen, overdressed wirken. Ich nehme als Beobachterin teil, und dieser Begriff fühlt sich auf einmal wie eine akkurate Definition meiner selbst an: eine Außenseiterin.

Da bei den Anhörungen Frauen im Mittelpunkt stehen, lassen sich die männlichen Kommissionäre und Fachleute entschuldigen. Ihnen ist klar, dass die Frauen, die ihre Aussage machen sollen, eine Atmosphäre brauchen, in der sie ungehemmt sprechen können. Das Publikum besteht fast ausnahmslos aus Frauen.

Gcina Mhlophe, die bekannteste Erzählerin des Landes, eröffnet die Sitzung. Sie ist groß und imposant. Ein bisschen sieht sie aus wie ich – es verstört mich immer noch, dass ich den Leuten auf der Straße so sehr ähnele, ohne etwas über sie zu wissen. Wieder zu Hause zu sein bedeutet, dass ich ständig Spiegelbildern von mir begegne, nachdem ich mein bisheriges Leben in afrikanischen Staaten verbrachte, in denen ich den Einheimischen nie ähnlich sah. Ich sehe nicht aus wie eine typische Kenianerin oder Sambierin. Hier bin ich mir dagegen überdeutlich bewusst, dass es einen Unterschied macht, aufgrund des körperlichen Erscheinungsbildes *von* einem Ort zu stammen oder aufgrund von gemeinsamen Erinnerungen und Erfahrungen *zu* einem Ort zu gehören. Ich sehe so aus, als ob ich hierhergehöre, aber ich gehöre nicht hierher.

Mhlophes Stimme ist volltönend und so tief, dass sie fast männlich klingt. Wie geschaffen für diese Performance-Rolle. Sie rezitiert ein Gedicht, und sofort steigen mir die Tränen hoch.

> *Seht meine Augen, hört meine Stimme. Was ich sage, ist wahr. Ich spreche über die Knochen der Erinnerung [...] Dies ist die Zeit des Erzählens, und ausnahmslos alle hier im Raum haben eine Geschichte. Es muss mehr erzählt werden.*

***

In den folgenden zwei Tagen bekomme ich viele Geschichten zu hören. Ich sitze allein für mich, denn ich bin hier weder als Angehörige noch als Opfer. Andere sitzen eng beisammen; sie sind in Gruppen gekommen, auch über weite Entfernungen. Die Teilnahme ist ihnen wichtig. Die Frauen sind hier, um Fragen zu stellen, aber auch, um Zeugnis abzulegen.

Die Frauen erzählen von Partnern, die sie zuletzt sahen, als sie im Morgengrauen das Haus verließen, von Söhnen und Töchtern, die in die Schule gingen, aber nie zurückkamen. Sie sind hier, um zu fragen, ob man sie vielleicht gefunden hat, ob irgendjemand weiß, wo sie sind.

Als Thandi Shezi ihre Aussage beginnt, weiß ich nicht, wie ich das aushalten soll. Shezi berichtet der Kommission, dass sie 1988 von der Sicherheitspolizei in Gewahrsam genommen wurde. Ein Jahr lang saß sie in Einzelhaft. Man folterte sie wiederholt. Sie wurde der Wasserfolter unterzogen, für die die Sicherheitspolizei berüchtigt war – in ihrem Fall war in dem Eimer mit Wasser, in den ihr Kopf getaucht wurde, auch noch Säure. Man versetzte ihr am ganzen Körper Elektroschocks. Ihre Zunge schwoll infolge der Schocks enorm an. Dann wurde sie vergewaltigt.

Sie sitzt vorn im Saal und erzählt:

Vier von ihnen vergewaltigten mich. Alle vier gleichzeitig. Und während diese vier mich vergewaltigten, beschimpften sie mich und benutzten schmutzige Wörter und sagten, ich solle endlich auspacken. Sie sagten, wenn ich ihnen nicht verrate, wo die Waffen sind und wo die anderen sind, nach denen sie suchen, dann werden sie mir noch Schlimmeres antun.
Nachdem sie fertig waren, brachten sie mich ins Sunset Prison, später ins Gefängnis von Diepkloof ... Ich wurde so sehr misshandelt und verwundet, dass ich nicht für mich sprechen konnte, ich konnte nicht reden. Als der Arzt mich fragte, was passiert sei, konnte ich es ihm nicht sagen, denn meine Zunge war zu sehr geschwollen. Ich brachte kein Wort heraus. Darum erzählten sie dem Doktor, ich sei eine Prostituierte. Man habe mich in Hillbrow verhaftet. Ich hätte mich der Verhaftung entziehen wollen und sei weggelaufen. Dabei hätte ich mich verletzt.

Am Ende der Anhörungen, am letzten Tag der Woche, kehre ich unter Tränen von Johannesburg nach Pretoria zurück. Ich fahre über den langen Highway, sehe die hoch aufragenden Straßenlampen und die makellos gepflegten Rasenflächen und die gebogenen Brücken und den perfekt verblassenden Abendhimmel. Alles um mich herum ist so wunderschön und ordentlich, und doch bekomme ich die Aussage von Thandi Shezi nicht aus dem Kopf. Nichts könnte schlimmer sein als das, was man ihr angetan hat. Der Bruch zwischen der äußeren Schönheit der beiden Städte und dem, was hinter ihren sauberen Fassaden geschah, überwältigt mich. Alles nur, um den eigenen Wohlstand zu sichern. Ich stelle mir vor, wie Thandi Shezi allein in der Zelle sitzt – und es fühlt sich an, als ob mich die Spannung gleich zerreißt. Ich versuche, sowohl die Geschichte des Landes als auch seine unsichere Gegenwart in meinem Kopf zusammenzufügen; das, was getan wurde, mit unseren Plänen für eine gemeinsame Zukunft in Einklang zu bringen.

Ich kann jetzt unmöglich nach Hause. Stattdessen fahre ich in mein Büro. Es ist schon dunkel, aber es gibt einen Wachmann, darum fühle ich mich sicher. Ich mache das Licht an und schalte meinen Computer ein. Ich muss den Bericht schreiben, solange noch alles frisch ist, bevor der Tag vorüber ist und die Emotionen abgestumpft sind.

Meine Kolleginnen und Kollegen auf der anderen Seite des Indischen Ozeans erwarten keinen so aufgewühlten Bericht von der Front. Sie haben keine Ahnung, was sie mit den Bruchstücken meines Herzens anfangen sollen, die auf ihren Computerbildschirmen landen. Das ist aber egal: Ich schreibe das für mich selbst. In meinem Memo finden sich überall Anmerkungen, eine Blaupause, wie ich mich selbst zur Südafrikanerin machen will. Ich berichte gewissenhaft über die Kommissions-Sitzungen, analytisch und mit dem Blick der Außenseiterin. Und genau so werde ich mich – in den kommenden Jahren – in das Herz des Landes vorarbeiten. Durch meinen Job komme ich an Orte, an die ich aus eigenem Antrieb nie gehen würde – in Townships, in denen ich niemanden kenne, und in abgelegene Teile des Landes, in denen ich eine Fremde bin. Es wird jedes Mal schwierig sein. Wenn ich mich vorstelle, werde ich verloren wirken. Immer wieder von neuem muss ich erklären, warum ich die Sprache nicht beherrsche, dass ich immer noch lerne. Die Kommission weckt in mir den Wunsch, Südafrikanerin zu sein, auch wenn sie mir dabei vor Augen führt, wie gut ich es hatte – wie glücklich meine Kindheit war. Es lindert die Sehnsucht, die ich als Kind hatte. Und es weckt die Neugier, die – das weiß ich – nie ganz befriedigt werden kann: eine Sehnsucht nach Antworten, wie die Menschen überleben konnten und wie sie es in die Zukunft schaffen sollen, ohne sich selbst dabei zu zerfleischen.

Südafrika berührt die Teile von mir, die am verletzlichsten sind, und spricht meine urtümlichsten Instinkte an. Das Land ist, ebenso wie Jason, manisch und selbstbezogen und von seiner eigenen Logik überzeugt. Und wie bei Jason ist genau das der Grund, warum ich es noch intensiver liebe – ich will Südafrika retten. Aber natürlich muss Südafrika, ebenso wie Jason, nicht gerettet werden. Es muss nur vorurteilslos geliebt werden, muss so akzeptiert werden, wie es ist. Man soll mit Südafrika weinen, es tolerieren, wenn es schrecklich ist, und es feiern, wenn es sich von seiner besten Seite zeigt. Es hat zwanzig Jahre gedauert, bis ich das Eine verstehe: Südafrika braucht keine Helden, es braucht gute Freunde – Menschen, die Zeugnis ablegen.

Simon

Wir lernen uns in meinem Büro an einem warmen Wintermorgen im Jahr 1997 kennen.

Er sieht gut aus – groß, mit blauen Augen und einem Haarschnitt, der schon ein wenig ausgewachsen ist. Und mit einem filmreifen Lächeln, das sich in seinen Augen spiegelt. Er hat ein wunderbares Kinn – mit einem Kinngrübchen wie eine Figur aus einem *Mills-&-Boon*-Roman. Er hat etwas Scheues an sich, etwas Liebenswürdiges und Freundliches, das sich nicht dafür interessiert oder gar nicht bemerkt, wie sein Mund und seine Nase in seinem Gesicht ausgerichtet sind. Er hat überhaupt nichts von dieser Scheinheiligkeit des *weißen* Retters an sich, wie ich sie bei so vielen anderen Experten erlebte, mit denen ich im Laufe meiner Arbeit für das australische Hochkommissariat zusammenarbeiten musste. Darum verstehen wir uns von Anfang an gut.

Er ist ins Land gekommen, um bei der Ausarbeitung des ersten jugendpolitischen Programms Südafrikas zu helfen. Also fachsimpeln wir, und in diesem Kontext fragt er mich, ob ich bei der feierlichen Vorstellung des Programms in Kapstadt dabei sein möchte. Am nächsten Abend fliegt er schon wieder zurück nach Australien – von wo er stammt –, aber ich sage ihm, dass ich mich erst in ein paar Tagen entscheiden kann und ihm dann per Mail Bescheid gebe. Als sich unsere Wege trennen, verspricht er, mir eine offizielle Einladung zukommen zu lassen. Unwillkürlich muss ich lächeln. Ich denke, wie nett es wäre, mich weiter mit ihm zu unterhalten.

Wenige Tage nach seiner Abreise werden die Ergebnisse der ersten südafrikanischen Volkszählung veröffentlicht. Zum ersten Mal wurden alle Schwarzen Menschen im Land gezählt – ein gewaltiges und wichtiges Unterfangen.

Über einhunderttausend Menschen wurden zum Zählen eingestellt; ein Jahr lang wurde der Bevölkerung im Fernsehen und Radio durch Werbespots erklärt, wie wichtig die Zählung ist, und alle wurden aufgefordert, daran teilzunehmen.

Bei früheren Volkszählungen wurden die Townships, in denen die Schwarzen leben, ignoriert. In den amtlichen Bekanntmachungen wurden Townships nicht aufgeführt. Millionen Schwarzer Menschen wurden unter den Tisch gekehrt. Sie waren real genug, um in den Häusern und Geschäften der *Weißen* zu arbeiten, aber wenn es um Planung und Infrastruktur ging, blieben sie unsichtbar.

Ich gehe das offizielle Volkszählungsergebnis gewissenhaft durch und vergleiche es mit dem weitaus ausführlicheren Bericht, der dem australischen Hochkommissariat vorgelegt wurde. Der Bericht hat eine unglaubliche Detailfülle – vieles davon halte ich in Hinblick auf die neue Jugendpolitik für wichtig. Ich bin total aufgeregt, wenn ich daran denke, dass Südafrika sich buchstäblich neu erfindet. Jedes neue politische Programm, jeder neue bürokratische Prozess fühlt sich revolutionär an, weil alles im Namen der Demokratie geschieht. Das neue Südafrika ist kein Staat, dem daran liegt, uns zu zählen, um uns einen Strick daraus zu drehen – es ist ein Staat, der seine Bürgerinnen und Bürger besser kennenlernen will, um unsere Bedürfnisse zu verstehen. In meiner Begeisterung faxe ich Simon eine Zusammenfassung, die umreißt, was die Nation aus der Volkszählung lernen kann. Sie umfasst ungefähr dreißig Seiten. Wenn Simon die Geschichte erzählt, spricht er von fünfzig Seiten, und hinterher sei der Toner in seinem Faxgerät zu Hause völlig leer gewesen. Ich stehe bis zum späten Abend am Faxgerät, nachdem ich den Inhalt der Volkszählungsergebnisse verdaut habe. Mir ist nicht klar, dass es in Perth – Tausende von Kilometern und einen Ozean von mir entfernt – da schon drei Uhr in der Nacht ist und das Geräusch des Faxgeräts in seinem Büro gerade den Mann, den ich sympathisch finde, aus dem Schlaf gerissen hat.

Dennoch ist er dankbar. Er schickt mir eine herzliche, lustige Dankesmail für das Fax, das so dringend war, dass es um drei Uhr nachts gesendet werden musste. Er bringt mich zum Lächeln und weckt damit meine Neugier. Ich muss den ganzen Tag an ihn denken, öffne seine Nachricht ein paar Mal völlig unnötigerweise, und schließlich wird mir klar, dass ich ihn offenbar ein wenig mag.

Ein paar Wochen später ist er wieder in Südafrika – dieses Mal in Kapstadt für den feierlichen Start des Jugendprogramms. Ich nehme nicht teil, aber es gefällt mir, dass er auf dem Weg nach Kapstadt bei mir angerufen hat.

Wir vereinbaren, dass wir uns bei seiner nächsten Reise zum Mittagessen treffen wollen. Ich trage meinen braunen Hosenanzug und sehe sehr gut aus, aber ich bin besorgt, weil ich plötzlich lauter Pickel auf der Stirn habe. Gleichzeitig freue ich mich über die beeindruckende Höhe meines traditionellen *wraps*. Er tut so, als würde er die Pickel nicht bemerken, und macht mir ein Kompliment zu meinem *wrap*. Ich bin beeindruckt, dass er nicht von einem Turban spricht. Während des Mittagessens warte ich dauernd auf einen peinlichen Moment, einen Fehltritt, darauf, dass er etwas Falsches sagt oder tut, aber dieser Moment kommt nicht. Er ist locker und lustig und unprätentiös. Bei ihm gibt es kein Pathos, wie es bei Jason der Fall war.

Simon reist nach Australien zurück, und wir fangen an, uns täglich E-Mails zu schicken. Er schreibt Sachen wie: „Es war schön, dich gestern zu sehen. Ich frage mich, ob du die Cartoons von Leunig kennst? Er bringt Verletzlichkeit so gut zum Ausdruck. All das, was ich dir über fatalen Optimismus erzählte ... Ich habe dir meine Lieblingsillustrationen von ihm eingescannt und angehängt."

Wir flirten in diesen Mails, sagen über den Computer mehr, als wir es uns von Angesicht zu Angesicht getraut hätten. Dennoch lassen wir Zurückhaltung walten. Es sind die Tage vor der Alltäglichkeit von Laptops. Ich schaue nur nach meinen Mails, wenn ich im Büro bin, und da immer andere anwesend sind, wenn ich ihm schreibe, sage ich ihm nicht alles, was ich ihm sagen möchte.

Simon besucht Südafrika regelmäßig, und jedes Mal fühlt es sich fröhlich und leicht an. Er ist eindeutig perfekt für mich. Seine Abwesenheit hilft dabei, die Dinge langsam anzugehen. Ich muss ihn nicht ständig sehen. Ich muss nicht darüber nachdenken, wohin das alles führen wird. Ich kann mit anderen ausgehen, habe keinen festen Freund. Und doch wächst unsere Freundschaft. Wir fühlen uns zueinander hingezogen, und diese Anziehung macht es schöner, wenn wir zusammen sind, aber es ist für uns beide ein völlig neues Terrain.

Und dann geschieht es. Wir testen uns nicht länger aus. Eines Abends gehen wir zum Essen ins Giovanni, ein Restaurant in einem der besseren Vororte von Pretoria. Es ist ein umgebautes altes Herrenhaus, das einst groß und charmant war und glücklicherweise nicht zu den Lieblingsrestaurants des diplomatischen Corps und der Belegschaft der internationalen NGOs in Pretoria gehört. Es regnet, und wir sitzen auf der überdachten Veranda. Die Regentropfen sind riesig, die Art von Tropfen, die während eines *Highveld*-Sommers immer am Ende eines schwülwarmen Tages vom Himmel fallen.

Wir bestellen und machen es uns gemütlich. Ich ziehe meine Schuhe aus, bin barfuß unter dem Tisch. Wir sprechen über seine Scheidung, über seine beiden Kinder, über Liebeskummer und Einsamkeit. Meine Füße finden seine, kommen auf seinen Schuhen zu liegen. Meine Hand greift nach seiner. Wenn ich könnte, würde ich mich auf seinen Schoß setzen und mich an ihn kuscheln, aber wir sind nicht allein. Es ist das erste Mal, dass ich mich einem Mann so verbunden fühle. Alles, was er sagt, kommt mir bedeutsam vor. Unsere Finger verhaken sich ineinander, und ich kann seinen Hals riechen, und ich möchte näher an ihn heranrücken, und es ist eindeutig, dass wir nun ein *Wir* sind.

Aber Gefühle sind das eine. Die Realität ist etwas anderes.

Simon ist ein Jahrzehnt älter als ich, er hat Kinder, und er ist *weiß*. Nichts davon war Teil meines Planes. An der Uni habe ich gegen alles *Weiße* gekämpft, ich habe mein Herz in Gedichte über die wunderbare Schwarze Liebe gegossen. Ich befinde mich in Südafrika, wo wir gerade die *weiße* Vorherrschaft besiegt haben. Und doch habe ich mich in einen *weißen* Mann verliebt. Es ergibt keinen Sinn.

Ich wünschte, er wäre Schwarz, aber das ist er nicht, und das ist Südafrika, wo die *Weißen* den Schwarzen kollektiv ziemlich schlimme Dinge angetan haben, und Simon kann niemals wütend genug auf das Geschehene sein, um mich zufriedenzustellen. Wie könnte er auch? Er ist am Strand in Perth aufgewachsen, einer Stadt auf der anderen Seite des Indischen Ozeans, wo immer die Sonne scheint. Was weiß er schon vom Leiden?

In meiner Selbstgerechtigkeit, in meiner Suche nach einem Rahmen, in den die politische Überzeugung passt, die ich mir in den letzten Jahren angeeignet habe, frage ich nicht, was ich denn schon vom Leiden weiß, geschweige denn, was die Liebe mit Leiden zu tun hat. Ich brodele und koche und wüte, und schließlich gelange ich zu dem Schluss, dass es mit uns beiden nicht funktionieren kann.

Das Trennungsgespräch ist schwer, umso mehr, als es nicht um ihn oder mich geht, sondern um eine Ideologie, ein Bild von mir selbst, an das ich mich klammere, weil ich eine radikale junge Frau sein will, deren Politik und deren Leben konsequent und rein sind.

„Lass uns eine Pause einlegen“, sage ich. „Ich kann das nicht.“

Er hat das seit Wochen kommen sehen. Wir sind fast ein Jahr zusammen, und er hat meine Schwestern kennengelernt und einmal sogar Mummy getroffen. Ich war noch nicht in der Verfassung, ihn Baba vorzustellen. Simon und ich haben einen Streit nach dem anderen in Sachen Rassismus. Ich fauche ihn an, weil er den Parkwächter zu breit angelächelt hat oder wie er mit dem Kellner redet. „Du bist gönnerhaft“, werfe ich Simon vor. Er kann mir nichts recht machen. Ich fange an, mich selbst nicht mehr zu mögen. Ich mag nicht, zu wem ich werde, wenn ich versuche, meine politische Einstellung umzusetzen.

Simon ist am Boden zerstört. Ich auch, allerdings auf andere Weise.

Und dann bin ich wieder allein. Plötzlich fühlt sich die Selbstgerechtigkeit, die mich dazu brachte, die Beziehung zu beenden, schal und hohl an. Es hat nichts Befriedigendes, in ein Restaurant zu gehen, ohne die Blicke und das Getuschel zu wecken, das uns für gewöhnlich begleitete. Ich vermisse ihn.

Und doch halte ich an meiner Einstellung fest. Ich habe hin und wieder ein Date. Nichts Ernstes. Ich lasse die Tür für Simon offen. Ich will nicht, dass er völlig aus meinem Leben verschwindet, auch wenn ich das so gesagt habe. Etwas in mir ist klüger als mein Verstand.

Seine Nachrichten sind immer zurückhaltend. Er schreibt nicht mehr „Ich liebe dich“, aber ich weiß, dass er es sagen will. Manchmal schickt er mir noch Briefe, wie er es früher zu tun pflegte, voller Details – mit Beobachtungen über das Wetter und den Wind und die Sonne. Er ist ein Mann, der einst ein Junge war, der am Meer lebte, dessen Bewegungen und Veränderungen im Laufe der Jahreszeiten ihm wichtig sind. All das hat eine Bedeutung, über die ich nie nachgedacht habe, bevor wir uns trafen. Dann wieder schreibt er nur „Wie geht es dir?“, und die Kürze dieser Nachrichten lässt mich denken, dass seine Liebe für mich womöglich erkaltet. Ich mache mir Sorgen, was passiert, wenn er es leid ist und tatsächlich aus meinem Leben verschwindet.

Mummy erkundigt sich oft nach ihm, und immer fallen meine Antworten kurz angebunden aus.

„Wo ist dieser nette Simon?“, fragt sie. Ich sage nur: „Ich habe keine Ahnung, Mummy.“ Es geht sie nichts an, dass wir immer noch in Kontakt stehen. Ich weigere mich, ihre Fragen als subtilen Hinweis aufzufassen, dass sie diese Beziehung akzeptiert. Auf ihre unaufdringliche Swasi-Art bringt Mummy zum Ausdruck: „Er ist so völlig anders als du, und doch liebst du ihn. Also schließe auch ich ihn in mein Herz. Wenn du ihn liebst, liebe ich ihn ebenfalls.“

***

1999 ist Nelson Mandela nicht länger Präsident, aber Südafrika ist immer noch frei. Freiheit bedeutet im neuen Südafrika viele Dinge. Für Zeng und mich bedeutet es, an diesem regnerischen Morgen in Kapstadt ausschlafen zu können. Regenschauer ergießen sich auf das kleine Gartenhaus, das Zeng in Woodstock angemietet hat. Es ist ein grauer Tag, und unsere Köpfe schmerzen – meiner mehr als ihrer. Wir liegen auf ihrem Bett.

Gestern Nacht haben wir zu viel getrunken. Ich war dermaßen betrunken, dass ich Zigaretten geraucht habe und so tat, als könnte ich Französisch sprechen. Zeng verträgt Alkohol besser – sie hat mehr Übung. Darum kümmert sie sich um mich. Ein netter Rollenwechsel: Die kleine Schwester bringt ihre sturzbetrunkene große Schwester zu ihrem Auto. Zeng ist jetzt im zweiten Semester an der University of Cape Town (UCT). Ich habe meinen Job aufgegeben, um einen zweiten Abschluss zu machen. Baba und Uncle Stan waren unnachgiebig – ich würde es in meinem Beruf zu nichts bringen, wenn ich meine Studien nicht nach meinem ersten akademischen Grad weiterführe. Darum mache ich jetzt meinen Master in Politikwissenschaften, während ich nebenher in Teilzeit arbeite.

Mein Magen ist aufgewühlt. Ich weiß nicht, ob ich sitzen oder stehen soll. Ich trinke nicht oft über den Durst, aber wenn ich es tue, dann habe ich hinterher immer eine Geschichte zu erzählen. Wenn ich betrunken bin, bin ich urkomisch.

Zeng genießt diesen Moment. Für gewöhnlich ist sie diejenige, die einen Kater hat, darum gibt sie sich jetzt amüsiert und süffisant. Mir ist, als müsse ich mich gleich übergeben. Ich stehe auf und muss mich sofort wieder hinlegen. Ich werde nie wieder trinken, stöhne ich. Zeng lacht. Sie ist mein Sonnenlicht, selbst wenn ich am liebsten sterben würde. Sie hat kein Mitleid, aber ich bin froh, dass wir zusammen sind. Als sie nach Kapstadt zog, habe ich sie vermisst. Das Haus in Pretoria war ohne sie nicht mehr dasselbe. Mummy und Baba waren kaum da – sie hatten mit ihren Projekten vollauf zu tun. Jetzt sind Zeng und ich wieder vereint. Sie hat ihren eigenen Freundeskreis in Kapstadt gefunden, aber für mich nimmt sie sich Zeit. Sie vergöttert mich nicht mehr – wir begegnen uns jetzt auf Augenhöhe. Irgendetwas hat sie verändert, so dass sie in der Lage ist, Ratschläge zu erteilen und nicht nur meine Weisheiten zu empfangen. Trotz meines bemitleidenswerten Zustands möchte sie mit mir reden. Ich will nicht zuhören, aber ich bin viel zu angeschlagen, um Widerspruch einzulegen. Sie stellt sich neben das offene Fenster, weil sie weiß, dass ich keinen Zigarettenrauch vertrage. Ich beobachte die Rauchwölkchen, die nach draußen schweben – durchscheinend vor dem grauen Himmel. Etwas in mir wünscht sich, ich wäre mehr wie Zeng – unbekümmert darüber, was Mummy und Baba denken, weswegen sie trinken kann und das Seufzen unserer Eltern mit einem Achselzucken abtut. Ich hatte als Teenager zu viel Angst vor ihnen, darum habe ich nie mit Zigaretten experimentiert, und selbst jetzt macht mir ihre Missbilligung noch zu schaffen. Auch dass ich jetzt hier bin, hat nicht zuletzt damit zu tun, dass unsere Eltern stolz auf mich sein sollen. Zeng scheint – zumindest oberflächlich – diesen Wunsch nicht zu teilen. Sie ist, wer sie ist, und sie macht, was sie will.

Wir sind so klassisch die „Erstgeborene" und das „Nesthäkchen", dass es uns verbindet. Wir scheinen wie in Stein gemeißelt. Mandla ist immer noch in Amerika, aber sie ist ebenso sehr ein „mittleres" Kind, wie wir die Älteste und die Jüngste sind. Häufig gründen sich unsere gegenseitigen Ratschläge auf dem festen Wissen, dass die Reihenfolge unserer Geburt unsere Haltung gegenüber Mummy und Baba bestimmt. Sie spielt aber auch eine Rolle in unserem jeweiligen Weltbild. Auch wenn wir jetzt erwachsen sind, auf gewisse Weise sind unsere Eltern immer noch die Planeten, um die wir kreisen. Bei vielen meiner Entscheidungen suche ich ihre Zustimmung – selbst wenn ich nicht mit ihnen darüber rede. Mandla kämpft ständig darum, sie selbst zu sein, wahrgenommen und gehört zu werden, darum ist sie auch in ihrem häufigen Schweigen eigensinnig. Und Zeng, unsere entzückende Nachzüglerin, tut zwar so, als ob es ihr egal wäre, aber das ist es nicht.

Ich liege also im Bett, und selbst wenn ich nur atme, will mir der Schädel platzen, aber dennoch bringt sie mich zum Lachen, als sie mir von letzter Nacht erzählt. In der Rückschau markiert dieser Moment – unser Gespräch, der Zigarettenrauch, meine Schwindelgefühle – unseren Übergang zum Erwachsensein.

Zeng erzählt mir von dem Franzosen, dessen Akzent ich in der vergangenen Nacht nachgemacht habe. Ich habe keine Erinnerung daran. Wir lachen. „Kann isch eine Zigarett 'aben?", flötet Zeng und imitiert mich in all meiner Lächerlichkeit. „Schätzchen, du hast die ganze Nacht so geredet. Ihm ins Gesicht!" Wenn es nicht so wehtäte, würde ich jetzt noch lauter lachen. „Dieser arme Franzose. Er wusste nicht, in was er da hineingeraten ist. Aber er war süß." Ich will gerade mit den Augen rollen, da wechselt sie das Thema – so schnell, dass mir schwindelig wird.

„Wo wir gerade von süßen Kerlen reden, Schätzchen, können wir über die schockierende Scheinheiligkeit reden, mit der du jemanden in den Wind geschossen hast, nur weil er *weiß* ist?"

Meine Wangen färben sich knallrot. Ich bin verlegen und wütend. Black-Power-wütend.

„Inwiefern ist das scheinheilig?", verlange ich zu wissen.

„Es ist scheinheilig, weil du ihn liebst."

Sie sagt die Wahrheit.

„Da bin ich mir nicht sicher."

Ich lüge.

„Oh bitte, Schätzchen. Du hast dich nicht davon abschrecken lassen, dass er Kinder hat. Es macht dir nichts, dass er zehn Jahre älter ist als du. Es stört dich nicht, dass er eine Ex-Frau hat. Es kratzt dich nicht, dass er im gottverdammten Australien lebt – Over There oder Down Under oder wie die das nennen. Das sind alles ziemlich heftige Sachen, aber sie schrecken dich nicht. Und dann machst du mit so einer Wischiwaschi-Begründung mit ihm Schluss? Ich bitte dich, du hast einfach nur Schiss, was die Leute sagen könnten."

Ich schweige, weil sie recht hat.

„Ja ja, dein ganzes radikales Aktivistinnen-Gerede, und dann verliebst du dich in einen *Weißen*." Sie sagt es nicht herzlos, sie konstatiert nur das Offensichtliche.

Ich schweige weiter, weil sie immer noch recht hat. Sie wertet mein Schweigen als Erlaubnis, fortzufahren. Ich höre ihr zu.

„Und ich verstehe das auch. Na ja, eigentlich nicht, weil ich völlig außer mir wäre, wenn mich jemand so sehr lieben würde. Aber irgendwie verstehe ich es schon. Vielleicht musst du deine politischen Ansichten einfach nochmal überdenken, damit sie besser zu dir passen. Vielleicht sind diese ganzen Theorien nur Hinweisschilder in die richtige Richtung. Aber wie man sie umsetzt, liegt bei einem selbst. Also ehrlich, wenn du alles logisch bis zum Ende umsetzen willst, dann müsstest du eine Schwarze Lesbe heiraten, die einen Meter achtzig groß ist und Dreadlocks hat, denn sie wäre der einzige Lebenspartner, der genau wüsste, wie es ist, du zu sein. Das ist doch verrückt, Schätzchen."

Sie hat immer noch recht.

Ich habe Simon hauptsächlich wegen dieser Vorstellung zurückgewiesen, die ich von mir habe. Dickköpfig klammere ich mich an eine politische Einstellung, die ich mir in Abwesenheit der Liebe angeeignet habe – damals, als ich an der Uni war, aufgeladen mit einer Selbstgerechtigkeit, die zwar zutiefst kraftvoll, aber auch naiv abstrakt war. Mir hätte klar sein müssen, dass alles viel komplexer ist, als es mir lieb ist. Ich bin im Angesicht der Liebe nicht machtlos, aber ich kann die beiden Kernpunkte meiner Erziehung nicht ignorieren, die beiden großen Ideen, die mein Leben bis zum College angeleitet haben – so vereinfacht und naiv sie auch klingen mögen. Da ist zum einen, dass *Rasse* pure Fiktion ist, ein Mythos, den die Buren und die Sklavenhalter in Amerika erfanden, um uns zu unterdrücken. Als ich aufwuchs, waren Familien wie die Jeles und die Mfenes – wo die Mütter *weiß* und die Väter Afrikaner waren – ein deutliches Zeugnis für die Absurdität dieser Konstruktion biologischer *Rassen*. Und da ist zum anderen, dass Güte und Fairness wichtig sind. Einwände gegen *mixed-race* Beziehungen machen in einer rassistischen Welt Sinn, das kann ich nicht leugnen. Aber am Ende läuft es doch auf eins hinaus: Ich hätte lieber Simon in meinem Leben, als ihn nicht zu haben. Ich möchte lieber an unseren Meinungsunterschieden und Auseinandersetzungen arbeiten, bis wir beide vollkommen erschöpft sind, als vor diesem Mann, den ich liebe, davonzulaufen – der mich umfassender liebt als jemals ein anderer Mann. Dieses Wissen ist wichtiger als jede intellektuelle Debatte. Ich muss lernen, die Widersprüche zu akzeptieren. In den kommenden Jahren werde ich immer wieder mit ihnen zu ringen haben; manche Probleme lassen sich niemals ganz lösen. So klischeehaft es sein mag, wir leben diese Fragen, und in der Freude und dem Schmerz, sie zu stellen – oder sie in bisweilen scharfer und schwieriger Weise gestellt zu bekommen –, finden wir Sinn.

Darum höre ich – immer noch halb betrunken und mit Brechreiz – auf meine Schwester. Und schicke Simon eine Textnachricht: „Willst du mich in Kapstadt besuchen?"

Er schreibt zurück: Ja.

***

Simon und ich heiraten 2003. Wir bekommen zwei Kinder. Im Laufe der Jahre haben wir unseren Weg gemacht, und das Machen unseres Weges wurde unser Weg – unser Weg und unser Fortschritt. Wir haben gelernt, dass es nicht heißt „wir gegen die Welt“. Bei unseren Kämpfen geht es manchmal einfach nur um uns in dieser Welt. Seine Liebe und Geduld haben mir beigebracht, dass Liebe eine stete Auseinandersetzung ist, und unsere Liebe ist wie jede andere auf diesem Planeten: manchmal fast zu schwer und manchmal bitter, aber immer in Hülle und Fülle vorhanden. Selbst in unseren dunkelsten Momenten haben wir unsere beiderseitige Liebe nie verloren.

Simon spricht nicht auf dieselbe Weise über -ismen wie ich. Er versucht sein Bestes, sie zu verstehen. Seine Ansichten sind vernünftig und klug und manchmal tiefschürfend. Er glaubt an Gott, ich bin dagegen Skeptikerin. Ich habe gelernt, mich von seinem Glauben nicht stören zu lassen, er bleibt angesichts meines mangelnden Glaubens gelassen. Ich habe gelernt, seinen Glauben ebenso zu respektieren wie die Tatsache, dass er in die Kirche geht, wenn er will, und wenn er nicht will, dann lässt er es bleiben. Er ist freier von Dogmen als jeder andere, den ich kenne, und doch hat er ein unerschütterliches Gespür für sich selbst. Ich habe gelernt, dass er einen großen Teil seiner emotionalen Stabilität seinem Glauben an Gott verdankt.

Mit der Zeit lerne ich auch, seine tiefe Hingabe und Liebe zum Meer zu schätzen. Es bereichert mich und verleiht mir ein Gefühl des Staunens. Ich bewundere seine Liebe zum Ozean, weil ich weiß, dass sie ihn durch eine Kindheit brachte, die manchmal einsamer war, als sie es hätte sein müssen.

Simon hat mir beigebracht, dass Liebe nicht darauf basiert, wie sehr man sich ähnelt oder wie unterschiedlich man ist. Durch ihn habe ich entdeckt, dass die Liebe in ihrer eigenen Dimension lebt, und auch wenn sie mit dem realen Leben in Verbindung steht – mit festen Dingen und Systemen und Elementen –, ist sie dennoch geheimnisvoll.

Ich mag auch seine Kinder. Gabi ist verspielt und ängstlich. Sie ist erst elf, hat das unsichere Lächeln ihres Vaters und trägt dieselben Wunden in ihrem Blick, dieselbe Entschlossenheit, okay zu sein, auch wenn sie es eigentlich nicht ist. Nick ist gelassen und entspannt. Er war acht, als ich ihn das erste Mal sah, und trug eine Halskette aus Haifischzähnen. Auch Nick liebt das Meer. Er ist von Natur aus cool. Er will, dass sein Vater ihn liebt, darum lacht er über meine Witze.

Mit der Zeit haben wir uns alle lieben gelernt, weil wir entschieden haben, dass wir einander lieben wollen. Sie sind ein Teil von Simon, aber an meiner Liebe für sie muss ich arbeiten. Sie haben eine Mutter, und ich bin nur eine junge Frau, die nichts über australische Kinder weiß. Aber ich liebe Simon, darum habe ich beschlossen, auch sie zu lieben. Sie machen es mir leicht. Ihre Mutter ist eine gute und ehrliche und freundliche Frau und macht es mir noch einfacher. Wir leben unseren Weg in unser Leben. Ich weiß nicht, wie ich es anders ausdrücken könnte: Unser Leben ist unser Leben, und wir haben uns angewöhnt, nichts zu erklären und uns für nichts zu rechtfertigen. Wir lernen, nur dem nachzugeben, was das Leben und die Liebe von uns verlangen.

Mummy und Baba lieben Simon. Sie sind selbst viel zu gutherzig, viel zu menschlich und viel zu erfüllt mit dem Anstand und der Moral ihrer Generation, als dass man die Güte in ihren Augen ignorieren könnte. Mummy macht ihn zu ihrem Sohn, und Simons Dankbarkeit für ihre Liebe und ihre Akzeptanz erfüllt mich mit Freude.

In der ersten Zeit gibt es Momente, in denen ich mich frage, ob wir das Richtige getan haben. Manchmal, auch über lange Strecken hinweg, verliere ich meine Geduld, denn wenn man jung ist und es viel zu tun gibt, scheint sogar die Liebe entbehrlich. In diesen Phasen löchere ich ihn mit Fragen und erwarte, dass er mir Bilderbuchantworten gibt. Er versagt bei all meinen Tests. Selbst, wenn er eine Prüfung auf sich zukommen sieht, versagt er. Mit der Zeit wird uns beiden klar, dass er niemals einen Test bestehen kann, den ich als Falle aufstelle.

Auch Simon hat seine Zweifel. Seine Ängste kreisen um meine Fähigkeit, mich besser zu benehmen, als ich es sehr oft tue. Er fragt sich, ob er an mich glauben soll oder ob er mich einfach so akzeptieren muss, wie ich bin. Manchmal fragt er sich sogar, ob er mich verlassen soll, und die Antwort ist nicht eindeutig, weil ich ihm so wenig gebe, an das er sich klammern kann.

Er ist freundlicher, sanfter, einfühlsamer und unerschütterlicher als jeder andere Mensch, den ich kenne. Er ist meine Geduld, und mit der Zeit lerne ich, sein Temperament zu sein. Wenn ihm Gemeinheit begegnet, stelle ich mich hinter ihn. Ich bin loyal zu der besten Version von ihm, und selbst wenn er seine schlechteste Version lebt, weiß ich doch, wer er sein kann, und wenn er sich nicht daran erinnert, tue ich es für ihn. Wenn er sich irrt, klären wir es gemeinsam, aber weil er sich häufig viel zu schnell selbst die Schuld gibt, lerne ich, dass er sich in Herzensangelegenheiten nur selten irrt. Trotzdem haben wir unsere Komplikationen.

Simon bringt mir die Liebe bei. Er lehrt mich, dass ein Leben in Liebe bedeutet, über lange und manchmal schmerzliche Phasen hinweg zu lieben – man selbst zu sein in Anwesenheit des anderen. Man selbst zu sein, wenn man allein ist, ist eine Sache, in einer Partnerschaft man selbst zu sein, ist ein Geschenk.

Ich lasse mich von ihm lieben. Ich liebe ihn, und meine Liebe wird stärker und weniger anfällig, wenn sie auf die Probe gestellt wird.

Alle, die jemals geliebt haben und deren Liebe erwidert wurde, wissen, was ich meine, wenn ich sage, dass ich mich damit abgefunden habe, Simon zu lieben. Ich habe gelernt, uns nicht in die Karten schauen zu lassen. Jene Versuche abzuwimmeln, uns auf eine Weise zu definieren, die bagatellisiert, was wir durchgemacht haben und wer wir einander sind. Mich denen zu verweigern, die neugierig sind, weil ich Schwarz bin und er *weiß* ist. Als ob das jemals das Entscheidendste sein könnte, was man über uns zu sagen hat.

AIDS

Der Übergang – der in diesen ersten Jahren fließend und aufregend gewesen war – wird plötzlich zu etwas Schwerem und Unnachgiebigem. Aids ist überall. In jeder Zeitungsschlagzeile, auf jeder Plakatwand. Plötzlich hat es den Anschein, als würden alle gleichzeitig sterben. Aunties sterben leise, und Uncles machen sich heimlich davon. Niemand will darüber sprechen, obwohl wir alle Bescheid wissen. Bei der Arbeit schrumpfen die Menschen in ihren Kleidern, ihr Mund wird trocken, ihre Zungen verwandeln sich in Wattebäusche.

Aids durchdringt alles und schlängelt sich quer durch das Land in jedes Dorf und sogar in die härtesten Herzen. Jeder, so scheint es, ist krank oder traurig oder beides.

Der einzige Mensch in ganz Südafrika, der nicht zu trauern scheint, ist der Präsident. Stattdessen scheint er empört, dass unsere glorreiche Geschichte wegen diesem Aids-Blödsinn in den Dreck gezogen wird. Mbeki ist überzeugt, dass die Medien zu viel darüber berichten. Schlimmer noch, er flirtet mit den Aids-Leugnern. Er kommuniziert auf selbstherrliche und verwirrende Weise zu diesem Thema und verkündet, bei einer Epidemie gehe es mehr um Armut als um Krankheit. Seine Argumente sind weltfremd. Er lässt sich endlos über dieses Thema aus. Seine Reden werden immer aufgeblasener, und er wirkt zunehmend wichtigtuerisch, bis ich mir eines Tages denke, er könnte davonfliegen wie ein Luftballon voller selbsterzeugtem Helium. Er bleibt in seinen Aussagen stets vage, aber seine Taten sprechen für sich. Er tut nämlich nichts. Das verlangsamt die Maschinerie des Staates.

Als sein Leugnen immer ausgeprägter wird, ebenso wie seine Sturheit und Unfähigkeit, zuzugeben, dass er falschliegt, kann ich seinen Anblick kaum mehr ertragen.

Aber er fliegt nicht wie ein Ballon davon, und ich kann den Präsidenten des Landes, das allmählich zu meinem wurde, nicht ignorieren.

Präsident Mbeki bleibt im Amt, unterstützt von einer Partei, die angesichts seines himmelschreienden Verhaltens immer feiger wird. Weil sein Tonfall nie hitzig wird und er für seine Belesenheit bekannt ist, trägt sein Leugnen das Gewand der Plausibilität. Er klingt wie ein Staatsmann, auch wenn die Folgen seiner „Argumentation" düster sind.

Seine Opposition in Sachen Aids stößt zunehmend auf Empörung. Journalisten schreiben und Redakteure veröffentlichen Meinungskolumnen, aber es geschieht nichts. Stattdessen wirft man jenen, die Mbekis merkwürdige Scheinwissenschaft hinterfragen, Rassismus vor. Sie wollten den Präsidenten untergraben. Man sagt uns nach, wir wollten einen Schwarzen Mann scheitern sehen.

Je mehr Mbeki gedrängt wird, seine Herangehensweise zu ändern, je mehr Stimmen laut werden, er solle sich beeilen und den Kranken und Sterbenden helfen, indem er die Medikamente besorgt, die sie brauchen, desto sturer wird er.

Diese Jahre sind schwierig für mich, weil Aids nicht nur ein Thema in den Schlagzeilen ist. Ich arbeite mittlerweile für die Vereinten Nationen und beschäftige mich hauptsächlich mit Sex und Reproduktionsgesundheit. Aids ist ein fundamentales Thema meiner Arbeit. Ich lebe und atme die Statistik. Ich arbeite mit einem Team von Aktivisten, die glauben, dass Aids die große Herausforderung unserer Generation ist. Unsere Eltern waren aufgefordert, gegen den Rassismus zu kämpfen, unsere Aufgabe ist es, die sozioökonomischen Rechte anzugehen und sicherzustellen, dass die Verfassung nicht nur ein leeres Dokument ist, das die Menschen in Südafrika im Stich lässt.

Aids ist ein schmerzliches Phänomen, das die Besten und Klügsten unserer Generation ihrer Energie beraubt und – in viel zu vielen Fällen – des Lebens selbst. Dass der Präsident Aids leugnet, schockiert viele von uns. Anfangs versuchen wir, ihn ins Boot zu holen. Wir hören respektvoll zu, wenn er von dem Thema spricht. Aber rasch wird klar, dass der Kampf, den wir ausfechten müssen, ebenso sehr das Recht auf Gesundheit betrifft wie das Recht, die Regierungspolitik zu hinterfragen, zu beeinflussen und gegebenenfalls zu reklamieren.

Das beharrliche Leugnen von Präsident Mbeki reißt uns aus unserer Bequemlichkeit und ruft uns in Erinnerung, dass die Demokratie unablässig verteidigt werden muss.

Der offizielle Sprecher des Präsidenten – ein Mann, der schon ewig sein Sprecher ist, der im Flugzeug neben ihm sitzt, wenn sie den Globus kreuz und quer umrunden, ein Mann, der die Anfragen der Medien auflaufen lässt und die Reden des Präsidenten schon seit Jahren schreibt, ein Mann, den der Präsident womöglich sogar „Bruder" nennt – beginnt zu schrumpfen. Er stirbt vor unser aller Augen an Aids, während der Präsident gleichzeitig erklärt, die Krankheit habe mit Armut zu tun, nicht mit einem eindeutig identifizierbaren Virus.

Die Öffentlichkeit schüttelt den Kopf, kann das Spektakel, das sich aufs Entsetzlichste entfaltet, kaum glauben. Der Präsident trägt keine Kleider, und der Mann, der behauptete, er trage die feinsten Anzüge im ganzen Land, ist jetzt tot – getötet von dem Virus, dessen Existenz sie geleugnet haben.

Der Name des Sprechers lautet Parks Mankahlana. Er ist einer der Getreuen Mbekis, was bedeutet, dass er demselben Wahnsinn aufgesessen ist wie sein Boss. Mbeki ist es offenbar peinlich, zugeben zu müssen, dass eine sexuell übertragbare Krankheit unsere Wirtschaft beherrscht und unser Humankapital dezimiert. Irgendwie scheint das unter unserer Würde zu sein. Er kann nicht erkennen, dass die Apartheid dieses Virus in unser Land eingebrannt hat, dass die Ausbreitung des Virus untrennbar verknüpft ist mit der Infrastruktur der Apartheid, mit der gesellschaftlichen Dynamik, die das System geschaffen hat. Stattdessen sucht Mbeki nach einem Sündenbock – westliche Hilfsorganisationen, die die Statistik aufblähen, und Pharmaunternehmen, die den afrikanischen Markt überschwemmen wollen.

Ich nehme an nationalen Aids-Kongressen teil. Dort gibt es Updates, wer gerade was macht. Die Namen von Genossen und Genossinnen, die gestorben sind, werden vorgelesen. Entschlüsse werden gefasst, welche Briefe geschrieben werden müssen. Aber als die Krise sich verschärft, werden diese Treffen immer ausufernder und leidenschaftsloser. Die Treatment Action Campaign (TAC) lässt unsere Ränge anwachsen. Es gibt Protestmärsche. Zackie Achmat verkündet, seine antiretroviralen Medikamente so lange nicht mehr einzunehmen, bis alle Erkrankten in Südafrika Zugang dazu haben. Man schickt Nelson Mandela zu ihm, der ihn dazu bringen soll, seine Behandlung fortzusetzen – du musst leben, zum Wohl des Landes, sagt der alte Mann.

Wir tragen T-Shirts mit dem Aufdruck „HIV-positiv". Als Akt der Solidarität und Gerechtigkeit erklären wir uns alle für HIV-positiv.

Als die Nation schlussendlich in die Knie gezwungen wird, als der ANC durch die Sturheit eines Präsidenten, der sich zunehmend distanziert und verächtlich gibt, auseinanderbricht, nachdem unsere Regierenden viel zu viel Zeit damit verbracht haben, sich untereinander zu zanken, und das Vertrauen, das ihnen einst entgegengebracht wurde, abgenutzt ist, nachdem Mbeki immer und immer wieder angefleht wurde, seine Einstellung zu ändern, nachdem es unzählige Protestmärsche und Sit-ins und vor allem Tote gab, nachdem ganz Südafrika gewissermaßen zu einer Kaste der Unberührbaren wurde und die Medien in aller Welt rätselten, was mit dem Land Mandelas und seinem merkwürdigen neuen Präsidenten nur los sei, erst nach dem Tod von hunderttausenden Schwarzen Menschen, als die Regierung selbst verklagt wird von Leuten, die mit dem Virus leben, um ihnen Zugang zu Medikamenten zu verschaffen, die ihr Leiden lindern können – erst nach alldem fängt die Regierung an, antiretrovirale Medikamente ins Land zu holen.

Die Aktivisten und Aktivistinnen haben gewonnen. Die Medien haben gewonnen. Der Staat wird gezwungen, für Medikamente zu bezahlen, die die Ansteckung während der Schwangerschaft verhindern, sowie Medikamente zu kaufen, die die Sterbeziffern unter den bereits Infizierten verringern. Der Sieg ist beachtlich.

Mbeki macht nie wirklich einen Rückzieher – aber der Staat ist gezwungen, zu liefern, also liefert er. Mbeki bleibt eine finster blickende Präsenz in unserer Politik.

Die ANC-Regierung räumt ein, dass sie unverantwortlich gehandelt hat – dass man sehr viel früher hätte aktiv werden müssen. Nun ist es zu spät. Inzwischen glaube ich nicht mehr, dass die Führer des ANC in irgendeiner Weise etwas Besonderes sind. Ich hätte das von Anfang an nicht glauben dürfen, eine solche Einstellung ist immer gefährlich. Aber ich tat es, weil ich in einer magischen Blase aufwuchs, in einer Zeit und an einem Ort, wo die schlimmsten Exzesse des Befreiungskampfes heruntergespielt und das Beste dessen, zu dem wir in der Lage waren, hochgelobt wurden. Das war mein Bild des ANC, beschrieben mit Worten der Kraft und des Kampfes von den Aunties und Uncles, die in unserem Wohnzimmer tanzten.

Es dauerte seine Zeit, bis ich die Wahrheit erkannte, dass nämlich die Führer des ANC keinen Deut besser oder schlechter waren als alle anderen. Unzählige Menschen mussten erst sinnlos sterben, bis ich das endlich begriff. Es fällt mir schwer zu glauben, dass die Verursacher all des Elends, das eine ganze Generation ruinierte, dieselben magischen Genossen waren, die in Lusaka das Gefühl von Heimat verbreiteten, aber mir bleibt keine andere Wahl. Es zu leugnen ist ein Privileg, das ich mir nicht leisten kann.

Während dieser langen und schmerzlichen Phase aus Leugnen und Paranoia wird mir allmählich klar, dass der Stolz des ANC – genau das, was uns in den langen Jahren vor der Freiheit stark machte – der Untergang des Landes sein wird.

Während sich dieses Spektakel vor meinen Augen abspielt, während Mbeki und seine Gefolgsleute trunken vor Stolz sind – und auch, weil ich Präsident Kaunda im sambischen Fernsehen sah und weil ich Präsident Mois' Fahrzeugkolonne in Kenia hinterhergelaufen bin –, gelange ich zu der Überzeugung, dass es die Kombination aus Macht und Stolz ist, die diese Männer so herzlos macht.

Das Leiden der gewöhnlichen Leute ist weniger wichtig als Mbekis Drang, recht zu haben. Mbeki ist bereit, das Land seinem Ego zu opfern. Am Ende ist das – mehr als alles andere – der Grund, warum ich vom Glauben abfalle.

Als Kind habe ich sie vergöttert. Ich badete in ihrem Stolz und wurde dadurch stark. Als junge Frau, endlich zu Hause angekommen und mit dem Wunsch, etwas Neues ohne Altlasten aufzubauen, musste ich feststellen, dass sie nicht nur stolz waren – sie waren von einer exzessiven Selbstherrlichkeit. Ich erkannte, dass das, was sich in den dunklen Tagen wie Würde angefühlt hatte, in Wirklichkeit Arroganz war. Sie troffen vor Selbstüberschätzung, und das verursachte mir nun Brechreiz.

Manchmal bin ich versucht, in all das eine gewisse Unvermeidbarkeit hineinzuinterpretieren; ein Gefühl, dass –

egal wie tapfer Afrikaner sein mögen – sie der Korruption und Paranoia erliegen, sobald sie das Sagen haben. Aber in Wirklichkeit hat natürlich Frederick Douglass recht.

> *Die Macht räumt nichts ohne Nachfrage ein. Das hat sie nie getan und wird es auch nie tun. Finden Sie heraus, wem sich Menschen stillschweigend unterwerfen, und Sie haben das genaue Maß an Ungerechtigkeit und Unrecht herausgefunden, das ihnen auferlegt wird. Daran wird sich nichts ändern, bis sich die Menschen mit Worten oder Gewalt oder mit beidem zur Wehr setzen. Die Grenzen der Tyrannei werden vorgegeben durch die Leidensfähigkeit der Unterdrückten.*

Unsere Führer tun, was sie tun, weil wir es zulassen. Und wir lassen es zu, weil wir uns an die Sünden der Vergangenheit erinnern, und diese Vergangenheit war schrecklich. Wir stecken also in der Falle – die Gefühllosigkeit der Gegenwart wird durch die Schrecken der Vergangenheit entschuldigt. Manche Menschen in Südafrika wollen, dass wir das akzeptieren. In den frühen Jahren unseres neuen Glaubenssystems – als die Demokratie noch jung war und wir noch naiv waren – weigerten wir uns, das zu akzeptieren. Wir hatten die wichtigste Regel für eine gesunde Demokratie noch zu lernen: Erst kämpft man, dann gewinnt man, dann wiederholt sich das Ganze.

Unser Freund Alain räumt ein, dass er nie zum Essen im Heim einer seiner südafrikanischen Freunde eingeladen wurde, bevor er uns traf. Wir sitzen auf der kleinen Rasenfläche, die zu Mandlas Stadtwohnung gehört. Sie hat die Wohnung gekauft, als sie ihre erste Arbeitsstelle bei einer halbstaatlichen Organisation in Sandton antrat. Ihre Nachbarn sind ausnahmslos junge Berufstätige – hauptsächlich *Weiße*. Keiner von ihnen belästigt uns. Selbst wenn wir ein gemütliches Beisammensein feiern, so wie jetzt. Man lässt uns in Ruhe.

Es ist ein perfekter Sommernachmittag. Wir sind entspannt, lachen viel. Alain ist ein integraler Bestandteil eines Freundeskreises, den wir anderen alle nur Die Jungs nennen. Die Jungs kommen aus dem Kongo, und sie unterhalten uns mit Anekdoten aus ihrer Anfangszeit in Südafrika. Das Gespräch dreht sich unter anderem um die „befreiten" Frauen in Südafrika und ihre eifersüchtigen Partner. Wir lieben diese Geschichten. Ihre Beschreibung von Südafrika ist wie eine Zouk-Version von Stings *Englishman in New York*.

Niemand in Südafrika interessiert sich für modischen Chic. Die Ästhetik der Townships Ende der 1990er und Anfang der 2000er Jahre schreibt abgeschnittene Shorts mit weiten Beinen, funkelnde Carvela-Schuhe und gestreifte Hemden vor. Die Jungs können das nicht fassen. Sie tragen elegante französische Leinenhemden oder Lacoste-Shirts zu Jeans mit Bügelfalte und Mokassins.

Wie so viele Kongolesen, die ich kenne, ist Alain – der mich mit seiner Aussage gerade erschüttert hat – schlank und sehr gepflegt. Er ist außerdem ungeheuer komisch und unglaublich kultiviert. Wenn man eine Party feiert, dann will man Alain dabeihaben, denn er unterhält sich mit allen und gibt jedem das Gefühl, dazuzugehören.

Ich begreife sofort, warum bislang niemand Die Jungs zu sich nach Hause eingeladen hat, und schäme mich zutiefst. Ich stehe auf und trage meinen Teller ins Haus, tue so, als wolle ich mir Nachschlag holen. Drinnen stelle ich mich an die Spüle – außerhalb ihrer Sicht – und wische mir die Tränen aus den Augen.

Die Jungs sind eine Bruderschaft, ähnlich wie wir Schwestern. Es ist unmöglich, nur mit einem von ihnen befreundet zu sein, so wie es unmöglich ist, nur mit einer Msimang-Schwester befreundet zu sein. Uns gibt es nur als Gesamtpaket.

Alain arbeitet im Marketing für *Cadbury*, aber sein Traum ist größer als Werbeetats und Absatzförderungsbudgets. Er ist ein Genie – was er jedem, der zuhört, auch gern erzählt. Er schafft es, sowohl ein Frauenheld als auch ein Frauenflüsterer zu sein. Als wir uns kennenlernten, fragte ich mich oft, auf welche Weise er die Herzen der Frauen brach – ob er sich einfach irgendwann nicht mehr meldete oder ob sie von der ersten Minute an wussten, wie es enden würde.

Willie ist Alains Bruder. Er ist mit Somine verheiratet, und die beiden haben zwei wunderschöne Töchter, Ntita und Taifa. Willies Persönlichkeit ist so gewaltig, dass wir ihn gar nicht oft sehen müssen, um zu spüren, dass er ein Teil von uns ist. Willie nimmt jeden Raum ein. Er ist wie ein Gockel – kompakt und selbstsicher. Beruflich hat er sich auf dies und das spezialisiert. Er bringt uns alle zum Lachen, häufig mit Tränen in den Augen, wenn er erzählt, wie er wieder einmal an Orten endete, an denen er nichts zu suchen hatte, und nur um Haaresbreite überlebte.

Paul ist der Stille, Grüblerische. Er lächelt nur selten, aber er hat ein großes Herz.

Jean-Pierre (den alle nur JP nennen) ist ein talentierter Architekt mit einem engelsgleichen Lächeln, der Michael Jacksons Moonwalk perfekt beherrscht.

Die Jungs kamen 1990 nach Südafrika, gleich nach dem Fall des Mobutu-Regimes. In jenen Tagen trugen sie rosafarbene Hemden und spitz zulaufende Schuhe und teure Leinenhosen. Sie verbreiten auch heute noch die Aura der berühmt-berüchtigten, eleganten *sapeurs*, sind aber viel zu bodenständig, um sich kopfüber in eine modische Obsession zu stürzen, was allzu viele ihrer Landsleute sämtliche Ersparnisse kostete.

Sie kamen nach Südafrika, weil die Schulen in Lubumbashi geschlossen waren. Zaire stand am Rande des Verfalls; ein Relikt einer längst vergangenen Ära. Es wurde zu einem neuen Land mit alten Grenzen und Gewohnheiten, die nicht ausstarben: Kongo. Die Jungs schafften es gerade noch rechtzeitig heraus.

Als sie gingen, war ihre Heimat nurmehr eine Reihe von Territorien, die nicht länger durch Mobutus starke Hand zusammengehalten wurden. Sie suchten in Südafrika nach einer Zukunft und fanden ein Land vor, das ruhig und normal wirkte, auch wenn es sich im Griff politischer Unruhen befand. Südafrika hatte seine Konflikte, war aber stabil.

Bei ihrer Ankunft stand alles kurz vor einem Umbruch. Die Jungs staunten über die Gebäude und die Straßen und das pure Gewicht von Südafrikas Geschichte – über den Abdruck, den die *Weißen* und die Schwarzen Arbeiter hinterlassen hatten. Johannesburg war nicht einfach nur alt, es war dauerhaft erbaut worden. Es war hier, um zu bleiben.

Die Jungs schrieben sich an der Witwatersrand-Universität ein. Ihre Eltern gehörten der Mittelklasse an, und der Kongo stand noch nicht in Flammen, darum konnten sie sich die Studiengebühren leisten. In Südafrika war es einfacher als in Belgien oder Frankreich – wo so viele andere Kongolesen ihr Glück versuchten. Diejenigen, die nach Europa gingen, kehrten oft niemals zurück. Sie gingen in den Vororten verloren, wo man sie verachtete und sie niemals vergessen ließ, dass sie die Kinder von König Leopolds Sklaven waren. Darum entschieden sich Die Jungs für Südafrika, wo sie – wie sie glaubten – zumindest den Schutz durch Nelson Mandela genossen. Es war ein Land, in dem ihre Träume so groß sein konnten wie ihr gesundes Ego, wo die Grenzen ihres Größenwahns nicht von Stereotypen vorgegeben waren hinsichtlich des Kontinents, in den sie zufällig hineingeboren worden waren. Zumindest glaubten sie das.

Sie trafen Frauen und flirteten. Sie fanden Teilzeitjobs als Männermodels und Barbiere, um die mageren Zuschüsse ihrer Eltern aufzustocken. Die Arbeit als Model war möglich, weil eine neue Zielgruppe aufgetaucht war – Schwarze mit Kreditkarten. Zusammen mit der Freiheit kam eine zunehmende Zahl von Afrikanerinnen und Afrikanern, die ein Kundenkonto bei Joshua Doore oder Truworths besaßen. Die Jungs waren mit einer frankophonen Ästhetik aufgewachsen und waren glücklich, sich etwas Geld verdienen zu können, indem sie einfach sie selbst waren.

Rasch gewöhnten sie sich ein. Als wir sie kennenlernten, kannten Die Jungs die Stadt viel besser als wir. Dazu gehörten auch die lustigsten Teile von Hillbrow, wo sich die anderen Kongolesen trafen. Sie kannten die Drogenhändler und die Geschäftsleute, die Politiker und deren Kinder. Die Jungs waren immer gemeinsam unterwegs, oft auch mit Freunden – nie in einer Gruppe, die zu groß war, aber höchst selten allein. Sie lächelten und rissen die passenden Witze und achteten sorgsam darauf, sich keine Feinde zu machen. Sie kannten alle Szenetreffs: Nachtclubs und Weinbars, Penthouse-Lounges und Salsa-Partys.

Ich lernte sie über Mandla kennen, sie wiederum hatte sie auf einer Party getroffen. Mandla war still und freundlich, und sie gefiel einem von ihnen. So wurden Die Jungs ihre Freunde, und bald schon gehörten auch Zeng und Simon und ich dazu. Wir verbrachten fast jedes Wochenende mit ihnen. Sie passten gut in unseren erweiterten Freundeskreis: Gael und Richard, eine Französin und ein Südafrikaner; Micheline, die – nach einem Schlenker über Amerika – aus Uganda kam; Lauren, eine Afroamerikanerin, die zum Arbeiten hergekommen war und nie wieder ging. Dann war da noch Nana aus Ruanda, die mit den Jungs in Lumbumbashi aufgewachsen war, sowie ihr Ehemann Craig, ein *Weißer* aus den nördlichen Vororten von Johannesburg.

Wir erforschten Südafrika gemeinsam – wir alle. Die Jungs nahmen 2003 an unserer Hochzeit teil. Wir verreisten alle zusammen an den Wochenenden. Wir besuchten Dullstroom und Warmbaths und Kapstadt und Durban. Wir flanierten durch Thaba Nchu, schwammen in den eiskalten Quellen und nahmen anschließend Sonnenbäder, um wieder warm zu werden. Wir aßen gut – *uphutu* und Yams und Maniok und die besten Pasteten und ofenheißes Brot. Wir waren alles, was das neue Südafrika sein sollte – kosmopolitisch und erfolgreich und frei.

Die hässliche Wahrheit lautete allerdings, dass es unsere Freunde aus Europa und Amerika in Südafrika sehr viel leichter hatten als Die Jungs. Obwohl sie viel unterwegs waren und gute Arbeitsstellen und einen großen Freundeskreis hatten, war es für Die Jungs ein viel größeres Problem, eine Arbeitserlaubnis oder ein Visum zu bekommen, als für unsere europäischen Freunde. Sie hatten auch mehr Probleme mit den Schwarzen Südafrikanern, die sich feindselig verhielten, wenn sie auf Schwarze trafen, die ihre einheimischen Dialekte nicht sprachen. Die Jungs berichteten von unzähligen wütenden oder verächtlichen Interaktionen. In den Augen allzu vieler waren sie einfach *amakwerekwere* – Leute „aus Afrika“.

Alains Erzählung eben im Garten erinnert mich daran, wie oft ich zusammengezuckt war, als ich damals nach Südafrika kam und mich an das Leben hier selbst noch anpassen musste. Häufig fiel mir die merkwürdige Art und Weise auf, wie Südafrikaner – unabhängig davon, ob Schwarz oder *weiß* – den Begriff „Afrika" verwendeten. Ich wurde oft gefragt, woher ich komme, weil ich mit einem amerikanisch-britisch-kenianischen Akzent spreche – das Ergebnis der Wanderungen meiner Familie. Ich erklärte, dass ich das Kind von südafrikanischen Eltern war, die das Land verlassen hatten, dass ich in Sambia und Kenia und Kanada gelebt hatte und meine Familie eine Zeitlang auch in Äthiopien ansässig war. Die Zuhörerschaft nickte dann stets mitfühlend, bis die Bedeutung dessen, was ich gesagt hatte, einsank.

Dem Gespräch folgte unweigerlich immer derselbe Satz, als hätte man ihnen diesen Satz in der Schule so eingetrichtert: „Du bist also in Afrika aufgewachsen." Das Wort „Afrika" wurde bedächtig ausgesprochen, die letzte Silbe besonders langgezogen, als ob der Satz eigentlich eine Frage wäre. Dann stießen sie jedes Mal einen Seufzer aus. „Schade." Die Lippen in Mitgefühl und verhaltenem Entsetzen geschürzt.

Ich brauchte eine Weile, bevor ich wusste, wie ich auf die Vorstellung reagieren sollte, dass Afrika direkt hinter der südafrikanischen Grenze begann, aber unser eigenes Land nicht dazugehörte, wo es doch ein fester Bestandteil des Kontinents ist. Zu meiner Überraschung lernte ich, dass die Länder, in denen ich gelebt hatte – die meine Seele in den langen Jahren des Exils genährt hatten –, in den Köpfen meiner Landsleute keine richtigen Länder waren.

Es waren keine geografischen Orte mit eigener Geschichte und Kultur und Verwicklungen. Nein, es waren dunkle Flecke auf der Landkarte, ein düsterer, dunkler

Dschungel wie in einer Erzählung von Joseph Conrad. Sambia und Kenia hätten genauso gut auf der Venus oder dem Jupiter liegen können. Sie waren undefiniert und unerklärlich, überwuchert von einem Dickicht voller Schlangen, ein undurchdringlicher Urwald mit Krieg und Hungersnöten und steten Stammesfehden.

Obwohl die *Weißen* und die Schwarzen in Südafrika der festen Überzeugung waren, sie seien total unterschiedlich, ähnelten sie sich auf enttäuschende Weise, wenn es um ihre Ansichten über „Afrika" ging. Anfangs gab ich der Apartheid die Schuld: Südafrika war isoliert und abgeschottet gewesen. Sein Überleben hing davon ab, dass es sich absonderte.

Ich dachte, mit der Zeit – angesichts der neuen Offenheit nach dem Fall der Apartheid und dem Kontakt mit der Außenwelt – würden meine Landsleute den Kontinent nicht länger fürchten und verstehen, dass ihr Platz in der Welt untrennbar verbunden war mit ihrer Verortung auf dem Kontinent.

Ich erkannte nicht, dass diese flache, stereotype Sicht Afrikas den Kern von Südafrika selbst bildete. Ebenso wie *Weiß* nichts bedeutet, wenn es kein Schwarz gibt, das man für unzivilisiert erklären kann, so baut das Identitätsgefühl Südafrikas darauf auf, dass Afrika ein dysfunktionaler, chaotischer und gewalttätiger Ort ist, dem gegenüber wir funktional, ordentlich, effizient und zivilisiert sind.

Das Apartheidregime hielt die Grenzen fest geschlossen, um sicherzustellen, dass die afrikanischen Wilden nicht über die Türschwelle kamen. „Afrika" wurde als Feindbild zementiert, um eine Paranoia zu schaffen und die Nationale Partei an der Macht zu halten. Aber die *Weißen* waren nicht das einzige Ziel des „Feindes" – den Schwarzen sagte man, dass die Afrikaner jenseits der Grenzen wie Tiere lebten, regiert von Despoten und beherrscht von schwarzer Magie. In einer Gesellschaft, die ihren Schwarzen beibrachte, sich selbst zu hassen, fiel diese Indoktrination auf fruchtbaren Boden.

Seit meiner Rückkehr gab es immer wieder Gewaltausbrüche gegenüber Ausländern. Grausame Auswüchse derselben Haltung, die auch hinter den ausbleibenden Einladungen an Die Jungs stand. Die Gewalt flammte auf und ebbte wieder ab. Die Regierung reagierte sofort darauf, aber es hatte den Anschein, als ob in den Phasen zwischen den Gewaltausbrüchen nur wenig getan wurde, um die ökonomische Konkurrenz und Isolation anzugehen, die im Kern dieses Konflikts lagen.

Dann bricht eine neue Welle der Gewalt über uns herein. Im Mai 2008 brennt Südafrika zwei Wochen lang vor Wut, und an mehreren Orten werden Ausländer aus anderen afrikanischen Staaten angegriffen. Die Gewalt beginnt in den Randgebieten von Johannesburg sowie in der Alexandra Township und breitet sich von dort über die ganze Provinz aus. Innerhalb weniger Wochen stehen Teile von Durban und Kapstadt ebenfalls in Flammen und auch Townships in der Provinz Limpopo.

Am schlimmsten trifft es Leute aus Mosambik und Simbabwe, aber es werden auch eine Reihe von Südafrikanern getötet, die man für „Illegale" hält. Die Wut der Nationalisten ist häufig nicht sehr präzise. Über dreihundert Geschäfte werden geplündert und über zweihundert davon bis auf die Grundmauern niedergebrannt. Hunderte von Menschen werden verletzt, Tausende müssen fliehen. Am Ende gibt es zweiundsechzig Tote.

Während dieser entsetzlichen Wochen wird in einer inoffiziellen Siedlung am östlichen Rand von Johannesburg Ernesto Nhamuave angegriffen und in Brand gesetzt. Eine Menschenmenge schaut zu, wie er lebendig verbrennt. Der Moment seines Sterbens wird von einem Fotografen festgehalten. Trotz der medialen Aufmerksamkeit widerfährt der Familie Nhamuaves niemals Gerechtigkeit. Der Fall wird 2010 mit der Erklärung geschlossen, es gäbe keine Zeugen und keine Verdächtigen. Und doch geschah der Mord in aller Öffentlichkeit, vor laufenden Kameras. Alle wissen, wer die Mörder waren, aber keiner will aussagen.

In einem Zeitungsartikel, den ich damals las, treffen mich folgende Zeilen mitten in die Magengrube: „Die Frau sieht die Mörder mindestens einmal in der Woche. Seit fast sieben Jahren ist das, was sie über den Tod von Nhamuave erzählt, unverändert. Sie war auch bereit, eine Aussage zu machen. ‚Aber die Polizei ist nie gekommen. Und jetzt traue ich der Polizei hier nicht mehr', sagt sie."

Bei keinem der Angriffe kommen Europäer oder Amerikaner zu Schaden. *Weiße* Ausländer sind niemals das Ziel des wütenden Mobs. Im täglichen Leben mögen *Weiße* Opfer von Verbrechen werden, aber nur selten trifft sie der politische beziehungsweise wirtschaftliche Hass der Fremdenfeindlichkeit. Für viele meiner Landsleute in Südafrika sind es 2008 die Schwarzen Ausländer, die ihnen angeblich die Arbeitsplätze und die Frauen wegnehmen und Kriminalität, Drogen und schmutzige Angewohnheiten ins Land schleppen.

***

Als die Gewaltwelle 2008 durch die Innenstadt von Johannesburg schwappt, sind Die Jungs nicht in Gefahr. Sie leben und arbeiten zu diesem Zeitpunkt bereits seit vielen Jahren in Südafrika und haben von der Polizei und den Einwanderungsbehörden wenig mehr zu fürchten als Willkür und Unfreundlichkeit im alltäglichen Umgang. Dennoch hat die Gewalt eine abschreckende Wirkung. Sie soll alle afrikanischen „Ausländer" daran erinnern, dass sie hier nicht willkommen sind. Die Botschaft an Die Jungs lautet, dass sie immer Fremde aus dem Kongo bleiben werden, ungeachtet dessen, wie viele Häuser JP entwirft und baut und wie viele Werbekampagnen Alain konzipiert. Ihre Bürgerrechte können im Handstreich ausradiert werden.

2008 kehrt Südafrika also zu seinen Wurzeln zurück – und erinnert Alain und JP und Willie und ihre Familien daran, dass sie niemals Südafrikaner sein werden. Heimat wird immer ein anderes Land sein.

Congo Road

Ein kurzer Pflasterweg führt vom Haupteingang direkt zur Küchentür. Der Weg, der nach Jasmin duftet, grenzt an der einen Seite an einen kleinen Garten und wird auf der anderen von einem Spiegel flankiert, der den Garten reflektiert. Efeu und weiße Rosen und einige schlanke Olivenbäume sind hier mit Bedacht gepflanzt worden. Irgendwo im Hintergrund sprudelt Wasser. Ein winziger brauner Kanarienvogel hopst über die makellos aneinandergereihten Pflastersteine.

Wir treten durch die Küchentür ein, die in einem zarten Grün gestrichen ist. Die Marmorfliesen auf dem Boden sind in einem entzückenden Hellgrau gehalten, ebenso wie die Wände. Als Nächstes kommt man in einen großzügigen Wohnbereich, minimalistisch, aber teuer möbliert. Am anderen Ende sieht man durch die Wohnzimmerfenster auf die große Veranda, die sich über die Länge des Hauses zieht. Ich hole tief Luft. Das ist es. Das ist das Haus, in dem ich alt werden will. Aber zuvor soll es das Haus sein, in dem meine Kinder geboren werden. Ich stelle mir vor, wie ein Baby durch die geöffnete Schiebetür krabbelt. Dann sehe ich ein Kleinkind, das sich am Bogengang festhält, der zu den Schlafzimmern führt.

Durch den langen Gang, der den vorderen Teil des Hauses mit dem hinteren verbindet, wo die Schlafzimmer sind, lächele ich Simon zu. Wir haben ein schwieriges Jahr hinter uns. Unsere Beziehung ist filigran, aber auf dem Weg der Heilung. Das Haus wird ein weiterer Schritt im Prozess der erneuten Annäherung sein. Wir unterbreiten ein Angebot. Unser Entschluss ist impulsiv, aber das ist uns egal. Wir vertrauen unseren Instinkten. Innerhalb weniger Stunden hat der Eigentümer akzeptiert, und wir sind die stolzen Besitzer eines Hauses.

In gewisser Weise repräsentiert dieses Haus den neuen südafrikanischen Traum. Es liegt in einem fantastischen Viertel, in der Nähe öffentlicher Einrichtungen und fußläufig zu einer guten Schule. Früher wäre uns der Zugang verwehrt gewesen, jetzt haben wir es gekauft. Früher hätte man uns hier verhaftet, weil wir als Paar gegen die Moralgesetze verstoßen, jetzt setzen wir einfach unsere Unterschrift unter den Kaufvertrag. Früher hätte man in diesem Viertel keine Schwarzen geduldet – abgesehen von den Hausangestellten in den Personalquartieren, die die Lebensweise der Bewohner dieser herrlichen Häuser überhaupt erst ermöglichten. Jetzt gibt es hier Anwohner aller *races*.

Wir verabschieden uns von dem Haus in Melville mit den ultra-coolen Betonböden und den steilen Treppenstufen. Wir werden die Glastüren vermissen, durch die wir vom Schlafzimmer aus die Gewitter beobachten konnten. Aber ich bin schwanger, und wenn es je einen Moment gab, in dem wir uns ein Nest bauen sollten, dann jetzt.

Der Februartag, an dem wir umziehen, ist sonnig und warm. Ich bin im siebten Monat. Das Baby in meinem Bauch scheint den kompletten verfügbaren Raum einzunehmen. Es bewegt sich oft, und ich krümme mich häufig unter seinen Tritten, aber ich bleibe aktiv und stark. Ich war noch nie so glücklich und gesund.

Während Simon die Spediteure in Melville organisiert, fahre ich am frühen Morgen zu unserem neuen Haus und betrachte es ein letztes Mal, bevor wir es mit unseren Sachen füllen. Ich spaziere auf die Straße, um zu sehen, wo der Umzugswagen am besten halten sollte. Das Haus befindet sich am Ende einer Seitenstraße, die parallel zu einer sehr geschäftigen Hauptstraße liegt. Zu beiden Seiten wachsen riesige Jacaranda-Bäume, deren Zweige sich über der Straßenmitte treffen, herrlich anzusehen vor dem

Sommerhimmel über Johannesburg. Ich beschließe, dass wir das Haupttor auf der Rückseite des Hauses nutzen sollten – nahe zur Veranda. Ich stoße das Tor auf, und es ist deutlicher schwerer, als ich dachte. Anschließend setze ich mich auf die Steinstufen zur Veranda und verschnaufe. Das Baby versetzt mir einen Tritt, als ob es sagen will: „Immer mit der Ruhe, Mama." Ich lächele. Wir haben eine großartige Entscheidung getroffen.

***

Bevor wir in die Congo Road zogen, wohnten wir zwar in Johannesburg, aber unser Leben in Melville war alles andere als typisch. Wir waren beruflich so viel unterwegs – sowohl in Südafrika als auch im Ausland –, dass wir nur an der Oberfläche gekratzt haben. Der Kauf des Hauses in der Congo Road, das umgeben ist von Villen, deren manikürte Rasen und perfekt bemalte Fassenden sichtlich den Stolz und die Identität ihrer Besitzer widerspiegeln, zwingt uns, mit einem Teil von Südafrika klarzukommen, dem wir bislang noch nicht wirklich begegnet sind. Erst als wir in dieses Viertel ziehen, begreife ich allmählich, dass das Südafrika der Vorstädte mehr ist als nur Geografie. Es ist ein ebenso gespenstischer wie gepflegter Ort – ein Ort ohne Seele und von Angst getrieben, selbst wenn er tagsüber in Sonnenlicht getaucht und nachts im Licht der Straßenlaternen gebadet ist.

***

Am Montagmorgen nach unserem Einzug liegen wir im Bett und lauschen dem Verkehr. Die Straße, die hinter unserem Haus vorbeiführt, ist eine Abkürzung, die viele Taxifahrer und Pendler nutzen, um den Stau auf der Hauptstraße zu umgehen. Das hätten wir natürlich gemerkt, wenn wir mit dem Kauf ein paar Wochen gewartet hätten. Wenn wir beispielsweise an einem Wochentag an diesem Haus vorbeigefahren wären, anstatt uns von dem Frieden und der Ruhe eines Sonntagnachmittags täuschen zu lassen. Simon zählt über fünfhundert Autos in einer Stunde.

Kurz darauf stehe ich auf und fahre ins Büro. Der Verkehr hat sich kein bisschen verringert. Ich muss an der Ecke fünfzehn Minuten warten – unfähig, in die Straße zu biegen, die mich zur Arbeit bringt. Ich koche vor Wut. An diesem Nachmittag stehe ich um siebzehn Uhr in einer langen Schlange aus Fahrzeugen, stecke nur wenige Meter von unserem Tor entfernt im Verkehr fest. Ich spüre, wie ich vor Zorn verkrampfe. Wir sind in das richtige Haus an der falschen Straße gezogen, was natürlich bedeutet, dass wir in das falsche Haus gezogen sind. Das ist ein großes Problem. Wir haben uns in das Haus verliebt, weil es ein ruhiges und friedliches Leben versprach, eines ohne Verkehr, nur mit Kanarienvögeln und Sonnenschein. Ich habe das Gefühl, übertölpelt worden zu sein. Am Ende der ersten Woche bin ich nicht länger bereit, dem Haus noch eine Chance zu geben. Unmissverständlich tue ich kund: Ich hasse dieses Haus.

Ich gehe vor meinem inneren Auge in allen Einzelheiten durch, wie genau der frühere Besitzer uns belogen hat. Ich verachte den Makler. Das ist natürlich haltlos, aber ich kann das Gefühl nicht abschütteln, betrogen worden zu sein.

Innerhalb weniger Monate nach unserem Einzug platzt die Immobilienblase. Wir haben nicht nur ein Haus gekauft, das unseren Erwartungen nicht entspricht, wir haben auch massiv zu viel dafür bezahlt. Es scheint, als seien wir dazu verurteilt, in dem Haus zu bleiben, egal wie wir uns darin fühlen.

Simon ist weniger enttäuscht als ich. Er hat sich nicht so vehement in das Haus verliebt. Für ihn ist es einfach nur ein Haus. Für mich sollte das Haus in der Congo Road nach einem unsteten Leben zum Heimathafen werden. Das Haus, in dem unsere Kinder geboren werden, in dem sie aufwachsen, in dem sie uns verlassen, um an die Universität zu gehen, in das sie in den Semesterferien zurückkehren. Es sollte das Nest werden, das meine Schwestern und ich nie hatten.

Für Schwarze Mittelklassefamilien wie meine hat sich der Übergang zur Demokratie auf absolut geordnete Weise vollzogen. Es gab für unsereins nur wenig Stolperschwellen. Die Kinder der Elitefamilien, die auf den Übergang vorbereitet waren, sind mit beiden Beinen fest in ihrem neuen Leben gelandet. Ich gebe es nicht gern zu, aber ich bin es gewöhnt, dass für mich immer alles problemlos läuft. Ich bin in einer warmherzigen, liebevollen Familie aufgewachsen und habe Eliteschulen und eine renommierte Universität in Amerika besucht. Ich habe einen großartigen Mann geheiratet und eine erfolgreiche Karriere hingelegt.

Das „perfekte" Haus zu finden, nur um dann festzustellen, dass es Makel hat – wenn auch welche, die nur Menschen auffallen, die so privilegiert sind, dass sie Sachen wie Lärm und Verkehr für störend halten –, ist natürlich ein Luxusproblem. Ich sollte es wegstecken, aber ich kann nicht. Ich stecke fest – in einer Spirale aus Sorge und Angst, dass dieses Haus uns nicht guttun wird.

In den Wochen, bevor das Baby auf die Welt kommt, vertieft sich mein Gefühl, in der Falle zu sitzen.

In diesem üppigen, grünen Vorort nagt allmählich die Offensichtlichkeit unserer Privilegien an uns. Die täglichen Pflichten, die nötig sind, um unser Haus in Schuss zu halten, führen uns auf tückisches Terrain. Das System, in das wir uns eingekauft haben, will uns davon überzeugen, dass wir es allein nicht schaffen können. In diesem Haus, in dieser Straße zu wohnen, riecht nach Vorherrschaft. Es macht Hecken erforderlich, die absolut gerade getrimmt sind, und Dachschindeln, die einem bestimmten Standard entsprechen. Es zwingt uns, Baba Petros – den Mann, der sich um den Garten und alles Handwerkliche kümmert – zu bitten, seine Arbeit zu wiederholen. Ich bin beschämt von dem Narzissmus, der erforderlich ist, die Fassade des Hauses zu erhalten. Als ich mich in die Ästhetik des Hauses verliebte und es kaufte, war mir nicht klar gewesen, dass ich mich damit verpflichte, die Arbeit zu überwachen, die nötig ist, um das Haus in diesem Zustand zu erhalten.

Im Exil dachten wir nur an die Buren. Wir dachten nie an die Häuser – wie es drinnen aussah und wie es sich anfühlte, in einem davon zu wohnen. Wir wohnten ja selbst in schönen Häusern. Wir hatten Personal, und meine Schwestern und ich waren kleine Madams. Mummy und Baba hatten uns immer eingeschärft, dass wir die Aunties, die für uns arbeiteten, respektieren sollten. Der Unterschied lag natürlich darin, dass ich jetzt meine eigene Madam war. Ich war nicht länger unschuldig.

Das Haus macht mich zur Komplizin. Plötzlich habe ich Anteil an *South Africa Inc.* Teil dessen zu sein, was ich früher immer verachtete, setzt mir zu. Ich brauche lange, bis ich herausfinde, dass genau das der Kern aller Probleme ist, die wir mit dem Haus in der Congo Road haben: Es verankert uns fest im Herz des *Weißseins.*

***

Obwohl mich mein Unbehagen mit der Zeit zu überwältigen droht, gibt es doch nichts, was ich dagegen tun kann. Das Baby soll im April kommen, und wir haben viel zu klären. Bis jetzt war unser häusliches Arrangement eher locker. Eine ältere Frau namens Eunice kommt zweimal die Woche, um das Haus zu putzen. Simon und ich versorgen uns ansonsten selbst und sind ohnehin beruflich viel unterwegs, darum hat Eunice nicht viel Arbeit mit uns. Wir nennen sie Aunty, auf diese respektvolle Art und Weise, wie es jüngere Schwarze in Südafrika älteren Schwarzen Frauen gegenüber tun, ungeachtet unserer Beziehung als Arbeitgeber und Arbeitnehmer.

Wir kommen zu dem Schluss, dass Aunty nach der Geburt des Kindes weiterhin die Wäsche machen und bügeln kann, dass sie aber zu alt ist, um sich um ein Neugeborenes zu kümmern, das rasch zu einem Kleinkind heranwachsen wird.

Simon und ich bringen Aunty sowas wie Ehrfurcht entgegen. In den 1980er Jahren hat sie, wie sie uns erzählte, das Leben eines Gangsters geführt. Ihren eigenen Worten zufolge war sie eine Drogenhändlerin.

Sie prahlt damit, wie sie einmal einen bodenlangen Nerzmantel trug, als sie mit South African Airways von Joburg nach Durban flog. Und dabei war es Schwarzen Menschen damals noch nicht einmal erlaubt, zu fliegen. Anfang der 1990er sei sie verhaftet worden, und nach ihrer Entlassung (sie sagt nicht, wie lange sie im Gefängnis saß, aber Simon und ich vermuten, dass es länger war als nur ein paar Nächte) erlitt sie einen Schlaganfall und fand zu Jesus. Sie wurde gesetzestreu und putzt seitdem Häuser.

Aunty teilt ihre Zeit zwischen Mandlas Stadthaus und unserem Vororthaus auf. Sie ist auch heute noch ein *skollie* – bedient sich der Hilfe ihres erweiterten Freundeskreises aus Kirchengemeindemitgliedern und Townshipnachbarinnen, um die Häuser anderer Leute zu putzen und sich von jeder Madam, die eine ihrer Freundinnen einstellt, eine Provision geben zu lassen.

Um ihr Einkommen weiter aufzubessern, verkauft sie Tupperware, billiges Besteck und falsche Designeruhren. Ich werde wider besseres Wissen zur Stammkundin. Meine Schränke sind voll mit billigen Messern und Gabeln von *Eetrite*, weil ich zu Aunty einfach nicht nein sagen kann.

Hinter ihren komischen Geschichten und ihren Eigenarten hat Aunty aber auch eine ganz eigene Traurigkeit. Sie lebt mit ihrer Schwester Julia zusammen, und gemeinsam haben sie Julias Tochter Lizzie großgezogen. Lizzie hat ihnen einen Enkel geschenkt – einen gutaussehenden Jungen namens Moeketsi, der zwei Jahre alt ist, als wir Aunty kennenlernen. Aunty Eunice hat selbst keine Kinder. Sie hat mir erzählt, dass sie verheiratet war, bevor sie eine unabhängige Frau wurde, die mit Drogen handelte, um sich schöne Dinge leisten und Julia und Lizzy unterstützen zu können. Ihr Mann sei ein gutaussehender Zulu gewesen. Er habe ihr Herz mit süßen Nichtigkeiten und seinem unwiderstehlichem Lächeln gewonnen. Doch kaum waren sie verheiratet, fing er an, sie zu schlagen. „Was war der Mann gemein“, pflegte sie zu sagen, die Lippen vor Wut gekräuselt, „furchtbar gemein.“ Es wurde schlimmer, je länger sie keine Kinder bekam. „Er nie gedacht haben, dass er auch vor Eunice nie gehabt hat Kinder“, erklärte sie es sich all die Jahre später, „für einen Mann ist immer die Frau schuld.“

Nach elf grauenhaften Jahren zieht sie die Reißleine.

Als ich ihr sage, dass wir jemanden brauchen, der sich um das Neugeborene kümmert, schlägt Aunty verschiedene Freundinnen vor. Doch in diesem Punkt habe ich kein Zutrauen zu ihrer Altersweisheit und ihrem Überlebens-Knowhow. Ich bin eine ängstliche Erstmutter, und nichts fühlt sich wichtiger an als die Entscheidung, wer mir hilft, für unser Kind zu sorgen, während Simon und ich zur Arbeit gehen.

Ich ignoriere sogar Mummy, die wie Aunty Eunice alle möglichen Ideen hat, welche entfernte Swasi-Verwandte am besten nach Joburg ziehen könnte, um sich um dieses lange erwartete erste Enkelkind zu kümmern.

Im Büro erzählt mir ein Kollege von einer jungen Frau, die sich fünf Jahre lang um behinderte Zwillinge gekümmert hat. Sie heißt Nikki und erledigt vorübergehend Aushilfsarbeiten im Home Office seiner Frau. Er sagt, dass sie dort aber unterfordert sei: „Sie ist reizend, und sie sucht dringend Arbeit."

Als Nikki ankommt, staune ich, wie dürr sie ist. Sie ist konservativ gekleidet, trägt einen weiten braunen Rock und eine weiße Bluse, die sie in den Rock gesteckt hat. Ihre Hände sind rau und trocken, und als ich sie schüttele, bin ich überrascht, wie fest ihr Griff ist. Sie hat die Haare geglättet und streng aus dem Gesicht gebunden. Simon und ich begrüßen sie, und sie lächelt und grüßt zurück. Ihr Lächeln verändert alles: Es ist so breit, wie ihre Wangenknochen hoch sind. Ihre Zähne sind perfekt, und als wir sie necken, um ihre deutlich sichtbare Nervosität ein wenig zu lindern, lacht sie laut und aus tiefem Herzen. Sie will gefallen, ist aber auch offen für Spontaneität.

Nikki erzählt uns von ihrer letzten Stelle. Sie arbeitete für eine amerikanische Anwältin, eine alleinerziehende Mutter von Zwillingen. Die Mädchen waren Frühchen. Eigentlich waren es drei, aber eins war bei der Geburt gestorben. Die anderen beiden hatten in den ersten Monaten viele Probleme. Nikki kam zu der Anwältin, als die Mädchen gerade einmal acht Wochen alt waren. Sie wechselte die Magensonden, die an ihren winzigen Bauchnabeln befestigt waren, und streckte ihre winzigen Beinchen durch tägliche Physiotherapie, die die Ärzte empfohlen hatten. Außerdem half sie der Mutter wieder auf die Beine.

Nikki sagt, dass sie davon träumt, entweder in einer Kindertagesstätte zu arbeiten oder als Psychologin. Es braucht nicht viel, um Simon und mich davon zu überzeugen, dass sie die Antwort auf unsere Gebete ist.

Obwohl Nikki den Job dringend benötigt, hat sie eine Bedingung, die nicht verhandelbar ist. Sie kann nur bei uns einziehen, wenn sie ihre Schwester mitbringen darf. Sehr gern, sagen wir.

Wir vereinbaren einen Termin, an dem Nikki und ihre Schwester Dipuo sich die Unterkunft ansehen können, die wir für sie vorbereitet haben. Es ist ein reizendes, geräumiges Apartment über der Garage unseres neuen Hauses, mit einem großen Schlafzimmer, das Platz genug für zwei Doppelbetten bietet, sowie einem Wohnbereich mit Fernsehgerät, einer kleinen Küche und einem Badezimmer. Tagsüber ist es sonnig, und wir stellen einen Wärmestrahler hinein, damit es nachts rasch warm wird.

Dipuo ist groß und sieht umwerfend aus. Sie hat einen strahlenden, gelbbraunen Teint und üppige Brüste, einen noch üppigeren Hintern und lange, schlanke Beine. Sie trägt ein Tank Top, Jeans und All-Stars-Sneakers. Sie ist einfach atemberaubend.

Bald schon entdecken wir, dass Dipuo ebenso abgelenkt ist, wie sie ablenkt. Mit den Gedanken ist sie immer anderswo, und ständig hört sie über Kopfhörer Musik. Sie ist ein typischer Teenager. Mit ihren siebzehn Jahren steht sie kurz vor dem Abschluss an der High School. Sie ist zwölf Jahre jünger als Nikki und könnte altersmäßig mein Kind sein. Ich fange mit dieser Mutterschaftskiste spät an.

Die Schwestern stehen sich nahe, aber Dipuo ist eine typische jüngere Schwester. Sie scheint die Opfer, die Nikki für sie bringt, gar nicht zu bemerken. Aber sie ist süß. Dipuo redet weniger als ihre Schwester, die sich – sobald sie sich eingelebt und sich an uns gewöhnt hat – als ziemliche Plaudertasche erweist. Dipuo dagegen schaut immer zu Boden, wenn sie mit mir spricht. Sie schaut auch Simon kaum an. Aber ich mag sie. Wichtiger noch, ich sehe, wie sehr die beiden einander zugetan sind.

Es dauert eine Weile, aber schließlich lernen Simon und ich, was diese Verbundenheit auch mit uns macht. Sie färbt ab.

Mummy besteht darauf, die Mädchen kennenzulernen, bevor wir Nikki einstellen. Als sie Dipuo zum ersten Mal sieht, bekommt sie große Augen, dann kneift sie sie misstrauisch zusammen. Ich weiß, was sie denkt, noch bevor sie es ausspricht.

Als die beiden gegangen sind, sagt Mummy mir, was sie von ihnen hält. Sie erklärt leise und mit dieser besonders tiefen Stimme, die sie für wichtige Gespräche reserviert: „Das hier ist Südafrika. Denk ja nicht, dass diese Mädchen deinen Mann in Ruhe lassen, nur weil er ihr Gehalt zahlt. Sei wachsam, mein Mädchen. Sei sehr, sehr wachsam."

Ich sage ihr, dass Simon nur Augen für mich hat. Sie lacht auf und schaut vielsagend auf meinen dicken Schwangerschaftsbauch. Ich lächele, aber sie wird rasch wieder ernst.

Über Nikki sagt sie: „Sie ist ganz okay." Niemand wird jemals gut genug für ihre Kinder sein. Sie hat uns zwar erzogen, aber scheint trotzdem jedes Mal aufs Neue erstaunt, wie vertrauensvoll wir sind. Oft sagt sie, dass wir für diese Gesellschaft nicht gemacht seien. Vor allem Mandla und ich nicht. „Ihr seid zu weich", erklärt Mummy, wenn ich ihr wieder einmal eine Geschichte von der Arbeit oder eine Anekdote über einen Freund erzähle, bei der es darum geht, dass ich mich ausgenutzt fühle.

Mummy denkt, dass Mandla und ich von Baba eine Art Idealismus geerbt haben, wie die Welt sein sollte und wie sich die Menschen darin benehmen sollten. Wir sind oft überrascht, wenn uns jemand sein wahres Gesicht zeigt, wohingegen Mummy nie überrascht ist, wenn sich jemand als schrecklich herausstellt. Sie ist immer darauf vorbereitet, enttäuscht zu werden. „Zeng hat Glück“, sagt Mummy oft, „sie kennt die Menschen, ebenso wie ich. Sie lässt sich nicht täuschen. Aber ihr beide – ihr seid wie euer Vater.“

Ich weiß nicht, ob sie erst im Exil oder schon während ihrer Kindheit in Mbuluzi in Swasiland so hart wurde. Als Kind einer Lehrerin und eines Pastors besaß sie die pragmatische und hartgesottene Sensibilität, die nötig war, um zu überleben. Egal, aus welcher Richtung der Wind weht, Mummy weiß, wir brauchen sie als unseren Schutzwall vor unserem angeborenen Optimismus. Es ist außerdem eine Realität, dass das Projekt Südafrika eine Härte erfordert, die wir uns in unserem bisherigen Leben einfach nicht aneignen mussten.

Mummy gibt Nikki also ihren Segen. Sie sei die nächstbeste Wahl, angesichts der Tatsache, dass wir ihre Liste an bereitwilligen Swasi-Verwandten ignorieren. Wir bieten Nikki die Stelle an, und zwei Wochen vor dem errechneten Geburtstermin ziehen sie und Dipuo bei uns ein.

***

In den darauffolgenden beiden Jahren sind wir von Gewalt umgeben – wie ein Fuchs um den Hühnerstall streicht. Wir stellen fest, dass Gewalt das organisierende Prinzip des Viertels ist, in dem wir jetzt leben – dass Gewalt unseren Alltag und den unserer Nachbarn strukturiert. Sie durchdringt alles, was wir tun. Schrammen zeigen sich überall: dunkle Flecken, die sich lustig zu machen scheinen über die Naivität meiner langgehegten Sehnsucht, in einem friedlichen Südafrika zu leben und auf einer breiten, auf Hochglanz polierten Veranda im Schaukelstuhl alt zu werden. Die Congo Road offenbart sich als typisch *weißes* Vorortviertel. Wir sind nicht einfach nur nah dran an der Ungleichheit, die der Apartheid zum Erfolg verhalf, wir sind Komplizen. Schlimmer noch, wir sind nicht darauf vorbereitet, unsere Komplizenschaft anzuerkennen und zu akzeptieren. Wir sind ein freundliches *mixed-race* Paar. Wir stehen auf der richtigen Seite der Historie.

Aber für die Leute, deren Überleben von unserem Großmut abhängt, ist es eine andere Geschichte: nämlich für die Frauen, die in unserem Haus wohnen und sich um unsere Kinder und um uns kümmern. Sie haben ein Problem damit, uns als gleichgestellt zu behandeln, weil sie wissen, dass wir alles haben und sie nichts – ungeachtet dessen, wie oft wir ihnen mit Respekt begegnen, uns zum Essen mit ihnen an denselben Tisch setzen und über die Fotos ihrer Kinder ins Schwärmen geraten. Simon und ich und unsere Freunde und meine Schwestern und alle, die uns besuchen – meine Eltern, Uncle Stan und Aunty Angela –, wir alle bewohnen ein Südafrika der grenzenlosen Möglichkeiten. Wir sind die neuen Schwarzen, und wir leben in dem Südafrika von Mandela und Regenbögen, dem Südafrika der Verfassung und der zunehmenden sozioökonomischen Rechte.

Diese Frauen leben bei uns, das stimmt. Sie lachen und reden und teilen unser Leben, mit warmen Körpern und rauen Händen. Aber wenn sie in der Schlange vor dem Bankschalter stehen, wenn sie ins Krankenhaus müssen, wenn sie ihre Kinder an der Schule einschreiben wollen, dann könnten sie genauso gut Geister sein. Südafrika ist kein Land für Arme. Es ist ein Land, in dem nur der Wohlstand respektiert wird; und das wissen die, die nicht wohlhabend sind, am besten.

Da passt es gut, dass das Haus in der Congo Road und die Frauen, die dort leben – wie in dem Film *The Help* –, die existentielle Krise hervorrufen, die mich zwingt, meinen Platz in Südafrika neu zu überdenken. Gäbe es die Geister nicht, die meine Kinder lieben und sie mir abnehmen, wenn ich eine Pause brauche – gäbe es die Frauen nicht, deren Mütter sie verlassen haben und die ihrerseits ihre eigenen Kinder für den Job in meinem Haus verlassen würden, wenn ich es so wollte –, dann hätte ich nie gelernt, dass ich in meinem Herzen *an* diesem Ort bin, aber nicht *von* diesem Ort.

***

Nikkis Handy wird von einem Mann gestohlen, der sie auf dem Heimweg vom Einkaufen mit einem Messer bedroht. Dipuo kehrt am Sonntagabend nach einem Wochenende in Soweto mit einer Stichwunde im Arm nach Hause zurück. Es ist eine tiefe Wunde, die genäht werden muss. Einige Monate später wird Simon von einem Mann in einem Auto verfolgt, als er nach einer geschäftlichen Besprechung in Pretoria über einen verlassenen Parkplatz geht, die Laptoptasche quer über der Brust. Als Simon wieder zu Hause ist, erzählt er bleich und angespannt, wie er von einem Fremden gerettet wurde.

Wir sind beklommen, aber nicht panisch. Komisch eigentlich. Nach einem Jahrzehnt Demokratie haben wir Südafrikaner gelernt, mit Gewalt und Verbrechen zu leben. Wir wissen es alle besser, als wegen Kleinigkeiten in Panik auszubrechen. Panik heben wir uns für Extremsituationen auf.

Wir sagen uns, dass noch nichts wirklich Schlimmes passiert ist – dass es sich bei diesen Vorfällen einfach um die tägliche Erinnerung handelt, dass wir in einer wirtschaftlich ungerechten Gesellschaft leben. Wir sind diejenigen, die etwas haben. Wenn das bedeutet, dass wir die Opfer von Kleinkriminellen werden könnten, dann ist das eben so.

All das verkehrt sich im Oktober 2009 ins Gegenteil. Innerhalb von zwei Wochen ändern Simon und ich unsere Einstellung grundlegend. Uns wird klar, was andere schon lange wussten: dass Demokratie rein gar nichts bedeutet, wenn man tot ist. Wir werden zu Atheisten, ausgesetzt in der Wildnis. Wir müssen – sehr spät – feststellen, dass unsere Einzigartigkeit uns nicht beschützen wird. Endlich begreifen wir, dass es in Südafrika niemandem möglich ist, von der Brutalität verschont zu bleiben. Uns wird endlich klar, dass der Fehler bei uns liegt. Wir haben uns entschieden, Teil des Systems zu werden, anstatt es herauszufordern oder gar außerhalb seiner Grenzen zu denken. Wir glaubten, wenn wir – Schwarz und *weiß* und normal – in der Congo Road wohnten, dann würde das die Congo Road verändern. Das war naiv. Schlimmer noch, es war grob fahrlässig.

Rohe Gewalt reißt uns aus unserer rosaroten Blase.

Mutterschaft

S kommt an einem Herbstmorgen im Jahr 2008 auf die Welt. Doktor Mseleku spritzt das Betäubungsmittel in meinen Rücken. Von der Taille abwärts fühle ich mich gummiartig und taub. Ich weine, obwohl es nicht wehtut. Simon steht in einem grünen Krankenhauskittel neben mir. Ich spüre, wie Dr. Mseleku den Schnitt ansetzt, aber ich habe immer noch keine Schmerzen. Dafür habe ich Angst. Was, wenn ich durch das Betäubungsmittel für immer querschnittgelähmt bleibe? Ich habe Angst und fühle mich überfordert durch die grellen Lichter und die Sterilität des Ganzen.

Dr. M ist meine elegante Ärztin, die mich liebt, weil ich auch elegant und erfolgreich bin. Wir sind aus dem gleichen Holz geschnitzt: entschlossene Frauen – zäher als alle anderen, denen wir begegnen. Ich habe allerdings das Gefühl, dass sie verletzlicher ist, als sie es sich anmerken lässt, dass es Wunden gibt, von denen sie erzählen könnte, wenn mein dicker Bauch nicht im Weg wäre. Ich bin Patientin, keine Freundin. Ich mag ihre Professionalität und ihre Tiefgründigkeit.

Im Laufe meiner Schwangerschaft saßen wir oft in Dr. Ms Wartezimmer und schauten auf die Anschlagtafel voller Karten und Fotos von Neugeborenen: rote, zerknautschte Gesichter neben strahlenden frischgebackenen Müttern und Vätern.

Jede Karte an der Tafel stammt von einer Mutter, die Dr. M dafür dankt, neuem Leben auf die Welt verholfen zu haben. Die aufgedruckten Sprüche auf den meisten Karten sind in der Stimme der Neugeborenen gehalten – Einblicke in ein Leben, von dem ich noch nicht sicher bin, ob ich es packe. „Ein Jahr später, und sehen Sie nur, wie ich gewachsen bin! Vielen Dank, Dr. M, dass Sie mich auf die

Welt gebracht haben!!! Ich werde nie diesen besonderen Tag vergessen, an dem ich geboren wurde.“

In den Minuten, bevor S auf die Welt kommt, ist Dr. M nicht länger superschlank und sexy und eine Beinahe-Freundin. Sie ist einfach eine Ärztin, die sich vollkommen auf die anstehende Aufgabe konzentriert. Ihre Dreadlocks sind zurückgebunden, und sie trägt kein Make-up. Das hier ist ernst. Die ruhige Zuversicht, die mir unsere Frauengespräche in ihrem Büro vermittelten, ist verschwunden. Ich hatte mir eingeredet, wenn sie sich den leichten Dingen des Lebens hingeben konnte, wenn ihr Schuhe und Wein so wichtig waren wie mir – und darauf liefen unsere Gespräche meist hinaus –, dann war diese ganze Gebär-Sache womöglich doch keine Angelegenheit auf Leben und Tod.

Jetzt wirkt sie professionell. Sie hat die Kontrolle. Dr. M beugt sich vor, rückt mein Baby in die richtige Position und zieht es aus mir heraus wie ein Kaninchen aus einem Zylinder.

Und da ist sie: ein dampfendes, schreiendes, sich windendes, feuchtes Etwas. Lila Venen ziehen sich wie ein Spinnennetz über ihre Augenlider, blaue Arterien schlängeln sich kreuz und quer über ihre Schenkel. Und sie ist so *weiß*, wie es *weißer* nicht geht.

„Sie ist *weiß*.“

Ich sage es nach Luft schnappend, in einer seltsamen Art von Bühnenflüstern. Ich bin zur Hälfte amüsiert, zur Hälfte fassungslos – nicht so sehr, weil sie *weiß* ist, sondern weil sie so anders ist als ich. Vermutlich bin ich auch einfach erschöpft. Simon ist das peinlich. Er läuft in seinem grünen Kittel rot an. Sein Blick wirkt enttäuscht, und ich bin nicht sicher, ob ich ihn enttäuscht habe oder das Baby.

Das medizinische Personal lacht laut auf, schlägt Simon anerkennend auf die Schulter.

„Tja, wenigstens wissen Sie jetzt, dass das Baby von Ihnen ist!“, scherzen sie, bagatellisieren meinen Post-Apartheid-Postpartum-Ausrutscher. Ich bin zu weit gegangen. Was ist nur mit diesem Land los, wenn eine Schwarze Frau sich verächtlich über ihr eigenes *mixed-race* Kind äußert?

Ich will erklären, dass es nicht verächtlich gemeint war. Ich liebe meine Tochter.

Natürlich bin ich davon ausgegangen, dass sie etwas heller sein würde. Schließlich ist ihr Vater ein *Weißer*. Aber mit dieser blassen Haut, mit diesem durchscheinenden Teint habe ich nicht gerechnet. Und doch ist sie endlich da, nach Monaten an Schluckauf und Fußtritten und bisweilen beängstigender Stille, die mich panisch dazu brachte, alles zu tun, um irgendeine Reaktion von ihr hervorzurufen. Und hier ist sie nun, liegt auf dem kollabierenden Berg meines Bauches. Sie lebt. Sie gehört mir. Eine glänzende, längliche Larve, blass auf meinem Schlammbraun.

Vielleicht liegt es auch am Betäubungsmittel. Das trägt nicht gerade dazu bei, dass ich mich gewählt artikulieren kann.

Später bittet Simon meine Schwestern, mir gegenüber die Hautfarbe des Babys nicht anzusprechen. Er glaubt, ich sei traumatisiert. Er hatte – um meinetwillen – gehofft, dass unsere Tochter dunkler sein würde. Das sagt er mir aber erst, nachdem sich der achtmonatige Nebel meiner Wochenbettdepression langsam hebt. Erst dann geht es mir gut genug, um nicht wie ein Schlosshund zu heulen. Mit trockenen Tränen, weil ich einfach keine Tränenflüssigkeit mehr habe. Ich schluchze, weil er mir auf die liebevollste Weise zeigt, dass mein Idealismus und meine persönliche politische Einstellung unerbittlich sein können und dass sich das auf die Menschen in meinem Umfeld auswirkt – und auf ihn. Er erträgt die Auswirkungen zwar tapfer, aber meine Militanz setzt ihm dennoch zu.

Am Tag, als S auf die Welt kommt, bin ich noch nicht depressiv – nur überfordert.

Simons Kinder besuchen mich auf der Station. Nick ist fünfzehn und sensibel, und Gabi besteht nur aus Gefühlen und Mund. Sie halten das Baby, und Gabi weint. Nick schießt Fotos. Mummy ist ebenfalls da. Baba hat Angst vor Babys. Oder es ist eine kulturelle Sache, jedenfalls kommt er nicht zu Besuch. Stattdessen ist er in Japan. Ich glaube, es wäre ihm zu nahe gegangen, aber das will er nicht zugeben. Mandla und Zeng schauen vorbei, dann Gael und Richard. Alle Freunde finden sich ein. S beißt in meine Brust, und mein Bauch verkrampft sich vor Schmerz.

Es gibt zu viel Liebe. So viel, dass es wehtut. So viel, dass mein Uterus sich wehrt und Blut speit. Ich bin ein Tier, ich bin verletzt und wund und schmerzempfindlich. Irgendwann sind alle gegangen. Ich bleibe wach, beschütze S vor Dämonen. Ich lausche ihrem Atem. Ich frage mich, ob ich ihr Vertrauen verdiene. Sie braucht mich zu sehr. Noch nie im Leben hatte ich solche Angst.

***

Sechs Tage später fülle ich einen Bewerbungsbogen aus. Die Organisation, für die ich seit vier Jahren arbeite, sucht eine/n Geschäftsführer/in. Man hat mich aufgefordert, mich zu bewerben.

Ich habe keine Ahnung, was ich da tue, aber ich bekomme den Job.

Das Team besteht aus achtzig Personen. Ich bin die Jüngste. Ich bin eine Frau. Wir arbeiten in zehn Ländern. Wir sind Cowboys, fliegen kreuz und quer durch Simbabwe, den Kongo, Sambia und Lesotho. Wir kämpfen für die Menschenrechte. Ich bin tapfer. Ich biete dem Hauptsitz in New York die Stirn, wenn man dort versucht, uns vorzuschreiben, wie wir uns zu verhalten haben. Mittags pumpe ich Milch ab. Jeden Abend nach sechs schaue ich auf meinem BlackBerry, ob es Nachrichten gibt. Ich nehme mir Zeit für die Abendessen mit Simon, aber nur, weil sich das so gehört. Ich vermisse mein Baby nicht. Die Arbeit ist das Einzige, womit ich mich auskenne.

Ich rase auf eine Katastrophe zu, und es ist mir nicht klar. Alle, die mich beobachten, sind beeindruckt. „Meine Güte, wie viel Energie sie hat“, sagen sie. „Was für eine dynamische junge Frau.“

Simon ist besorgt. Ich kann nicht schlafen. Ich kann nicht mit dem Baby allein sein. Ich tue so, als gehe es mir gut, aber ich weine viel – manchmal, wenn ich allein bin, meistens im Beisein von Simon. Etwas an der Art, wie er mich anschaut, als ob er Angst hat, ich könnte ertrinken, lässt mich noch heftiger weinen. Nur er weiß, dass all meine Energie verbraucht ist. Nur er weiß, dass ich mich kaum über Wasser halten kann. Es ist unser Geheimnis.

Er zwingt mich, zur Ärztin zu gehen. Dr. Mseleku schwebt herein, so professionell wie immer. Dann schaut sie mich – ihre Beinahe-Freundin, die auch ihre Patientin ist – an, und ich kann mich nicht länger zusammenreißen. Ich weine. Sie runzelt mitfühlend die Stirn. Dann schickt sie mich zu einem Psychiater. Ich nehme Medikamente, und es geht mir besser, aber ich muss verstehen, warum das so ist.

Simon legt mir Linda ans Herz. Zu ihr sind wir während unserer schlimmsten Phase, als wir dachten, dass unser „Uns“ auseinanderfallen könnte, einige Monate lang gegangen. Ihr Büro ist immer noch sonnig. Ihre Couch ist so alt und durchgesessen wie in meiner Erinnerung. Ihr Dackel hat sich zu ihren Füßen eingerollt. Wenn wir nicht reden, kann ich den Hund schnarchen hören. Linda lächelt nicht mit dem Mund, nur mit den Augen. Bei ihr fühle ich mich sicher.

Sie sagt: „Natürlich ist das alles zu viel für Sie.“ Sie erinnert mich daran, was ich alles durchgemacht habe, und sagt, dass ich seit langem nach genau diesem Sinn meines Lebens suche. Ob ich nicht erkennen könne, dass dies die wichtigste Art ist, wie ein Mensch zu einem anderen gehören kann? Ich stehe aufrecht, aber ein Kind erfordert es, sich zu ihm nach unten zu beugen. Ich bin die Erde, und sie ist der Samen, und Wörter reichen nicht aus. Jemanden zu brauchen ist die einzige Sprache, die ihre kindliche Liebe versteht. Ich werde das irgendwann begreifen, aber bis dahin muss ich nachgeben. Ich kann nicht stark und still stehen, ein Leuchtturm für andere sein. Ich darf mich nicht zu schnell bewegen, wie man es von mir an meinem Arbeitsplatz erwartet. Ich muss lernen, weich zu sein – jemand zu sein, der ich noch nie war.

Eines Tages, wenn sie alt genug ist, werde ich ihr die Wahrheit sagen. Dass meine Liebe zu ihr nie in Frage stand. Ich hatte nur Angst. Ich wollte genug sein.

Nikki steht vor unserem Haus. S – jetzt achtzehn Monate alt – sitzt in ihrem Kinderwagen. Nikki trägt bequeme Schuhe und einen Hut, S eine Mütze und ein rosa Kleid. Ein Mann steigt aus einem Wagen und kommt auf sie zu. Er erkundigt sich nach dem Weg, und Nikki gibt ihm Auskunft. Plötzlich tritt er ganz nahe an Nikki heran. Er zielt mit einer Waffe auf sie und sagt, sie soll ihm ihr Handy geben, sonst erschießt er sie beide.

Die Jacaranda-Bäume küssen sich über der Straßenmitte. Der Himmel strahlt frühlingsblau.

Nikki stößt den Kinderwagen auf die Straße, weg vom Bürgersteig, auf dem er mit seiner Waffe steht und bedrohlich grinst. Sie ruft in unserer hübschen Straße um Hilfe, versucht, ein vorbeifahrendes Auto anzuhalten. Der Fahrer weicht ihr aus, fährt einen Bogen, hält nicht an. Der Mund des Fahrers ist furchtsam aufgerissen. Nikki hat Angst, von einem Wagen angefahren zu werden, aber noch mehr Angst hat sie vor dem jungen Mann mit der Waffe. Das nächste Auto, vor das sie sich wirft, hält an. Der Fahrer öffnet die Tür, sieht den Mann im Schatten des Gehwegs und bedroht ihn mit seiner eigenen Waffe. Der Angreifer verschwindet. Der gute Samariter fragt, ob sie unverletzt ist, dann steigt er rasch wieder in sein Auto.

Ich bin im Büro. Kurz vor der Mittagspause klingelt das Telefon. „Komm sofort nach Hause“, sagt Simon. Er versucht, ruhig zu klingen, was mich nur noch mehr in Panik versetzt. „Es ist alles in Ordnung“, versichert er mir. Dann schweigt er kurz, holt tief Luft. „Aber du solltest wirklich hier sein.“

Als ich nach Hause komme, erzählt Nikki, bleich und zitternd, die ganze Geschichte.

Das Baby beobachtet uns, hört die herauspurzelnden Worte, sieht unsere besorgten Gesichter – und übergibt sich. Dieser Moment brennt sich in mein Herz ein. Sie ist zu klein, um zu verstehen, was da passiert ist, aber sie ist alt genug, um unsere Angst mitzubekommen. Ich möchte auf die Knie fallen und weinen, aber das kann ich nicht, denn ich bin jetzt Mutter, und das ist nicht der Moment für Tränen. Im Angesicht der Gewalt werden meine Tränen sie nicht schützen.

Verglichen mit anderen Verbrechen in Südafrika ist das eigentlich keine Erzählung wert. Es fällt in die Kategorie „hätte schlimmer ausgehen können". Wenn eine funkelnde Waffe an einem warmen Tag in einem stillen Vorort von Johannesburg gegen den Kopf eines Babys gehalten wird, macht das nur Schlagzeilen, wenn der Täter abdrückt.

Sonnenstrahlen fallen in den Raum, ein trügerisch warmes Gelb. Wir pressen die Kleine an uns und fragen uns, wie wir an diesem uns fremden Ort, den wir so sehr lieben, leben sollen – an diesem Ort, der nicht zu wissen scheint, wie er unsere Liebe erwidern soll.

***

Eine Woche später wird mein Freund und Kollege Alpheus Molefe um vier Uhr nachts tot in seinem Auto aufgefunden. Er ist das Opfer einer Entführung, die schiefging. Alpheus hinterlässt eine Frau und eine Tochter, die dreizehnjährige Princess. Sie ist wunderschön, höflich, verwirrt.

Ihre Mutter sitzt stoisch in ihrem Haus in Katlehong, während die Trauergäste ihre Aufwartung machen. Alpheus konnte gut mit Menschen – er war immer umtriebig, netzwerkte unablässig. Der Präsident der amerikanischen Wohltätigkeitsorganisation, für die ich arbeite, entsendet seine Beileidswünsche, als er davon erfährt. Er kannte ihn persönlich. Alpheus war unser Fahrer, aber er war auch unser Botschafter: Er belegte einen Tourismus-Studiengang, wollte einen Abschluss als Reiseführer machen, kümmerte sich an den Wochenenden um unsere Besucher aus den USA und Europa und unterhielt sie mit seinen Geschichten über das Leben unter der Apartheid. Er stand für viele Dinge, die wir unserer Belegschaft in Johannesburg beibringen wollten.

Ich weiß nicht, wie ich damit umgehen soll. Ich bin die Chefin einer Organisation. Alle achtzig von uns stehen unter Schock, und alle schauen auf mich. Ich sitze in meinem Büro und weine. Ich gehe nach Hause und schaue mein Baby an und weine.

In einem stillen Moment im Haus der Familie, kurz vor der Beerdigung, geht einer meiner Kollegen zu Princess und fragt: „Wie geht es dir?“ Sie erwidert weise: „Äußerlich bin ich in Ordnung, innerlich bin ich zerbrochen.“

Es ist ein Satz, der mir in den folgenden Monaten unablässig durch den Kopf geht, während Simon und ich versuchen, zu einer Entscheidung zu finden.

Der Tod von Alpheus ist sinnlos und tragisch, aber natürlich logisch im Kontext der Ungleichheit und des Erbes der Brutalität, dem sich Südafrika immer noch nicht offen stellen kann. Ich würde am liebsten aufgeben. Ich fühle mich wie die *Weißen*, die im Radio über die Welle an Verbrechen jammern. Ich bin von allem besessen, was nicht funktioniert, und doch ist es mir unmöglich, zu gehen.

***

Mummy schaut ständig vorbei. Sie ruft mehrmals am Tag die Nanny an, um sich zu vergewissern, dass alles in Ordnung ist. Noch Monate nach dem Vorfall kann sie die Geschehnisse einfach nicht vergessen. Sie verlangt, dass wir uns ein anderes Haus kaufen, vorzugsweise in einer geschlossenen Wohnanlage, wie sie und mein Vater es getan haben. Diesem Befehl können wir allerdings nicht Folge leisten.

Baba macht sich ebenfalls Sorgen, und sein Ratschlag ist noch schlimmer: „Wenn ich in deinem Alter wäre", sagt er zu Simon auf eine Art, wie es Männer, die Verantwortung tragen, manchmal unter sich tun, „ich würde meine Sachen packen und mit meiner Familie das Land verlassen."

Eine Zeitlang gibt es ein Verbot, in der Nachbarschaft spazieren zu gehen, aber das ist absurd, und alle leiden darunter. Mummy hat diese Vorschrift erlassen und setzt sie mit aller Kraft durch. Sie schaut unangemeldet vorbei, um sicherzustellen, dass Nikki nicht mit S draußen ist. An den Wochenenden nimmt sie S häufig mit zu sich nach Hause, als ob die größeren Pforten und das kompliziertere Sicherheitssystem ihr einziges Enkelkind schützen könnten. Nach ein paar Monaten wehren wir uns. Es macht uns alle miesepetrig, dass wir nicht mehr nach draußen dürfen. Die Kleine ist gern im Freien und bei den Nachbarn und den bellenden Hunden.

„Wir können nicht in einem Käfig leben", sagen wir grollend, aber nur, wenn Mummy nicht in der Nähe ist. Wir sind allesamt nicht tapfer genug, es ihr ins Gesicht zu sagen. Schließlich sind ihre Ängste begründet, und ihre Wachsamkeit macht Sinn.

Durch den Vorfall sind wir gezwungen, uns noch weiter hinter unseren Privilegien zu verstecken. Das Haus wird unerträglich. Wir reden jeden Abend wie im Fieber. Wir sind überzeugt, dass wir hier wegmüssen. Aber dann lachen wir über uns selbst. Unsere Gespräche entbehren nicht einer gewissen Hysterie. Wohin sollten wir auch ziehen? Wir können es uns nicht leisten, das Haus zu verkaufen, und wir hassen die Vorstellung, in einer geschlossenen Wohnanlage zu leben. Wir sitzen fest.

Wir sprechen es nie laut aus, aber meine inneren Selbstgespräche sind düster. Ich komme mir wie all die *Weißen* vor, über die wir uns jahrelang lustig gemacht haben – diejenigen, die nach Australien und Kanada und Großbritannien geflohen sind und auf Facebook wie besessen über die Schrecken Südafrikas posten. Nur dass wir noch hier sind.

Wir reden sogar darüber, wie wir mit uns selbst leben sollten, falls S jemals etwas passiert. Dann rufen wir uns in Erinnerung, dass bereits etwas passiert ist, dass wir aber einfach Glück hatten. Die Fragen, die wir uns stellen, sind real und beschämend und lebensverändernd.

Ein Jahr zieht ins Land. Wir erholen uns. Irgendwie. Wir akzeptieren, dass das hübsche kleine Haus, von dem wir fröhlich imaginierten, unseren Lebensabend dort zu verbringen, nicht unser letztes Haus bleiben wird. Dennoch bleiben wir.

Das Haus fühlt sich jedoch nicht länger wie ein Heim an. Der Stoizismus von Johannesburg ist uns in Fleisch und Blut übergegangen, und wir ignorieren die Tatsache, dass unsere Träume uns betrogen haben. Wir vertrauen uns selbst nicht mehr. Wir sind nicht sicher, ob wir überhaupt noch irgendjemandem vertrauen können. Wir igeln uns ein, sperren die Außenwelt aus. Wir hinterfragen nicht nur das Land, sondern das ganze System. Südafrika hat uns enttäuscht. Unser Gefühl, wer wir sind und was wir sind, ist in ständigem Fluss.

Die Gewalt führt zu Niedergeschlagenheit, wir geben ihr an allem die Schuld. Die Gewalt ist dafür verantwortlich, dass Dipuo ihre Abschlussprüfungen nicht schafft und sich somit auch nicht immatrikulieren kann. Wir bezahlen ihr den Besuch einer Spezialschule, in der sie auf die Wiederholung der Prüfungen vorbereitet wird. Sie vermasselt es in der zweiten Runde sogar noch mehr: vier Prozent in Mathe und neunzehn Prozent in Englisch, obwohl sie es fließend spricht.

Dann stirbt Lizzie, Aunty Eunices Nichte, an Aids. Aunty und Julia, die gerade noch Großmütter waren, werden wieder zu Müttern. Moeketsi, Lizzies achtjähriger Sohn, ist am Boden zerstört. Seine Mutter ist tot, und er ist viel zu jung, um ohne die alten Frauen zurechtzukommen. Er ist aber alt genug, um sich an die Liebe seiner Mutter zu erinnern und wütend zu sein, dass sie gestorben ist.

Je länger wir mit Nikki und Dipuo zusammenleben, desto mehr scheint sich deren Leben vor unseren Augen aufzulösen. Wir finden uns in einer bevormundenden Beziehung wieder, was sowohl an uns als auch an ihnen liegt. Wir haben immer noch nicht vollständig begriffen, dass wir in das System verstrickt sind, dass wir uns im Bauch der Bestie befinden.

Innerhalb weniger Monate nach dem Tod von Alpheus und dem Vorfall auf der Straße teilt Nikki uns mit, dass sie schwanger ist.

Und noch ein paar Monate später bin auch ich wieder schwanger. Der Winter kommt, und unsere Bäuche wachsen. Nikki freut sich auf ihr erstes Kind. Dipuo ist begeistert, Tante zu werden. Und S wird zwei Babys haben, mit denen sie spielen kann. Ich mache mir Sorgen. Werde ich wieder an einer Wochenbettdepression leiden? Wie soll ich ein zweites Kind und S und Nikki als frischgebackene Mutter überleben? Nikki wird nach dem Mutterschaftsurlaub zurückkehren und sich sowohl um ihr Neugeborenes als auch um meine beiden Kinder kümmern, während ich wieder arbeiten gehe. Ich fürchte, sie könnte sich von ihrem eigenen Kind ablenken lassen.

Ja, dieser Gedanke geht mir durch den Kopf – afrikanische, feministische Madam, die ich bin. Ich sorge mich um mich selbst weitaus weniger als um Nikki, die ich – unter anderen Umständen – Sister genannt hätte. Schließlich sind es ihre warmen Arme, in die S jeden Morgen springt. Sie hat S Liebe gegeben und sie zum Lachen gebracht. Sie hat sich um S gekümmert, wenn sie krank war. Und all das, als wäre sie ihr eigenes Kind. Sie warf sich sogar vor ein fahrendes Auto, riskierte ihr eigenes Leben, um mein Kind zu retten. Und ich mache mir Sorgen über die Unannehmlichkeiten, die es mit sich bringt, wenn sie ihr grundlegendstes Recht ausübt – das, Recht ein Kind zu bekommen.

Ich betrüge meinen Klassenstatus. Mir gefällt nicht, zu wem ich geworden bin. Ich bin wieder das privilegierte Mädchen auf dem Fahrrad, das wütend ist auf den Jungen, der die Frechheit besitzt, sich das zu nehmen, was er braucht.

Also konzentriere ich mich auf die Freude. Ich mache mir bewusst, dass ich stark und kompetent bin. Ich konzentriere mich darauf, meine Kräfte zu sammeln, weil ich Nikki immer noch als Krücke verwende, und so kann ich mein Leben nicht dauerhaft führen. Abgesehen davon, dass es ihr eine unnötige Last aufbürdet.

Ich sammle also meine Kräfte und denke, wie nett es wäre, wenn ich zur Abwechslung einmal so für Nikki da sein könnte, wie sie es für mich war. Diese Logik hat natürlich einen Haken, sie ist durchsetzt von Bevormundung und Herablassung und liberaler Rührseligkeit. Ich ignoriere das finanzielle Abhängigkeitsverhältnis zwischen uns – die Tatsache, dass Nikki S im Zuge ihrer Arbeit liebt. Manchmal ist es schwer, mit alldem umzugehen.

***

Nikkis Wehen setzen zu Hause ein. Anfangs ist niemand von uns ganz sicher, aber je mehr die Nacht voranschreitet, desto klarer wird es. Sie packt ihre Tasche, und Simon fährt sie ins Krankenhaus. Nach allzu lang andauernden Wehen wird das Baby geboren. Nikki bringt es allein zur Welt. Meine Schwangerschaft ist so weit fortgeschritten, dass ich nicht dabei sein kann. Dipuo verkraftet es nicht. Aber Nikki ist stark und gesund, und ihr kleiner Junge ist wunderschön. Sie nennt ihn Ofense.

Einige Tage nach der Geburt fühlt sich Nikki plötzlich unwohl. Sie hat Probleme beim Atmen, darum muss sie ins Krankenhaus. Simon bringt sie wieder hin. Dieses Mal ist es kompliziert. Simon führt sie in die übervolle Notaufnahme des Allgemeinkrankenhauses von Johannesburg. Die Schwestern sind gestresst und die Ärzte alle beschäftigt. Niemand fühlt sich zuständig. Überall Menschen mit den unterschiedlichsten Erkrankungen, Verletzungen und Schmerzen – die meisten von ihnen Schwarze. Außer Simon gibt es keinen *Weißen*. Nachdem sie eine Ewigkeit gewartet haben, steht Simon auf. Nikki und ihr Baby sind völlig aufgelöst. Nikkis Brustschmerzen werden immer schlimmer, das Atmen fällt ihr schwer.

Simon geht an den Kopf der Warteschlange wie ein *weißer* Retter, und wundersamerweise taucht Hilfe auf. „Wie kann ich Ihnen helfen, Sir?“, fragt ein Assistenzarzt. Er ist Schwarz. Simon zeigt auf Nikki. „Sie braucht Hilfe. Wir sind seit Stunden hier. Was ist hier los? Sie hat ein Baby, und sie kann nicht atmen. Niemand sagt uns, wie lange wir noch warten müssen, bis sich jemand um uns kümmert.“

Der junge Arzt zeigt sich entgegenkommend. „Natürlich, Sir.“ Man bringt Nikki in ein Behandlungszimmer. Sie steht unter dem Schutz eines *weißen* Mannes, darum ist sie nicht länger ein Geist.

Man untersucht sie rasch und entlässt sie gleich wieder. Sie geben ihr eine Panadol-Tablette. Nur falls die Schmerzen wiederkommen, soll sie zurück ins Krankenhaus. Simon greift wieder ein, aber jetzt sind die Ärzte am Ende ihrer Geduld.

Es ist keine Überraschung, dass Nikkis Symptome in den nächsten Tagen nicht verschwinden. Dieses Mal rufen wir unsere Hausärztin. Sie tätigt einige Anrufe, damit wir Nikki nicht wieder ins Allgemeinkrankenhaus bringen müssen. Unsere Ärztin empfiehlt uns das Rahima-Moosa-Krankenhaus für Mütter und Kinder. Sie nennt uns den Namen eines Belegarztes, damit wir nicht abgewiesen werden. Dort ist man freundlicher. Man kümmert sich um Nikki. Sie wird eingewiesen, denn sie hat ein Gerinnsel in der Lunge, vermutlich verursacht vom Trauma der Geburt. Sie wird überwacht und medizinisch versorgt.

Das Baby darf mit ihr im Krankenhaus bleiben, was eine große Erleichterung ist. Doch als Nikki zurückkommt, braucht sie immer noch Pflege. Wir sprechen darüber, wie wichtig es für sie ist, eine Krankenversicherung zu haben – vor allem mit einem Kind. Ich informiere mich über die Optionen. Meine Schuldgefühle treiben mich zu einem effizienten Vorgehen. Ich kann nicht glauben, dass wir nicht schon früher daran gedacht haben. Die ganze Zeit haben wir ihr Fahrunterricht erteilt und Geld für Dipuos Förderschule ausgegeben, aber um die grundlegenden Dinge wie eine Krankenversicherung haben wir uns nicht gekümmert.

Ich spreche nicht aus, was mir durch den Kopf geht – dass das Leben nicht fair ist, dass ich niemals so endlos lange im Krankenhaus hätte warten müssen. Dass die Geburt meines Sohnes in wenigen Monaten vergleichsweise luxuriös ablaufen wird. Ich sage nicht, dass es ein Akt der Komplizenschaft mit dem System war, nicht an die Krankenversicherung zu denken, statt einfach nur ein Fehler. Es ist überaus einfach, einen Geist zu vergessen, auch wenn dieser Geist deine Kleider wäscht und dein Kind badet und in deinem Haus wohnt.

***

Nikki verbringt fast ihren ganzen Mutterschaftsurlaub in ihrem Apartment. Wir haben eine Aushilfs-Nanny namens Sandra eingestellt, die jeden Tag kommt. Als Nikki ihre Arbeit wieder antritt, ist sie nicht mehr dieselbe. Sie ist abgelenkt – natürlich von der Mutterschaft, aber auch vom Verhältnis mit dem Vater des Kindes, das offenbar am Entgleisen ist. Schon seit Jahren ist sie mit ihm in einer On-Off-Beziehung.

Er hat neben ihr mehrere andere Affären. Ständig sorgt sie sich, was sein Fremdgehen für sie bedeutet. Und für das Baby. Sie kann ihm nicht vertrauen, aber sie liebt ihn.

„Mir gefällt nicht, dass er lügt, Sonke." Immer wieder sagt sie das zu mir. Immer wieder weint sie. Ich kenne das, und das sage ich ihr auch.

„Es geht nicht um ihn. Es geht darum, was du bereit bist zu tolerieren, Nikki." Sie nickt jedes Mal, wenn ich das sage, verlässt ihn aber trotzdem nicht. Wir sind uns nahe – wie wir das immer waren. Wir scherzen viel. Die Aufregung um das Baby, das schon da ist, und um das Baby, das noch erwartet wird – beide Jungs –, füllt unser kleines Haus mit einem Summen, das es so vorher nicht gab. Ich fühle mich Nikki näher denn je. Als sie damals ihre Stelle antrat, brauchte ich sie. Ich fühlte mich wohl in dem Wissen, dass S bei ihr in guten Händen war. Nikki gab mir Sicherheit. Dieses Gefühl ist roh und machtvoll. Jetzt habe ich das Gefühl, als ob wir einander schon ewig kennen und bereit sind, diese nächste Phase unseres Lebens gemeinsam anzutreten.

Ich vergesse dabei die Realität. Ich tauche kopfüber in meine Fantasie ein und übersehe dabei völlig, dass ich in einem Land lebe, das durch uralte Grenzen definiert wird. Ich vergesse, dass Nikki in Soweto aufwuchs, wo sie ebenso von Grenzen definiert wurde, als wäre sie auf der Congo Road zur Welt gekommen. Ich vergesse, dass das *weiße* Herz des Landes so stark pocht wie eh und je, auch in unserem kleinen Haus – ungeachtet dessen, was ich glauben möchte. Da überrascht es nicht, dass uns am Ende eine Lüge auseinanderbringt. Mein Kartenhaus bricht wegen einer dummen kleinen Lüge in sich zusammen.

***

Mummy ist da, als ich nach Hause komme. Sie presst S an sich, ihre Gesichtszüge sind angespannt. Etwas stimmt nicht.

Sie zeigt mir eine kleine Brandwunde auf dem Bein von S. Ungefähr die Größe einer Münze. „Schau dir das an", sagt Mummy.

„Was ist passiert?", frage ich sie und S.

„Verbrannt", sagt S mit ihrer leisen Lispelstimme. Ich möchte am liebsten lächeln, obwohl ich besorgt bin.

„Wie ist das passiert?", frage ich.

„Bügeleisen", sagt S.

„Wo?"

„Bei Nikki."

„Das tut mir aber leid", sage ich. „Hat es sehr wehgetan?"

„Ganz doll." S kommen die Tränen.

Ich nehme sie auf den Arm. „Ist schon gut. Ich bin sicher, Nikki hat es gleich besser gemacht."

„Sie war nicht da", sagt S.

„Wo war sie?"

Meine Kleine schüttelt den Kopf. Sie weiß nicht, wo Nikki war.

„Hat Puo auf dich aufgepasst?“, frage ich überrascht.

Sie nickt.

Mummy flüstert mir leise ins Ohr, damit S sie nicht hören kann: „Hier stimmt etwas nicht. Als ich ankam, war Nikki da. S hat mir sofort diese Geschichte erzählt. Nikki sagte daraufhin, das Kind würde lügen. Wie kann eine Zweijährige lügen? Und dann noch so detailliert?“

Ich bin verwirrt, aber nicht alarmiert. Unfälle passieren ständig. Dann ist S also in Nikkis Wohnung versehentlich mit dem Bein gegen ein heißes Bügeleisen gestoßen. Kein großes Ding. Die Mädchen sollten beim Bügeln künftig einfach vorsichtiger sein. Mummy fordert mich auf, Nikki zu rufen, damit wir der Sache auf den Grund gehen können. Ihre Großmutterantennen sind ausgefahren und wittern Gefahr.

Ich rufe Nikki zu uns. Ich bin nicht wütend, nur immer noch verwirrt.

„Was ist passiert?“, frage ich.

„Ich weiß es nicht“, sagt Nikki.

„S sagt, du warst nicht hier, als sie gegen das Bügeleisen gelaufen ist.“

„Das stimmt nicht, ich war den ganzen Nachmittag hier. Sie war oben, während ich hier unten gearbeitet habe.“

Jetzt bin ich wirklich verwirrt.

Mummy meldet sich zu Wort. „*Yey wena,* Nikki. Sind Sie sicher? Das hört sich nicht richtig an. Und warum sollte ein Kleinkind lügen?“

Nikki sieht uns beide an, zuckt nicht mit der Wimper. Sie scheint gleichermaßen verwirrt, und ich nehme ihr das ab. Es ist ein merkwürdiges Geheimnis, eine jener Geschichten, wo ein Kind nicht sagen kann, was genau passiert ist, weil es einfach noch zu klein ist.

„Ist gut“, sage ich. „Es ist ja nur eine kleine Wunde. Es ist nichts Schlimmes passiert.“

Mummy ist auf hundertachtzig. Nachdem Nikki gegangen ist, sagt sie zu mir: „Du bist viel zu weich. Du kannst nicht mit der Einstellung durchs Leben gehen, dass du allen glaubst und alle retten willst. Diese Frau lügt, und dein Kind zahlt den Preis dafür."

„Mummy, du musst nicht allen gegenüber so misstrauisch sein", kontere ich. „Ich bin müde. Es ist keine große Sache. S geht es gut. Lass es bitte dabei bewenden."

Mummy zeigt sich unbeeindruckt. Sie wollte eigentlich nur kurz hereinschneien und nach der Kleinen schauen, aber jetzt beschließt sie, so lange zu bleiben, bis es Schlafenszeit für S ist. Sie bringt S ins Bett. An diesem Abend gibt sie sich nicht großmütterlich, wie sonst immer. An diesem Abend übernimmt sie die Kontrolle. Weil ich dazu offenbar nicht fähig bin.

Im Schlafzimmer geht Mummy mit S noch einmal den Vorfall durch. „Was ist mit deinem Bein passiert, meine Kleine?"

S wiederholt ihre Geschichte. Sie ist bemerkenswert beständig und scheint kein bisschen unsicher. Nur ich und ihre Gogo zweifeln.

Ich schlafe mit konfusen Gedanken ein. Nichts an dieser Geschichte ergibt einen Sinn. Wo war Nikki? Selbst wenn sie kurz Einkäufe erledigte, was soll's?

Auch am nächsten Tag geht mir die Sache nicht aus dem Kopf. Ich habe ein Meeting nach dem anderen, aber ich bin geistesabwesend.

Mummy ruft mich drei Mal an und will wissen, was ich zu unternehmen gedenke. Ich blaffe sie an. Dann schickt mir Aunty Eunice eine Textnachricht. Sie hatte gestern frei, aber Lalas Mutter von nebenan – die ständig mit Aunty klatscht und tratscht – hat ihr erzählt, dass Nikki einen Großteil des Nachmittags unterwegs war. Sie sah das kleine Auto, das wir für sie gekauft hatten, um

S zu ihren Freundinnen zu chauffieren, erst wenige Minuten vor dem Eintreffen von Mummy wieder vor dem Haus stehen. Ich war dankbar für Auntys Information, aber gereizt, dass Mummy sich immer noch einmischte. Zweifellos hatte Mummy Aunty angerufen, um ihr die Geschichte zu erzählen und herauszufinden, was Aunty wusste.

Die alten Frauen machen sich sichtlich Sorgen. Ihre Mission: Die unschuldige S vor diesen beiden jungen Frauen zu beschützen, die nicht zu wissen schienen, was sie taten. Dazu gehörte auch, S vor mir, ihrer Mutter, zu schützen – die alles glaubte, was man ihr auftischte, weil sie das weiche Herz einer Exilantin besaß.

Auf dem Heimweg beschließe ich, direkt zum Apartment von Nikki und Dipuo über der Garage zu gehen und herauszufinden, was genau passiert ist. Ich will, dass Nikki mir die Wahrheit sagt. Ich fahre in die Garage, und Nikki kommt die Treppe heruntergelaufen. Sie erreicht mich, als ich aus dem Wagen steige. Ihr Gesicht ist angespannt.

Ich bin hochschwanger, darum dauert es, bis ich mich aus dem Auto geschält habe.

Kaum bin ich draußen, fängt sie schon an. Die Worte purzeln nur so aus ihr heraus. Sie sagt, dass sie nicht nur ein paar Minuten unterwegs war. Sie sagt, sie habe das Zimmer von S geputzt und S in dieser Zeit Dipuo überlassen. Vierzig Minuten lang. Ofense habe sie sich auf den Rücken gebunden. Sie wollte nicht, dass Simon und ich wütend auf Dipuo werden. Sie sagt, weil wir von Dipuos schlechten Prüfungsergebnissen so enttäuscht waren, dachte sie, das könnte eventuell der Tropfen sein, der das Fass zum Überlaufen brachte.

Mir sinkt der Mut. Sie lügt.

„Lass uns ins Haus gehen“, sage ich.

Wir gehen ins Fernsehzimmer, und ich schließe die Tür.

Ich zwinge mich, hart zu sein. Ich sage mir, dass Nikki eine erwachsene Frau ist, kein Projekt, das mein sensibles, mitfühlendes Gutmenschentum erfordert.

Sie sagt nicht die Wahrheit, und wenn ich ihr wieder vertrauen und S und das Neugeborene, das ich in weniger als einer Woche erwarte, anvertrauen soll, dann muss ich wissen, was sie vor mir verbirgt.

Ich sage Nikki, dass ich weiß, dass sie nicht im Haus war, als S sich verbrannte. Ich sage ihr, dass ich weiß, dass sie mit dem Auto weggefahren ist und stundenlang fort war. Ich hasse es, das sagen zu müssen, denn jetzt wirkt es, als hätte ich ihr nachgeschnüffelt und mich bei den Nachbarn nach ihr erkundigt. Dennoch bin ich Mummy und Aunty dankbar für ihren Mangel an Vertrauen, dafür, dass sie die schmutzige Arbeit erledigten, die meine liberalen Prinzipien mich nicht machen lassen wollten.

Ich sage Nikki, wie sehr ich mir wünsche, dass sie ehrlich zu mir ist. Ich sage ihr, dass die Brandwunde am Bein von S keine große Sache ist – sie wird heilen. Und es war ein Unfall, da sei ich sicher. Aber die Lüge. Die Lüge ist verheerend.

Nikki schaut mich lange an. Sie sieht aus, als würde sie nachdenken, nach einem Ausweg suchen.

„Wo bist du gewesen?“, frage ich.

Sie weigert sich, mir eine Antwort zu geben. Sogar jetzt noch, wo ich ihr entgegenkomme, will sie mir nicht die Wahrheit sagen. Mir wird klar, dass sie uns nie genug vertraut hat, um einfach zu sagen: „Ich musste in die Stadt. Ist es in Ordnung, wenn ich das Baby so lange bei Dipuo lasse?“ Am Ende ist es das, was mich kapitulieren lässt. Simon und ich waren nur die Dummköpfe, die leichtgläubig genug waren, um ausgenommen zu werden – wir waren nie der große Bruder und die große Schwester, wie ich immer geglaubt hatte.

Nikki sagt, dass es ihr leidtue. Sie senkt den Blick. Es klingt nicht ehrlich. Die Worte prallen an den Wänden ab und landen zu meinen Füßen. Ich will sie wegtreten, wie Kieselsteine auf der Straße, die ich einfach ignorieren kann. Es tut ihr nicht leid, dass sie S oft stundenlang in der Obhut ihrer geistesabwesenden Schwester gelassen hat. Sie hat nicht gesagt, dass es ihr leidtut, weil es ihr wirklich leidtut. Ich kann es sehen, ich kann es in ihr lesen: Nikki verübelt mir das hier. Es tut ihr leid, dass sie erwischt wurde. Es tut ihr nicht leid, dass sie immer wieder ihre Pflichten vernachlässigt und das Haus verlassen hat. Sie sagt, dass es ihr leidtut, weil man das in einer solchen Situation eben tut – und vielleicht weil sie hofft, dass es ihr hilft.

Aber das tut es nicht.

Sie glaubt immer noch, ich würde einlenken – wie ich es immer getan habe –, aber etwas in mir ist zerstört worden.

Ich sage zu ihr: „Du musst uns verlassen. Ich kann dir nicht länger vertrauen. Ich verstehe nicht, warum du mir immer noch nicht die Wahrheit sagen willst." Sie weint, aber am nächsten Tag packen die beiden. Und dann sind sie weg. Einfach so.

***

Nikkis Überleben hing sowohl von ihrer Fähigkeit zu lieben ab als auch von ihrer Fähigkeit, das System auszunützen. Soviel sie uns auch gegeben hat – Stabilität und Fürsorge und die Freude, uns in diesen kostbaren ersten Jahren keine Sorgen um die emotionale Sicherheit unseres Kindes machen zu müssen –, so sehr hat sie uns auch ausgenützt. Für sie war unsere Freundlichkeit eine Art niedliche Dummheit, die sie bei Bedarf melken konnte. Dabei war unsere Güte nur aus unserem Entsetzen über unser eigenes Mitwirken an der Ungleichheit entstanden.

Viele ihrer Manipulationen waren verständlich, angesichts der Welt, in der sie zurechtkommen musste. Dennoch zerbrachen ihre Lügen den zarten Frieden in unserem Haus. Auch nachdem Nikki und Dipuo gegangen waren, blieb Simon – mit seinem guten Herzen – weiterhin in Kontakt mit ihnen.

Selbst heute, nach all der Zeit, bin ich immer noch gekränkt. Simon zeigt mir Fotos der Schwestern auf Facebook. Sie sehen glücklich aus. Ich sage nur selten etwas dazu, schaue mir die Bilder nur an. Ich freue mich für sie, aber es schmerzt dennoch. Ich bin nicht stolz auf mich, aber so empfinde ich nun einmal. Ich bin noch nicht darüber hinweg, weil es ein Betrug war, der bis in mein Innerstes reichte – ich hatte mich für gut und freundlich und großzügig gehalten, ganz anders als die anderen Madams im beschaulichen Vorort Emmarentia. Aber durch Nikkis Verhalten und meine Reaktion auf ihr Verhalten habe ich bewiesen, dass ich ganz genauso wie die anderen Madams war. Ich war egozentrisch und blind gegenüber allem, was ich nicht sehen wollte.

Nikki war für S in den dunkelsten Tagen meiner Depression da. Ich verließ mich emotional auf sie, auch wenn ich ihr das niemals sagte. Sie sah jedoch, wie schlecht es mir ging und wie sehr ich sie brauchte. Und sie hielt die Stellung. Sie war morgens da, um mir das Baby abzunehmen, damit ich den Schlaf nachholen konnte, den ich in der Nacht nicht bekommen hatte. Sie hielt S in ihren Armen, wenn ich erschöpft und niedergeschlagen war.

Es sollte also keine Rolle spielen, dass sie gelogen hatte. War denn, im großen Ganzen gesehen, ihr Vergehen – das sie niemals zugab, von dem nur andere allzu gern berichteten – wirklich so schlimm? Sie hatte sich weggestohlen, um ihren Freund zu treffen. Sie hatte versucht, ihre Beziehung ins Reine zu bringen. Sie hatte S in der Obhut ihrer nachlässigen, aber letztlich zuverlässigen kleinen Schwester gelassen.

Trotzdem kann ich Nikki nicht vergeben. Ich komme mir wie eine Närrin vor. Ich bin von Nikki enttäuscht, weil sie mich durchschaut hat. Eine Weile hasse ich sie sogar – weil sie mich als das gesehen hat, was ich nicht sein wollte: eine reiche Frau, eine Arbeitgeberin. Ich hielt mich für Alice im Wunderland, die naiv, unschuldig und reinen Herzens ein Land erforscht, in dem nichts so ist, wie es scheint. Wie sich herausstellt, bin ich nicht das, was ich zu sein scheine. Ich bin von mir selbst enttäuscht, weil ich meine eigene Gier nicht erkennen konnte.

Unser familiäres Versagen ist natürlich nur ein Ersatzschauplatz – ein Stellvertreter für eine weitaus größere Schlacht. Ganz allmählich kommt mir die Liebe zum ANC abhanden, und meine Zweifel wachsen immer weiter. Es sind nicht nur die Politiker, die ich nicht verstehe. Ich zweifele an dem kompletten Unterfangen. Ich vertraue niemandem, am wenigsten mir und meinen Instinkten. Das Erbe der Apartheid scheint sich selbst in den intimsten Winkeln eingenistet zu haben. Dysfunktionalität pulsiert unter jeder Straßenlaterne, und Gewalt kriecht unter allen Türen hindurch. Ich misstraue jedem. Der Schwung der Freiheit hat mich über ein Jahrzehnt hinweg getragen, aber allmählich frage ich mich, ob er mich noch weiter tragen kann. Ich bin aus dem Takt geraten, bin mehr Exilantin, als ich dachte.

***

Wir suchen hektisch nach einer Vollzeit-Nanny. Wir interviewen eine Frau namens Pinah. Sie stammt aus Simbabwe, wie so viele der Frauen, die sich um die Kinder der Elite kümmern. Früher war sie Lehrerin. Dieses Mal taxieren

Mummy und ich sie mit den Augen erfahrener Oberklassefrauen. Sie ist älter als Nikki. Stabil. Keine Forderungen. Sie hat einen dreizehnjährigen Sohn, aber wir wollen trotzdem, dass sie bei uns wohnt. Sie sagt, dass sie ihn gerade heim nach Bulawayo geschickt hat. Sie will, dass er eine gute Ausbildung bekommt, aber hier in Hillbrow fürchtet sie um seine Sicherheit. Wir nicken zustimmend. Aus Eigeninteresse biete ich nicht an, dass er ebenfalls hier einzieht – damit er die Schule am Ende der Straße besuchen kann.

Wir zahlen ihr ein gutes Gehalt, um unsere Schuldgefühle zum Schweigen zu bringen, und bieten ihr eine Krankenversicherung an. Außerdem ein dreizehntes Gehalt. Wir zahlen ihr ein Überstundenhonorar, das weit über dem Mindestlohn liegt. Wir sind gute Menschen. Sie scheint dankbar, aber mittlerweile bin ich erfahren genug, um zu wissen, dass die Ungleichheit ins System integriert ist, darum ändert ihre Dankbarkeit nichts an der Tatsache unserer Komplizenschaft.

Solange nicht einer von uns seinen Job aufgibt und wir unsere Lebensweise radikal ändern – wenn wir nicht bereit sind, auf eine Haushaltshilfe zu verzichten und alles selbst zu tun –, so lange sind wir Teil des Systems und werden Schuldgefühle haben. Wir lernen also, mit der Schuld zu leben und eine gewisse emotionale Distanz zu wahren, auch wenn wir dieselbe Luft atmen, unter demselben Dach wohnen, über Fernsehserien wie *Scandal* und *Generations* plaudern und einmal die Woche zusammen essen.

Die Congo Road war anders, als ich es erhofft hatte, aber was ich erhofft hatte, wäre nirgendwo Realität geworden. Es wäre überall ein Märchen geblieben, aber vor allem in den Vororten Südafrikas, in die nach dem Ende der Apartheid neue Schwarze wie ich zogen.

Die Kinder, die ich mir vorgestellt hatte, als ich zum ersten Mal einen Schritt in dieses Haus tat, waren auf die

Welt gekommen, aber die Biologie folgt anderen Regeln als die Soziologie. Die Sicherheit, von der ich geträumt hatte, die idyllische Ruhe, die Art von emotionaler Gelassenheit, die mir vorschwebte, als wir an jenem Nachmittag unser Angebot einreichten – all das verwirklichte sich nie. Nach fünf Jahren in diesem wunderschönen, heimgesuchten Haus stellte ich fest, dass nichts in Südafrika sicher ist – schon gar nicht die eigenen Träume.

Und doch besteht das Paradox von Südafrika darin, dass wir jeden Morgen aufstehen. Trotz des zugrundeliegenden Unbehagens, trotz der Angst ziehen wir uns an und lassen unsere Kinder zu Hause. Wir lassen sie in den Händen Schwarzer Frauen, deren Anwesenheit in unseren Häusern wir der Apartheid verdanken. Wir vertrauen den Frauen, wir verabscheuen das System. Und so ist es auf einer gewissen Ebene – wenn wir uns, leise in uns hineinmurmelnd, über das Essen oder die Wäsche beschweren – nicht zu leugnen, dass wir auch die Frauen verabscheuen, denn sie sind das lebende, atmende Monument all dessen, was wir eigentlich hätten hinter uns lassen sollen, als Nelson Mandela seine Hand auf die Verfassung legte und seinen Eid als erster Präsident eines demokratischen Südafrikas ablegte.

Wie all unsere Freunde aus dem Exil und auch jene Freunde, die geblieben waren und gelitten und gekämpft hatten, leben wir nun in schicken Vierteln. Wir leben mit den ungestellten Fragen und einem Brennen im Bauch, das an manchen Tagen schlimmer ist als an anderen. Wir tun das, weil das ganze System verrottet ist. Wir wussten, dass wir durch unseren Einzug – indem wir uns dafür entschieden, prachtvolle alte Häuser in Emmarentia und Sandton und Melrose zu kaufen, in diesen herrlich begrünten Vororten, von denen Menschen wie wir nur ein Jahrzehnt früher ausgeschlossen waren – bestimmte Teile von uns selbst abtöteten.

Wir gaben alles, um den inneren Lärm zum Verstummen zu bringen, sobald wir an diese stillen Orte zogen, wo wir Frieden finden und neugierigen Nachbarn und den Township-Dramas aus dem Weg gehen wollten. Wir brachten unsere eigenen Fragen zum Verstummen und taten so, als sei die Entfremdung nur eine vorübergehende Phase, denn wir wollten unsere neu gefundenen Privilegien vertiefen und ausbauen und erhalten.

Wir sagten uns, dass unsere Eltern genau hierfür gekämpft hatten.

Das stimmte natürlich nicht. Unsere Eltern hatten für Gleichheit gekämpft, aber wir besetzten keine Orte der Gleichheit – wir stiegen nur die Sprossen einer Leiter hinauf, die einer winzigen Gruppe einen unfairen Vorteil verschaffte. Wir waren jetzt Teil dieser Gruppe.

Das ist Südafrikas Mittelklasse: Sie hofft das Beste. Sie bringt Schinken mit nach Hause. Kauft Neuwagen. Pflanzt Hecken. Hofft das Beste, aber erschafft das Schlimmste. Wir tun so, als ob wir das nicht wüssten, und dieses „So tun als ob" ist das eigentlich Verabscheuungswürdige. Wie James Baldwin schreibt, ist es nicht statthaft, diejenigen, die zerstören, für unschuldig zu halten. „In der Unschuld liegt das Verbrechen."

Versagen

Man bietet mir ein Stipendium an der Yale University an. Es ist eine Gelegenheit, Südafrika zu verlassen, ohne eine große Sache daraus zu machen. Simon ist seit jenem Oktobertag in der Congo Road dazu bereit. Trotz allem habe ich nie an einen Umzug gedacht. Südafrika ist die Heimat, auf die ich mich seit dem Moment meiner Geburt zubewegt habe. Für Simon ist Yale ein Testlauf: die Möglichkeit, herauszufinden, ob seine Frau sich von ihrer Herzensheimat lösen kann.

Simon und die Kinder begleiten mich. Das Stipendium ist großzügig, darum können wir ein Reihenhaus mit zwei Schlafzimmern mieten – es gehört zu einer größeren Wohnanlage, in der Dutzende von Doktoranden mit ihren Familien untergebracht sind. Wir stammen aus allen Enden der Welt. Der Spielplatz erinnert an die Vereinten Nationen in klein.

Mein Gehalt beziehe ich weiter. Das ist ein Geschenk. Ich betrachte es als Belohnung für die sieben Jahre harter Abend, die ich investiert habe. Die Empfehlung, die mich für das Stipendium qualifizierte, stammte vermutlich vom Präsidenten der Organisation. Er ist renommiert – einige sagen sogar, er sei eine Ikone. Seine Fürsprache hat Gewicht. Und er lässt sich nicht so leicht beeindrucken.

In Yale finde ich den Freiraum und die Freiheit, um völlig ohne Erwartungen nachzudenken. Ich beteilige mich nicht an der örtlichen Politik, mein Aktivistinnen-Ich packe ich nicht aus: Es ruht im Koffer. Ich halte mich am Rand der Geschehnisse: abgeschieden, privilegiert, sicher.

Plötzlich kann ich mich entspannen.

Die vorausgegangenen fünf Jahre waren intensiv. Kinder und Karriere zu jonglieren fiel mir nicht leicht, und die sich anbahnende Krise in der Beziehung zu meinem Land war sowohl nervenaufreibend als auch destabilisierend.

Als ich mich für das Sabbatical entscheide, bin ich sicher, dass ich das Büro problemlos eine Zeitlang verlassen kann. Das erweist sich als Irrtum. Die Hölle bricht los – es ist eine lange und komplizierte Geschichte, die mich immer noch mitnimmt, vor allem weil ich einfach nicht glauben kann, dass ich es nicht habe kommen sehen. Aber damals war ich davon überzeugt, mir den Respekt der Kolleginnen und Kollegen verdient zu haben. Ich hatte als junge Frau und frischgebackene Mutter, die noch dazu an Wochenbettdepression und Angststörungen litt, einen Weg gefunden, meine Arbeit zu tun.

Ich lernte, zielorientiert, aber einfühlsam zu sein. Mir war klar, dass ich nicht auf alle Fragen eine Antwort hatte. Ich stand für mein Team ein und vertraute ihren Instinkten, machte mir über Kleinigkeiten keine Sorgen. Ich nutzte Mummy und Baba als Resonanzboden und tat alles, um Ressourcen anzuzapfen, damit wir unter meiner Leitung größer und stärker wurden als jede andere Organisation in dem Netzwerk, zu dem wir gehörten. Wir schüttelten das Totholz ab und marschierten voran – alle zusammen. Zumindest dachte ich das.

Es gab natürlich ein paar Leute, deren Zorn ich hervorrief, und in manchen Fällen hatten sie Recht. Ich lernte, wie man als Frau Chef sein kann – und zwar auf eine Weise, die funktioniert. Dazu gehörte, manchmal harte Entscheidungen zu treffen.

Ich bin sicher, dass ich als Geschäftsführerin gute Arbeit geleistet habe. Irgendwann werde ich bereit für die nächste Herausforderung sein. Ich möchte die Zeit nutzen, meine Nachfolge vorzubereiten. Ich bin mir so unglaublich sicher, dass ich es übertreibe. Ein paar Monate vor meiner Abreise leite ich einen ausgefeilten Umstrukturierungsprozess ein. Diese Umstrukturierung ist längst überfällig und muss sein, aber ich unterschätze es, wie wichtig es den Leuten ist, einen festen Job zu haben. Ich gehe fest davon aus, dass die Besten und Klügsten unter ihnen sich für die Abfindungen entscheiden werden. Ich bin überzeugt, wenn wir uns großzügig zeigen und neue, passgenaue Managementstrukturen schaffen, werden alle hinter meinen Plänen stehen. Das ist ein Irrtum. Ein schrecklicher, naiver Irrtum.

Dann nehme ich das Stipendium an. Mein Aufbruch bietet mir die Möglichkeit, meinen brillanten und lustigen Stellvertreter das Büro ohne mich an seiner Seite führen zu lassen – ein Testlauf. Er ist ein kluger, gutherziger Mann – er war mir bis dahin immer ein großartiger Stellvertreter.

Doch plötzlich bricht die Hölle los. Es gibt eine unzufriedene Angestellte, schon bevor ich ging. Sie hatte unvernünftige Forderungen, darum leiteten wir ihre Entlassung ein. Mein Stellvertreter und ich sind uns einig darüber, wie wir mit ihr umgehen, aber ihr Fall verwandelt sich in einen Alptraum. Der sich hinzieht. Und in der Zwischenzeit treibt der Büroklatsch Blüten.

Ich bekomme panische Textnachrichten. „Komm zurück nach Joburg. Kannst du gleich in einen Flieger steigen?“

Das nervt mich. Mir ist nicht klar, dass es sich mittlerweile ganz offiziell um eine große Sache handelt. Es ist nichts mehr, was ich delegieren kann. Erst als es zu spät ist, dämmert mir, dass es hier nicht länger um eine verärgerte Angestellte und ihre Nörgeleien geht. Die Situation hat sich in ein Referendum bezüglich der Umstrukturierung entwickelt. Wir stecken in großen Schwierigkeiten.

Ich erhalte einen Anruf. „Kommen Sie nach New York.“ Der neue Chef will mit mir sprechen. Ich rufe einen Kollegen an. „Es ist schlimm“, sagt er. Mir dreht sich der Magen um. Ich reise nach New York. Der Boss ist neu. Er kennt mich nicht. Er weiß nichts darüber, was ich alles getan habe, wie hart ich gearbeitet habe, wie sehr ich mich gekümmert habe. Ich habe ihn vorher schon einmal getroffen, und er schien mir spröde, aber wohlmeinend. Wir treffen uns, und meine Gefühle sind unverändert. Er ist spröde und wohlmeinend.

Dann sagt er, dass die Krise toxisch ist. Sie ist zu groß, um sie zu lösen. Es gibt zu viele Betroffene, die sich verwundet fühlen, die sich um ihre Zukunft in der Organisation sorgen. Ich bin sprachlos. Ich dachte, die Menschen, die mir versichert hatten, alles sei in Ordnung, hätten die Wahrheit gesagt. Ich dachte, ich könnte mich auf das Wohlwollen verlassen, das ich über all die Jahre aufgebaut hatte. Das war, wie sich herausstellt, ein Anfängerfehler. Es ist das eine, eine gute Managerin zu sein. Es ist etwas völlig anderes, Menschen durch einen schmerzlichen und schwierigen Prozess zu führen, in dessen Verlauf sie möglicherweise ihren Lebensunterhalt verlieren könnten. Auch wenn sie bestens ausgebildet sind und man annimmt, dass sie mobil sind, und man ihnen eine Kündigungszeit von über einem Jahr einräumt. Es gibt einige Prozesse, die kann man nicht kurzschließen.

Es gibt Beschwerden über mich. Einige Angestellte erklären, ich sei eine Tyrannin. Damit habe ich gerechnet. Das gehört dazu, wenn man als Frau eine Führungsposition bekleidet – noch dazu als junge Frau, die gerade Babys bekommen hat: Man bezeichnet sie entweder als zu schwach oder als despotisch. Einige behaupten, ich hätte die Umstrukturierung durchboxen wollen, ohne mich ausreichend informiert zu haben. Mag sein.

Es ist eindeutig, dass der neue Boss sein Urteil bereits gefällt hat. Es hat keinen Zweck, über Details zu reden. Die Tatsache, dass die Worte, die er äußert, nicht als Fragen gestellt werden, sondern als Aussagen – dass es Bedenken hinsichtlich meiner Person gebe und es am besten sei, wenn ich die Organisation in beiderseitigem Einvernehmen verlasse –, macht unmissverständlich klar, dass hier bereits Fakten geschaffen wurden. Ich besitze zu viel Stolz, um mit ihm zu diskutieren.

Ich höre zu. Ich zwinge mich, nicht zu weinen, und wundersamerweise tue ich das auch nicht. Er schlägt vor, ich solle schriftlich meinen Rücktritt einreichen. Er werde dafür sorgen, dass alles einvernehmlich geregelt wird. Ich krümme mich und lächele dabei. Das darf doch nicht wahr sein. Es ist absolut nichts Einvernehmliches daran, wenn man gebeten wird, einen Posten zu räumen, den man geliebt hat, einen Posten, an dem man sich wertgeschätzt und respektiert fühlte. Es gibt nichts Einvernehmliches an einem Putsch.

Das Gespräch endet. Wie im Nebel gehe ich ziellos durch die Straßen, durch die Menschen um mich herum. Ich scheine stundenlang unterwegs zu sein, was nicht sein kann. Schließlich rufe ich Simon an, und als ich seine Stimme höre, beginnen die Tränen zu fließen. Ich weine schluchzend, kämpfe darum, nicht völlig die Fassung zu verlieren. Ich lehne mich gegen ein Schaufenster, dann trete ich rasch einen Schritt zurück, habe Angst, jemand könne mich zum Gehen auffordern – ich bin immer noch eine Schwarze Frau in den Straßen von New York und bin mir deutlich bewusst, welchen Raum ich einnehme. Ich sehe mein weinendes Spiegelbild in der Scheibe. Niemand schenkt mir auch nur einen zweiten Blick. Das ist New York – alle gehen einfach weiter.

Ich heule ins Handy. „Ich könnte nach Joburg fliegen und alles aufklären." Ich will kämpfen. Meinen Namen reinwaschen. Ich will der Welt sagen, dass ich allen vertraute, darum dachte ich auch, alle wären okay damit, weil ja auch alle sagten, sie wären okay damit. Simon rät mir davon ab. „Komm einfach nach Hause." Und ich bin dankbar, ihn das sagen zu hören.

Ich steige in den Zug und fahre nach New Haven zurück. Während der zweistündigen Fahrt kauere ich am Rand des Sitzes und schaue aus dem Fenster, angespannt wie ein Buschbock, jederzeit zum Sprung bereit. Ich befinde mich auf fremdem Boden. Versagen ist neu für mich, darum ist mir das Terrain unvertraut. Wenn ich morgen fliege, wäre ich übermorgen in Joburg. Mein Kampfgeist meldet sich. Wie können sie es wagen? Sie wissen, dass ich gehen will. Ich sagte, ich würde die Geschäfte übergeben – warum gelüstet es sie nach meinem Blut, wenn ich nicht einmal vor Ort bin? Es fühlt sich grausam an, hässlich, auf eine Weise, die ich nicht verstehe.

Ich wende meinen Blick nicht von der Landschaft ab. Stillgelegte amerikanische Städte huschen vorbei. Es ist das Land von Graffiti und zerbrochenen Scheiben. In den weiten Flächen zwischen den Städten sehe ich kahle Bäume und Totwasser. Es gibt weiß gestrichene Brücken und Boote, perfekt vor dem grauen Himmel. An jedem Bahnhof stehen mürrische Schwarze Männer in Uniform und, in einiger Entfernung, perfekt gestylte *weiße* Frauen. Von Bahnhof zu Bahnhof fühle ich mich hilfloser treibend. Das hier ist Amerika, und ich bin eine Fremde. In einem Amtrak-Zug zerteile ich Raum und Zeit, verloren, aber unterwegs in Richtung eines Ortes, den ich kenne. Ich reise nach Hause, zu Simon.

Der Zug fährt in New Haven ein, und er steht am Gleis und wartet.

***

Monatelang bin ich neben der Spur. So etwas passiert Leuten wie mir nicht. Ich bin eine kluge, liebenswerte afrikanische Frau, die in vierter Generation der Mittelklasse angehört – so jemand wie ich versagt nicht. Ich habe einen Lebensplan, und in dem tauchen solche Rückschläge nicht auf.

Es lief immer so, wie ich es wollte, und das hat in mir ein Selbstvertrauen aufgebaut, das möglicherweise – noch dazu bei einer afrikanischen Frau – für Arroganz gehalten werden könnte. In gewisser Weise ist das Vertrauen, das ich in mich habe, ein enger Verwandter meiner Anspruchshaltung. Wenn man allein durch seine Klassenzugehörigkeit in allen Dingen Erfolg hat, dann sorgt das für eine partielle Blindheit. Ich ging immer davon aus, dass die Leute mein Bestes wollen. Weil ich dachte, das müsse so sein. Schon als Kleinkind habe ich geglaubt, jeder Lehrer und Direktor, dem ich je begegnet bin, wolle mein Vorankommen fördern.

Die Kinder meiner Generation waren die Hauptdarsteller der postkolonialen Erzählung. Wir verkörperten Afrikas positive Entwicklung. Mit unserer glänzenden Haut waren wir die wohlgenährten Leistungsträgerinnen und Leistungsträger, die ihren Stundenplan mühelos aufsagen konnten und Zugang zu den besten Universitäten bekamen, allein aufgrund ihrer angeborenen Intelligenz.

Dieses Erbe, zusammen mit den spezifischen Eigenarten meiner Kindheit, schuf eine Art unschuldiges Anspruchsdenken in mir – eine Naivität, geboren aus Zugang anstatt aus Mangel an Weltläufigkeit, und vielleicht war das der Grund, warum ich einen blinden Fleck in organisatorischen Dingen hatte, die ich nicht für wichtig hielt.

Ich sah mich als Ausnahmeerscheinung. Ich glaubte, ich stünde über kleinlicher Büropolitik und Büroklatsch. Ich ging wie selbstverständlich davon aus, dass ich volle Rückendeckung hatte, obwohl das gar nicht der Fall war. Die Arroganz der Klasse liegt darin, dass man blind für etwas sein kann, was andere sehen können, nur weil die Welt freundlich mit einem umgeht. Ich war blind, weil es mir persönlich keine Angst machte, eine Abfindung anzunehmen – und ich konnte mir nicht vorstellen, dass es anderen in ähnlicher Position wie mir anders gehen könnte.

Keine Führungskraft darf diesen Fehler begehen. In dieser Hinsicht bin ich tatsächlich gescheitert, ungeachtet all dessen, was ich sonst erreichte.

***

Natürlich geht es mir trotzdem gut. Ich habe mir eine neue Karriere aufgebaut – kann immer noch etwas bewirken. Aus der Zeit vor diesen entsetzlichen Monaten gibt es noch genügend Wohlwollen mir gegenüber, sodass ich immer noch Ansehen innerhalb der Organisation genieße. Mein Netzwerk trägt mich. Dank meiner Möglichkeiten und Privilegien kann ich mich über Wasser halten.

Ich würde gern so tun, als hätte sich mein weiterer Werdegang allein auf meinen Talenten und meiner Fähigkeit, zu lernen und zu wachsen, gegründet. Die Wahrheit ist weniger schmeichelhaft. Mir standen Türen offen, die den meisten Frauen und den meisten Schwarzen verschlossen bleiben. Meine Netzwerkkontakte – mein gesellschaftliches Kapital – waren ein massiver Pluspunkt. Es gab Menschen in einflussreichen Positionen, die mich mochten und mir vertrauten – trotz meiner Fehler. So sollte es eigentlich für jeden und jede sein. Mein Fehler bestand in der Annahme, meine Einzigartigkeit sei die Norm. Es ist eine Sache, Feminismus als Konzept zu verstehen, aber es ist etwas völlig anderes, Feminismus auf reale und authentische Weise zu leben. Das kommt nicht von selbst, selbst wenn man durch sein Schwarzsein und sein Frausein betroffen ist. Nicht einmal, wenn man versucht, einfühlsam zu sein.

Manchmal erkennt man die eigenen Privilegien erst durch kalte, knallharte Erfahrung – dadurch, dass man Mist baut.

Meine Heilung verdanke ich der Unterstützung meiner Familie. Ich konnte mein Scheitern überwinden, weil meine Erziehung und mein erstklassiges Englisch dafür sorgten, dass am Ende alles gut wurde. Meine Kontakte und die leuchtenden Worte in meinem Lebenslauf – Yale, Weltwirtschaftsforum, Amerika – waren die funkelnden Sterne, die Zugang und Fortschritt bedeuteten.

Mein Schmerz wurde durch mein Potenzial gelindert, und mein Potenzial war unendlich, denn die Umstände sprachen für mich. Ich war nicht Nikki oder Aunty Pinah. Ich war nicht einmal Mummy. Ich war freier.

Es klingt wie ein Klischee, aber meinen Job unter einer merkwürdig grauen Wolke aufzugeben, war möglicherweise das Beste, was ich je getan habe. Es wäre schön, wenn ich sagen könnte, dass das Leben mir Zitronen reichte und ich daraus Limonade machte, aber es war viel mehr als das.

Meine Lektion bestand darin, dass ich lernen musste, mit meinen Privilegien umzugehen. Ich wurde in eine Familie geboren, die – seit Generationen – großen Wert auf eine gute Ausbildung legte. Wie all die Ausnahme-Menschen meines Landes vor mir hielt ich mich für etwas Besonderes. Meine gesellschaftliche Stellung als Urenkelin dieser Christen, die früh konvertiert waren und die Ausbildungsvorteile dieses Ausverkaufs an die Missionare genossen, war ein Segen für mich. Aber ich hatte noch nicht gelernt, mit meiner Elite-Stellung richtig umzugehen, sie zu zähmen und einzusetzen und trotzdem zu sehen.

Frauen wandeln schon auf dem schmalen Grat zwischen Autonomie und Leutseligkeit, seit Maria Jesus auf die Welt brachte. Eins lernen Frauen früh: Um unsere Genialität zu schützen, müssen wir sie manchmal verheimlichen. Wenn wir unser Strahlen nicht verstecken wollen oder können, müssen wir uns eine Strategie aneignen, um die Aufmerksamkeit abzuwenden, die uns zuteilwird. Frauen wissen, dass ein unauffälliges Auftreten oder ein erfolgreicher Ehemann oder ein angesehener Vater wirksame Hilfsmittel sind, um sich der Welt zu stellen, weil sie uns Zugang zur höflichen Gesellschaft erlauben.

Als Frau kann man nicht immer verhindern, unsichtbar gemacht zu werden. Also lernen wir, lesbar zu werden, verstanden zu werden, nicht nur als Frau, die auf ihren eigenen zwei Beinen steht, sondern als Frau, für deren Wert Männer einstehen. Der Kollege, der sagt: „Oh, sie ist wirklich nett." Die männlichen Verwandten, die versichern: „Sie ist sehr bescheiden. Sie nutzt ihre Bildung nicht, um so zu tun, als sei sie besser als andere."

Frauen, die keine solchen Verbindungen haben und die sich weigern, vor der Konvention ihren Bückling zu machen, sind schlimmer als gefährlich: Sie sind entbehrlich. Ich habe nie akzeptiert, irgendwelche Spielchen zu spielen, darum wusste ich nicht, wie prekär meine Stellung war, bis ich stolperte.

Dennoch ist das keine Geschichte darüber, wie ich von Kollegen, die es vielleicht oder vielleicht auch nicht auf mich abgesehen hatten, in die Knie gezwungen wurde, nur weil ich eine Frau und jung war. Ich fühlte mich während meiner Zeit in New Haven unleugbar erschlagen und gekränkt, und zweifellos wären die Dinge anders gelaufen, wäre ich ein Mann, aber das ist nicht der entscheidende Teil der Geschichte, und sei es auch nur, weil es eine Geschichte ist, die wir alle nur zu gut kennen. Es ist eine Geschichte, die besagt, dass Privilegien flach sind und Schwarze Frauen immer nur Opfer sind – niemals selbst Inhaberinnen von Macht. Es ist eine Geschichte, die die Art und Weise leugnet, in der sich Macht überschneidet und auf eine Art und Weise funktioniert, die uns alle gleichzeitig bevorteilen und benachteiligen kann.

Nein, meine Geschichte ist komplizierter, weil sie uns daran erinnert, dass wir unsere Unschuld verlieren, wenn wir in einer Welt, die weitgehend arm ist, das Sicherheitsnetz der Klassenzugehörigkeit besitzen. Wir verlieren unsere Unschuld, aber nicht unser Leben. Wir landen auf den Füßen, weil es viel starke und mächtige Arme gibt, die uns auffangen und uns wieder aufrichten.

***

Wir verbringen den Rest unserer Zeit in New Haven damit, uns neu zu orientieren. Simon sammelt meine Bruchstücke ein und setzt sie wieder zusammen. Er hält mich fest. Unsere engsten Freunde aus Johannesburg kommen zu Besuch: Gael mit ihrem wunderschönen schwarzen Haar, in das ich auf unserem Ausflug nach Mystic endlos weine, und Richard mit seinen kräftigen Armen, mit denen er mich umarmt und sagt, dass er an mich glaubt.

Wir vier verbringen ein Wochenende zusammen und trinken zu viel. Das bewirkt ein Wunder für mich. Es ist eine Zusicherung, eine Erinnerung, dass Arbeit nicht alles ist, auch wenn ich mein Selbstwertgefühl immer auf meiner Arbeit aufgebaut habe. Als Gael und Richard abreisen, fühle ich mich schon besser. Ich bin immer noch angeschlagen, ja, aber ohne offene, klaffende Wunde.

Einige Wochen später gehen Simon und ich ohne die Kinder zum Abendessen. Es ist ein kühler Oktoberabend, und wir spazieren Hand in Hand, reden über nichts Besonderes und doch über alles, was zählt, schmiegen uns aneinander und haben das Gefühl, als seien wir ein einziger Organismus. Die Ereignisse der letzten Zeit haben uns einander angenähert.

Es ist dunkel, und die Straße ist weitgehend menschenleer, doch jemand läuft hinter uns. Wir hören Schritte, und wir drehen uns nicht einmal um. Er eilt an uns vorbei, und wir haben keine Angst. Wir bemerken beide die Gewöhnlichkeit dieses Augenblicks, den Fakt, dass wir nicht zusammenzucken, als sich ein Fremder im Dunkeln nähert. Simon sagt, das ist ein Omen. Es ist Zeit, dass wir Südafrika verlassen. Ich stimme ihm zu. Aus der Ferne, weit weg in einer sicheren kleinen Ivy-League-Stadt, wo die Ausläufer der üblen Viertel niemals bis auf das Uni-Gelände reichen, fühlt es sich richtig an. Dieses Mal sage ich sofort ja.

Wegen einer Reihe von Umständen, die typisch für uns sind, wird uns die Entscheidung leicht gemacht: Simons Eltern werden älter, Gabi und Nick beenden bald die Schule und wünschen sich, dass wir flexibler für sie werden, und natürlich habe ich keine Arbeitsstelle mehr, die mich festhält.

Bis jetzt haben mich die Erfahrungen meiner Kindheit geformt, bei der ich wie eine Nomadin von einem Land zum nächsten wanderte. Das hat mich immer davon abgehalten, meine Verpflichtung Südafrika gegenüber zu lösen. Ich hasste die Vorstellung, mein Land aufzugeben. Simon spottet darüber.

„Du gibst nicht auf, du folgst deinem Ehemann. Warum muss in Südafrika immer gleich alles zu einer politischen Diskussion werden? Warum muss das unbedingt ein großes Statement sein? Wir können doch einfach etwas Neues versuchen, in meinem Teil der Welt. Wir müssen das nicht mit so viel Bedeutung überfrachten."

Er hat natürlich recht. Aber er spricht auch ohne die Fesseln der Geschichte. Ich glaubte immer, diesen Luxus nicht zu haben. Trotz seiner Worte sträubt sich mein Herz gegen das Versprechen, das ich ihm gegeben habe. In den Wochen nach unserem Gespräch erzähle ich ihm nicht von meinen Zweifeln. Auch dann nicht, als sie immer weiter wachsen.

Ich fühle mich zwischen dem Mann, den ich liebe, und dem Land, das zu verlassen ich nicht ertrage, hin und her gerissen. Ich weiß, Simon will gehen – um näher bei Gabi und Nick und bei seinen Eltern zu sein, um das nagende Gefühl in der Magengrube zu beenden, jedes Mal wenn er aus dem Wagen steigt. Ich weiß, ich sollte mich ebenso fühlen. Die Gewalt, die gegen S gerichtet war, hätte mich bis ins Mark erschüttern sollen, jedenfalls genug, um mich dazu zu bringen, das Land zu verlassen – eigentlich müsste ich S retten wollen.

Und so stecke ich fest zwischen den Schuldgefühlen einer Mutter, deren Instinkt für das Überleben ihres Kindes mangelhaft scheint, und dem Schmerz des inneren Kindes, dessen kostbarster Besitz aus seinen Händen gerissen werden soll.

Schließlich, nachdem ich wochenlang so tat, als sei ich immer noch in diesem Moment der Klarheit auf dem Heimweg von unserem Essen, gestehe ich Simon die Wahrheit. Die Ambivalenz ist zurück. Wir flüstern, damit die Kinder uns nicht streiten hören. „Ich mache keine Ausflüchte", sage ich. „Ich habe nur alles noch einmal überdacht." Er lächelt über meine Wortwahl, aber er ist verärgert. Ich sehe, dass meine Liebesbeziehung mit Südafrika für ihn ermüdend ist. Als er sich in mich verliebte, hatte er nicht erkannt, wie sehr ich mich zu etwas hingezogen fühlte, das im Wesentlichen eine abstrakte Idee war, eine Geografie, die mich weder halten noch mich berühren oder mich küssen konnte und die mich doch erfüllte. Er hatte nicht realisiert, wie fest mich das Land im Griff hatte, wie viele Tränen ich bei dem Gedanken vergoss, dort nicht zu leben, wie ich mich danach sehnte, wie ich zurückkehren wollte, auch wenn das überhaupt keinen Sinn ergab.

Aber darauf kommt es nicht an. Das ist ihm jetzt klar. Mit jeder Nuance der Güte, wegen der ich mich in ihn verliebte, sagt er: „Okay."

In den folgenden Wochen wird mir klar, dass dieses Okay von Simon nicht wirklich ein Ja signalisiert. Es gibt ein kleines Stück Land, das wir vor ein paar Jahren in Mosambik gekauft haben, und plötzlich sprechen wir nur noch darüber. Simon ist ein Mann der Tat. Als wir die Rückkehr nach Südafrika vorbereiten, setzt er einen Plan in Bewegung, der uns erlaubt, jederzeit wieder abzureisen. Er weiß, wenn er es mir überlässt, werden wir das Land niemals verlassen.

Warum ich schreibe

Am 16. August 2012 eröffnet die Polizei in einer Kleinstadt namens Marikana in Südafrikas trockenem, staubigem Platingürtel das Feuer auf eine Gruppe streikender Minenarbeiter. Als das geschah, waren wir in Amerika. Ich verfolgte die Videoaufzeichnung voller Entsetzen online. Vierunddreißig Minenarbeiter verloren ihr Leben, achtundsiebzig wurden verletzt.

Hinterher – als die Leichen gezählt und die Verwandten informiert worden waren – behauptete die Polizei, ihre Beamten seien angegriffen worden. Die Tatsache, dass die Minenarbeiter nur mit traditionellen Waffen ausgestattet waren, wohingegen die Polizei mit Sturmgewehren gegen sie antrat, schien keine große Rolle zu spielen.

In den Monaten nach dem Massaker entschuldigte sich die Regierung nicht. Dieses Massaker war der schwerste Vorfall von Polizeibrutalität seit dem Ende der Apartheid. Dennoch erklärte die politische Führung, die Polizei hätte getan, was nötig war. Unser Präsident schaute unglücklich drein.

Niemand wurde entlassen.

Niemand sagte, dass es ihm leidtat.

Stattdessen gab die ANC-Führung den Minenarbeitern die Schuld. Die Partei boykottierte tatsächlich die Beerdigungen. Sie kehrte den trauernden Witwen der Toten aus fernen Dörfern den Rücken zu und somit kehrte sie auch der eigenen Geschichte und der ihrer wichtigsten und verletzlichsten Wählerinnen und Wähler den Rücken zu.

Die Geistlichen des Landes beteten ernsthaft. Sie beteten für die Toten, aber sie beteten auch für die Lebenden. Sie baten Gott, denen zu vergeben, die die Verbrechen begangen hatten. Doch offenbar reichten diese Fürbitten nicht aus.

Die Regierung leugnete weiterhin die Verantwortung für diese Morde. Eine Untersuchungskommission, die Farlam Commission, wurde gebildet, aber die war ein ausgemachter Schwindel. Es ging nie darum, die Täter zur Verantwortung zu ziehen, sondern nur darum, die Fragen empörter Bürger und Bürgerinnen abzuschmettern. Manchmal hatte die Kommission etwas von purer Satire an sich, ähnlich wie die Wahrheits- und Versöhnungskommission (TRC): Alle kannten die Wahrheit, aber nur die Opfer trauten sich, sie auszusprechen.

Das Südafrika, in das wir Anfang 2013 zurückkehren, ist ein anderes als jenes, das wir verließen. Marikana hängt wie ein Schreckgespenst über der Politik. Es fühlt sich auf unheimliche Weise so an wie in den Mbeki-Jahren. Wieder einmal treten die Bitterkeit und die Gemeinheit und die Arroganz des ANC deutlich zutage.

Dieses Mal klebt nicht nur das Blut der Verwundeten und Sterbenden am ANC, sondern auch der Gesunden und Starken. Die Kugeln und die Leichen wurden in alle Welt übertragen. Die verheerende Verletzlichkeit Schwarzen Lebens war für alle sichtbar. Die Toten lagen verstreut – Arme und Beine verrenkt, in herzzerreißender Reglosigkeit –, und wenn man sie nicht sah, dann nur, weil man bewusst den Blick abwandte.

Das Vertrauen zwischen den Bürgerinnen und Bürgern und ihrer Führung – was davon nach den brutalen Mbeki-Jahren noch übrig war – zerbrach.

In Folge von Marikana fühlt sich das Leben in Südafrika so an wie in einem Spukhaus. Überall sind Geister, und sie scheinen an Kraft zu gewinnen. Es sind auch keine traurigen Geister mehr. Nein, dieses Mal sind die Toten wütend, und sie schreien. Es ist, als ob sie ihre kriegerischen Truppen sammeln, um sie zu jenen zu schicken, die ihre Zerstörung veranlasst haben. Jene von uns, die noch stehen, können nur abwarten, was passiert, wenn diese Kräfte entfesselt werden.

Es ist sehr verführerisch, *Julius Malema* als Produkt ihres Zorns zu sehen. Jahrelang stand der junge Mann aus Seshego im Licht der Öffentlichkeit. Er ist ein unerzogener Frauenhasser, ein Tyrann im Westentaschenformat. Sein Aufstieg scheint alles zu verkörpern, was am ANC faul ist – das Zurschaustellen von Reichtum aus fragwürdigen Quellen, die Kultur moralischer Straffreiheit und eine wachsende Intoleranz gegenüber Debatten und Dialogen.

Wäre ich spiritueller, dann würde ich glauben, dass Malemas Umkehr, seine Entscheidung, den ANC zu verlassen und wieder ein Mann des Volkes zu werden, das Werk dieser spukenden Geister ist.

In den Monaten nach dem Massaker von Marikana ist niemand so sprachgewaltig und artikuliert, was den Schaden angeht, der uns allen angetan wurde, der Psyche des ganzen Landes und der Seele Südafrikas. Ich sehe und höre, wie er auf allen Kanälen die Wut öffentlich macht, die viele von uns innerlich verspüren. Julius Malema benennt viele der Dinge, die über die Führung des ANC gesagt werden müssen.

Ich bewundere Malema, auch wenn ich das gar nicht will. Ich bringe meinen Ekel über den ANC nur zu Hause zum Ausdruck, habe nicht wie er meine Flagge gehisst. Der ANC ist nicht einfach nur eine Partei, er ist ein Zuhause. Ich habe schon seit Jahren an keinen Parteitreffen des ANC mehr teilgenommen, und ich habe vor langer Zeit aufgehört, meinen Monatsbeitrag zu zahlen, aber dennoch habe ich immer noch das Gefühl, dass mir der ANC im Blut liegt. Meine Urgroßonkel Richard und Selby waren Gründungsmitglieder. Mein Vater war im militärischen Arm des ANC. Ich wurde im Exil geboren. Ich bin durch und durch ANC. Das ist die Geschichte, die ich mir eingeredet habe. Ich bin der Partei verpflichtet und treu. Aber je schlimmer die politischen Entscheidungen werden, desto mehr verstehe ich, dass ich mir diese Geschichte nicht länger erzählen kann. Der ANC ist nicht in meinem Blut, nur in meiner Erinnerung. In der Art und Weise, wie ich über den ANC rede, ist eine Bevormundung integriert, die mich zum Schweigen bringen soll. Aber es gibt keinen genetischen Code, der mich mehr als andere ANC sein lässt. Eine ANC-Parteimitgliedschaft wird nicht vererbt: Ich bin keine Prinzessin.

Mir ist klar, dass der Anspruch, ein Kind des ANC zu sein, vor Prestige nur so strotzt; es ist eine tiefgreifende Form von Berechtigung. Solange ich auch nur ansatzweise daran glaube, macht das die Ansichten anderer weniger wichtig. Dann bin ich der Vetternwirtschaft, die ich an der Führung des ANC so verachte, selbst schuldig.

Zu dieser Einsicht gelange ich nicht schlagartig. Doch in den Monaten nach Marikana, mit meinem wachsenden Ekel vor dem ANC, erkenne ich allmählich, dass ich mich von meiner „Kinder"-Ansicht entfernen und die Wahrheit akzeptieren muss. Ich bin eine erwachsene Frau, und ich bin dem ANC zu nichts verpflichtet.

Ich bin eine Bürgerin eines Landes, das ich liebe – und vielleicht habe ich das von den Menschen übernommen, die mich erzogen haben, die an die Prinzipien von Gleichheit und Gerechtigkeit glauben. Die Tatsache meiner Staatsbürgerschaft, die Sicherheit, die mit meinem legalen Status einhergeht, die mir einen Platz in diesem Land garantiert, verpflichtet mich, meine Verantwortung gegenüber der Demokratie ernst zu nehmen. Wenn Julius Malema – der einst sagte, er würde für Zuma töten und für ihn sterben – ausscheren und seinen Heimathafen verlassen kann, dann – das wird mir klar – kann ich das auch. Genauer gesagt, *muss* ich das sogar.

***

Ausscheren – mich vom ANC verabschieden, mich von meinem Bedürfnis, Südafrika als geografischem Ort nahe zu sein, zu lösen – ist ein langwieriger Prozess. Er beginnt mit Schreiben. Meine Ablösung fängt in dem Moment an, als ich zum Stift greife.

Einige Wochen nach unserer Rückkehr aus Yale treffe ich mich auf einen Kaffee mit Branko Brkic. Branko ist Herausgeber eines aufstrebenden Start-up-Magazins namens *Daily Maverick*, eine Online-Zeitung, die echte Analysen macht. Manchmal zu viel Analysen. Dennoch ist das Magazin am Puls der Politik des neuen Südafrika. Es hat eine kleine, aber einflussreiche Leserschaft, die täglich wächst.

Branko ist ein bärbeißig wirkender Serbe, der im Ostblock die dunkle Seite der Politik kennengelernt hat. Wir werden einander durch Richard vorgestellt, der darauf beharrt, dass ich jetzt schreiben sollte. Schließlich habe ich keinen Job mehr, der mich davon abhält, meine Meinung kundzutun. Branko sieht das genauso. Er hat keine Ahnung, ob das, was ich schreibe, gut sein wird, aber er führt ein Magazin, das Content braucht, insbesondere von Schwarzen Autorinnen und Autoren.

„Kannst du mir deine erste Kolumne bis Mittwoch liefern?“, fragt er. Willkommen in der Familie.

Und einfach so habe ich eine neue Aufgabe. Ich werde nicht dafür bezahlt, aber das ist in Ordnung. Ich bin ohnehin nur auf der Suche nach einer Plattform.

Ich habe keinen Arbeitgeber, darum verfolge ich ausschließlich meine eigenen Absichten. Ich bin eine afrikanische Feministin, die an soziale Gerechtigkeit glaubt und sich nicht scheut, lästig zu werden – auch wenn ich in meinem eigenen Heim versagt habe. Auf den Meinungsseiten der großen Zeitungen sehe ich nur wenige andere Frauen, und noch viel weniger schreiben über die Zivilgesellschaft, über Themen, die das tägliche Leben der Menschen betreffen: Gewalt und Wasserversorgung und Abfallentsorgung. Nur wenige erzählen Geschichten von Menschen anstatt von politischen Thesen. Ich sage mir, dass ich aus diesem Grund schreibe: um eine Lücke zu füllen. Ich sage mir, dass es in den Medien nicht genug Stimmen von Frauen gibt, darum schreibe ich in gewissem Sinne für meine Mitschwestern.

Das ist nicht die ganze Wahrheit. Ich tue es auch für mein Ego, für den Nervenkitzel, meinen Namen gedruckt zu sehen. Ich tue es, um in der öffentlichen Arena mein Terrain abzustecken. Und ja, ich will mit diesem Platz etwas anfangen. Nicht um des Platzes willen, sondern um bestimmte Vorstellungen publik zu machen, um über Dinge zu sprechen, auf die es meiner Meinung nach ankommt. In den vorausgegangenen zehn Jahren bin ich zu der Ansicht gelangt, dass Politik ein schmutziges Geschäft ist. Doch irgendwie scheinen mir die Medien weniger befleckt – besser geeignet für ein intellektuelles Leben und die Planung der Zukunft. Besser zumindest, als die Politik es zu sein scheint.

Anfangs mache ich viele Fehler – schlimme Grammatik- und Rechtschreibfehler, weil mir nicht klar ist, dass ich jetzt auf mich gestellt bin und es kein Team mehr gibt, das mich im Hintergrund korrigiert. Ich bin keine Journalistin. Meine Erfahrungen habe ich auf dem zivilen Sektor gesammelt, nicht in einer Redaktion. Ich habe ein Fantasiebild davon, wie es in einer Redaktion aussieht und welche Ressourcen dort zur Verfügung stehen. Die Realität ist weit weniger glamourös.

Aber darauf kommt es nicht an. Das *Maverick*-Team gibt mir einen Freibrief zu schreiben, was ich will. Sie geben mir keine Hinweise oder Tipps, wie ich das am besten mache – das ist meine Sache. Sie mischen sich nicht ein, erteilen mir keine Anweisungen. Ich schreibe, was und wie ich will.

Weder Branko noch Styli – seine vertrauenswürdige Assistentin – weisen jemals einen Artikel aus meiner Feder zurück. Als mich *RW Johnson* wegen Verleumdung verklagt – er fühlte sich von einem satirischen Artikel beleidigt, in dem ich andeutete, dass er ein Rassist ist (weil ich glaube, dass er einer ist) –, mobilisieren Branko und Styli ihre Anwälte, die mich als Mitglied der Herde verteidigen.

Ich schreibe über Feminismus und *race* und Südafrikas Bruchlinien. Anfangs finde ich das schwierig. Die Trolle setzen mir zu. Nach einer Weile scheint es mir aber Zeitverschwendung, mir darüber Sorgen zu machen. Irgendwann verstehe ich das Spiel, und die Trolle helfen mir sogar. Ihre Argumente sind bisweilen nützlich – sie bieten mir Anhaltspunkte, welche Diskussionen geführt werden müssen.

Abgesehen davon wird mir klar, dass ihr Gift nur wenig mit meinen Vorstellungen zu tun hat und alles mit ihrer Vorstellung von mir – mit meiner eigensinnigen Mittelklasse-Persönlichkeit. Es wird immer klarer: Egal, was ich schreibe und wie gut ich mich auszudrücken vermag, ich bin nicht ohne Tadel. Ich schreibe in einer Ära, in der dieser Tadel der Dreh- und Angelpunkt des ganzen Spiels ist – wenn es ihn nicht gäbe, hätte der Schreibende keine Währung. Also schreibe ich in die Feindseligkeit und Empörung der Lesenden hinein, die nicht wollen, dass ich eine Meinung habe, die nur mein Foto sehen müssen und sich schon darüber aufregen, mich bevormunden oder mundtot machen wollen.

Auf gewisse Weise ist diese Art des Schreibens befriedigend, aber letztendlich ist es hohl. Es ist wie ein Zucker-Hoch. Es gibt einen Rausch, aber der Hunger verschwindet dadurch nicht. Dann wird mir klar, dass die wahre Quelle für mich der Ort der großen Wut ist – dass meine besten und tiefschürfendsten Kolumnen jene sind, bei denen es um die Konturen des Betrugs geht. Ich schreibe, um meine Verletzungen in den Griff zu bekommen.

Ich wurde durch den Verrat des ANC verletzt. Ich schreibe, weil ich nicht weiß, was ich mit meinen Gefühlen über mich selbst, über Südafrika und über die politische Bewegung, die ich einst liebte, anfangen soll. Ich schreibe, weil mir – je länger ich in Südafrika lebe – immer klarer wird, dass mein Land wie ein Vater ist, der meine Liebe niemals erwidern kann. Ich liebe dieses Land so sehr, und dennoch bin ich nicht von dort. Darum gibt es immer einen Grad an Oberflächlichkeit in dem, was ich in meinem tiefsten Innern über diesen Ort weiß. Ich bin die Beobachterin – die Außenseiterin, die eben deshalb so präzise sehen kann, weil sie aus der Distanz schaut.

Als ich das verstehe, kann ich stärker und klarer und freundlicher mir selbst gegenüber schreiben. Ich schreibe mich in mein Vergeben hinein, weil ich nicht in der Lage bin, die ultimative Insiderin zu werden. Ich schreibe von dort, wo ich bin, nicht von dort, wo ich sein möchte. Meine Kolumnen verwandeln sich in Essays. Alle mahnen mich, auf die Anzahl der Wörter zu achten, aber wenn es einem nicht länger wichtig ist, ob man maßgeblich schreibt, dann sind solche Regeln nicht länger von Bedeutung. Ich schreibe so, wie ich bin. Ich schreibe als eine Frau, die viel gereist ist und die Selbstvertrauen hat und manchmal verletzlich und enttäuscht ist und oft unverfroren und wütend, weil genau daraus das Leben besteht. Ich schreibe mich in das Annehmen der Kritik hinein, die ich jede Woche online erhalte. Ich lehne mich in den Hass der Trolle und schreibe dagegen an, dass man mich Zicke und Fotze nennt, und ich weigere mich, vor irgendjemand oder irgendetwas einzuknicken. Ich schreibe, weil ich bin, wer ich bin, und ich schreibe trotz all dem, was mir Angst macht.

Wenn man heutzutage für die Öffentlichkeit schreibt, wenn man schreibt und dabei aussieht wie ich und meine Ansichten vertritt – dass man nämlich genauso gut wie alle anderen ist –, dann zieht man Feindseligkeit und Hass auf sich, und man kann sich davon entweder vergiften lassen oder man trinkt das Gift, wie die Götter Ambrosia tranken.

Anfangs schrieb ich, um möglichst viele Klicks und möglichst viel Aufmerksamkeit zu bekommen, aber das war bald vorbei. Ich fing an, für die Nachwelt zu schreiben. Damit S mich anders wahrnimmt. Damit E eines Tages gegenüber seinen Freunden damit prahlen und über seine Mutter sagen kann: „Sie war eine Schriftstellerin."

Anfangs schrieb ich, um Mummy und Baba stolz zu machen, darum schrieb ich vermutlich auch aus einer sentimentalen *Yes-we-can*-Einstellung heraus.

Heute schreibe ich aus anderen Gründen.

Ich schreibe, weil ich eine afrikanische Frau bin, die belesen ist, und das kann man in einem Kontext, wo so viele andere es nicht sind, nicht kleinreden.

Ich schreibe, um meinen Kindern zu entfliehen und meinen Frieden mit ihnen zu machen. Ich schreibe manchmal, um sie fragen zu hören: „Schreibst du noch an deinem Buch, Mama? Wie viele Seiten hat es?"

Ich schreibe, weil Afrikaner und Frauen und Menschen, die für weniger als andere gehalten wurden, immer schon Geschichten und Fantasien hatten, die uns aus der Unmöglichkeit der Situation herausführten, in der wir uns gestrandet sahen.

Ich schreibe, weil Simphiwe Dana singt und weil Brenda Fassie tot ist. Was kann ich angesichts der Unvermeidbarkeit des Todes sonst tun? Wohin sonst soll ich gehen als auf die Seiten des Papiers, wenn mich das Wissen überwältigt, dass die Songs von gestern von Frauen gesungen wurden, die gestorben sind, weil sie allzu hart arbeiten mussten und in einer Welt lebten, die gnadenlos war – und doch sind ihre Melodien so weich.

Was kann ich sonst tun, als zu schreiben, wenn ich weiß, dass das Leben nicht nur Atem ist, es ist auch Stimme? Ich schreibe, weil ich nicht malen und nicht singen kann. Wörter sind mein Pinsel und meine Melodie. Ich habe die Seiten eines jeden Buches, das ich jemals liebte, mit Anmerkungen verziert, darum schreibe ich, weil ich lese.

Ich schreibe, weil ich Schwarz bin – dieses besondere Wort, das mehr bedeutet als die braune Farbe meiner Haut. Schwarz ist eine solide Masse aus vielen Schattierungen, die alle zusammen in die Zukunft weisen: Es ist ein schwarzes Loch. Schwarz ist eine Formel, die sich selbst Einsteins Brillanz entzog, obwohl es nichts ist, keine greifbare Sache.

Ich schreibe für mich selbst, weil Frauen nur selten einen Raum für sich haben, und Schreiben ist Raum. Es nimmt Raum ein, es erschafft Raum, es gibt mir Raum. Ich schreibe, weil Schreiben eine einsame Beschäftigung ist und Frauen nur selten allein mit ihren Gedanken sind – ihre Verantwortlichkeiten stören sie dabei. Es gibt dies zu tun und jenes zu bezahlen, und die Momente, in denen es nur dich und die Wörter gibt, sind selten und darum umso kostbarer.

Ich schreibe, weil Südafrika befreit wurde, und doch ist es nicht frei. Ich schreibe, weil ich enttäuscht wurde, und manchmal schreibe ich, weil ich die Antwort nicht kenne und hoffe, dass irgendjemand sie mit mir zusammen sucht.

Ich schreibe, weil Baba meine Aufsätze mit einem roten Füller korrigierte, als ich an der Schule war.

Ich schreibe, weil Mummy mir das Buchstabieren beibrachte, wie sie mir auch das Einzige beibrachte, worauf es wirklich ankommt, dass man nämlich immer nur einen Atemzug vom Tod entfernt ist.

Ich schreibe, weil es – wie es Nikki Giovanni über die Liebe sagte – für mich nichts gibt als das Schreiben.

Mummy ist nicht immer mit allem einverstanden, was ich schreibe. Sie ist Pragmatikerin und unsicher, ob das ganze öffentliche Im-Schlamm-Rühren etwas anderes bewirkt, als Vergeltung zu provozieren. Ich bin so idealistisch wie immer. Ich glaube, dass es einen Unterschied macht. Es ist absurd zu denken, meine Stellungnahmen könnten keine negativen Konsequenzen zeitigen, aber ich war immer schon eine Idealistin.

Mummy hat meistens in allen Dingen recht. Unser Sparring ist sanft. Nur selten streiten wir uns offen. Es liegt nicht in der Natur unserer Dynamik. Mummy hat ein ausgeprägtes Gefühl für das, was sich gehört. Sie denkt, es sei unschicklich, zu streiten und zu zanken. Und doch glaubt sie daran, stets die Wahrheit zu sagen. Also erarbeiten wir uns ein System. Jetzt, wo wir alle erwachsen sind, stellen wir neue Regeln auf.

Während der ANC auseinanderbricht und Südafrika in die politische Instabilität abdriftet, finden wir als Familie aus Erwachsenen unseren Rhythmus.

Mummy und Baba sind immer noch Teil unseres Alltags. Wir sind wie die fünf Finger einer Hand – getrennt, aber untrennbar miteinander verbunden. Mummy und Baba wohnen nicht länger im Schatten des Menlyn-Park-Einkaufszentrums. Ihr neues Haus befindet sich auf einem großen Anwesen auf halber Strecke zwischen Pretoria und Johannesburg. Das Anwesen gehörte einem Tierarzt. Der Tierarzt und seine Familie sind ausgewandert, und Mummy und Baba haben Haus und Grundstück gekauft. Es gibt Ställe und eine lange Zufahrt, und die Nachbarschaft besteht aus Pferden und privilegierter Stille.

Es geht uns allen gut. Mandla arbeitet sehr erfolgreich in der Telekommunikation. Zeng hat die Universität abgeschlossen und ist als Event- und Tagungsplanerin tätig. Simon und ich sind verheiratet, die Kinder sind da, wir reisen viel.

Wir sehen uns an den meisten Wochenenden. Mummy und ich telefonieren jeden Tag. Mandla und Zeng und ich telefonieren jeden Tag. Mummy telefoniert jeden Tag mit Mandla und Zeng. Wir drei Mädchen telefonieren alle paar Tage mit Baba. Mummy spricht natürlich jeden Tag mit Baba, den ganzen Tag – sie ruft ihn ständig an, um ihn an dieses oder jenes zu erinnern. Es ist fast so, als sei das Handy speziell für unsere Familie erfunden worden.

Wenn ich wütend auf Mummy bin, rufe ich Mandla an und erzähle ihr das. Mandla ruft dann Mummy an und sagt: „Sonke ist wütend. Du solltest dich besser bei ihr melden."

Wenn Mandla wütend auf Zeng ist, lässt sie mich das wissen. Sie sagt dann beispielsweise: „Deine Schwester ist so dermaßen krass." (Wir lieben das Wort „krass", weil es irgendwie Eingang in Mummys Vokabular fand, als wir Teenager waren, und diese Inkongruenz – der Hip-Hop-Slang aus ihrem Mund – ist einfach köstlich. Nach einer Weile wird es uns zur Gewohnheit. Wir verwenden das Wort noch lange, nachdem der Zeitgeist es abgelegt hat.)

„Warum ist sie krass?", frage ich und imitiere Mummys Stimme, um die Stimmung aufzuheitern.

„Das macht sie immer. Es reicht mir langsam, dass sie immer in der allerletzten Sekunde mit ihren Extrawünschen ankommt."

Ich rufe Zeng an.

„Deine Schwester ist wütend auf dich. Sie sagt, du bist krass. Du solltest sie besser anrufen."

Das System funktioniert.

Wir sind aber nicht nur eine Telefongruppe. Wir sind uns gegenseitig Mediatoren und Resonanzboden. Unsere Unterhaltungen machen es manchmal erforderlich, dass wir Partei ergreifen. Diejenige, die den Anruf bekommt, darf dagegenhalten.

„Ja, sie hat sich wieder in letzter Sekunde gemeldet, aber es liegt auch an dir. Du weißt doch, wie sie tickt. Warum planst du es nicht von Anfang an ein?“

Oder: „Aber bist du nicht diejenige, die ihr sagte, dass sie dich anrufen kann, wenn sie eine Mitfahrgelegenheit braucht? Biete ihr das nicht an, wenn du es nicht so meinst. Lass das bleiben, wenn es dich nervt.“

Wir sind ein Netz aus Gesprächen, ein verwobenes Muster an Fäden, die durch Liebe und Loyalität zusammengehalten werden. Mummy hat sich mit zunehmendem Alter dafür entschieden, ebenfalls ein Instrument zu spielen – sie ist nicht länger unsere Dirigentin, sie sitzt jetzt neben uns im Orchester. Anfangs merken wir das nicht. Es fällt uns nicht auf, dass sie nicht länger vorn steht, sondern neben uns sitzt. Wir bilden ein unvollkommenes Quartett.

Wir lieben Baba sehr. Er ist allerdings nicht wie wir, weil er ein Mann ist. Unser Zugehörigkeitsgefühl ist in Schräglage, wir halten uns mehr an Mummy und lassen ihm ein wenig mehr Leine. Er ist der beste Mann, den wir kennen, aber wir müssen ihn nicht länger vergöttern. Wir sind Frauen, nicht länger nur Töchter. Wir spüren, dass Mummy uns jetzt nötiger hat. Es war schwer für sie, so lange stark sein zu müssen, ohne zu wissen, wann sie nicht länger einfach nur gebraucht, sondern zurückgeliebt wird. Jetzt ist sie an der Reihe und darf andere brauchen. Sie braucht es, dass unsere Augen funkeln, wenn wir sie ansehen. Sie braucht es, zu wissen, dass wir sie als den Menschen sehen, der sie immer schon war. Das sagt sie uns nicht, aber irgendwie wissen wir es instinktiv und ohne darüber zu reden.

Das Ende

Tatsächlich hat der Begriff des „Verlierens" zwei verschiedene Bedeutungen. Dinge zu verlieren hat damit zu tun, dass Bekanntes wegfällt; sich zu verlieren hat damit zu tun, dass Unbekanntes auftaucht. Es gibt Dinge und Menschen, die verschwinden, und dann sieht, kennt oder besitzt man sie nicht mehr – man verliert ein Armband, einen Freund, einen Schlüssel. Aber man weiß immer noch, wo man selbst ist. Alles ist vertraut, nur dass da ein Gegenstand weniger ist, ein fehlendes Element. Verliert man dagegen sich, ist die Welt größer geworden als das Wissen, das man von ihr hat.

Rebecca Solnit, „Die Kunst, sich zu verlieren"

Während eines Urlaubs im Jahr 2011, kurz nachdem E auf die Welt gekommen war, hatten wir eine kleine Parzelle Land in Mosambik gekauft. Wir dachten, wir könnten uns dort ein Ferienhaus bauen, in dem wir unsere Familienurlaube verbringen. Unser Grundstück liegt in Inhambane, einen kurzen Flug oder eine Fahrt von Joburg entfernt.

Nach unserer Rückkehr aus den USA arbeitet Simon an einem Plan, unser hektisches Leben in Joburg gegen ein besseres Leben zu tauschen. Die Kinder wachsen rasch heran. Joburg macht Simon zunehmend Angst, und ich habe keinen Job mehr, den ich als Ausrede vorschieben kann. Wir können von überall in der Welt arbeiten.

Im Januar 2014, nach monatelangen Planungen, ziehen wir nach Inhambane. Es ist eine Kleinstadt im südlichen Mosambik. Natürlich hat auch Mosambik seine Probleme. Der lange Unabhängigkeitskampf und ein bitterer Bürgerkrieg wurden dadurch verschärft und in die Länge gezogen, dass das Apartheids-Regime die Widerstandsbewegung (Resistência Nacional Moambicana, kurz Renamo) unterstützte. Mosambik ist ein komplexer Ort. Aber trotzdem sind wir hier woanders, wo die Probleme – die Armut und der Hunger und das politische Drama – nicht unsere Probleme sind.

Für Menschen aus Südafrika ist Mosambik die pure Erholung. In Mosambik trifft man auf *easy smiles*, ein die Problematik überdeckendes Lächeln. In Bezug auf das Verhältnis zwischen Menschen verschiedener *races*, die in einer Gesellschaft zusammenleben, herrscht eine *que-sera-sera*-Einstellung. Infolgedessen ist es für viele *weiße* Südafrikaner ein Paradies, wo die Schwarzen nicht so aggressiv und wütend über Rassismus sind. Gleichzeitig ist es für eine kleine, aber rasch wachsende Gruppe von Schwarzen Südafrikanern ein Rückzugsgebiet mit bestem Wetter. Mit dem südafrikanischen Rand kommt man in Mosambik weit. In den Schulferien und an den Feiertagen ist die Stadt voller Autos, deren Kennzeichen zeigen, dass sie von der anderen Seite der Grenze aus Gauteng kommen. Überall Quads und laute Stimmen und schlechtes südafrikanisches Bier. Doch in der Zwischensaison ist Inhambane ruhig und beschaulich. Um fünf Uhr früh fahren die Boote aus, und der Fang liegt um neun auf den sandigen Markttischen.

Ich habe ein paar Beratungs-Verträge ergattern können, und wir haben eine sehr nette Schule für die Kinder gefunden. Die Bauarbeiter sind eifrig dabei, unser Haus hochzuziehen. Wir haben JP gebeten, etwas für uns zu entwerfen. Wir wissen nicht, wie lange wir in Mosambik bleiben werden, aber es scheint uns ein glücklicher Kompromiss. Simon hat den Strand und die Chance, fernab des hektischen Tempos von Joburg zu leben. Ich bin vordergründig weit genug von Südafrika und den dortigen politischen Vorgängen entfernt, um mich ganz auf ihn und die Kinder konzentrieren zu können. Es wäre eine Untertreibung zu sagen, dass ich eine sehr abgelenkte Mutter wurde, als ich mit dem Schreiben anfing. Ich sitze am Computer und schreibe oder spreche am Telefon oder im Radio über Politik, beantworte Interviewanfragen, halte auf der Bühne und in Workshops Vorträge darüber, was ich über den Zustand der Nation denke.

Die Kolumne im *Daily Maverick* hat zu weiteren Kolumnen geführt. Eine davon führte wiederum zur Einladung in eine Fernsehsendung. Ich schreibe auch in den sozialen Medien. Die Leute lesen, was ich geschrieben habe, und denken darüber nach, was ich sage – und sei es nur, um es abzutun oder mir zu widersprechen. Meine Liebesbeziehung zu Südafrika ist noch intensiver geworden. Das Land fühlt sich toxisch an, und doch bin ich von ihm besessen. Ich wechsle zwischen Depression und Euphorie hin und her.

Als wir unsere Flucht ins Paradies antreten, ist Simon am Ende seiner Weisheit, was mich angeht. Auf einer intellektuellen Ebene verstehe ich, dass ich kürzertreten sollte, dass ich mich mehr auf die Kinder und Simon konzentrieren muss und weniger auf den Zustand des Landes. Aber tief in meinem Herzen bin ich einfach nur froh, dass Inhambane so nahe ist. Es gibt eine tägliche Flugverbindung, und der Flug dauert nur fünfundvierzig Minuten.

Mummy ist mit dem Umzug nicht so glücklich. Sie versteht, dass wir als Familie zusammen sein wollen, an einem entlegenen Strand. Sie versteht meine Ambivalenz, Südafrika zu verlassen, und ebenso Simons diesbezüglichen Mangel an Zweideutigkeit, und sie macht sich Sorgen, dass es eine Kluft zwischen uns beide treiben könnte. Wir wollen so völlig unterschiedliche Dinge.

Sie weiß auch, dass die einzige Möglichkeit, das Dilemma zu lösen, darin besteht, das Experiment zu wagen –

die Stadt zu verlassen, die Simon von sich stößt und die ich liebe. Mummy spricht es nicht aus, aber ich kann ihre Gedanken lesen. Sie war immer unsere größte Unterstützerin. Teilweise, weil sie zu dieser respektablen Mutter wurde, die ihre Tochter, die beneidenswert gut verheiratet ist, glücklich sehen will. Aber auch, weil sie Simon liebt. Sie liebt ihn wegen seiner Güte und für den mäßigenden Einfluss, den er auf mich ausübt. Mummy weiß, wenn wir umziehen, ist das der Beweis für uns beide, dass ich ihn mehr liebe als das Land meines Herzens.

Am Tag unseres Umzugs zeigt sich Mummy emotional. Sie weint nicht, aber ihre Blicke sind gefühlvoll. Als Simon den letzten Gegenstand in den Wagen lädt, spricht sie bereits über den ersten Besuch von ihr und Baba. Als wir in den Wagen steigen, sagt sie: „Pass auf meine Kleinen auf."

„Natürlich, Mummy", sage ich.

Wir tun beide so, als sei sie nicht tieftraurig.

Die Kinder werden sie vermissen. Sie haben sich an ihre unangekündigten Besuche gewöhnt und auch daran, dass sie immer freitagnachmittags vorbeikommt und sie uns übers Wochenende abnimmt. Ich werde Mummy ebenfalls vermissen: vor allem ihre Angriffslust. Wer wird jetzt jeden prüfend unter die Lupe nehmen, der mit S und E in Kontakt kommt? Wer wird an meiner Stelle misstrauisch sein, damit ich die großherzige, naive *Madam* sein kann? Mir werden sogar ihre ungebetenen Ratschläge fehlen.

Ich weiß, sie wird schon in wenigen Wochen zu Besuch kommen. Sie wird uns nie im Stich lassen. Und doch ist es ein besonderer Moment. Ich kann das Bild, das wir abgeben, vor mir sehen: Wir sind Spiegelbilder – Mutter und Tochter mit demselben Gesicht, die ihren Kopf auf dieselbe Weise halten, die beide immer so tun, als sei alles gut.

Wenn man seine Mutter als Erwachsene erlebt, wird einem irgendwann klar, dass sie sehr viel mehr Jahre als

Frau gelebt hat als man selbst. Eine erwachsene Frau zu sein, die ihre Mutter liebt, heißt, dass man versteht, wie schwer es ist, Kinder so wunderbar großzuziehen, dass sie sich keine Sorgen um dich machen müssen, bis sie erwachsen sind und bereit, die komplexe Last dieser Angst zu tragen.

Ich war kein Kind, das sich um seine Mutter gekümmert hat, obwohl mir klar ist, dass manche das schon ab einem sehr zarten Alter tun müssen. Es gibt Kinder, die früh lernen, sich um die Gesundheit der Mutter zu sorgen, die wissen, wie sie mit ihren Launen umgehen müssen und ihre Wutausbrüche abfedern können, denn ihre Mütter sind unberechenbar oder inkonsequent oder nicht wirklich bereit, Mutter zu sein, obwohl das Kind schon da ist. Ich hatte das Glück, mir keine Sorgen um Mummy machen zu müssen, bis ich eine erwachsene Frau war, und auch dann immer nur für kurze Zeitabschnitte. Sie war nie krank, nie bankrott, nie so unglücklich, dass ich für sie hätte da sein müssen. Sie war ihre eigene Frau – und dabei doch immer auch vollumfänglich für mich da.

Als heranwachsender Teenager bekam ich manchmal eine Ahnung von dieser anderen Person, beispielsweise wenn ich sie im Kreis ihrer Freundinnen sah. Ich spürte, dass sie ihr eigener Mensch war, ob es mich gab oder nicht. Dieses Gefühl war jedoch immer nur flüchtig. Manchmal, wenn ich in der Küchentür stand und darauf wartete, dass sie mich bemerkte, damit ich sie um Erlaubnis bitten konnte, mit Freundinnen auf mein Zimmer zu gehen oder Limonade für die Kinder im Hof zu holen oder was immer ich von ihr wollte, in diesen Momenten, bevor sie mich bemerkte, konnte ich sie als eigenständige Person wahrnehmen. Nur ganz kurz sah ich sie dann als eine Frau, die immer auch jemand anderes war. Eine Frau, die mehr war als nur meine Mutter.

Das war auch der Fall, wenn sie Wein trank und lachte, bis ihr die Tränen kamen, wenn sie Scherze machte, die ich nicht verstand, und aussah wie jemand, der frei ist, jemand, der nicht gefesselt ist an drei kleine Herzen in winzigen Brustkästen. Sie sah überhaupt nicht wie die Frau aus, die drei Nabelschnüre unter den Bäumen von Mbuluzi vergraben hatte. Man sah ihr nicht an, dass sie eine Frau war, die einmal auf einer vereisten Straße in Ottawa böse stürzte und wieder aufstand und weiterging. Und doch spürte man, dass sie die Art von Frau war, die sich selbst genug liebte, um allem, was sie kannte und ihr Sicherheit bot, von jetzt auf gleich den Rücken zu kehren.

***

Fünf Monate später starb Mummy. Ihr Tod kam überraschend – zu plötzlich, um ihn zu begreifen. Selbst heute noch.

Wir waren zufällig auf Besuch in Johannesburg, als sie starb. Wir waren bei ihr und Baba daheim, in dem Haus, in dem wir geheiratet hatten, ebenso wie Mandla und Siya. Das Haus, in dem S und E zu oft, um es zählen zu können, mit Mummy zusammen den langen Weg zum Hühnerstall gingen, um morgens die Eier fürs Frühstück zu holen. Die Hunde begleiteten sie schwanzwedelnd, die Nachbarn winkten.

Wir waren im Haus, als es passierte. Wir waren alle dort, und doch verließ sie uns, als würden wir nicht existieren, als wären wir nicht zu Besuch.

Es waren die Schulferien, und obwohl Mummy und Baba uns nur eine Woche zuvor in Inhambane besucht hatten, fuhren wir zu ihnen. Die Kinder schliefen in einem der Gästezimmer, Simon und ich im anderen. Wir waren alle hinter der Sicherheitstür oben an der Treppe, hinter den Schutzgittern gegen Einbrecher vor den Fenstern – sicher vor Schaden.

Baba kam zögernd in unser Zimmer und weckte mich. Er meinte, er mache sich Sorgen, weil Mummy schon zu lange in der Wanne war und nicht herauskam. Ich trottete ins Badezimmer und holte dann Simon, weil er sicher etwas tun konnte, aber es war zu spät. Die Nacht verschwimmt in einem Nebel aus Notrufgesprächen, Simon auf Knien im Badezimmer, wie er Herz-Lungen-Wiederbelebung versucht, dem Geräusch, wie er seinen Atem in ihren Mund bläst und der Atem wieder entweicht. Die Sanitäter trafen ein, und auch sie versuchten eine Wiederbelebung, obwohl es deutlich zu spät war.

Sie notierten den Zeitpunkt des Todes. Der Leichensack wurde die Treppe hinuntergetragen. Zeng traf ein, als sie gerade aufbrechen wollten. Sie küsste Mummy. Diesen Mut hatte ich nicht. Ich blieb oben, klammerte mich an Mummys Reisetasche fürs Krankenhaus, die ich gepackt hatte, als wir noch glaubten, die Wiederbelebung würde helfen. Ich rief Mandla an. Sie war auf einer Geschäftsreise in Kairo. Sie schrie mich an und sagte, ich solle aufhören zu reden – sie wolle nichts davon hören. Ununterbrochen sagte sie stopp. Ich wiederholte es. „Mummy ist von uns gegangen." Sie schrie wieder: „Was meinst du damit? Sonk? Sonk?" Sie wiederholte meinen Namen, und ich verstummte. Ich konnte nichts mehr sagen. Irgendwann fand ich meine Stimme wieder und bat sie, nach Hause zu kommen.

Hinterher konnte ich – wochenlang – das Blut in meinem Bauch wallen spüren. Auf Höhe meines Bauchnabels. Wochenlang, monatelang, selbst heute noch. Ich lächelte, damit die Kinder nicht verzweifelten. Sie waren furchtbar verwirrt. S war wie eine kleine Flickenpuppe, und manchmal fragte ich mich, ob sie je ganz darüber hinwegkommen würde. Simon gab uns allen Halt, obwohl auch er

Mummy so unglaublich geliebt hatte und auch sein Herz gebrochen war.

In ihrem Fehlen wurden die Optionen, die wir hatten, noch düsterer. Sie war die größte Wächterin unserer Kinder, besessen von ihrem Überleben. Plötzlich stand „Geht!" an den Wänden meines Elternhauses. Es zischelte mich in jedem Raum an, den sie je aufgesucht hatte. „Geht!" Also gingen wir.

Simon war längst dazu bereit, und ich akzeptierte endlich, angesichts all dessen, was geschehen war – der Betrug des ANC und die Traurigkeit und das Nicht-länger-da-Sein von Mummy –, dass ich lieber Heimweh haben wollte, als daheim zu sein. Ohne sie war ich frei, dorthin zu gehören, wo immer ich war, und darum gingen wir. Endlich.

***

Als Mummy starb, war mein Verlustgefühl unendlich groß. Ich fühlte mich schrecklich verloren. Mir fehlte – wie Rebecca Solnit es beschreibt – ein wesentliches Element, und gleichzeitig war ich auf völlig neuem Terrain. Plötzlich war mir bewusst, dass die Welt größer war als mein Wissen davon. In vielerlei Hinsicht war ich mehr als nur verloren, ich fühlte mich heimatlos. Ich wusste nicht, wohin ich gehen sollte, um mich wieder zu Hause zu fühlen. Unser Haus schien wie ein Spukhaus, hatte keinen anderen Zweck mehr, als ein Treffpunkt für Trauernde zu sein. Es gab keinen Ort auf der Welt, wo ich sie finden konnte, darum hatte ich ganz plötzlich das Gefühl, dass ich eben noch wusste, wer ich war und wo ich war, aber jetzt niemandem mehr zugehörte und absolut nichts wusste. Als sie starb, verlor ich das sicherste Zuhause, das ich je hatte. Ihr Tod half mir zu verstehen, dass ich immer ein Daheim gehabt hatte, selbst als ich noch nach meinem Land suchte.

Mummy war das beste Vorbild dafür, wie man ein Partner sein kann, der sowohl den anderen als auch sich selbst liebt. Wir drei Mädchen neckten sie häufig mit ihrem „Liebhaber" Baba. Sie liebten einander über vierundvierzig Jahre lang aus ganzem Herzen. Sie hatten ihre Probleme, aber wenn es nötig war, waren sie sich nahe, und sie wussten beide, dass man den anderen einfach sein lassen musste.

Die dauerhafteste Erinnerung meiner Kindheit ist, sie morgens aufstehen zu hören. Sie schalteten das alte Grundig-Radio ein. Drei kurze Piepstöne. Dann: „This is the BBC World Service." Ich hörte ihre leisen Stimmen, das Geräusch, wenn das Badewasser eingelassen wurde, wie sie sich unterhielten und lachten. Es schien, dass ihnen nie der Gesprächsstoff ausging. Sie schmiedeten Pläne und redeten und lachten bis ganz zum Ende.

Ich hatte immer noch Mandla und Zeng und Baba und Simon und die Kinder, darum hatte ich Liebe. Aber es war ja nicht so, dass ich mich ungeliebt fühlte – ich fühlte mich nur plötzlich unbemuttert. Und auf seltsame Weise heimwehkrank. Ich war einsam ohne Mummy. Ich hatte niemanden mehr, den ich fragen konnte: „Was soll ich jetzt tun?"

So geht es mir heute noch. Am meisten vermisse ich sie, wenn es hart auf hart kommt. Ich vermisse sie auch, wenn ich etwas Großartiges getan habe und ich weiß, dass sie stolz auf mich wäre. Ich vermisse sie, wenn ich mich langweile. Ich vermisse sie ständig, und das Vermissen wird nicht aufhören.

Bis zu ihrem Tod glaubte ich, dass Geografie und Zugehörigkeit eng miteinander verwoben sind. Ich hatte diese Vorstellung, dass die eigene Identität sich davon ableitete, wo man herkam. Ich beneidete Leute, die in einem bestimmten Haus in einer bestimmten Straße in einer einzigen Stadt aufgewachsen waren. Ich wollte verankert sein wie jene, die einen Ort nur verlassen, wenn sie dazu bereit sind. Die aus eigenem Antrieb weggehen. Ich war eifersüchtig.

Ich dachte, woher jemand kam, würde sich unweigerlich darauf auswirken, zu wem er letztendlich wurde. Und weil ich niemals einen geografischen Ort hatte, den ich Heimat nennen konnte, sehnte ich mich immer nach einer physischen Adresse. Stattdessen wuchs ich mit einer Abfolge von Postfächern auf, blieb immer nur gerade so lange, dass ich mich zurechtfand, aber nie lange genug, um einen Ort wirklich kennen zu lernen.

Mummy machte sich keinen Kopf über Orte. Sie schaffte es immer, sich zu Hause zu fühlen. Wo immer sie war, sie sorgte dafür, dass es funktionierte. Irgendwie bewerkstelligte sie das für ihren Freiheitskämpfer-Ehemann und die Mädchen, die sie im Exil zur Welt gebracht hatte. Freiheit war für sie einfach nicht das Ziel. Sie wusste, dass die Reise selbst Freiheit war.

Auf ihre eigene stille und beständige Weise verbrachte Mummy ihr ganzes Leben damit, uns beizubringen, dass es der Besitz einer Landkarte ist, der uns frei macht, nicht die Zugehörigkeit zu einem Land. Die Menschen, die wir lieben, nicht die Orte, an denen wir leben, erschaffen Zugehörigkeit. Wenn wir unsere Herzen öffnen, anstatt unsere Fäuste zu ballen, wird uns das helfen, uns in der Welt zurechtzufinden.

Dafür schulde ich ihr alles. Sie – und Baba, der sie fand, als er Südafrika auf der Suche nach Freiheit verließ – vererbten mir alles in mir, das ruhelos und fragend ist und das immer weitergehen will, viel weiter, als jemand wie ich eigentlich gehen sollte. Vielleicht waren sie die weisesten Kartografen, die jemals lebten: Sie brachten es fertig, den Globus zu umrunden, ohne dabei jemals ihr Zuhause aus den Augen zu verlieren.

Danksagungen

Ich danke allen, die die diversen Entwürfe dieses Buches gelesen haben, vor allem Richard Lee, der mich davon überzeugte, mich am Schreiben zu versuchen. Danke, Zeng, Panashe, Richard Pithouse, Gabi und Eusebius für eure großzügigen und ausführlichen Kommentare. Danke, Bibi und Zukiswa, ihr habt mich inspiriert und ermutigt. Danke, Howard Willis, ohne ihn wäre diese Version des Buches nicht möglich gewesen. Danke, Tim, der mir Halt gab, wenn ich schwankte. Danke, Caroline und John Wood, die mir im Centre for Stories einen (flexiblen) Raum und Ort gaben, an dem ich mich willkommen und wertgeschätzt fühlte. Ich danke Ester, dass sie an dieses Buch glaubte, bevor es auch nur ein Manuskript war. Isobel, deine nüchterne Großartigkeit ist mein Lebensziel. Danke für alles. Danke, Branko und Styli, dass ihr mir einen Neuanfang ermöglicht habt. Danke, Gen, dass du mich begleitet hast, dass du mich dazu brachtest, fester nachzudenken und klüger zu sein.

Danke, Gael, für deine Stärke und Weisheit und deine Begleitung. Ich danke allen, die diese Seiten beleben – den Freunden und Freundinnen, Cousins und Cousinen, Tanten und Onkeln, Aunties und Uncles, Kolleginnen und Kollegen, ohne die es überhaupt keine Geschichten gäbe.

Ein besonderes Dankeschön an Mummy und Baba. Euer Beitrag zu meinen Einstellungen und meinen Werten ist unermesslich. Ich kann euch hier nicht gerecht werden, und vielleicht muss ich ein weiteres Buch über euer Leben und eure wunderbare Reise schreiben. Lindi und Dumi, meine ältere Schwester und mein Bruder, die mir beibrachten, die Welt durch größere Augen zu sehen – ihr seid immer in mir und bei mir, und eure Anwesenheit bedeutete mir alles.

Mandla und Zeng, ihr seid meine Welt. Ihr inspiriert mich und bringt mich dazu, härter zu arbeiten, um euch beeindrucken zu können. Dieses Buch ist auch für euch und für euren Haufen Mädels und ihren Vater Siya.

Ein besonderes Dankeschön an dich, Baba, dass du mir die Disziplin und die Sorgfalt angewöhnt hast, die nicht nur für das Schreiben, sondern auch für das Überarbeiten und Lektorieren nötig sind. Dein Glaube an mich und dein Respekt für mich haben mir erlaubt, über mich hinauszuwachsen. Dieses Buch ist auch für dich.

Zu guter Letzt schulde ich meinen größten Dank dir, Simon. Dieses Buch gäbe es nicht, wenn du nicht wärst: Es ist deinem Glauben, deiner Liebe und deiner Entschlossenheit zu verdanken. Du machst mich zu einer besseren Version meiner selbst. Wenn wir uns nie begegnet wären, wäre ich heute nicht die, die ich bin. Du bist der beste und lässigste Kumpel, den ich mir wünschen könnte. Vor allem danke ich dir, dass du mir Gabi und Nick und S und E geschenkt hast, die ich von ganzem Herzen liebe.

Glossar

amasi: vergorene Milch

ANC: African National Congress; führende Bewegung gegen die Apartheid in Südafrika, später Partei

asante: danke

askari: ursprünglich Soldat, später Angehöriger einer Schutztruppe bzw. Security-Mitarbeiter, Wachmann

Aunty: respektvolle Anrede von Kindern gegenüber Frauen

bakkie: Pick-up mit offener Ladefläche

Bemba: Bantusprache

boubou: weit fallende Oberbekleidung

braai: Grillparty

bwana: Herr

doek: Kopftuch; früher oft ein Zeichen dafür, dass die Trägerin verheiratet war

domba: traditioneller Tanz

dombolo: Klöße

dompas: von *dumb pass,* Ausweisschein

Fat Albert: Figur aus der Animationsserie *Fat Albert and the Cosby Kids*

gogo: Großmutter; aber auch liebevolle Bezeichnung für kluge ältere Frauen

Goldberg, Denis (1933–1920): südafrikanischer Bürgerrechtler, Mitglied des bewaffneten Flügels der ANC, 1963 unter anderem für Hochverrat und Sabotage zu lebenslanger Haft verurteilt, aus der er 1985 entlassen wurde

Haiwena, sukuma: „Los, Leute, auf die Beine!“

Highveld: Region Südafrikas

isicathamiya: Sangestradition der Zulu

Jheri-Locken: spezielle Dauerwelle aus den 1980ern

jive-talking negroes: Jive Talk oder auch nur Jive ist die Bezeichnung für einen spezifischen, in Harlem entstandenen afro-amerikanischen Slang. Die Selbstbezeichnung Negroe ist hier, anders als im Deutschen, nicht abwertend zu verstehen. Jive referiert dabei auf Jazz, der in der afro-amerikanischen Bevölkerung in Harlem (und darüber hinaus) große Bedeutung erlangte.

Johnson, RW (geb. 1943): britischer Journalist und Politikwissenschaftler, der in Südafrika lebt

kapenta: Tanganyika-Sardine

kikoi: Herrenwickelrock

kitenge: schwerer Stoff (als Kleid, Rock, Turban)

mahindi: Mais(kolben)

Malema, Julius (geb. 1981): südafrikanischer Politiker; Gründer der Economic Freedom Fighters (EFF), nachdem er sich vom ANC abgewandt hatte

Mama: höfliche Anrede für Frauen

maskandi: Musik der Zulu

matatu: Sammeltaxi

Mau Mau: kenianische Unabhängigkeitskämpfer, die in den 1950ern gegen die britische Kolonialmacht und *weiße* Siedler kämpften. Der Aufstand wurde brutal niedergeschlagen, leitete aber den Beginn der kenianischen Unabhängigkeit ein.

Mavuso: Vorname von Sisonkes Vater

mqushu: Zulu-Gericht aus Mais und Bohnen

mtanami/mtanam: „mein Kind“

mwana: Kind

mwizi: Dieb

mzungu: *weißer* Mann

NGO: Nicht-Regierungs-Organisationen

Nguni: Sammelbegriff für verschiedene Ethnien der Bantu, der eine ethnische Einheit nahelegt, die über die tatsächlich nachweisbare linguistische Verwandtschaft hinausgeht

non-racialism: *Racialism* beschreibt die Rassifizierung von Menschen und somit den Glauben, dass es unterschiedliche Menschenrassen gibt. *Non-racialism* ist überdies ein Konzept, das besonders im Südafrika post-Apartheid eine wichtige Bedeutung hat. Im *non-racialism* wird die Ideologie des Rassismus sowie die Einteilung der Menschheit in verschiedene *Rassen (racialism)* abgelehnt. Gleichzeitig sollten liberale und demokratische Ideale bejaht werden. Seit 1994 ist *non-racialism* offizielle Staatspolitik Südafrikas und in der südafrikanischen Verfassung verankert.

nsima: Maisgericht

ntombazana: Mädchen

Nyanja: Bantusprache

pole: Es tut mir leid.

race: Die Autorin verwendet im englischen Original den Begriff *race*, der nicht mit dem problematischen deutschsprachigen rein biologisch konnotierten Begriff *Rasse* (genauso auch das Adjektiv *rassig*) gleichgesetzt werden kann. Das englische *race* ist keine (rein) genetische Kategorie, sondern eine soziale, die eng verbunden ist mit dem Kampf/Widerstand gegen die Ungleichheit rassistisch diskriminierter Gruppen. Das deutsche Wort *Rasse* hingegen wird meist nicht als soziale Konstruktion verstanden. Bei Übersetzungen kommt es häufig zu Unstimmigkeiten, da die Begriffe *Rasse* und *race* völlig unterschiedliche historische Bedeutungen haben. Bei der Übersetzung wurde daher je nach Kontext auf die Begriffe *race* und *Rasse* zurückgegriffen.

Sana, ngiyayithana le ngoma: „Baby, ich liebe dieses Lied!"

Schwarz: Das großgeschriebene Adjektiv Schwarz meint nicht die Beschreibung einer Hautfarbe, sondern eine Selbstbezeichnung, die eine politische und sozial konstruierte Kategorie darstellt. Sie vereint Menschen, die denselben Erfahrungshorizont bzw. ähnliche Rassismuserfahrungen machen.

siSwati: Bantusprache (in Südafrika und Swasiland verbreitet)

sizobona: wir werden sehen

skollie: Ganove (auch augenzwinkernd gemeint)

thixo: Gott

UDF: United Democratic Front (Vereinigte Demokratische Front): Die UFD war ein in den 1980ern entstandenes oppositionelles, außerparlamentarisches Bündnis aus verschiedensten Gruppierungen, deren wichtigstes Ziel die Bekämpfung der Apartheid in Südafrika war.

Uncle: respektvolle Anrede von Kindern gegenüber Männern

UNIP: United National Independence Party: älteste politische Partei Sambias

uphutu: Maisbrei

Vorster, Balthazar John (1915–1983): südafrikanischer Ministerpräsident 1966–1978, Staatspräsident 1978/79

weiß: Das Adjektiv *weiß* markiert keine biologische Hautfarbe. In der kursivierten Schreibung verdeutlicht es die gesellschaftspolitische, Macht ausübende und normgebende Position dieser Gruppe.

wewe: du

wrap: turbanartig geschlungenes Kopftuch

yey wena: he, du!

Zo: Auntys Spitzname für Sisonke

zouk: Musik- und Tanzstil der Karibik

Hinweise zu den Zitaten im Buch

Das Zitat auf Seite 149 stammt aus dem Lied „Mona Lisa“ von Nat King Cole, der Liedtext stammt von Ray Evans und Jay Livingston, 1950.

Das Zitat auf Seite 201 stammt aus der Autobiografie von Malcolm X.: „The Autobiography of Malcolm X“ von Malcolm X und Alex Haley, Grove Press, New York City, 1965. Die deutsche Übersetzung dieser Passage im vorliegenden Buch beruht auf Sisonke Msimangs englischer Originalausgabe „Always Another Country“, Jonathan Ball Publishers, 2017, Seite 156.

Das Zitat auf Seite 209 stammt aus einer Rede von Nelson Mandela, April 1983. Die deutsche Übersetzung dieser Passage im vorliegenden Buch beruht auf Sisonke Msimangs englischer Originalausgabe „Always Another Country“, Jonathan Ball Publishers, 2017, Seite 162.

Das Zitat auf Seite 299 stammt aus einer Rede von Frederick Douglass vom 3. August 1857. Die deutsche Übersetzung der Passage im vorliegenden Buch beruht auf Sisonke Msimangs englischer Originalausgabe „Always Another Country“, Jonathan Ball Publishers, 2017, Seite 234.

Das Kapitel „Amakwerekwere“ von Seite 301 bis 310 beruht zum Teil auf einem Essay der Autorin „Belonging – Why South Africans refuse to let Africa in", zuerst publiziert auf der Webseite „Africa is a country“, 04.15.2014, https://africasacountry.com/2014/04/belonging-why-south-africans-refuse-to-let-africa

Das Zitat auf Seite 353 stammt aus dem Buch „Nach der Flut das Feuer“ von James Baldwin, dtv, München. Übersetzt von: Miriam Mandelkow, 2020.

Die Zitate auf Seite 385/392 stammen aus dem Buch „Die Kunst, sich zu verlieren“ von Rebecca Solnit, Verlag Mattes & Seitz, Berlin. Übersetzt von Michael Mundhenk, 2020.

Inhalt

Triggerwarnung: Triggerwarnungen nehmen auf Menschen mit traumatischen Erfahrungen Rücksicht. Aus subjektiver Sicht können diese Trigger von Bedeutung sein oder nicht, unabhängig davon, in welchem Kontext oder Medium sie sich finden. Auch fiktive Texte, wie zum Beispiel Romane, können triggern. Wir weisen deshalb an dieser Stelle auf Trigger im vorliegenden Buch hin: Sisonke Msimangs Geschichte konfrontiert dich mit Rassismus, Gewalt, sexuellen Übergriffen und den Auswirkungen von psychischen Erkrankungen.

FSC www.fsc.org
MIX
Papier aus verantwortungsvollen Quellen
FSC® C083411

Auflage:
4 3 2 1
2024 2023 2022 2021

Dieses Buchprojekt wurde überprüft von DisCheck, dem Beratungskollektiv für Unternehmen, Organisationen und Individuen, die ihre Medieninhalte diskriminierungssensibel und intersektional gestalten wollen.
Wir bedanken uns für die konstruktive Zusammenarbeit!
Kontakt: Instagram: @discheck_, E-Mail: discheck.kontakt@gmail.com

Die englische Originalausgabe erschien 2017 unter dem Titel „Always Another Country" bei Jonathan Ball Publishers, Südafrika.

HAYMON verlag
Innsbruck-Wien
www.haymonverlag.at

ISBN 978-3-7099-8140-5

Inhaltliche Betreuung: Haymon Verlag / Nina Gruber
Lektorat: Veronika Schuchter
Projektleitung: Haymon Verlag / Nina Gruber, Judith Sallinger
Buchinnengestaltung nach Entwürfen von: himmel. Studio für Design und Kommunikation, Innsbruck / Scheffau – www.himmel.co.at
Satz: Da-TeX Gerd Blumenstein, Leipzig
Umschlagillustration, Gestaltung von Umschlag, Vor- und Nachsatz: Nursema Yilmaz

Gedruckt auf umweltfreundlichem,
chlor- und säurefrei gebleichtem Papier.